미국의
21세기 전쟁

테러와의 전쟁, 아프간전쟁, 이라크전쟁, IS와의 전쟁을 해부하다

한국군사문제연구원 연구총서 18-1

미국의
21세기 전쟁

테러와의 전쟁, 아프간전쟁, 이라크전쟁, IS와의 전쟁을 해부하다

인 쇄 | 2018년 6월 5일
발 행 | 2018년 6월 11일

공저자 | 김충남·최종호
발행인 | 부성옥
발행처 | 도서출판 오름
등록번호 | 제2-1548호 (1993. 5. 11)

주 소 | 서울특별시 중구 퇴계로 180-8 서일빌딩 4층
전 화 | (02) 585-9122, 9123 / 팩 스 | (02) 584-7952
E-mail | oruem9123@naver.com
ISBN   978-89-7778-488-8   93340

※ 잘못된 책은 교환해 드립니다.
※ 값은 뒤표지에 있습니다.

이 도서의 국립중앙도서관 출판예정도서목록(CIP)은 서지정보유통지원시스템 홈페이지
(http://seoji.nl.go.kr)와 국가자료공동목록시스템(http://www.nl.go.kr/kolisnet)에서
이용하실 수 있습니다. (CIP제어번호: CIP2018016317)

한국군사문제연구원 연구총서 18-1

미국의
21세기 전쟁

테러와의 전쟁, 아프간전쟁, 이라크전쟁, IS와의 전쟁을 해부하다

김충남·최종호 공저

American War in the 21st Century

Choongnam Kim · Jongho Choi

ORUEM Publishing House
Seoul, Korea
2018

전쟁을 통해 미국을 보다

2001년 9.11테러 이래 미국은 20년 가까이 전쟁에 휘말려 왔다. 9.11테러는 '제2의 진주만'으로 불릴 만큼 미국에 엄청난 충격과 공분公憤을 초래했기 때문에 9.11 이후 미국의 모든 것이 달라졌다고 할 만큼 미국에 '중대한 역사적 분수령great historical dividing line'이 되었고, 미국의 한반도정책에도 엄청난 영향을 미치고 있다. 그럼에도 9.11사태가 미국인들과 미국 정부에 얼마나 큰 충격이었으며, 이로 인해 미국의 안보관이 송두리째 바뀌었다는 사실을 제대로 이해하는 한국인은 많지 않다. 9.11테러와 그 이후에 벌어진 '테러와의 전쟁,' 아프간전쟁, 이라크전쟁, IS와의 전쟁에 대해 종합적으로 평가되고 소개된 적이 없기 때문이다.

이 책을 쓰게 된 동기는 두 권의 책에서 비롯됐다. 그 하나는 다니엘 볼저^{Daniel Bolger} 미 예비역 육군 중장이 2014년 집필한 『*Why We Lost?* ^{왜 우리는 실패했는가?}』이다. 그는 이 책에서 아프간·이라크전의 전말顚末에 대해 자세히 기록하고 있지만 실패의 원인은 분석하지도 않은 채 초기 작전의 성공 후 곧바로 미군을 철수하지 않았던 것이 잘못이라고 비판하고 있다. 문제는 그것이 그의 개인적 견해가 아니라 미군 상층부의 일반적 인식이라는 것이다. 볼저는 2005~2013년 기간 중 이 전쟁에서 부대를 직접 지휘했고 또한 각종 고위 작전회의에 참가하여 전쟁의 실상을 잘 아는 위치에 있었다. 뿐만 아니라 그는 시카고대학에서 러시아 역사로 박사학위까지 받은 지장智將이라는 점에서 아쉬운 점이 많다.

다른 책은 이라크전쟁이 시작될 당시 발간된 *America's Role in Nation-Building: From Germany To Iraq*이다. 미국 최고의 안보 싱크탱크인 RAND연구소의 제임스 도빈스^{James Dobbins} 외 7명의 합작품이다. 이 책의 가장 큰 문제는 미국의 국가건설의 성공사례로 2차 대전 직후의 독일과 일본이라며 그 경험을 아프간과 이라크에 적용하자고 주장한 것이다. 그러나 독일과 일본의 국가건설은 19세기 말에 완성되었을 뿐 아니라 두 나라는 세계를 상대로 전쟁까지 벌였으며, 따라서 미국은 1945년 후 전후 복구를 지원했던 것에 불과하다. 아프간과 이라크 같이 실패한 나라의 국가건설이 독일과 일본의 전후 복구처럼 쉽게 이루어질 수 없는 일이다. 그럼에도 미국 지도자들은 아프간과 이라크에서 불량정권을 축출하면 모든 것이 해결될 것으로 낙관하고 전쟁에 임했던 것이다.

이처럼 미국은 아프간·이라크전에 대해 잘못된 인식하에 잘못된 전략과 작전을 구사했기 때문에 전쟁이 장기화되어 희생자가 증가하고 전쟁 비용도 천문학적 규모로 치솟았지만 기대하는 성과는 거두지 못했던 것이다. 손자병법이 경고하듯이 미국은 적에 대해 잘 몰랐을 뿐 아니라 미국의 약점이 무엇인지 잘 모른 채 전쟁에 임했기 때문이다.

좋든 싫든 미국은 한국의 생존과 번영에 매우 중요한 나라이다. 그래서 우리는 미국에 대해 잘 알고 있다고 생각하는 경향이 있다. 그러나 9.11 이후 미국이 근본적으로 달라졌고, 그 연장선상에서 트럼프 행정부가 좌충우돌하고 있지만 우리는 이를 제대로 이해하지 못하고 있다. 미국은 선제공격을 했던 나라이고, 또한 필요하면 언제든 그렇게 할 수 있는 나라이며, 특히 북한을 대상으로 군사행동에 나설 가능성이 없지 않고, 그렇게 되었을 경우 우리에게 미칠 영향은 상상하기조차 어렵다.

미국이 9.11테러 공격에 대응하여 시작한 테러와의 전쟁은 아프간전쟁, 이라크전쟁, IS와의 전쟁으로 확대되어 사실상 지금까지 계속되고 있다. 이들 전쟁은 밀접히 연계된 하나의 전쟁이어서 어느 한 측면만으로는 이해하기 어렵기 때문에 이를 종합 분석하기 위한 목적에서 책의 제목을 『미국의 21세기 전쟁』이라 했다.

전쟁연구는 종합과학이라 할 수 있다. 전쟁의 배경인 역사, 정치, 사회문화, 종교, 경제와 과학기술 등을 포괄적으로 살펴보아야 하기 때문이다. 특히 '테러와의 전쟁'은 초강대국의 21세기 첨단군사력과 실패한 국가에 서식한 전근대적 테러집단 간의 충돌로 그야말로 21세기 전쟁의 일면을 보여준다. 지구 저편의 테러단체가 미국을 공격했기 때문에 국제질서에 준 충격은 물론 국가안보와 전쟁방식에도 중대한 영향을 미치고 있다. 특히 '테러와의 전쟁'은 다분히 종교적 성격을 내포하고 있어 헌팅턴 교수의 '문명 충돌론'이 현실화된 측면이 있다. 따라서 '테러와의 전쟁'은 근본적으로 정규전이 될 수 없으며, 특히 아프간전과 이라크전은 비정규전적 요소가 지배적이었기 때문에 정규전 중심으로 대비해온 미군의 군사전략과 전술의 한계를 노출할 수밖에 없었다.

미국의 전쟁에 대한 연구는 다른 이점도 있다. 그들의 과거를 알면 현재를 이해할 수 있고 미래까지 내다볼 수 있기 때문이다. 9.11 테러 이후 미국이 벌인 전쟁을 제대로 이해하지 못하고는 미래 전쟁에서 미국이 어떻게 대응할 것인지 판단하기 어렵게 된다. 미국의 매티스 국방장관, 켈리 백악관 비서실장, 던포드 합참의장 등 안보정책 핵심인사들이 모두 이라크·아프간전에 참전했던 사람들이라는 사실에 유의해야 한다.

우리가 미국의 21세기 전쟁에 대해 특별히 관심을 기울여야 하는 것은 한반도의 상황이 매우 유동적이고 또한 한미 연합방위태세를 유지하고 있기 때문이다. 미국은 지금 한반도를 중동지역보다 훨씬 더 위험한 지역으로 인식하고 있다. 북한이 핵보유국이 된다면 미국이 직접 위협받게 되는 것은 물론 한국, 일본 등 주요 동맹국들이 생존위기에 직면하게 되기 때문이다. 뿐만 아니라 테러와의 전쟁 차원에서도 북한은 매우 위험한 존재이다. 미국은 북한 핵이 국제 테러집단의 수중에 들어간다면 9.11테러보다 훨씬 더 끔찍한 재앙이 닥칠지 모른다고 우려하고 있다. 그래서 트럼프 행정부는 반드시 해결하겠다는 태세이다.

이 책은 7장으로 구성되어 있다. 제1장은 9.11 당시의 긴박했던 미국의 상황과 뒤따른 부시 행정부의 '테러와의 전쟁' 결심 과정을 살펴보았다. 제2장은 이슬람 근본주의와 테러, 빈 라덴과 지하드, 그리고 걸프전 등 '테러와의 전쟁'의 배경을 살펴보았다. 제3장은 아프간전쟁의 전 과정을 자세히 고찰하였다. 제4장은 이라크전쟁의 초기 단계인 바그다드 점령을 위한 군사 작전을 체계적으로 살펴보았으며, 제5장에서는 이라크 안정화의 험난한 과정을 분석하였다. 제6장은 '이라크 알카에다'의 후신인 IS^{이슬람 국가}와의 전쟁을 다루었다. 제7장은 아프간과 이라크의 문제를 국가건설 차원에서 검토하였다. 성공적인 국가건설만이 테러와의 전쟁에서 승리할 수 있는 유일한 길이기 때문이며, 이를 위해 국가건설에 실패한 남부 베트남의 사례와 국가건설에 성공한 한국의 사례를 비교 검토하였다.

이 책은 정치학자(김충남)와 군사전문가(최종호)의 공동 노력의 결과이다. 김충남은 군사 분야에 대해서는 기본소양 밖에 없지만 국가 최고 정책결정과정에 참여한 경험과 국내외 외교안보 관련 연구소에서 다양한 연구경험을 가지고 있으며, 특히 아프간과 이라크에서 열전이 벌어지고 있던 시기에 하와이 소재 East-West Center에서 수많은 관련 자료를 접한 바 있다. 한편 최종호는 직업군인 출신으로 국방부와 합동참모본부 등에서 정책과 전략분야의 실무경험을 쌓았고, 특히 아프간전쟁과 이라크전쟁을 주도한 미군 중부사령부에서 파견 근무하면서 당시 전쟁 진행상황을 직접 관찰한 소중한 경험을 가진 바 있으며, 전역 후에는 한미연합사의 대항군 사령관이라는 특이한 경험을 가지고 있다. 이 책을 준비하면서 서로 다른 경험과 전문지식을 가진 두 사람이 1년 이상에 걸쳐 주요 내용을 토의하면서 계속 보완하고 발전시킬 수 있었다.

한국군사문제연구원의 쾌적한 연구시설과 적극적인 지원이 없었다면 이 책이 집필되기 어려웠을 것이기 때문에 오창환 원장을 비롯한 연구원 관계자 여러분에게 감사드린다. 또한 이 연구소에서 연구활동을 하고 계시는 조영길 전 국방장관을 비롯한 예비역 원로들이 평소 들려준 전쟁철학과 군사전문지식도 이 책의 집필에 적지 않은 도움이 되었음을 밝히고자 한다. 마지막으로 도서출판 오름의 부성옥 대표를 비롯한 편집진 여러분의 노고에 대해서도 감사드린다.

2018년 3월
남한산성이 바라보이는 연구실에서
김충남

차 례

▶▶ 프롤로그│ 전쟁을 통해 미국을 보다 / 5

제1장 9.11테러와 '테러와의 전쟁' 17

    Ⅰ. "미국의 심장부가 공격받고 있다" 19

    Ⅱ. 전시상태에 돌입한 미국 24

    Ⅲ. 부시 행정부의 위기 대응 30

    Ⅳ. 9.11테러는 제2의 진주만 사태 34

    Ⅴ. 테러와의 전쟁을 결심하다 38

    Ⅵ. 테러와의 전쟁 태세 구축 40

제2장 테러와의 전쟁의 기원과 역사적 배경 45

    Ⅰ. 이슬람 근본주의와 지하드 49

    Ⅱ. 빈 라덴과 알카에다 53

    Ⅲ. 테러와의 전쟁의 역사적 배경 59

제3장 아프가니스탄전쟁 *81*

   Ⅰ. 험난한 아프가니스탄 현대사 84

   Ⅱ. 항구적 자유 작전 88

   Ⅲ. 시행착오가 많았던 아프간의 안정과 재건 127

   Ⅳ. 반격에 나선 탈레반 131

   Ⅴ. 적극 대응에 나선 오바마 행정부 137

   Ⅵ. 빈 라덴 제거에 성공 139

   Ⅶ. 난관이 많았던 아프간군 육성 141

   Ⅷ. 불확실한 아프간의 미래 144

제4장 이라크 자유 작전 *151*

   Ⅰ. 걸프전의 '미완성 과업' 153

   Ⅱ. '테러와의 전쟁'의 일환인 이라크전쟁 155

   Ⅲ. 이라크전쟁 계획 수립 158

   Ⅳ. 이라크 자유 작전 169

   Ⅴ. 바그다드 포위 함락 작전 197

   Ⅵ. 바그다드 함락 214

제5장 이라크 안정화의 험난한 길 *231*

    Ⅰ. 급속히 악화된 이라크 정세 233

    Ⅱ. 안정화 계획도 없었던 군사 작전 237

    Ⅲ. 치명적인 실책들 239

    Ⅳ. 재건사업의 실패 248

    Ⅴ. 수니파 저항세력과의 대결 249

    Ⅵ. 시아파 무장세력과의 대결 263

    Ⅶ. 종파 내전의 늪에 빠지다 266

    Ⅷ. 이라크전의 이라크화 275

    Ⅸ. 비정규전 교리의 부상 282

    Ⅹ. 온건 수니파의 각성 289

    Ⅺ. 비정규전 전략으로 전환 293

제6장 IS(이슬람국가)와의 전쟁 *299*

    Ⅰ. 알카에다의 계속된 국제테러 301

    Ⅱ. 알카에다의 쇠퇴와 IS의 출현 304

    Ⅲ. 시아파 정권의 실패와 수니파 급진세력 IS의 급부상 315

    Ⅳ. IS 괴멸(壞滅)에 나선 트럼프 행정부 322

    Ⅴ. IS의 패퇴 325

    Ⅵ. IS의 테러 대상이 되고 있는 유럽 328

제7장 국가건설이 온전한 승리의 길 337

Ⅰ. 미국 국가건설 접근방법의 한계 341
Ⅱ. 국가건설에 대한 새로운 인식 344
Ⅲ. 이슬람 사회에서 더 어려운 국가건설 347
Ⅳ. 최악의 실패한 국가 아프가니스탄의 국가건설 350
Ⅴ. 시행착오가 많았던 이라크의 국가건설 359
Ⅵ. 남베트남의 실패한 국가건설 367
Ⅶ. 최악의 상황에서도 성공한 한국의 국가건설 376
Ⅷ. 한국을 성공모델로 삼아야 할 미국의 국가건설 지원 387

▶▶ 에필로그 | 타산지석으로 삼아야 할 한국 / 391
▶▶ 찾아보기 / 409
▶▶ 지은이 소개 / 415

제1장

9.11테러와 '테러와의 전쟁'

Ⅰ. "미국의 심장부가 공격받고 있다"

Ⅱ. 전시상태에 돌입한 미국

Ⅲ. 부시 행정부의 위기 대응

Ⅳ. 9.11테러는 제2의 진주만 사태

Ⅴ. 테러와의 전쟁을 결심하다

Ⅵ. 테러와의 전쟁 태세 구축

테러 공격을 당하고 있는 월드트레이드센터
_ 출처: Britanica.com

9.11테러와 '테러와의 전쟁'

"오늘 21세기의 진주만 사건이 일어났다." _ 조지 W. 부시

I. "미국의 심장부가 공격받고 있다"

2001 년 9월 11일 청명한 가을 아침 8시 46분, 공상과학소설에서나 일어날법한 일이 벌어지고 있었다. 대형 여객기 한 대가 뉴욕 맨해튼에 있는 월드트레이드센터World Trade Center 쌍둥이 빌딩의 북쪽 타워North Tower에 충돌하며 폭발하고 불타는 장면이 텔레비전 화면을 통해 보였다. 텔레비전을 보고 있던 수많은 미국인들은 물론 전 세계 20억 이상의 사람들이 충격에 휩싸였다. 이 장면을 중계하던 CNN방송 앵커 케런 린Karen Lynn은 떨리는 목소리로 "뭔가 심각한 일이 벌어지고 있다"고 했다. 방송국들이 진상 파악

에 분주한 가운데 한 뉴스 진행자는 1945년에 안개가 자욱한 가운데 육군 폭격기가 엠파이어스테이트 빌딩에 충돌한 적이 있다면서 맨해튼 고층빌딩에 비행기가 충돌한 것은 처음이 아니라고 말했다.

월드트레이드센터에서 비상대피가 시작되었지만, 충돌이 일어난 건물은 북쪽 타워였기 때문에, 남쪽 타워South Tower에서는 몰려나오는 사람들을 막아 다시 안으로 들여보냈다. 그러나 이것은 최대의 실책이었다. 월드트레이드센터의 북쪽 타워가 불타고 있는 것을 주시하고 있었던 9시 3분, 바로 옆에 있는 남쪽 타워에 두 번째 비행기가 충돌했기 때문이다.

1973년에 건설된 쌍둥이 빌딩은 110층 417m 높이로 시카고의 시어스 타워Sears Tower가 건설될 때까지 미국에서 가장 높은 건물로서 미국 자본주의의 상징이었다. 이 쌍둥이 빌딩에서 일하고 있던 사람은 5만 명 정도였고 유동인구도 매일 13~15만 명에 달했으며 198대의 대형 엘리베이터를 통해 수많은 사람들이 쉴 새 없이 오르내리던 건물이었다.

당시 현장은 수많은 사람들이 생사를 넘나드는 아비규환이었다. 구조에 나선 수천 명의 소방관들이 죽음을 무릅쓰고 구조에 목숨을 걸었고, 그 과정에서 소방관 343명이 희생됐다. 이들은 한 사람의 생명이라고 더 구하기 위해 무너지고 있는 빌딩 위층으로 향하는 '죽음의 계단'을 올랐다. 먼저 오른 소방관들이 희생됐지만, 누구도 아래층으로 발길을 돌리지 않았다. 폭발과 붕괴로 인한 연기와 먼지, 파편 등으로 전쟁터보다 더 위험한 현장에서 수많은 보도진들도 목숨을 내건 보도경쟁을 벌이고 있었다. 솟아오르는 불길과 자욱한 유독 가스와 먼지, 무너지는 초대형 빌딩의 아비규환 속에서 살기 위해 110층에서 콘크리트 바닥으로 뛰어내리다 무참히 죽은 사람이

200여 명이나 되었다.

사람들은 곧 이것이 조종사에 의한 단순 사고가 아니라 테러 공격이라는 것을 알게 되었다. 테러 공격에 사용된 무기는 성능 좋은 폭탄이 될 수 있는 연료탱크가 가장 큰 대형 여객기인 보잉 757과 767이었다. 미주 대륙 횡단 노선 여객기는 4,000km 정도를 비행하기 때문에 테러범들은 테러 효과를 극대화하기 위해 연료를 가득 채운 상태인 동부지역 출발 여객기들을 납치했던 것이다.

전쟁처럼 긴박했던 항공기 납치와 충돌 과정을 분 단위로 자세히 살펴보자. 2001년 9월 11일 화요일 아침, 미국 동부지역은 전형적인 화창한 가을날씨로 빛나고 있었다. 이 날도 평시처럼 4,500여 대의 항공기가 북미 대륙 상공을 날고 있었다.

오전 8시 14분, 보스턴공항의 항공관제사는 92명을 태우고 보스턴을 이륙하여 로스앤젤레스로 향하던 아메리칸 에어 11편(AA 11, 이후 '1번 기'로 지칭)으로부터 외국인 목소리의 서투른 영어로 "우리에게 항공기가 몇 대 있다. 우리는 비행장으로 돌아간다."고 말하는 소리를 들었다. 그리고는 조종사가 아닌 것이 분명한 이 외국인이 기내 방송으로 "꼼짝 마라, 가만히 있으면 안전할 것이다. 조용히 하라"는 위협적인 소리가 들렸다. 심각히 여긴 관제사는 이를 관계 기관에 통보했고 10분 이내에 뉴욕 주 로마Rome에 위치한 북동지역 방공단NEADS: Northeast Air Defense Sector에 전달됐다.

8시 42분에는 65명을 태우고 보스턴을 출발하여 로스앤젤레스로 운항 중이던 유나이티드 에어 175편(UA 175, 이후 '2번 기'로 지칭)이 납치되었고, 8시 51분에는 승객 63명을 태우고 워싱턴 D.C.에서 로스앤젤레스로 향하던 아메리칸 에어 77편(AA 77, 이후 '3번 기'로 지칭)이 납치되었다.

한편 1번 기는 8시 26분 항로를 변경했고, 8시 46분에는 시속 790km의 속도로 뉴욕 맨해튼에 있는 월드트레이드센터 북쪽 타워의 93층과 99층 사이에 충돌했다. 그 즉시 뉴욕의 한 방송국은 월드트레이드센터의 비행기 충돌 장면을 보도하기 시작하고 CNN도 8시 49분부터 전 세계에 충돌 현장을 보도하기 시작한다.

마지막으로 예정시간보다 출발이 42분 늦은 8시 42분, 7명의 승무원과 42명의 승객 그리고 4명의 테러리스트를 태운 유나이티드 에어 93편(UA 93, 이후 '4번 기'로 지칭)이 뉴저지 뉴어크공항을 이륙하여 샌프란시스코로 향했다. 이 비행기를 납치한 테러분자들은 다른 납치 여객기들에서 테러가 진행되고 있음을 알고 있었지만 자기들의 테러는 예정보다 훨씬 늦었기 때문에 초조했다. 그때는 1번 기의 월드트레이드센터 충돌 바로 몇 분 전이었다.

그러나 4번 기의 승무원들과 승객들은 이를 알 리 없었다. 9시 19분, 유나이티드 항공사의 급보^{急報} 담당관이 4번 기 조종실 전광판에 "조종실 침입 경계. 여객기 2대 월드트레이드센터 충돌"이라는 메시지를 보냈다. 3분 후 기장은 "메시지 확인" 응답을 발신한 후 비행기를 고도 1만m^{3만 5천} 피트로 급상승시켰다.

테러범 4명은 1등석에 자리 잡고 있었다. 레바논 출신인 26살의 지아드 자라^{Ziad Jarrah}는 2000년 6월부터 일곱 차례나 미국을 드나들었으며, 특히 플로리다의 비행학교에서 훈련받은 조종사 자격 보유자로서 맨 앞줄에 앉아 있었다. 다른 두 명은 셋째 줄에, 그리고 마지막 한 명은 여섯 째 줄에 앉아 있었다. 5번째 테러범은 미국 입국이 거부되어 합류하지 못했다. 테러범들은 비행기 이륙 후 30분 내에 비행기를 장악하도록 명령 받았지만 한 명이 모자라 예정대로 하지 못했다. 한편 경고를 받은 승무원들은 대응할 시간을 가질 수 있었다.

9시 28분, 테러범들이 조종실을 장악하려 했지만 조종사와 부조종사가 완강히 저항했다. 같은 시간 클리블랜드 항공통제센터의 전광판에 4번 기가 200m가량 급강하하는 것이 나타났다. "비상사태 발생. 여기서 나가라!"는 고함소리가 연거푸 들렸다. 테러범들이 조종실을 장악한 후 자라가 비행기를 조종하기 시작한다. 조종실 장악 과정에서 여승무원 한 명이 살해되었다. 자라는 기내 방송을 통해 "신사숙녀 여러분, 기장입니다. 자리에 계속 앉아 있기 바랍니다. 우리는 폭탄을 가지고 있습니다."라고 말한 후 비행기를 동쪽으로 급선회시켜 워싱턴 D.C.를 향했다.

테러범들이 항공기를 납치하고 있는 동안 승객들은 휴대전화와 기내 전화로 가족과 친지들과 통화하면서 월드트레이드센터에서 항공기 충돌이 일어났다는 사실을 알게 되었고 자기들이 탄 비행기도 납치된 것을 알고, 저항하지 않으면 살아남을 수 없다는 것을 알았다. 9시 57분, 승객들이 크게 동요하고 있는 가운데 한 여성이 "모두 1등석으로 가자"고 외친 후 승객들은 1등석 쪽으로 달려가 납치범들을 공격했다. 경계하던 테러범 2명은 곧 제압 1명 사망, 부상당한 1명은 조종실로 대피되었고 승객들은 카트 등으로 조종실 입구를 부수기 시작했다.

블랙박스를 분석한 결과 테러범 자라Jarrah는 비행기를 좌우 위 아래로 흔들어 승객들을 쓰러뜨리려 했다. 테러범 2명이 승객들에 의해 제압되었으므로, 테러범은 이제 두 명만 남았는데 한 명은 비행기를 조종하고 다른 한 명은 조종실 문을 열지 못하도록 막고 있었다. 승객들은 조종실 문을 박차며 "우리가 못하면 우린 죽는다."고 고함치며 최후의 결투를 벌였다.

10시 정각, 조종석에서 2명의 납치범들이 임무를 포기하고 자살추락을 모의하기 시작한다.

> 테러범 1: 충돌시킬 것이 아무 것도 없어.
> 테러범 2: 여기서 끝내 버릴까?
> 테러범 1: 아니야. 아직은 아니야.
> 테러범 2: 놈들이 오면 끝내버리는 거야! (자살 추락을 의미함)

상황이 불리하게 돌아가자 테러범들은 자살추락을 위해 조종간을 완전히 오른쪽으로 틀어버린다. 10시 3분, 테러범들은 비행기를 완전히 거꾸로 뒤집은 채 추락시켰다. 펜실베이니아 주州 생크스빌 Shanksville 부근의 농장지역이었다. 추락하면서 테러범들은 "알라 아크바르알라 신은 위대하다"라는 구호를 계속 외쳤다. 결국 그 비행기에 타고 있던 모든 사람들이 사망했다.

40명의 승객들은 맨손이었지만 그들의 두뇌와 몸과 용기로 목숨을 내던지며 네 번째 테러 공격을 막아냈고, 이로써 그들은 조국을 구한 영웅이 되었다. 네 번째 테러가 성공했다면 미국의 상징이고 미국민의 자존심이 걸린 백악관이나 국회의사당이 공격당했을 가능성이 높다.

II. 전시상태에 돌입한 미국

한편 8시 24분, 연방항공청의 보스턴공항 통제센터 통제관은 1번 기에서 나온 음성을 청취한 후 항공기 납치로 확신하고 8시 28분, 버지니아 주에 있는 연방항공청 통제센터에 1번 기가 납치되었음을 알리고, 8시 37분에는 뉴욕 주 로마에 있는 북미 방공사령부NORAD: North American Aerospace Defense Command 산하 동북지역방 공단에도 통보했다.

정보기관이 항공기를 테러수단으로 쓸 가능성에 대해 경고한 바 있지만, 테러에 대비한 훈련은 미국으로 들어오는 비행기의 납치에 대비한 것이었을 뿐 누구도 미국 내 여객기를 납치하여 테러수단으로 사용할 것이라고 상상하지 못했다. 동북방공단에는 두 개의 방위 군 즉각대응팀이 있었는데 각 팀은 두 대의 전투기를 보유하고 있었다. 네 대의 전투기들이 즉시 발진했지만 때는 너무 늦었다. 두 대의 여객기는 이미 월드트레이드센터에 충돌했고, 다른 한 대는 펜타곤에 충돌한 후였으며, 4번 기는 어디 있는지조차 파악하지 못하고 있었다.

8시 46분, 매사추세츠에 있는 오티스Otis 공군기지는 전투기 출동을 요청받는다.

8시 51분, 뉴욕공항 관제사는 2번 기와 연락을 시도하였으나 2번 기는 응답 없이 기수를 남동쪽으로 급선회한다. 2번 기에 탑승했던 피터 핸슨이 아버지에게 전화를 걸어 납치상황을 알린 후 전화가 끊겼는데 이 비행기는 9시 3분 950km의 속도로 월드트레이드센터 남쪽 타워의 남쪽 면 80층 부근에 충돌했다.

8시 53분, 미군은 목표와 위협의 성격이 무엇인지 모른 채 전투기들을 발진시켰다.

8시 55분, 3번 기도 기수를 남쪽으로 돌렸고 9시에는 지정된 고도를 이탈하여 급속히 하강했다.

9시 8분, 오티스 공군기지에서 발진한 전투기들이 뉴욕 시 상공을 선회했고 버지니아 랭리Langley 공군기지에서는 전투기들이 전투 태세에 돌입한다. 하늘에 떠 있는 수많은 여객기 중에서 어떤 비행기가 테러 공격에 나설지 알 수 없는 상황이었다.

9시 17분, 연방항공청은 뉴욕 시 지역의 모든 공항의 폐쇄를 명령했고, 뉴욕·뉴저지 항만청The Port Authority of New York and New Jersey은 뉴욕 시를 오가는 모든 교량과 터널을 봉쇄했다.

9시 25분, 백악관 지하벙커에 있던 노먼 미네타Norman Mineta 교통 장관은 연방항공청 몬테 벨저Monte Belger 부청장에게 모든 항공기의 착륙을 명령한다. 연방항공청은 민항기는 어떤 경우에도 이륙이 금지되고, 비행 중인 모든 항공기는 가까운 공항에 착륙하라는 명령을 내린다. 그래서 미국 대륙 상공을 비행하던 4,500여 대의 여객기들이 착륙했고, 외국에서 들어오던 비행기들은 캐나다와 멕시코로 기수를 돌려 그곳에서 착륙했다.

이 무렵 플로리다 주 사라소타의 한 초등학교에서 수업을 참관하며 아이들에게 동화책을 읽어 주고 있던 부시 대통령은 "미국이 공격받고 있다"는 충격적인 보고를 받았다. 그럼에도 그는 아이들에게 계속 책을 읽어주다가 약 7분 뒤 교실을 떠났다.

9시 30분, 부시 대통령은 TV카메라 앞에서 "오늘 국가적인 비극이 일어났습니다. 두 대의 비행기가 월드트레이드센터에 충돌했습니다. 이는 명백한 미국에 대한 테러리스트들의 공격이며, 국가적 비극입니다. 이번 일을 저지른 자들을 끝까지 추적하여 용납하지 않을 것입니다."라는 짧막한 성명을 발표했다.

이때까지도 대통령 일행 중 어느 누구도 납치된 여객기가 2대 이외에 더 있다는 사실을 알지 못했다.

9시 32분, 딕 체니Dick Cheney 부통령은 테러 공격 보고를 받고 백

〈그림 1-1〉 테러 공격을 받은 미 국방부 _ 출처: pbs.org

악관 지하벙커로 달려갔다. 미확인 비행기가 고속으로 접근하고 있
다는 사실이 백악관 상황실로 전해지면서 체니 부통령을 비롯한 백
악관의 모든 사람들이 긴급 대피했다. 9시 34분, 3번 기가 330도로
회전하면서 고도를 낮추었고, 9시 37분에는 855km의 속도로 미 국
방부 본부와 육해공군 및 해병대 사령부가 있는 펜타곤의 서측 E링
ring 1~2층에 충돌했다. 럼스펠드 국방장관은 워싱턴 상공에 전투기
를 출동시켰고, 또한 대통령 전용기를 호위하도록 했으며, 추가 테러
공격에 대비해 조기경보기AWACS를 발진시켰다.

9시 55분, 부시 대통령을 태운 에어포스 원Air Force One이 새러소
타Sarasota 공항을 이륙하였다. 이때에도 미확인된 11대의 비행기는
아직 미국 영공에 떠 있는 상태였다. 언제 어디서 또다시 테러 공격
이 있을지 알 수 없었다.

9시 59분, 나중에 피격된 월드트레이드센터 남쪽 타워가 먼저 붕

괴되었고, 월드트레이드센터 북쪽 타워는 10시 28분에 붕괴되었다. 10시 10분에는 피격된 펜타곤 서측 E링이 내려앉기 시작하여 10시 50분에 완전히 붕괴되었다.

10시 41분, 체니 부통령은 워싱턴으로 향하고 있던 부시 대통령에게 워싱턴은 위험하다고 보고했다. 이에 따라 대통령 전용기는 방향을 바꾸어 11시 45분 루이지애나의 박스데일Barksdale 공군기지에 도착했다. 여기서 부시 대통령은 세계 각지에 주둔하고 있는 미군에 방어태세 델타Delta를 발령하고 다시 네브래스카에 있는 전략사령부로 가기 위해 이륙했다.

오후 3시 30분, 부시 대통령은 대형스크린을 통해 백악관에서 열리는 국가안보회의를 주재할 수 있는 네브래스카의 오펏Offutt 공군기지에 도착했다. 그는 화상회의를 통해 조지 테넷George Tenet CIA 국장으로부터 오사마 빈 라덴과 알카에다al-Qaeda 집단이 테러 공격의 배후임이 확실하다는 보고를 받았다. 체니 부통령은 납치된 비행기가 더 있을지도 모른다고 했다.

오후 5시 51분, 쌍둥이 빌딩 붕괴 당시 잔해에 맞은 월드트레이드센터의 7개의 다른 건물들도 모두 붕괴되었다.

추가적 위협이 없다는 판단이 내려진 가운데 대통령 전용기는 오펏 공군기지를 출발하여 오후 6시 34분 워싱턴 교외 엔드류Andrew 공군기지에 도착했다. 백악관으로 가는 대통령 전용 헬리콥터 1호기는 파괴된 펜타곤 위로 날아갔다. 백악관에 도착한 부시 대통령은 "위대한 국민은 위대한 국가를 지키도록 되어 있다. 우리는 결코 오늘을 잊지 않을 것이다"라고 결의에 찬 짧은 연설을 했다.

저녁 9시 30분, 미국 역사상 가장 치명적인 공격을 받은 지 13시간 만에 핵 공격에도 견딜 수 있는 백악관 지하벙커에서 국가안보회의가 열렸다. 부시 대통령은 "우리는 미국을 지킬 것이며, 우리는 직접적인 테러 공격에 가담한 자들뿐만 아니라 그들을 비호하는 어떤 세력도 응징할 것이다"라면서 회의를 시작했다. 테넷 CIA 국장은 세계에서 이처럼 잘 협조된 공격을 감행할 수 있는 능력을 가진 조직은 알카에다 밖에 없다고 말하고, 아프간에 근거지를 둔 빈 라덴과 알카에다 조직이 테러 공격을 저지른 것으로 확신한다고 보고했다. 1번 기의 테러분자 중 3명이 알카에다 요원임이 밝혀졌을 뿐 아니라 테러 직후 세계 각지의 알카에다 네트워크로부터 성공을 축하하는 메시지가 알카에다 본부로 쇄도하고 있는 것을 미국 정보기관들이 확인했기 때문이다.

국가안보회의에서는 테러 공격을 감행한 집단에 대해 어떻게 응징할 것인가에 대한 논의가 이루어졌다. 파월 국무장관은 빈 라덴에게 테러기지를 제공하고 비호해 온 아프간의 탈레반 정권과 탈레반 정권을 지원해 온 파키스탄을 다루는 것이 우선 과제라고 말했다. 체니 부통령은 "알카에다 세력을 군사적으로 보복하는 것이 어려울 수 있으며, 특히 20년 동안 내전에 시달려온 아프간에서 공격목표를 찾아내기가 쉽지 않을 것이다"라고 했고, 럼스펠드는 빈 라덴과 알카에다만이 아니라 더 넓은 대상을 공격목표로 해야 한다"고 했다.

9월 12일에도 오전 9시 30분과 오후 4시 두 차례에 걸쳐 국가안보회의는 계속됐으며, 이 자리에서 전쟁의 목표에 대한 심도 있는 논의가 있었다.

III. 부시 행정부의 위기 대응

　　월드트레이드센터의 북쪽 타워에 항공기가 충돌하기 직전 심상찮은 징후를 간파했던 연방항공청은 즉각 미 공군과 접촉을 시도했으나 담당 인력이 부족한 데다 휴가간 인원들도 적지 않아 소통이 지연되었다. 한편 미 공군도 쇄도한 정보와 항공청이 제공한 정보 등으로 사태의 심각성을 간파했으나 수많은 정보가 쏟아진 데다 헛소문도 많아서 사태파악이 늦어졌다. 게다가 이런 상황은 상상조차 할 수 없던 일이었고, 더구나 공군은 테러 몇 시간 전까지 훈련하고 있었기 때문에 전투기를 즉각 발진시키지 못했다. 이러한 악조건 속에 미 공군과 연방항공청은 물론 수많은 항공관제사들은 불확실한 정보를 토대로 수천 대의 비행기 중에서 납치된 항공기를 찾아내려고 안간힘을 썼다.

　　여전히 교신이 안 되는 비행기 여러 대가 공중에 떠 있었기 때문에 언제 어디서 또 다른 테러 공격이 일어날지 모를 일이었다. 그래서 연방항공청은 모든 비행기의 이륙을 금지함과 동시에 고층건물이나 대도시 인근을 지나는 비행기들을 감시해야 했다. 공군은 만일의 사태에 대비해 전투기의 추가 출격을 준비했다. 미국의 동부 지역이 사실상 비행기 테러 공격에 무방비라는 사실이 드러나자 미국 정부는 곧바로 백악관과 국회의사당을 비롯한 워싱턴 D.C.와 뉴욕 일대의 모든 주요 시설과 공공기관에 대피 명령을 내렸다.

　　이 같은 긴박한 위기하에서 미국 정부의 지휘 체계도 마비 상태에 빠져 우왕좌왕했다. 이것은 테러 수준을 넘어선, 미국에 대한 명백한 전쟁행위였다. 결국 연방항공청장의 지시에 따라 운항관리 책임자 벤 슬라이니Ben Sliney는 미국의 모든 영공을 폐쇄하고, 국내선 항공기는 가까운 비행장에 무조건 착륙시키고, 국제선 비행기는 회항하도록 명령했다.

이는 미국 역사상 처음 있는 영공 봉쇄였다. 이는 스칸타나SCATANA1)라는 통제 조치로 미 본토가 침략당하거나 공습당하는 등, 위급상황에서 미 영공의 모든 비행기를 강제 착륙시키고 조종사에게 항공정보를 제공하는 장치인 비콘Navaid Beacon2)도 꺼버리는 조치이다. 이 조치는 1960년대에 처음 채택되었지만 실제로 발동한 것은 이때가 처음이다. 동시에 뉴욕항이 봉쇄되면서 모든 여객선과 화물선들이 정박하거나 회항해야 했고 부두에는 해군 항모전단이 입항했다.

공군은 사라져 버린 1번 기를 찾기 위해 전투기들을 발진시켰지만 이미 그 비행기가 충돌한 지 한참 지난 후인 데다 첫 번째 충돌했던 비행기가 1번 기라는 것을 파악하지도 못하고 레이더에서 사라진 1번 기를 찾는 소란을 벌이고 있었던 것이다.

오전 9시 59분, 월드트레이센터의 남쪽 타워가 붕괴됐고, 오전 10시 28분에는 북쪽 타워도 무너졌다. 도로 건너편 47층 건물인 월드트레이드센터의 7번 건물도 쌍둥이 빌딩이 붕괴되면서 떨어지는 크고 작은 잔해에 맞아 화재가 발생하여 오후 5시 21분에 붕괴되었다. 다행이 뉴욕 시 소방 책임자 다니엘 니그로Daniel A. Nigro가 7번 빌딩 붕괴 전인 오후 3시 30분, 붕괴를 우려하여 대피 명령을 내렸기

---

1) SCATANA는 Security Control of Air Traffic and Navigation Aids를 줄인 말로 국가비상 상황의 항공통제를 위한 국방부, 연방항공청, 연방통신청 등의 합동 대응을 위한 비상조치 절차임.
2) Navaid beacon이란 조종사에게 필요한 모든 항공정보를 제공하는 장치를 말한다.

때문에 많은 사람들의 생명을 구할 수 있었다. 북쪽 타워가 남쪽 타워보다 더 오래 버티기는 했으나 충돌로 인해 빌딩의 엘리베이터와 계단이 모두 끊어져버렸다. 남쪽 타워에서는 일부 계단이 남아 있어서 충돌된 층의 위층에 있던 사람들이 소수라도 탈출할 수 있었지만 북쪽 타워에서는 충돌 층의 위층에 있었던 사람들은 한 사람도 살아나오지 못했다.

월드트레이드센터의 쌍둥이 타워가 붕괴되면서 그 센터의 부속건물인 1번, 2번, 3번, 4번, 6번, 7번 건물과 성 니콜라스St. Nicholas 교회는 완전히 파괴되고, 5번 건물은 대형 화재로 일부 붕괴되고, 웨스트가街 90번지와 케더가街 130번지의 건물들도 화재로 불탔다. 도이치뱅크 빌딩, 버라이즌 빌딩, 세계금융센터 빌딩 3동도 월드트레이드센터 붕괴의 잔해에 맞아 큰 피해를 입었다.[3]

당시 주변 지역은 전쟁터를 방불케 하는 아수라장이었고, 건물이 붕괴되면서 생긴 충격파는 무시무시했다. 엄청난 양의 먼지와 잔해들이 바람을 타고 시가지 전역을 순식간에 덮어버렸다. 이때 월드트레이드센터 근처에 있다가 미처 빠져 나오지 못해 이 같은 먼지를 뒤집어쓴 사람들은 질식사했거나 구사일생으로 살아남았더라도 폐암 등 기관지 관련 질병에 걸려 사망하는 사례가 속출했다. 건물 붕괴 충격으로 생긴 여진이 주변 건물들에 엄청난 피해를 줬다는 사실이 알려지면서 뉴욕의 고층빌딩들이 연속 붕괴가 일어나는 것 아니냐는 공포감이 만연되기도 했다.

---

[3] 펜타곤은 2002년 9월 11일에 개축이 완료되었고, 2014년 11월, 재건축된 104층의 원 월드트레이드센터(One World Trade Center)는 미국의 건국연도를 따서 1,776피트(521m)의 높이로 미국 내에서 제일 높은 빌딩이다.

소방관, 경찰관, 비상구조팀 등이 목숨을 건 구조활동으로 수천 명의 인명을 구하기는 했지만 9.11테러 희생자 수는 최종적으로는 2,973명으로 집계되었다. 민간인은 쌍둥이 빌딩에서만 2,092명, 소방대원과 경찰 등 긴급출동 인원 421명(소방관 343명, 경찰관 23명, 항만청 직원 37명, 공무원 2명, 자원봉사자 9명, 의사 7명 등), 인근 빌딩과 보행자 사망 24명, 납치된 2대의 비행기의 승객과 승무원 사망자 147명(납치범 10명 제외), 원인 불상 17명, 실종자 24명으로 집계되었다. 시신이 발견된 사망자는 1,638명이고 아직까지도 1만여 개가 넘는 뼛조각들이 안치소에 저장되어 있다.

펜타곤의 피해자는 최초 800~1,000명으로 추산했었으나 다행히 3번 기가 충돌한 건물의 서편은 보강공사를 위해 사무실 대부분이 비어 있었기 때문에 인명 피해는 184명에 불과했고, 그중 군인은 55명이었다. 탑승객들의 영웅적인 행동에 의해 펜실베이니아의 생크스빌에 추락한 4번 기 탑승자 40명(납치범 4명 제외)도 전원 사망하였다.

따라서 납치범 19명에 의해 희생된 사망자는 2,973명이며 이들의 국적은 87개국이다. 우리나라 국적의 희생자도 4명이나 되었다. 이 인명 피해는 1941년 12월 일본의 진주만 기습공격 당시의 군인 사망자 2,345명과 민간인 사망자 57명보다 많은, 미국에 대한 단일 공격으로는 가장 큰 인명 피해였다. 그 후 뉴욕 시는 폐암 등 후유증으로 사망한 4명을 희생자로 추가했다.

IV. 9.11테러는 제2의 진주만 사태

9.11사태 발생 당일 저녁, 부시 대통령은 침실에 들기 전 일기장에 "오늘 21세기의 진주만 사건이 일어났다"고 기록했다. 미국이 사전 경고 없이 공격당한 것은 진주만 사건과 같지만 이번 사태는 미국의 심장부에서 전 국민이 TV를 통해 지켜보고 있는 가운데 벌어졌기 때문에 미국인들이 심리적으로 받은 충격은 엄청났다. 당시 미국 언론들이 뽑은 헤드라인은 대부분 "미국이 공격당하고 있다AMERICA UNDER ATTACK"였고, 9.11사태는 '제2의 진주만'이라 했다.

그러나 9.11테러 공격이 일본의 진주만 기습공격과 근본적으로 다른 점이 있었으니, 그것은 공격한 세력이 국가가 아니라는 점이다. 알카에다는 영토를 가지고 있지 않았고, 군대도 보유하지 않았으며, 미국이 전쟁을 선언하려 해도 그 대상이 되는 정부도 없었다. 알카에다를 대상으로 전쟁을 한다고 해도 전쟁에 관련된 국제법이나 국제조약을 그러한 전쟁에 적용할 수도 없었다.

서로 다른 지역에서 4대의 여객기를 납치하여 비슷한 시간에 공격한 것도 치밀한 계획이 아니면 할 수 없는 일이었고, 또한 대형 여객기를 이용한 대규모 테러 공격은 상상조차 할 수 없었던 일이다. 이 공격은 21세기의 새로운 형태의 전쟁의 시작이었다. 뉴욕 월드트레이드센터는 세계 제1을 자랑하는 미국 경제력의 상징이고, 펜타곤은 세계 제1인 미국 군사력의 상징인데 두 곳이 동시에 공격당함으로써 대외적으로 미국의 국가위신이 크게 추락되었고, 대내적으로 미국 정부에 대한 국민 불신이 높아졌다.

테러 공격을 지휘한 사람들은 지구 저편에 있는 아프간의 오지에서 최첨단 통신수단을 이용하여 자살테러 공격을 지휘 통제한 것이다. 21세기가 기술의 시대이기 때문에 그 같은 일이 가능했던 것이다. 이에 비해 미국은 막강한 군사력과 정보력, 그리고 첨단기술을 보유하고 있었음에도 민주적 개방성이란 강점이 테러집단에 의해 역이용당했던 것이다.

9.11 당시부터 부시 행정부 지도자들은 나라를 방어하는 데 실패했다는 심각한 좌절감에 빠졌다. 그들은 미국이 치명적인 공격을 당하고 있었음에도 아무 것도 하지 못하고 보고만 있었기 때문이다. 부시 대통령은 취임 직후부터 9.11 당시까지 알카에다의 테러 가능성에 대한 정보보고를 44번이나 받았고, 그것이 임박했다는 경고도 30회 이상 받았다. 그러나 이들 정보보고는 테러 공격의 정확한 시기와 장소, 방법 등에 대한 내용은 없었다. 그러나 9.11 한 달 전인 8월 6일의 정보보고는 "빈 라덴이 이끄는 테러집단이 미국을 공격할 것"이라는 보다 구체적인 것도 있었다.

9.11테러 공격이 있은 후 빈 라덴은 비디오테이프를 통해 "거대한 빌딩들이 파괴되었다. 미국은 공포에 휩싸였다."면서 자신이 9.11 테러를 주도했음을 암시했다. 미국의 9.11위원회The 9.11 Commission는 2004년에 발행한 보고서에서 9.11테러에 가담한 테러분자들은 모두 알카에다 조직원이며, 빈 라덴의 지시에 따라 테러를 감행한 것으로 결론지었다. 이 보고서는 알카에다 지휘부가 1999년 4월 9.11테러 공격계획을 승인했고, 빈 라덴이 공격에 참여할 사람들을 직접 선발했다고 했다.

9.11테러는 여러 면에서 미국을 뒤흔들었다. 테러의 충격으로 미국 지도부가 일시적으로나마 마비상태에 빠졌다. 국무부에 차량을

이용한 자살폭탄 테러가 감행되었다느니 국회의사당 및 연방대법원 건물에서도 폭탄이 터졌다는 등, 갖가지 유언비어가 난무하면서 정부기관들이 큰 혼란에 빠졌다. 미 상하원의 공화·민주 양당 지도부는 테러 직후 전용 방탄차량을 타고 엄중한 호위를 받으며 교외의 핵전쟁 대피 시설로 신속히 대피했다. 뉴욕항에 항공모함 2척이 입항했으며 준계엄령도 발동되었다.

9.11테러 공격 당시부터 미국 사회는 충격과 공포에 휩싸였다. 언제 어디서 어떤 테러 공격이 있을지 몰라 모두 불안해하면서 대형 빌딩에 접근하는 것조차 피했다. 수많은 회사들이 입주하고 있는 대도시의 모든 고층빌딩에서 대피 소동이 일어나면서 빌딩들이 텅 빈 상태가 되어 경제활동과 사회활동은 큰 타격을 받았다. 로스앤젤레스에 있는 디즈니랜드와 미네소타의 대형 쇼핑센터인 몰 오브 아메리카^{Mall of America}도 테러 가능성 때문에 폐쇄되었으며, 전국 각지에서 비슷한 현상이 벌어졌다. 학부모들이 겁에 질려 자녀들을 학교에 보내지 않아 교육마저 마비되었다.

테러 공격 다음 날인 9월 12일, 뉴욕타임스는 "그동안 의심의 여지가 없다고 믿어왔던 미국의 안전과 자신감이 심각한 타격을 받았으며, 그 회복은 느릴 것"이라고 보도했다. 그다음 날인 9월 13일, 뉴욕타임스의 토머스 프리드먼^{Thomas L. Friedman}은 칼럼을 통해 "이 나라는 이것이 제3차 세계대전이라는 것을 이해하고 있는가? 만약 이것이 3차 세계대전의 진주만 사건이라면 이 전쟁은 길고도 긴 전쟁이 될 것이다."라고 썼다.

미국 전역에 9.11 이전과 이후는 완전히 다른 세상이 되었다는 인식이 확고해졌다. 9.11테러는 미국의 많은 것을 바꾸어 놓았다. 9.11 테러 당일 공군, 해군, 해병대의 전투기들은 물론 캐나다 공군까지 합세하여 미국 주요 도시 상공을 계속 전투경계 비행을 했다. 주요 공항, 핵 발전소 등, 주요 시설에 군대에서 경계병들을 배치했다. 긴급 대응팀은 핵과 화생방공격에 대비하고 있었다. 테러 다음 날부터 그 전과 같은 것은 아무 것도 없다고 할 정도였다. 항상 분주했던 공항들은 텅 빈 상태로 변했고, 사람들로 북적이던 대형 쇼핑센터, 경기장, 관광명소는 인적이 끊어졌고, 미국인들의 일상생활도 불안감에 휩싸여 있었다.

9.11테러로 인한 경제적 타격과 사회문화적 영향, 그리고 보건 문제도 심각했다. 뉴욕은 미국경제의 중심지이다. 9.11테러로 인해 주식시장은 미국 역사상 처음으로 1주일간 최대폭의 하락을 기록하여 1조 4,000억 달러가 증발됐다. 뉴욕 시 경제에도 직격탄이었다. 뉴욕 시는 3개월 동안 43만 명의 일자리가 사라졌고, 이로 인한 경제적 피해도 28억 달러에 달했다. 뉴욕 시 소재 18,000개의 소기업들이 파괴되거나 문을 닫게 되었다.

비용으로 환산하기 어려운 사회문화적 영향도 엄청났다. 미국 대도시 주민들은 지하철을 탈 때도 주위를 살피고, 공연장이나 야구장에서 이상한 소리만 나도 도망가는 일이 일어났다. 이처럼 알카에다에 의한 무모한 테러가 미국인들의 삶을 완전히 바꾸어 놓았다. 시립도서관에도 몸 검색을 받지 않으면 들어갈 수 없었다. 여행이나 다중집합 장소에 가는 것을 꺼리면서 가족 중심의 생활이 중시되고 교회를 다니는 사람들이 증가했다. 언제 어디서 테러가 일어날지 모른다는 극도의 공포감과 불안감에 빠진 사람들이 많아지면서 정부에 대해 강력한 조치를 요구하는 목소리가 높아졌다.

마지막으로 보건 문제이다. 거대한 월드트레이드센터 쌍둥이 빌딩과 주변의 다양한 대형 빌딩들이 동시에 붕괴되면서 발암물질 등

2,500여 가지 유해물질이 포함된 수백만 톤의 공해물질이 뉴욕 시 일대를 오염시키면서 공중보건 비상사태를 초래했다. 유독성 물질로 인한 발병자만도 18,000여 명에 이르렀다.

V. 테러와의 전쟁을 결심하다

9월 15일, 메릴랜드 주에 있는 대통령별장 캠프 데이비드에서 열린 국가안보회의에서 테닛 CIA 국장은 알카에다를 격멸하기 위해 아프간 내에 CIA 요원 6개 팀과 미군 특수부대를 침투시켜 탈레반 정권에 투쟁해온 북부동맹군에 무기와 물자를 지원하고 또한 공중지원 등 필요한 화력을 지원하는 방식으로 합동 작전을 벌일 수 있다고 보고했다. 북부동맹은 탈레반 정권에 대항해온 느슨한 동맹 형태의 무장세력으로 이미 몇 해 동안 탈레반과 싸워왔으며, 군사적 잠재력은 있었지만 무기, 정보, 보급 면에서 취약했다.

CIA 국장은 이어서 알카에다의 특성에 대해서도 보고했다. 알카에다는 빈 라덴 한 사람이 통제하는 조직이 아니라 느슨한 중앙통제로 우두머리가 여럿인 괴물에 가깝다고 했다. 그들은 여러 이슬람 국가 주민들의 감성에 호소하는 방식으로 재정지원을 받고 지하드 Jihad, 즉 성전聖戰에 나설 지원자들을 유인하여 세력을 키워왔다. 알카에다 네트워크는 십여 개 이상의 국가에 퍼져 있으며, 수천 명의 잘 훈련되고 충성스러운 요원들이 전 세계에 걸쳐 수백의 세포조직의 일원으로 활동하고 있다고 했다.

그날 오후 회의에서 부시 대통령은 테러와의 전쟁의 목표에 대해 언급했다. 그는 아프간에서 테러세력을 격멸하는 것뿐만 아니라 그동안 테러세력을 지원해 왔던 이라크, 이란, 시리아 같은 국가들의 정책을 바꾸도록 해야 한다고 했다. 라이스 안보보좌관은 19세기에는 영국, 20세기에는 소련이 아프간에서 이기지 못했듯이 미국이 똑같은 어려움에 빠질 위험이 있다고 하면서, 아프간 상황이 나빠질 경우에 대비한 일종의 보험정책Insurance Policy으로 다른 지역에서 군사작전을 하는 것을 고려해야 한다고 했다. 폴 월포위츠Paul Wolfowitz 국방부 차관은 테러세력의 배후는 이라크의 후세인 대통령이라면서 이라크 공격을 강력히 주장했고 럼스펠드 장관도 이에 동의했다. 월포위츠는 미국이 사담 후세인을 축출한 뒤 이라크에 민주정부를 수립할 경우 다른 아랍국가들에 파급되어 중동 전체의 정치판도가 달라질 것이라고 했다.

그러나 파월 국무장관은 이라크를 공격할 경우 ① 테러와의 전쟁을 위한 국제적 연대가 깨지며, ② 이라크와 아프간에서 동시에 전쟁을 수행할 수 있다는 미국의 능력을 과신해서는 안 되며, ③ 아직까지 이라크에 대한 공격계획이 준비되지 않았음을 지적하며 반대의사를 나타냈다.

9월 16일, 부시 대통령은 "이라크가 테러 공격에 개입되었다고 믿고 있지만 확실한 증거가 없기 때문에 이번에는 이라크를 공격하지 않지만 시간적 여유를 갖고 이라크에 대한 공격계획을 국방부에서 계속 발전시켜 주기 바란다"고 하면서 테러와의 전쟁은 아프가니스탄에 한정하기로 했다.

어떤 정부이건 테러 위협을 경시하기 어렵다. 객관적으로 보면, 테러 공격은 한정된 사람들을 희생시키는 것에 불과하지만, 문제는 테러가 많은 사람들을 공포에 휩싸이게 만든다는 데 있다. 무고한 민간인에 대한 무차별적이고 끔찍한 테러에 대해 정부가 단호히 대응해야 한다는 요구가 빗발치게 된다. 실제로 9.11테러는 미국의 모든 사람들에게 큰 충격과 공포를 주었기 때문에 테러 위협으로부터 국민의 안전을 도모해야 한다는 여론이 하늘을 찌를 정도였다.

9.11테러 공격은 미국 국가전략에 중대한 변화를 초래했다. 미국은 테러 대응전략을 기존의 국가전략 목표보다 더 중시하거나 아니면 적어도 동등한 수준으로 인식하게 되었다. 그 이전에는 테러는 미국의 국가전략에서 관심의 대상이었을 뿐이다.

VI. 테러와의 전쟁 태세 구축

미국이 최악의 위기에 빠지자 미국인들의 애국심과 단결심이 빛났다. 9.11테러 직후 전국 곳곳에 엄청난 수의 성조기가 내걸렸다. 그 전까지 공공기관에만 성조기가 게양되어 있었던 것과는 너무도 대조적이었다. 미국이 정체불명의 테러집단으로부터 직접 공격받으면서 미국의 국가안보는 중대한 도전을 받았고 미국인들의 자존심도 한꺼번에 무너져 내렸고, 이로 인해 미국인들의 분노와 애국심이 폭발하면서 그것이 성조기 게양으로 나타난 것이다.

9.11테러 공격이 일어난 지 한 달 후에 실시된 「USA Today」 신문 여론조사에 의하면, 63%의 가정에서 매일 성조기를 게양하

고 있었고, 도로를 달리는 자동차의 28%, 사람들이 입고 다니는 옷의 29%에 성조기를 달고 있었다. 미국 최대 백화점 체인인 월마트WalMart는 9월 11일 당일에만 성조기 판매량이 11만 6천 개로 폭등했고 다음 날에는 25만 개에 달했다. 이 숫자는 1년 전 같은 날짜의 판매량이 6,400개와 1만 개였던 것에 비하면 놀라운 증가였다. 그 후 1년간 성조기 수요는 10년 전의 걸프전에 비해 무려 10배나 되었다.

전국 곳곳의 적십자 헌혈센터에는 헌혈 희망자들로 장사진을 이루었고 9.11 희생자와 그들의 가족을 돕기 위한 모금액이 며칠 만에 22억 달러나 되었다. 그럼에도 많은 미국인들은 언제 어디서 어떤 테러를 당할지 모른다는 공포감에 사로잡혀 일상생활이 크게 위축되었다. 대도시 사람들은 물론 교외지역과 먼 거리에 있는 소도시와 마을 사람들까지도 테러가 미국의 안위는 물론 자기들의 목숨까지 위협할지도 모른다고 생각했다. 수많은 미국인들이 비행기를 타고 이동하지만 모든 공항에는 테러 공격 위험을 알리는 경고가 게시되어 있어 9.11테러의 악몽에서 벗어나지 못했다. 통상 '황색경보YELLOW'로 표시되었는데 그것은 테러 공격 위험이 높다는 것을 의미했다. 이 테러경고는 9.11이 일어난 지 10년째인 2011년에 가서야 폐지되었다.

9.11 이후 대량살상무기에 대한 우려가 공포 수준으로 높아졌다. 테러집단이 화학무기나 생물무기, 또는 조잡한 수준의 핵무기로 공격할 경우 9.11테러보다 훨씬 더 심각한 재앙을 초래할 것이라는 공포감에 휩싸였다.

그 같은 두려움이 9.11 1주일 후 현실로 나타났다. 앤스렉스anthrax, 즉 탄저균4)이 든 소포가 NBC방송국과 뉴욕포스트신문사the New York

---

4) 탄저균은 포자 형태로 설탕 한 봉지 정도이면 미국 전역을 감염시킬 정도로

Post에 배달되었고, 이로 인해 한 명이 사망하고 여러 명이 병균에 감염되어 입원 격리되면서 불안심리가 전국으로 확산되었다. 3주 후에는 상원의원 2명에게 비슷한 소포가 배달되었다. 거기에는 다음과 같은 경고가 있었다. "당신들은 우리의 활동을 중단시킬 수 없다. 우리는 앤스렉스를 가지고 있다. 당신은 지금 죽게 된다. 두려운가? 미국의 멸망! 이스라엘의 멸망! 알라는 위대하다." 9.11 이후 몇 주간에 걸쳐 앤스렉스 공격으로 5명이 사망하고 17명이 발병했다.

이러한 공포분위기하에서 10월 미국 의회는 별 논란 없이 「미국 애국법the USA Patriot Act」을 통과시켰다. 이 법은 이민당국에 테러조직과 연관된 것으로 의심되는 이민자들을 구금하거나 추방할 수 있는 권한을 부여했다. 또한 이 법은 사법기관으로 하여금 전화를 도청하고, 이메일을 체크하고 금융, 의료 등 개인정보를 조사할 수 있는 권한을 대폭 확대했다. 또한 부시 대통령은 법원의 영장 없이 국제 전화 통화를 도청하고 국제이메일을 검색할 수 있도록 하는 비밀 행정명령을 발동했다.

나아가 부시 행정부는 전화 도청 이상의 초법적 조치도 서슴지 않았다. 혐의자를 심문하면서 불법으로 감금하고 고문하는 것이 일상화되었다. 9.11 이후 몇 주간에 걸쳐 테러조직과 연계 가능성이 있다는 이유로 1,200여 명이 체포됐다. 연방수사국FBI은 대부분이 이민법 위반자임에도 테러조직과 연계 가능성이 높다면서 762명을 구금했고, 그중 184명은 '특수 관찰 대상'으로 구분하여 최고의 보안

위협적이다. 탄저균 포자를 흡입한 후 48시간 내에 항생제를 투입하지 않으면 95%의 치사율을 보인다. 탄저균은 대량생산이 비교적 쉽고, 장기 저장이 가능하며, 미사일, 대포, 비행기 등을 통해 대량 살포가 가능하다. 무색, 무취, 무미로 탐지가 어렵다.

시설에 감금했다.

어느 나라 할 것 없이 최고 지도자를 보호하는 것은 국가안보에서 가장 중요한 문제이다. 9.11 이후 미국은 대통령과 부통령에 대한 경호조치를 대폭 강화됐다. 대통령과 부통령이 동시에 공격당할 우려 때문에 체니 부통령은 백악관 외부의 안전한 비밀장소에서 근무하도록 했고, 무장병력에 의한 백악관 순찰도 강화했다.

부시 행정부는 미국 본토의 안전을 공고히 하기 위한 군사적 조치로 2002년 4월 미국 북부사령부US Northern Command를 창설했다. 육상과 해상과 공중에 걸쳐 미국 본토에 대한 위협에 대응하는 정부기관들에게 필요한 군사지원을 제공하기 위한 목적이었다. 평시에는 군의 역할이 제한받지만 비상사태 시에는 북부사령부가 적극적인 지원을 제공할 수 있도록 했다.

보다 중요한 것은 국토안보부Department of Homeland Security의 창설이다. 2002년 제정된 국토안보법Homeland Security Act에 따라 설립된 것으로 예하에 해양경비대, 국경순찰, 연방재난관리청 등 국토안보 관련 기관 22개를 통괄하고 있다. 국토안보부의 주요 임무는 테러대응, 국경안보, 이민업무, 사이버안보, 재난방지 및 재난복구 등이지만 가장 중요한 것은 테러방지 및 대응업무이다. 2017년 현재 국토안보부 직원은 24만 명이나 되고 예산은 400억 달러를 넘는다.

또한 부시 대통령은 2003년 5월 1일 대통령 행정명령으로 국가대對테러센터National Counterterrorism Center를 설립했으며, 여기에는 CIA, FBI, 펜타곤 등 연방 정부의 테러 관련 전문가들을 한곳에 모여 국내외 테러에 대응하고 있다.[5]

---

5) 현재 NCC는 국가정보국 산하 기관이다.

제2장

테러와의 전쟁의 기원과 역사적 배경

Ⅰ. 이슬람 근본주의와 지하드

Ⅱ. 빈 라덴과 알카에다

Ⅲ. 테러와의 전쟁의 역사적 배경

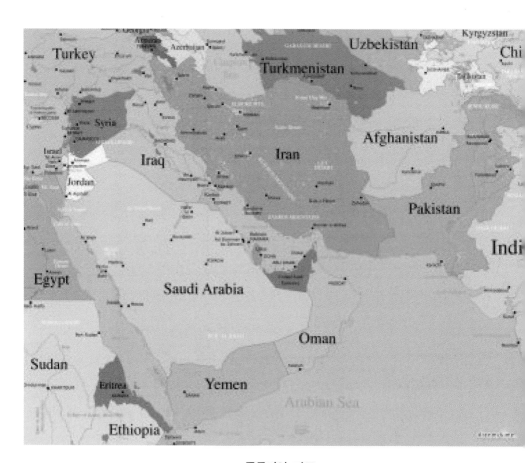

중동지역 지도

_ 출처: dreamstime.com

테러와의 전쟁의 기원과 역사적 배경

"예루살렘의 알 아쿠사 성전과 메카의 성전을 미국과 그 동맹국들로부
터 해방시키기 위해 미국인들과 그 동맹국 사람들을 살해하는 것은
모든 무슬림의 의무이다."
_ 빈 라덴

2004년 10월, 오사마 빈 라덴Osama bin Laden, 1957~2011은 카타
르의 알 자지라al-Zazeera 방송을 통해 왜 9.11테러를 감
행했는지를 밝혔다. 그는 1982년 미국 제6함대의 지원하에 이스라
엘이 레바논의 베이루트 시를 침공하여 무차별 살상하도록 했기 때
문에 이에 대한 보복이라고 주장했다. 그는 미국의 지원을 받는 이
스라엘 공군의 폭격으로 붕괴되는 베이루트의 건물들과 수많은 희생
자들을 텔레비전을 통해 목격하고 분노하면서 이스라엘의 후원자인
미국의 건물들을 공격해 되갚아줄 결심을 했다고 한다. 그가 그 영
상을 보고 보복을 결심하고 22년 뒤 알카에다 요원들로 하여금 미국
을 공격했다는 것이다.

빈 라덴이 말한 이스라엘의 베이루트 폭격은 1982년 6월부터 8

월까지 두 달간에 걸친 이스라엘의 베이루트 공격을 말한다. 레바논의 비극은 1970년대 초 팔레스타인해방기구PLO가 베이루트로 옮기면서 시작되었다. PLO로 인해 1970년대 중반 레바논은 기독교세력과 이슬람세력 간에 내전이 벌어졌고, 그래서 시리아를 비롯한 아랍국가들의 평화유지군이 레바논에 주둔했다. 이로 인해 레바논 정부는 무력해지고 PLO와 시리아군이 레바논을 장악하면서 레바논은 PLO와 다른 이슬람 극단주의 세력들이 이스라엘을 공격하는 기지로 전락했다. 그래서 이스라엘군은 레바논에서 PLO를 축출하기 위해 베이루트를 대상으로 군사 작전을 감행했던 것이다.

빈 라덴이 알 자지라 방송을 통해 밝힌 내용은 다음과 같다.

> "쌍둥이 타워를 공격하기로 마음먹은 것은 갑자기 떠오른 것이 아니라는 것은 하나님은 알고 있다. 상황이 더 이상 참을 수 없게 되었고, 그리고 우리가 미국·이스라엘 동맹군이 팔레스타인과 레바논의 무슬림들에 대해 엄청난 짓을 하는 것을 목격했기 때문에 나는 그 공격을 생각했다. 그 공격을 하게 한 직접적 사건은 1982년 미국이 이스라엘로 하여금 레바논을 공격하게 하고 미 제6함대가 이를 지원한 것이다. 내가 레바논의 높은 빌딩들이 파괴되는 것을 보면서 똑같은 방법으로 그들에게 되갚아야겠다는 생각이 들었다. 미국의 고층빌딩들을 파괴하여 우리가 맛보았던 쓰라림을 그들도 맛보게 하고자 했다."[1]

19명의 알카에다 테러분자들이 광신狂信적으로 목숨까지 내던지며 여객기를 납치하여 '자살 비행'을 했기에 9.11테러 공격이 가능했

---

1) "God knows it did not cross our minds to attack the towers," *The Guardian* (October 30, 2004).

던 것이다. 상상도 할 수 없었던 일이 일어난 것이다. 그러나 그들의 세계에서는 지하드Jihad, 즉 성전聖戰이기 때문에 가능한 것이다. 1993년 2월 26일 뉴욕의 바로 그 월드트레이드센터에서 알카에다 요원인 람지 유세프Ramzi Yousef와 카리드 세이크 모하메드Khalid Sheik Mohammed가 폭탄 테러를 감행한 바 있다. 그들은 뉴저지에서 제조한 1,200파운드690kg의 폭탄을 밴Van 차량에 싣고 지하 주차장에 들어가 도화선에 불을 붙인 후 도주했다. 이 테러로 7명이 사망하고 1,500여 명이 부상당했으며 비상 발전시설과 엘리베이터가 고장 나서 빌딩 전체가 대혼란에 빠졌고, 주차장은 지하 4층까지 파괴되어 차량 400여 대가 파손됐다.

I. 이슬람 근본주의와 지하드

1993년 미국 하버드대 사무엘 헌팅턴 교수는 『포린 어페어즈Foreign Affairs』에 "문명의 충돌The Clash of Civilization"라는 기고문을 통해 문명 간 충돌론을 발표했고 3년 후인 1996년에는 『문명 충돌과 세계질서 재편The Clash of Civilization and the Remaking of World Order』이라는 저서를 통해 이슬람 문명과 기독교 문명 간의 무력 충돌 가능성을 시사한 바 있다.

헌팅턴은 미국과 소련 간 이념 대립으로 상징되었던 냉전이 끝난 후의 세계질서를 기독교 중심의 서방과 라틴아메리카, 이슬람권, 힌두교권, 중국 등 7~8개 문명권으로 분류하여 전망했다. 그는 앞으로 국가 간 무력 충돌(전쟁)의 발생은 이념 때문이 아니라 문화적·종교적 갈등에서 비롯될 것이라고 했으며, 특히 기독교문화권과 이슬람 문화권 간의 갈등이 전쟁으로 발전될 가능성이 있다고 했다. 9.11테러 이후 헌팅턴의 주장은 세계적으로 새롭게 주목받게 되었다.

이슬람교는 7세기경 예언자 무함마드Muhammad에 의해 창시됐다. 무함마드는 이슬람을 바탕으로 아라비아반도를 통일한 후 종교와 정치를 분리하지 않는 신정神政일치를 주창했다. 한때 기독교 문명을 위협했던 아랍 세계가 제국주의 시대에 들어와서 기독교 문명인 유럽 제국주의의 식민지가 됐다. 더구나 2차 대전 이후 중동지역에 집중된 석유 자원을 향한 서구 열강의 각축이 본격화되면서 이슬람 사회는 큰 혼란에 빠졌다. 이 같은 혼란 중에 등장한 것이 이슬람 근본주의Islam fundamentalism다.

이슬람 근본주의는 이슬람 사회가 서양 사회에 예속된 원인이 이슬람의 타락에 있다고 보고, 초기 이슬람의 순결한 정신과 엄격한 도덕률로 되돌아가자는 노선이다. 과거 찬란했던 이슬람 세계가 유럽 열강들의 정치적·경제적·군사적 영향력하에 놓이게 되면서 서구의 사상과 제도의 영향으로 무슬림 공동체가 비非이슬람적이고 세속주의적으로 변질되면서 위기를 맞게 되었다고 주장한다. 따라서 여러 가지 미신적 관행과 이단적 요소들을 추방하고 순수한 이슬람으로 돌아가는 것이 무슬림 공동체를 회복시킬 수 있는 유일한 길이라는 것이다.

이슬람 근본주의를 주창한 대표적인 수니파 종교지도자는 무함마드 알 와하브Muhammad al Wahhab다. 그는 코란에 따른 삶을 강조하며, 이에 따르지 않는 부패한 세력과 이교도異敎徒에 대해서는 매우 적대적이었다. 그의 가르침을 따르는 것이 와하비즘Wahabism이며 와

하비즘은 대표적인 이슬람 근본주의다. 와하비즘의 중심은 사우디 아라비아다. 알카에다는 와하비즘을 신봉하는 과격한 수니파 집단의 하나이다.

이슬람 근본주의자들은 정치와 종교를 구분하지 않는다. 그들은 이슬람의 원리를 정치·경제·교육·사회·가족 문제 등 모든 면에 적용해야 한다고 주장한다. 또한 이슬람 근본주의는 폭력을 정당화한다. 이슬람은 선善이고 타종교나 세속적인 서구는 악惡이기 때문에 폭력을 포함한 모든 수단을 동원해 악을 제거해야 한다고 믿는다.

이슬람 근본주의자들은 자유주의건, 사회주의건, 민족주의건 그 무엇이건 관계없이 이슬람교도 간에 대립을 초래하는 모든 외래外來 이념은 악惡으로 간주하고 이를 물리치기 위해 성전, 즉 지하드Jihad 에 나서는 것이 모든 무슬림의 의무라고 주장한다. 9.11테러 공격에서 보듯 이슬람 근본주의자들은 이교도에 대해 극단적인 증오와 적대감을 나타낸다. 자살폭탄 테러로 무고한 사람들을 되도록 많이 죽이는 일을 성스러운 종교적 행위로 여긴다. 그런 행태는 어디서 오는가? 이슬람 근본주의는 본질적으로 이슬람 세속화世俗化에 대한 반동이다. 세속화란 비종교적 가치와 제도로 변화하는 것을 말한다. 다른 종교와의 공존, 사회적 소수에 대한 관용, 여성에 대한 인간적 대우 등은 세속화의 중요한 요소이다.

이슬람 근본주의는 세계를 이슬람과 비非이슬람으로 구분하고, 이슬람 사회에서는 정치, 경제, 사회 등 모든 면에서 코란의 원리가 철저히 지켜져야 한다고 주장한다. 따라서 민주주의와 시장경제는 이슬람을 파괴시킨다며 반대한다. 세계는 민주화가 대세이지만 이슬람 근본주의는 정교政教 일치의 신정神政국가를 고집한다. 그래서 그들은 미국을 위시한 서방 세계를 '악의 세력' 또는 사탄Satan으로 인식하고 타도의 대상으로 삼는다.

서구와 이슬람의 문명적 충돌의 중심에는 이슬람의 여성인권 억압이라는 중대한 문제가 자리 잡고 있다. 서구 문명의 기본원리인 민주주의에서는 이슬람권에서 당연시되는 여성 억압을 결코 용납할 수 없다. 여성의 머리를 완전히 가리는 히잡^{hijab}이나 전신을 가리는 부르카^{눈만 망사로 가리고 머리에서 발끝까지 검은 천으로 가리는 복장} 등을, 다만 종교적 상징이 아니라 남성 위주의 이슬람 문화에서 여성의 인권을 제약하는 관습적 장치로 보는 것이다.

이슬람에는 남녀 간 평등 개념이 없다. 이슬람에서 여자는 지적 능력이 부족하다고 보기 때문에 남자는 여자보다 더 대우받는다. 남자와 여자 사이에 유산을 분배하는 데 있어서, 코란은 "남자에게는 여자의 두 배가 되는 몫을 주어야 한다"고 한다. 무함마드의 언행록^{하디스, Hadis}에 의하면 무함마드가 여자들에게 이렇게 말하였다. "한 여자의 증언은 한 남자의 증언의 절반과 동등하지 않느냐?" 여성은 남성에게 속한 일부분으로 여겨진다. 특히 이슬람 근본주의자들에게 여성은 낮은 계급으로 가정에서 노예 같은 존재이며 또한 출산의 수단일 뿐이다.

이슬람에서 결혼은 일종의 노예제도이다. 여성은 남성의 노예이다. 그러므로 남편이 요구하는 모든 것에 절대 복종하는 것은 아내의 의무이다. 죽음의 순간에 자기 남편에게 완전히 인정받는 여성만이 낙원에 들어갈 수 있다는 것이다. 남자와 여자가 평등하지 않다는 것은 여성을 학대할 수 있다는 것을 의미한다. 그래서 여성이 가족들에 의해 폭력을 당하고 죽임을 당하는 일이 빈번히 일어난다.

여성에 대한 인권유린이 극단적인 형태로 나타난 것이 명예^{名譽}살인이다. 명예살인이란 가장^{家長}의 명예를 지킨다는 명목으로 딸이나 아내, 친척 여성을 살해하는 것을 말한다. 2000년 유엔의 추산에 따르면, 매년 약 5천 명의 여성이 이슬람교와 아버지 또는 남편의 명예를 실추시켰다는 이유로 살해당했으며, 전 세계 명예살인의 90%가 무슬림의 소행이라고 밝혔다. 성폭행 당한 여성은 명예를 지키기 위해 자살해야 하며, 자살하지 않으면 가족이나 친척에 의해 명예살인되며, 정부는 명예살인을 정당한 것으로 옹호한다. 다른 나라로 이민한 무슬림이 그 나라의 법률을 무시하고 명예살인을 저지르는 일도 빈번하다.

II. 빈 라덴과 알카에다

이슬람 사회에서 지하드는 투쟁, 전쟁 등 여러 가지 의미가 있지만, 믿음에 대한 자기 내부의 투쟁과 불신자들로부터 이슬람을 수호하기 위한 전쟁의 두 가지 의미가 공존하고 있다. 무슬림, 즉 이슬람 신자들은 이슬람을 수호하는 전쟁, 중 지하드 또는 성전에 참가하는 것이 의무사항이며, 전쟁 중에 사망할 경우 천국으로 인도된다고 믿는다.

이슬람의 지하드 개념은 시간이 흐르면서 보다 공격적이고 과격하게 해석되었다. 이러한 주장을 정리하여 전파시킨 사람이 이집트 이슬람 원리주의자인 사이드 쿠트브 Sayyid Qutb다. 그는 이집트가 영국의 식민지로 전락하고 많은 이슬람 국가들이 서방 국가들에게 침탈당한 것은 이슬람교도 본연의 의무를 다하지 않았기 때문이라고 주장했다. 그는 이슬람이 지배하지 않은 세계의 모든 곳을 이슬람의 힘으로 해방시켜야 할 대상으로 보았고, 이 해방전쟁에 무슬림들이 의무적으로 참여해야 한다면서 지하드에 참여하는 것이 "최고의 종교적 행위"라고 주장했다. 쿠트브는 과격한 주장과 활동으로 인해 1966년 이집트 군사정부에 의해 교수형에 처해졌다.

쿠트브의 주장은 아랍권에서 가장 영향력 있고 가장 큰 이슬람 근본주의 단체인 '이집트 무슬림형제단Muslim Brotherhood'에 중대한 영향을 미친다. 무슬림형제단은 급진 테러단체로 총리를 암살하고, 나세르 대통령 암살을 기도하기도 했다. 쿠트브의 계승자는 팔레스타인 출신인 압둘라 아잠Abdullah Azzam과 이집트 무슬림형제단 출신인 아이만 알 자와히리Ayman al Zawahiri로서 두 사람 모두 빈 라덴에게 큰 영향을 미쳤다.

오사마 빈 라덴은 1957년 무함마드 빈 라덴의 10번째 부인의 아들로 태어났다. 그의 부친은 사우디 왕가와의 친분을 이용한 건설업으로 막대한 재산을 축적했는데 사우디아라비아에서 왕족들을 제외하면 최고의 갑부로서 수십억 달러의 자산을 보유한 빈 라덴 그룹의 창시자이다. 무함마드 빈 라덴은 22명의 부인을 두었는데 이혼과 결혼을 반복하여 동시에 4명 이상의 부인을 두지 않았다고 한다. 56명의 자식을 두었으며 1967년 자가용 비행기가 고압선에 걸려 사망하였다. 오사마 빈 라덴의 생모는 빈 라덴이 2살 되었을 당시 이혼하고 다른 남자와 결혼했고, 빈 라덴은 어머니를 따라가서 자랐다. 그는 의붓아버지 밑에서 3명의 이복형제들과 함께 엄격한 이슬람 교육을 받으며 자랐다. 그는 사우디의 명문 고등학교인 알타게르 시범학교Al-Thager Model School를 졸업하고 왕립대학인 킹 압둘아지즈 대학King Abdulaziz University에서 경영학을 전공하였으며, 대학 재학 시 이슬람에

〈그림 2-1〉 아프간에 은거 중일 당시의 빈 라덴 _ 출처: npr.org

심취하여 이슬람 율법서를 영어로 번역하기도 했다.

빈 라덴은 대학 재학 당시 팔레스타인 출신 이슬람 율법 교수 압둘라 아잠^{Abdullah Azzam}을 만나 그를 이슬람 교리의 스승으로 삼았고, 그 후 두 사람은 급진적인 이슬람운동의 동반자가 된다. 아잠은 당대의 가장 권위 있는 지하드 이론가였다. 그는 "현대 이슬람교의 가장 큰 불행은 지하드의 포기"라면서 이슬람교를 비판하고 "알라에 대한 신앙 다음으로 불신자들을 몰아내는 지하드가 가장 중요한 과제"라면서 전 세계에 걸친 지하드의 중요성을 강조했다.

1967년 이스라엘과 아랍 간의 '6일 전쟁'으로 고향인 팔레스타인을 떠나 중동 여러 나라를 전전해온 아잠은 아프가니스탄에서 반反소련 무자헤딘^{Mujahedeen2)}을 지원한 정신적 지주이며 이론가였다. 그

2) 무자헤딘은 아랍어로 "지하드를 행하는 이슬람 전사(戰士)"라는 뜻이다. 여기
서는 아프간을 점령한 소련군으로부터 이슬람 신도들을 보호하기 위해 투쟁

는 아랍 국가들뿐만 아니라 미국과 유럽 각지의 이슬람 사원을 방문하여 이슬람 신자 중에서 아프가니스탄 전선에 합류할 자원자를 모집하고 후원 자금도 모금했다.

아잠은 1979년 말 이란의 이슬람혁명에 영향을 받아 사우디아라비아 왕국을 전복하려고 이슬람 성지인 메카의 대성전을 2주간 점령하는 등, 폭동에 관여했기 때문에 사우디아라비아에서 추방되어 파키스탄으로 건너가 이슬라마바드의 국제 이슬람 대학에서 강의했다. 그 무렵 소련군이 아프간을 침공하자 그는 소련군과 아프간 공산정권에 대항하는 반군 게릴라인 무자헤딘을 지원하기 위해 아프간 국경에 근접한 파키스탄의 페샤와르^{Peshawar}로 가서 활동했다.

1981년 빈 라덴은 대학을 마치고 아잠이 있는 페샤와르로 갔다. 거기서 그는 아잠으로부터 그의 막대한 유산을 무자헤딘을 지원하는 데 사용하도록 설득 받았다. 빈 라덴이 아잠을 만나 본격적으로 지하드 이론에 접하게 되면서 지하드 운동에 적극 나서게 되었다. 그래서 그는 자신의 유산과 아랍 부호들의 기부금으로 무자헤딘 자원자들의 여행경비, 비자 수속비, 숙식비를 지원하는 등, 아잠의 2인자로 활동한다. 아잠과 빈 라덴은 1984년 공동으로 수많은 무자헤딘에게 숙식을 제공하고 무장시키고 훈련시키는 단체인 마크탑 알 키다맛 MAK: Maktab-al-Khidamat, 즉 '아프간지원국^{Afghan Service Bureau}'을 설립했으며, 이 단체가 훈련시킨 무자헤딘은 16,000명에서 35,000명 정도로 추산된다.

그때까지 빈 라덴은 투쟁하는 무자헤딘 게릴라가 아니라 행정가이고 후원자였다고 할 수 있다. 훈련장을 만들고 후원금을 모으고

한 이슬람 신자들을 의미한다.

무기를 사들이고 아랍세계로부터 지원자들을 모집하는 활동을 주로 했다. 무자헤딘들은 대부분 문맹자에 가까웠기 때문에 빈 라덴은 그들에게 매우 유익한 인물이었다. 그는 사우디와 걸프만 국가들의 사원과 이슬람학교 등을 방문하여 후원금을 모집하고 무자헤딘 지원자들을 모집하면서 능력을 발휘했다.

빈 라덴이 아프가니스탄의 무자헤딘을 지원하고 있을 당시 미국은 소련의 아프간 침공에 대항하여 CIA 주도하에 사이클론 작전 Operation Cyclone이란 명칭의 비밀공작을 하고 있었다. 이 작전은 아프간 주둔 소련군과 아프간 공산정권에 항거하여 투쟁하고 있는 아프간 반군들을 지원하기 위해 범 아랍권에서 이슬람 청년들을 모집하여 파키스탄으로 보내면 파키스탄 정보본부ISI: Inter-Service Intelligence가 이들을 조직, 훈련시켜 아프간 반군 단체들에게 보내 소련군에 대항하게 했으며, 아프간지원국도 그러한 단체 중의 하나였다. 초기에는 미국 CIA가 반군과 직접 접촉하고 지원하는 것이 금기시되었지만, 시간이 지나면서 미국의 직접적인 반군 지원도 이루어졌고, 그래서 미국 CIA와 마크탑 알 키다맛과의 관계는 우호적이었다.

빈 라덴이 속한 알카에다의 전신인 마크탑 알 키다맛에서는 1989년 소련군 철수 후 조직의 미래를 둘러싼 논쟁이 일어났다. 이집트 무슬림형제단의 지도자였던 알 자와히리는 "조직의 미래는 세계적인 지하드 운동으로 나가야 한다"고 주장하면서 "아프간에서 순수한 이슬람 국가를 세워야 한다"는 입장을 가진 아잠과 충돌했다. 빈 라덴도 아프간을 중동의 불경한 세속주의 정권들과 미국, 이스라엘에 맞서는 세계적인 지하드 기지로 만들어야 한다고 주장했다. 그 해 아잠이 폭탄테러에 의해 살해되면서 알카에다의 지도자와 2인자가 된 빈 라덴과 자와히리는 마크탑 알 키다맛의 명칭을 알카에다로 바꾸어 더욱 과격한 투쟁에 나선다. 그들이 설립한 알카에다는 '기본the base' 또는 '토대the foundation'라는 의미를 가지고 있다.

자와히리는 빈 라덴을 만나기 전에 이미 이집트에서 급진 이슬람 단체인 '이집트 이슬람 지하드Egyptian Islamic Jihad'를 이끌어온 사악하고 극열한 혁명가였으며, 특히 1981년 이집트의 사다트 대통령 암살 음모 혐의로 체포되어 투옥되기도 했다. 그래서 빈 라덴은 자와히리를 만난 후에 더욱 과격해졌다는 분석이 지배적이다.

자와히리는 종교는 물론 지적으로도 빈 라덴에 앞섰다. 그는 알카에다에서 빈 라덴의 의사醫師이기도 했지만 그의 정신적 지주였고 또한 이슬람 율법의 권위자였다. 그래서 미국 정보기관은 자와히리를 알카에다의 '지적 지도자'로 인식했다. 두 사람은 지향하는 목표가 같았기 때문에 곧바로 동지가 되었다. 빈 라덴은 경험 많은 이론가이며 투쟁가인 자와히리의 도움이 필요했고, 자와히리는 빈 라덴의 자금과 인맥을 필요로 했다. 실제로 자와히리는 의사, 기술자, 병사 등 고도로 훈련된 무자헤딘 요원들을 알카에다에 제공했고, 또한 자살폭탄 전술을 알카에다에 도입했다.

1989년 2월 소련군이 철수하자 빈 라덴은 강대국 소련과의 지하드에서 승리한 아랍의 영웅이 되어 일부 귀국을 희망하는 추종자들과 함께 1990년 초 사우디아라비아로 귀국했다. 다른 무자헤딘들도 귀국하려 했으나 수년 동안 게릴라 전투로 단련된 무자헤딘들이 돌아오면 어떤 과격한 투쟁을 벌일지 알 수 없었기 때문에 대부분 귀국이 거부되었으며, 그래서 그들은 아프간에서 공산정권 타도를 위한 전투를 계속했다. 소련군이 철수하면서 무자헤딘에 대한 미국과 아랍 부국들의 지원도 현저히 줄어들었다. 아프간은 다시 국제적 관심에서 벗어난 국가가 되었다.

III. 테러와의 전쟁의 역사적 배경

1. 이란 회교혁명과 소련의 아프간 침공

이라크전쟁과 아프가니스탄전쟁은 중동지역 세력판도뿐만 아니라 미국과 러시아, 미국과 중국 관계 등 세계질서에도 중대한 영향을 미칠 수밖에 없다. 19세기 이후 해양진출을 중요한 국가목표로 삼았던 러시아는 인도양 진출의 통로인 이란과 아프가니스탄에 영향력을 확대하기 위해 부단히 노력했고, 이에 대응하여 영국은 이란과 아프가니스탄에 빈번한 무력간섭을 하였다.

그런데 1979년 중동과 세계의 질서를 뒤흔드는 두 가지 중대한 사태가 발생했다. 1979년 2월 이란에서 호메이니^{Ruhollah Khomeini}가 이끄는 이슬람혁명이 일어나 팔레비 정권이 붕괴되고 이슬람 공화국이 수립되었고, 12월에는 소련군이 아프가니스탄을 침공했다. 그동안 미국의 중동정책은 이 지역의 안정을 유지하고 소련의 영향력 확대를 억지하기 위해 이란과 협력해왔지만, 이슬람혁명 후 이란은 중동에서 대표적인 반미反美 국가가 되었다.

세계적으로 이슬람교도의 90%는 수니파이며, 시아파는 10%에 불과하다. 그런데 시아파는 중동지역 2대 강국인 이란과 이라크에 집중되어 있으며, 이란 인구의 90% 이상, 그리고 이라크 인구의 65% 정도가 시아파이다. 이라크에서는 수니파의 사담 후세인이 시아파를 탄압해왔다. 그런데 이란의 이슬람혁명은 시아파의 혁명이기 때문에 수니파 중심의 사담 후세인 정권은 물론 사우디 등 다른 수니파 국가들에게 중대한 위협이 되었다.

사담 후세인은 이슬람혁명으로 이란이 중동지역에 영향력을 확대할 가능성이 클 뿐 아니라 이라크 내 65%를 차지하는 시아파 무슬림을 자극하여 자신의 정권을 위협할 수 있다고 판단하고 1980년 12월 이슬람혁명으로 혼란의 와중에 있던 이란을 파멸시키기 위해 이란을 침공했다. 초기 전투에서는 이라크가 우세했지만 이란이 반격에 나서면서 1982년 6월부터 전쟁은 교착상태에 빠졌다.

그때부터는 미사일전쟁이 되었다. 양측은 탄도미사일로 상대국의 도시와 석유생산 시설을 파괴하고 대함對艦 미사일로 상대국의 유조선을 공격했다. 이로 인해 두 나라의 석유 생산과 수출이 급감했다. 설상가상으로 배럴당 40달러를 육박하던 석유 가격은 1980년대 중반 10달러 아래로 추락하면서 석유 수입에서 대부분의 재정수입을 조달하고 있던 두 나라는 전쟁비용을 조달할 방법이 막막했고, 또한 온갖 수단을 동원해 전쟁에 임했기 때문에 경제력이 완전히 소진되었다. 당시 이라크는 550억 달러의 무기를 수입했으며 이에 필요한 자금은 차관으로 충당했다. 이 전쟁으로 이라크의 사망자도 60만에 이르렀다.

이 전쟁은 8년간 지속되다가 1988년 8월에 끝났다. 전쟁비용 충당을 위한 대규모 차관借款으로 이라크의 대외 부채가 850억 달러에 이르러 이라크 국내총생산GDP의 3배에 달했다. 그 차관의 절반은 사우디아라비아, 쿠웨이트 등 걸프지역 국가로부터 조달했다.

사담 후세인은 엄청난 인명 피해와 막대한 경제적 손실을 무릅쓰고 수니파 국가들의 이익을 지키기 위해 이란과 전쟁을 했으므로 이라크의 부채는 그 전쟁의 혜택을 본 수니파 국가들이 대신 갚아야 한다고 주장했다. 그는 아랍 형제국들에게 빌린 것은 채무가 아니라는 강변도 늘어놓았다. 수니파 국가들이 이라크에 되갚는 방법은 그들이 석유생산을 감축하여 석유가격을 올리고 동시에 이라크의 석유 수출 쿼터를 늘려줌으로써 이라크가 최대한 외화를 획득하도록 해야 한다고 주장했다. 그러나 석유 가격 폭락으로 쿠웨이트는 원유생산을 감축할 수 없었을 뿐 아니라 오히려 석유생산을 확대하면서 국제 유가의 인상을 막는 결과를 초래했다. 뿐만 아니라 쿠웨이트는 이라크의 국경지역에 있는 루마일라Rumaylah 유전의 원유를 수평시추 방식으로 생산함으로써 이라크의 석유를 훔쳐왔다는 비난도 받았다. 이라크는 이 같은 쿠웨이트의 정책을 적대행위로 간주했다.

2. 걸프전(제1차 이라크전쟁)

사담 후세인은 이란과 8년간 전쟁을 계속하면서 100만 명 가까운 인명 피해를 초래했고, 국가재정은 물론 국가경제를 파탄 상태로 몰고 갔다. 뿐만 아니라 이라크는 경제정책 실패, 유가 폭락, 서방국가들과 걸프 산유국들의 차관 거부 등으로 경제난이 가중되었다. 후세인은 국민의 누적된 불만을 해소하기 위해 대외적으로 군사적 모험이 필요했다. 또한 그는 걸프지역의 패권을 장악하겠다는 정치적 야망도 가지고 있었다. 다시 말하면, 안보 면에서 취약한 쿠웨이트, 사우디아라비아, 카타르, 바레인 등을 정복하면 중동지역의 명실상부한 패권국이 될 수 있을 것으로 판단했다. 특히, 쿠웨이트를 합병하여 석유수출국기구OPEC 산유량의 40%를 점유함으로써 경제 강국의 위치를 확보하고자 하였다.

후세인은 이 같은 복합적인 목적에서 쿠웨이트를 희생양으로 삼았다. 쿠웨이트와는 해묵은 국경 문제를 가지고 있을 뿐만 아니라 쿠웨이트를 점령하면 경제적으로도 얻을 것이 많은 데다 쿠웨이트의 안보능력도 매우 취약하다고 판단했기 때문이다. 이라크는 1990년 7월 23일부터 쿠웨이트 국경 부근의 유전지대에 전차와 장갑차로 무장한 공화국수비대 2개 사단 약 3만 명을 배치했고, 이에 대응하여 쿠웨이트도 전군에 비상사태를 발령하고 국경지역으로 군대를 이동시켰다. 8월 2일 밤 1시, 국경지역에 포진해 있던 이라크군 2개 기갑사단과 1개 기계화보병사단이 쿠웨이트를 침공했다. 이란과의 전쟁이 끝난 지 불과 2년 만이었다. 쿠웨이트는 결코 이라크의 상대가 될 수 없었기 때문에 이라크 침공 12시간 만에 쿠웨이트의 저항은 끝났다. 쿠웨이트 국왕과 왕자와 주요 각료들은 이웃나라인 사우디아라비아로 피신했다.

이라크 침공 즉시 미국은 이를 규탄하고 유엔 안보리 개최를 요구했고, 뒤이어 유엔 안보리는 이라크의 침공을 규탄하고 이라크군의 철수를 요구하는 결의안 660호를 채택했다.

서방 국가들은 이라크의 쿠웨이트 점령을 중대한 위협으로 인식했다. 이라크가 쿠웨이트를 점령함으로써 이라크군은 사우디의 유전들을 직접 공격할 수 있는 위치에 있었다. 만약 이라크가 사우디까지 장악하게 된다면 이라크는 세계 원유 매장량의 절반을 통제하게 되는 것이다. 이것은 중동질서를 근본적으로 흔드는 것일 뿐만 아니라 세계질서에도 심각한 영향을 미치는 문제였다.

미국의 부시^{George H. W. Bush} 대통령은 이라크의 쿠웨이트 점령은 다음과 같은 이유에서 묵과될 수 없다고 말했다. 첫째, 한 나라가 인접 국가를 무력으로 점령하는 일이 결코 있어서는 안 된다. 둘째, 만약 사담 후세인이 세계 석유 매장량의 절반 이상을 차지하는 걸프지역을 장악하여 세계 석유시장을 좌우하게 된다면 국제유가는 천정부지로 치솟게 될 것이며, 이로 인해 미국을 비롯한 서방 경제에 치명적 타격을 주는 것은 물론 세계경제가 붕괴될 가능성도 있다고 했다.

미국은 항공모함 아이젠하워호 USS Eisenhower와 인디펜던스호 USS Independence가 이끄는 2개 항모전단을 걸프지역에 급파했고, 동시에 미국 본토의 공군기지로부터 48대의 F-15 전투기를 사우디아라비아에 보내 사우디-쿠웨이트-이라크 국경지역을 정찰하며 이라크군이 사우디아라비아로 침공하는 것을 억지했고, 뒤이어 독일의 비트부르그에 있는 제36전투비행단에서 36대의 F-15도 이 지역에 긴급 투입했다.

그럼에도 후세인은 8월 8일 쿠웨이트를 이라크의 19번째 주로 편입했다. 이에 대해 미국은 이라크의 쿠웨이트 침공과 합병을 용납하지 않겠다고 선언하면서 사우디 방어 작전인 '사막의 방패 작전Operation Desert Shield'을 공격 작전인 '사막의 폭풍 작전Operation Desert Storm'으로 전환했다. 그리고 미국은 미군을 걸프지역에 전개하기 시작하여 최대한 짧은 기간에 54만 3,000여 명을 집결시켰고, 군사장비와 물자는 공수하거나 쾌속선을 통해 이 지역으로 이동시켰다.

11월 29일 유엔 안보리는 1991년 1월 15일까지 이라크군의 철수를 요구하고 그때까지 이라크가 이에 응하지 않으면 유엔 회원국들은 군사력을 포함한 모든 수단을 동원해 이라크군을 철수시킬 것이라는 안보리 결의 678호를 채택했다. 쿠웨이트로부터 이라크군의 철수 시한이 임박했던 1991년 1월 12일 미국 상원은 찬성 52, 반대 47, 하원은 찬성 250, 반대 183으로 이라크 침략을 격퇴하기 위한 군사력 사용을 승인했다.

이에 따라 제임스 베이커 James A. Baker 미 국무장관은 중동지역을 포함한 주요국 순방에 나서 연합군을 결성했으며, 그 결과로 34개국이 걸프전에 참전하게 되었다. 이것은 2차 대전 이래 가장 규모가 큰 연합군이었다. 미국 이외에 가장 많은 군대를 파견했던 나라는 사우디아라비아, 영국, 이집트였다. 사우디아라비아가 부담한 전쟁 비용은 연합군 총 군사비 600억 달러 중 360억 달러를 차지하였다. 한국은 5억 달러의 지원금을 부담했고 의료지원병력 154명, 공군수송병력 160명, C-130 수송기 5대를 파견했다. 미군이 연합군 병력 95만 6,000명의 73%를 차지했기 때문에 노먼 슈워츠코프 Norman Schwarzkopf 대장이 연합군 사령관이 되었다.

'사막의 폭풍 작전'은 1991년 1월 16일 밤부터 대대적인 공습 작전으로 시작되었으며, 공습은 2월 21일까지 42일간 밤낮 없이 계속되었다. 첫 번째 타격 목표는 이라크 공군과 방공시설이었고, 두 번째 목표는 이라크군 지휘 및 통신시설이었고, 세 번째 목표는 스커드 미사일 발사대, 무기연구시설, 해군 등 군사목표였다. 미 공군의 적 통신교란용 EC-130H 전자전電子戰 항공기3)가 이라크군 통신을 교란하는 가운데 이라크와 쿠웨이트의 목표물에 대한 폭격이 이루어졌다. 미국의 F-117A 스텔스기4)와 B-52의 폭격, 토마호크 미사일 발사, 그 외의 다양한 공군기의 폭격으로 생화학무기 생산이 의심되는 공장, 군 지휘부, 통신시설, 방공망 등이 파괴되었고, 5,000대가 넘는 이라크 전차의 절반 이상이 파괴되었다. 이라크의 인프라와 산업도 폭격하여 발전용량의 92%, 정유생산 능력의 80%, 석유화학공장, 전화시설, 교량 및 도로, 철도, 기관차와 화차, 주요 산업시설을 파괴

---

3) EC-130H Compass Call은 적의 통신을 교란하기 위한 전자전 항공기이다.
4) F-117A 나이트호크(Nighthawk)는 세계 최초로 실전 배치된 스텔스 공격기이다.

했다. 이라크 전투기는 거의 출격하지 못했으며 설사 출격했더라도 대부분 다국적군의 F-16과 F-18, F-15E에게 상대가 되지 않았다. 이라크의 방공시설도 매우 비효율적이었다. 작전 중 연합군 비행기 75대가 추락했지만, 그중 44대만이 이라크의 공격에 의해 추락되었을 뿐이다.

연합군의 지상공격은 2월 24일 시작되었다. 미 해병 제1사단과 육군 제2사단은 쿠웨이트로 진격하던 중 이라크군이 구축한 참호, 철조망, 지뢰지대 등 장애물지대를 만났으나 몇 시간 내에 돌파했다. 몇 차례 전차전이 벌어지긴 했지만 대부분의 이라크군 부대는 곧바로 항복했기 때문에 적의 저항은 미미했다. 쿠웨이트의 수도 쿠웨이트 시로 진격한 연합군 병력은 15만 명, 탱크는 1,500대였다. 쿠웨이트 시에 있던 이라크군이 반격했으나, 연합군은 이라크군을 격퇴하고 쿠웨이트 시로 계속 질주했다.

연합군의 작전은 쿠웨이트 지역의 이라크군을 포위 섬멸할 계획이었기 때문에 이라크 영토로 우회 공격이 이루어졌다. 제1기갑사단, 제3기갑사단, 제1보병사단, 제1기병사단, 영국 제1기갑사단 등으로 구성된 미 제7군단은 제2기갑기병연대를 선봉으로 쿠웨이트 서쪽의 이라크 영토로 진격했다. 제1기갑사단과 제3기갑사단은 바스라 서쪽 50마일 근처에서 이라크 공화국 수비대의 함무라비 전차사단과 조우하여 전차전을 벌였으며, 이 전투는 제2차 대전 당시 독일군과 소련군 간의 전차전 이래 최대 규모의 전차전이었다. 미군 전차는 1988년부터 배치된 M1A1 에이브람스로서 세계 최고의 화력과 방호력을 자랑했던 반면 이라크의 T-72 전차는 소련제 1970년대 전차였기 때문에 에이브람스 전차에 상대가 될 수 없었다.

제82공정사단과 제101공중강습사단 등으로 구성된 미 제18공수

군단은 제3기갑기병연대와 제24기계화보병사단을 선봉으로 이라크 남부의 사막지대를 가로질러 쿠웨이트 방면의 이라크군 퇴로를 차단했다. 프랑스의 보병사단은 제18공수군단의 좌측을 엄호하는 가운데 이라크 제45보병사단과 조우하여 이를 격파하고 다수를 포로로 잡았고, 영국군 제1기갑사단은 제18공수군단의 우측을 엄호했다. 제101 공중강습사단은 400대의 헬기로 적 후방 260km 지점에 2,000명의 병력을 투입하여 서쪽으로 도주하는 적을 차단했으며, 저녁에는 쿠웨이트 지역의 이라크군과 바스라 시를 연결하는 8번 고속도로를 차단하면서 이라크군과 100시간에 걸친 전투를 벌였다. 이 전투에서 미군 전사자는 16명에 불과했지만 다수의 이라크군을 사살하고 수천 명을 포로로 잡았다.

이처럼 연합군의 작전은 예상했던 것보다 훨씬 순조로웠다. 이에 이라크는 2월 25일 사우디의 다란Dhahran에 있는 미군 막사에 스커드를 발사하여 미군 28명이 전사했다. 다음 날 쿠웨이트를 점령한 이라크군은 철수하기 시작했으나 그 과정에서 737개의 쿠웨이트 유정油井에 불을 질렀고 유정 주위에 지뢰를 설치하여 진화작업이 어렵도록 했다. 2월 26일 밤 이라크군이 황급히 퇴각하면서 이라크군 탱크, 장갑차, 트럭 등 1,400대 내지 2,000대가 몰려들었다. 이 지역을 비행 중이던 E-8 Joint STARS 정찰기가 이를 발견하고 리야드에 있는 미 공군 작전본부에 알렸고, 뒤이어 두 대의 A-10기가 날아와 공격을 가하면서 60km에 걸친 고속도로상에 파괴된 수많은 탱크와 장갑차와 트럭들이 널려 있어 도로가 마비되었다. 이를 가리켜 언론은 '죽음의 고속도로the Highway of Death'라 불렀다. 연합군은 바그다드 남쪽 240km 지점까지 퇴각하는 이라크군을 추격했다.

이처럼 단 4일간의 지상전으로 이라크군은 쿠웨이트로부터 축출되었다. 2월 28일 이라크는 유엔 안보리가 채택한 결의 687호를 무조건 수용하면서 걸프전은 종식되었다. 연합군은 최소한의 인명 피해로 지상전을 시작한 지 1주일도 못 돼 이라크군을 괴멸시키고 쿠웨이트를 수복했다. 전쟁이 끝난 후 조지 H. W. 부시 대통령은 "우리는 베트남 증후군을 단숨에 완전히 지워버렸다"고 선언했다.

이 전쟁에서 이라크군 사망 약 2만 5,000~5만 명, 부상 7만 5,000명, 포로 8만 명이었고, 전차 3,300대, 장갑차 2,100대, 야포 2,200문이 파괴되었다. 격추된 항공기는 110대였고 이란으로 도피한 항공기도 137대에 달했다. 해군 함정도 19척이나 격침되었다. 이에 비해 연합군 전사자는 380명이고 그중 미군 전사자는 292명이었다. 31대의 탱크가 파괴되거나 손상을 입었고, 32대의 브래들리 보병전투차량이 파괴되거나 손상을 입었으며 75대의 항공기가 파괴되었다.

미군 중심의 연합군이 최소한의 인명 피해를 내며 지극히 짧은 기간에 압승을 거두게 된 것은 ① 정보통신기술IT 등 첨단기술의 군사적 활용, ② 육·해·공군 간 효과적인 합동 작전, ③ 직업군인들로 구성된 미군의 뛰어난 전투력 등 세 가지로 평가되고 있다.[5]

이라크는 막강한 군사력을 보유하고 있었는데 그처럼 허망하게 무너지게 되었는가? 사담 후세인이 부대의 이동 등 모든 군사적전을 철저히 통제했기 때문이다. 즉 이라크군은 과도한 중앙통제, 부대의 자율성 억제, 융통성 결여, 정보의 조작, 하급 지휘관의 리더십 발휘 불허 등의 약점을 가지고 있었다.

---

5) Daniel P. Bolger, *Why We Lost* (New York: Houghton Mifflin Hartcourt, 2014), pp.xxxvii-xxxix.

3. 미완(未完)으로 끝난 걸프전

미국을 비롯한 연합국은 이라크 본토로 진격해 후세인 정권을 전복시키지 않고 휴전협정을 체결한 후 쿠웨이트에서 군대를 철수했다. 이에 앞서 1991년 2월 28일, 후세인은 다음과 같은 유엔 안보리 결의 687호의 휴전조건 5개항을 무조건 수용했다.

휴전조건 5개항

1. 이라크에 대한 모든 안보리 결의안(12개) 수락[6]
2. 쿠웨이트 합병 무효화 및 피해보상(1,500억 달러)
3. 다국적군 포로 및 쿠웨이트인을 포함한 모든 외국인 즉시 석방
4. 기뢰와 지뢰 등 모든 폭발물의 위치, 특성 등에 대한 정보를 연합군 측에 제공
5. 48시간 내 쌍방 군사령관 간 휴전 회담 개최

1991년 3월 3일, 바스라 남쪽의 사막에 설치된 텐트에서 노먼 슈워츠코프 대장과 이라크군의 하심 아메드^{Hashim Ahmed} 중장 간의 휴전협상에서 아메드는 연합군 측 요구를 모두 수용했다. 이 회담의 주요 결정 사항은 폭 2km의 군사분계선을 설치하고 분계선 20km 이내에는 이라크군의 비행을 금지하도록 했지만, 교량과 도로가 파괴된 점을 고려하여 헬기는 운용할 수 있도록 했다. 유엔은 휴전협정의 일환으로 이라크로 하여금 대량살상무기 사찰을 받도록 했고,

---

6) 이라크에 대한 그 이전의 유엔 결의안에는 원유 수출 금지 등 전면적인 무역금지, 유엔의 대량살상무기 사찰 허용, 이라크의 군사력 증강 금지 등이 포함되어 있었다.

대량살상무기 개발을 저지하기 위해 이라크의 석유수출을 제한하고 전략물자의 수입도 금지하는 등 경제제재를 가했으며, 그것은 2003년 이라크전쟁 당시까지 계속되었다.

쿠웨이트 침공이 참담한 실패로 끝나자 이라크 국민들은 분노했으며, 특히 북부의 쿠르드족과 남부의 시아파 주민들이 1991년 3월과 4월에 걸쳐 대대적인 반정부 투쟁에 나섰다. 그로부터 2주도 못 돼 주요 도시와 다수의 주州들이 반정부 세력의 통제 아래 들어갔다.

반정부 투쟁은 휴전이 선언된 지 하루 만인 3월 1일 시아파의 중심 도시인 바스라에서 일어났다. 참전했던 탱크병 한 명이 바스라의 중앙광장에 서 있는 후세인 동상을 파괴하자 바라보고 있던 군인들이 환호하는 것을 계기로 순식간에 대규모 반정부 시위로 변했다. 뒤이어 한 장교의 주도하에 장갑차 등을 동원하여 정부건물과 교도소 등을 공격했다. 이 투쟁은 며칠 내에 시아파 지역인 남부지방 전체로 확산되었고, 이란 등 해외에 있던 후세인 반대세력이 귀국하여 합세하면서 봉기는 걷잡을 수 없이 번져나갔다.

북부의 쿠르드족 지역에서도 쿠르디스탄 애국동맹the Patriotic Union of Kurdistan과 쿠르디스탄 민주당the Kurdistan Democratic Party 등 정당 중심의 민병들에 의한 조직적인 반란이 일어났다. 이 지역의 봉기는 3월 5일에 시작됐지만 10일도 못 돼 쿠르드족 민병조직인 페쉬메르가 Peshmerga가 참여했고, 뒤이어 수십만의 주민과 이라크군과 후세인의 민병대 이탈자 등이 합세하면서 키르쿠크와 모술을 제외한 북부지역 모든 도시들이 그들의 통제하에 들어갔다. 이처럼 남북에서 동시에 일어난 반정부 봉기로 이라크의 18개 주 중에 14개 주가 반정부 세력의 통제하에 들어갔다.

최악의 위기에 몰린 후세인은 공화국 수비대에 탱크, 헬리콥터,

야포 등을 동원하여 무자비하게 진압하라고 명령했다. 전쟁 중 3,000대의 탱크가 파괴되었지만 아직도 2,000여 대를 동원할 수 있었다. 또한 휴전협정 당시 이라크군에게 헬리콥터를 운용할 수 있도록 한 것은 치명적인 실책이었다. 이라크군은 헬기로 공중에서 공격하고 지상에서는 탱크와 야포로 포격했다. 반정부세력은 중화기도 대공미사일도 없었기 때문에 속수무책이었다. 이라크군은 반군 지역에서 가가호호를 수색하여 젊은이를 포함한 주민들을 무차별 체포하여 집단 사살했으며, 도망자들은 헬기로 추격하며 사살했다. 또한 신경가스 등을 반군지역에 살포하여 대량 살해했다.

걸프전이 끝날 무렵 미국은 미국의 소리Voice of America 방송을 통해 이라크 국민의 봉기를 부추긴 바 있지만, 이라크에서 대대적인 반정부 투쟁이 일어났을 때 미국의 지원은 없었고, 그래서 반정부투쟁에 참가했던 사람들은 미국에 대해 강한 배신감을 가지게 되었다. 2003년 봄 미군이 바그다드를 해방시켰을 때 주민들이 미군을 환영하지 않았던 것도 이런 이유 때문이다.

미국, 영국 등 걸프전에 참여했던 일부 국가들은 1991년 3월 쿠르드족을 보호하기 위해 이라크의 북위 36도 선에 비행금지구역no-fly zone을 설정하여 다국적 공군기들이 감시 비행을 했고, 4월에는 이라크 국경 내 90km 지점에 쿠르드 난민 수용시설을 설치하여 구호활동을 했다. 후세인 정부가 남부지역의 늪지대에 반군들이 피신하고 있던 마을들을 불태우고 주민을 강제 이주시키는 등 살상과 탄압을 계속하고 있었기 때문에 유엔 안보리 결의 688호에 따라 1992년 8월 22일 미국을 비롯한 연합국은 북위 33도 선에 제2비행금지구역을 설치하여 그 남쪽에 대해 연합군 군용기들이 감시 비행을 했다. 유엔 안보리는 이라크에 대해 광범위한 경제재재를 결의했기 때문에

〈그림 2-2〉 이라크에 설정된 비행금지구역 _ 출처: CNN.com

이라크의 원유수출 차단을 위한 해상 봉쇄도 했다. 미국이 주도한 16개 다국적 해군은 1991년부터 2003년까지 이라크 해안으로부터 호르무즈 해협까지 1,000km에서 이라크 선박에 대한 검색도 실시했다.

그럼에도 후세인 정권은 유엔의 사찰과 경제제재를 무시하거나 위반했고, 이로 인해 빌 클린턴 대통령은 이라크의 군사시설을 폭격하도록 명령하기도 했다. 이라크는 계속해서 유엔의 사찰도 거부했고, 이라크 인접국들이 이라크와 무역을 재개하면서 유엔의 경제제재도 별 효과를 내지 못했다.

4. 빈 라덴, 미국을 대상으로 성전(聖戰) 선언

과거에도 미국은 사우디에 미군 주둔을 허용할 것을 요구했으나, 이슬람 성지聖地인 메카와 메디나의 수호국인 사우디에는 기독교 국가의 군대가 주둔할 수 없다며 이를 거절했다. 그러나 이라크가 쿠웨이트를 단숨에 점령하고 일주일 만에 병합하자 사우디는 호전적인 후세인의 공격을 언제든지 받을 수 있는 위기에 처했다. 당시 이라크군 병력은 세계 4위의 막강한 군사력이었기 때문에 후세인의 명령만 있으면 언제든지 점령당할 처지에 있었기 때문에 사우디아라비아는 미군 주둔을 요청했던 것이다.

그렇지만 사우디는 아랍권의 전반적인 반미정서를 고려하여 미군의 장기 주둔은 바람직하지 않다는 입장이었다. 그래서 미국은 걸프전이 끝나면 미군을 철수시킬 것이라고 약속했지만 미군이 이라크 내 비행금지구역에 대한 감시비행을 계속해야 했기 때문에 일부 병력이 잔류할 수밖에 없었다. 그러나 걸프전 당시에는 사우디에 주둔했던 미군의 규모가 몇십만에 달했지만 1993년에는 1만 명 정도가 잔류하고 있었을 뿐이다.

그러나 빈 라덴은 이슬람 성지인 메카와 메디나가 있는 신성한 나라에 미군을 절대 주둔시켜서는 안 된다고 사우디의 국왕과 왕태자인 국방장관에게 건의하였지만 거절당했다. 이에 빈 라덴은 이슬람 성지에 외국군이 주둔하는 것은 이슬람에 대한 모독이라며 사우디 왕가를 맹렬히 비난했다.

또한 빈 라덴은 미국을 '악의 제국', '사악한 뱀의 머리'라면서 미국을 모든 무슬림의 적으로 규정하고 미국을 대상으로 지하드에 나서야 한다고 주장했다. 그가 미국에 대한 직접적인 공격을 계획하기 시작한 것이 언제인지는 알려지지 않았으나 걸프전쟁을 앞두고 미국의 공격 준비가 한창이던 1990년 11월 8일 연방수사국FBI은 미국 뉴저지에 거주하던 알카에다와 연계된 인물인 엘 사이드 노사이르 El Sayyid Nosair를 체포하여 조사하면서 뉴욕의 고층건물들을 파괴하려는 테러계획을 발견했다. 이는 알카에다가 비이슬람 국가에 대한 테러를 계획한 첫 사례로 알려지고 있다. 미 CIA는 사우디 정부에 이를 통보하였고, 사우디 정부는 1991년 4월 빈 라덴의 시민권을 박탈하고 전 재산을 동결한 후 해외로 추방했다. 빈 라덴은 그의 부친이 막대한 투자를 하여 상당한 영향력이 있는 수단으로 갔다.

한편 수단에서는 1989년 6월 이슬람 세력과 연계된 쿠데타가 일어나 정권이 교체되었다. 새 정권은 수단을 국제 무슬림의 공동체로 만들고자 하면서 국적과 인종을 초월해 능력 있는 무슬림이면 누구든 환영했다. 빈 라덴도 수단 정부의 초청 대상자 중의 하나였다. 이처럼 사우디에서 축출된 빈 라덴에게 수단은 기회의 땅이었다.

빈 라덴은 아프간에서와 마찬가지로 수단에서도 훈련 캠프를 설치하고 테러분자들을 양성하는 한편, 전 세계 이슬람 테러조직들을 연결하고 지원하는 네트워크를 구축하여 알카에다를 국제적인 테러조직으로 발전시킨다. 그는 수단에서 비즈니스와 테러가 융합된 대규모 조직체를 만들었다. 자신의 건설 회사가 수단의 수도 하르툼에서 홍해에 이르는 새로운 고속도로를 건설하면서 회사를 키우는 한편 이를 알카에다 조직 확장에 활용했다. 알카에다의 재정 담당자들은 빈 라덴의 회사를 통해 무기와 폭약과 장비 등 테러에 필요한 물자를 조달했다.

빈 라덴은 무슬림의 지하드로 소련이 1989년 아프간에서 패퇴했을 했을 뿐 아니라 2년 후에 붕괴되었다는 사실에 크게 고무되었다.

그는 이슬람의 적인 슈퍼파워 중 하나가 사라졌기 때문에 다른 하나인 미국을 어떻게 무너뜨릴지 궁리하기 시작했다. 그는 아프간에서 소련군과 싸우면 싸울수록 아랍권에서 후원금과 지원자가 쇄도했다는 사실에 주목했다. 수단에 있었던 5년 동안 그는 미국 공격을 위한 최선의 방법을 찾기 위해 이라크의 사담 후세인 정부와 이란의 호메이니 정부를 접촉하기도 했다.

그는 미국에 대한 성전을 공공연히 부르짖으며 알카에다 네트워크를 통해 테러 공격을 감행한다. 즉 1992년 12월 29일, 알카에다는 예멘의 수도 아덴에 있는 두 호텔을 공격했다. 당시 소말리아 내전에 평화유지 활동을 위해 파견된 미군들이 거쳐 가던 뫼벤피크 호텔 Moevenpick Hotel과 골드 모후르 호텔Gold Mohur Hotel에 대한 폭탄테러였다. 그러나 폭탄이 터진 것은 미군이 떠난 뒤였기 때문에 오스트리아 관광객 한 명과 예멘인 한 명이 희생되었다. 뒤이어 1993년 소말리아 내전에서 무장반군에 의한 블랙호크 헬기 추락사건, 1994년 사우디 리야드에서 미국·사우디 공동시설에 대한 차량폭탄 테러 등도 알카에다가 관여한 것으로 드러났다.

1995년 '변화를 위한 이슬람운동'이라는 알카에다 연계단체는 미군이 사우디에서 철수하지 않으면 미군을 공격할 것이라고 경고했다. 그 해 11월 13일, 사우디의 수도 리야드 소재 미국계 회사에 대한 테러 공격으로 미국인 5명을 비롯해 7명이 사망하고 60여 명이 부상당했다. 다음 해 6월에는 사우디에 있는 미국 공군의 숙소인 코바르 타워Khobar Towers가 분뇨트럭으로 위장한 폭탄트럭에 의해 공격받아 8층 건물이 붕괴하면서 미군 19명과 사우디 민간인 1명이 사망하고 498명이 부상당했다. 이 공격을 감행했던 테러 조직은 사우디 출신의 이슬람 극단주의자들로 그 후 알카에다에 편입되었다. 이 무렙 알카에다는 빌 클린턴 대통령이 심장수술 후 회복 중이던 뉴욕의 한 병원 컴퓨터 시스템을 해킹하여 진료기록을 조작하여 복용 중인 약품의 일부를 치명적인 독약으로 대치하여 독살하려 하기도 했다.

미국은 반미 테러를 일삼는 빈 라덴과 그의 알카에다 집단을 추방할 것을 수단 정부에 요구했고, 그래서 빈 라덴은 1996년 5월 9일 수단을 떠나 아프간의 잘랄라바드^{Jalalabad}로 갔다. 이 무렵 이슬람 근본주의 세력인 탈레반이 카불을 점령하고 이슬람공화국을 선언했다. 알카에다와 탈레반 정권은 지향하는 목표가 같았기 때문에 서로 긴밀히 협력하게 된다.

빈 라덴은 시간적 여유를 가지고 다음 단계 투쟁을 준비했다. 그는 무슬림 전사들의 투쟁이 소련 같은 막강한 나라를 패퇴시키고 결국 붕괴하게 만들었다고 보고, 미국도 취약하며 파괴될 수 있는 조건이 성숙되었다고 판단했다. 만약 미국을 아프간에 끌어들인다면 미국도 참패하게 될 것이고 중동지역에서 미국이 물러나게 될 것이며, 그 결과로 거대한 이슬람 종교국가가 탄생할 수 있을 것으로 확신했다. 그는 미국과의 투쟁에서 군사적으로 상대가 되지 않기 때문에 고도의 기밀을 유지하며 게릴라 방식으로 싸워야 한다고 확신했다.

1996년 8월 23일, 빈 라덴과 알카에다 2인자 자와히리가 공동 서명한 '세계 이슬람전선' 명의의 '유태인과 십자군에 대한 지하드,' 즉 파트와^{fatwa, 종교명령7)}를 발표했다. 그들은 중동의 '악^惡'은 미국이 이 지역을 점령하려는 것과 미국이 이스라엘을 지원한 데서 비롯되었다면서, 사우디가 미국의 "식민지"가 되었다고 비난하고 "예루살렘의 알 아쿠사 성전과 메카의 성전을 미국과 그 동맹국들로부터 해

---

7) 파트와(Fatwa)는 이슬람 지도자가 내리는 율법적 결정을 말한다.

방시키기 위해" "미국인들과 그 동맹국 사람들을 살해하는 것은 모든 무슬림의 의무"라고 선언했다. 그리고 이 선언문을 발표하는 자리에서 빈 라덴은 "미국은 매우 쉬운 목표물"이라고 하면서 "그 결과를 곧 목격하게 될 것"이라고 큰소리쳤다. 1998년 2월 23에도 역시 빈 라덴과 자와히리가 공동 서명한 '유대인과 십자군에 저항하는 세계 이슬람전선의 성전'이라는 두 번째 파트와에서 "가능한 곳이라면 어떤 국가에서든지, 민간인과 군인을 불문하고 미국인과 미국인의 동지들을 죽이는 것이 모든 무슬림의 의무"라고 선언했다.

그로부터 5개월 후인 8월 7일 오전 10시 30분, 케냐의 수도 나이로비의 미국 대사관 정문에서 폭탄을 가득 실은 트럭 한 대가 접근하면서 폭발했다. 9분 뒤, 인근 탄자니아의 수도 다르에스살람의 미국 대사관 주차장에서도 폭탄을 실은 차량 한 대가 폭발했다. 두 곳에서 미국인 12명을 포함해서 224명이 사망하고 4,000여 명이 부상 당했다.[8]

미국 정보 당국은 1주일 뒤 알카에다의 소행으로 결론짓고 빌 클린턴 대통령에게 보고했다. 그래서 빈 라덴과 알카에다는 미국의 긴급한 안보현안으로 등장했고, 미 연방수사국FBI은 빈 라덴을 특급 체포 대상인물 10명 중 한 명으로 지정하고 체포에 나섰다. 미국이 빈 라덴의 행적을 추적하는 가운데 8월 20일 빈 라덴이 아프간 남부의 한 훈련장에서 비밀회동을 한다는 첩보를 입수했다. 아프간 현지 시간으로 밤 10시 아라비아해海에 전개해 있던 미군 전함에서 75발의 토마호크 미사일이 아프간 내 세 개의 알카에다 훈련캠프로 날아

---

8) "1998 United States embassy bombings," Wikipedia(https://en.wikipe
dia.org/wiki/1998_United_States_embassy_bombings).

갔고, 동시에 13발의 크루즈 미사일이 알카에다의 화학무기 생산 시설로 알려진 수단의 한 공장에 발사되었다. 미사일들은 공격 목표를 명중시켰지만, 허탕이었다. 공격 정보가 누설되었기 때문이다.[9]

두 미국 대사관에 대한 동시 폭탄테러는 미국을 아프간으로 유인하기 위한 것이었기 때문에 빈 라덴과 그의 추종자들은 미국의 반응을 주시했지만 토마호크 미사일 반격은 매우 실망스러운 것이었다. 그래서 그들은 보다 직접적인 공격을 했다. 2000년 1월 예멘 아덴 항에 정박 중인 미 해군 구축함 설리번USS the Sullivan을 폭파하려다 실패했고, 뒤이어 10월에 미 구축함 콜USS the Cole을 공격하여 상당한 피해를 입혔다. 알카에다는 미국의 반격에 대비하여 대피하는 소동을 벌였지만 미국의 대규모 군사행동이 없어서 또다시 실망했다.

미국을 대상으로 지하드를 선언한 후 2년간 빈 라덴과 그의 추종자들은 공격계획을 세우고 준비했다. 9.11테러 이후 서방 텔레비전들은 알카에다 조직원들이 장애물을 넘고 공중 사다리를 건너뛰고 총을 난사하는 장면을 되풀이 해 보여주었지만 그것은 그들의 훈련 방식과는 거리가 멀었다. 다시 말하면, 알카에다의 훈련은 서구식 보병훈련이 아니라 치고 빠지는 게릴라 스타일이었다. 가장 중요한 교육은 이슬람 교리로 세뇌시키는 것이었으며 사격을 하고 장애물을 통과하는 데 많은 시간을 보내지 않았다. 그들의 훈련은 군대식 훈련이 아니라 대학교 신입생 동아리 활동과 비슷했다. 체력훈련은 각자가 알아서 했고, 그 대신 각자는 자신의 특기나 경험을 테러활동에 활용하도록 했다.

---

9) "US retaliation against bin Laden," *PBS*, August 20, 1998(http://www.pbs.org/wgbh/pages/frontline/shows/binladen/bombings/retaliation.html).

알카에다 훈련은 직접 몸으로 실천하면서 배우는 도제徒弟방식이었다. 폭발물 제조, 검문소 통과, 서류 위조 등 테러 현장에 필요한 기술들을 고참자를 통해 습득했다. 들키지 않고 테러행위를 하고 범죄행위를 하는 것도 배웠다. 그래서 훈련캠프에 오래 머물 필요가 없었다. 훈련의 대부분은 농촌 부락이나 시장 등 다양한 생활 현장, 나아가 테러 대상국의 현장에서 이루어졌다. 미국의 토마호크 미사일이 알카에다 훈련장을 타격해도 별 사상자가 없었던 것은 그 때문이다.

빈 라덴과 그의 추종자들이 주로 하는 일은 공격목표를 선택한 후 그 목표를 오랫동안 관찰하는 것이다. 영국 군인들이 말했듯이 정찰에 투입된 시간은 결코 허비한 시간이 아니라는 것을 알카에다가 활용했다. 철저한 목표 관찰이 알카에다 테러준비의 핵심이다. 그들은 목표를 선정한 후 보안 태세를 시험한 후 그들의 계획을 재검토하며, 필요 시 선정된 목표를 포기하고 새로운 목표를 선정한다.

계획된 모든 테러활동에 대해 알카에다는 테러 경로와 테러 목표를 점검하고 또 점검한다. 점검을 통해 부적합한 것으로 판단되면 취소한다. 테러의 시기 선택도 중요하다. 알카에다는 세계 도처에 흩어져 있는 조직원들을 조정 통제하기 위해 인터넷, 휴대전화, 쪽지 전달, 동영상, 세심한 복장 착용 등을 매우 잘 활용한다. 빈 라덴은 사막 유목민 방식이 아니라 서구의 특수전 방식을 활용했던 것이다.

테러 성공을 위해서는 조직원들의 철저한 보안이 필수적이다. 세포細胞 조직 요원들은 세포에서 이루어진 일밖에 알지 못했다. 세포 책임자가 상급자와 접촉함으로써 간접적으로 다른 세포와도 연결된다. 어떤 세포는 지원 역할을 하고, 또 다른 세포는 같은 임무를 중복하기도 하고, 어떤 세포는 예비로 남는다. 자와하리가 이끈 이집트의 지하드 조직은 이것을 '포도송이 접근법'이라 부른다. 각 세포는 한 가지 임무만 맡지만 보안이 불확실하면 임무에서 제외되기도 한다, 모든 테러 조직이 이 같은 방식을 사용하지만 알카에다가 가장 철저하게 사용했다.

알카에다 조직원들은 조직의 명령을 철저히 따른다. 감시팀은 지정된 목표물을 감시한다. 폭탄제조 세포는 폭발물을 트럭에 장착시킨다. 한 세포가 잡히거나 살해되더라도 그 세포만 실패할 뿐이고 다른 세포는 계속 임무를 수행한다. 여러 세포들이 여러 곳에서 하나의 테러 목표를 위한 활동을 꿰어 맞추는 데 여러 달이 걸린다. 알카에다 지도부는 조직원들을 배치하고 그들의 활동을 평가하고 필요하면 계획을 수정하고 그들의 활동 방식을 향상시키고, 그리고 나서도 다시 평가한다. 때로는 전체 계획이 크게 바뀔 수 있고 아예 완전히 포기하기도 한다. 모든 준비가 완벽하다고 판단되면 알카에다는 행동으로 옮긴다. 그리하여 2001년 9월 11일 아침, 미국 공격이라는 '거대한 작전'에 나섰던 것이다.

한마디로 말해 미국과 알카에다는 소리 없는 전쟁을 하고 있었다. 미 CIA는 1998년부터 빈 라덴 제거를 위해 다각적인 노력을 기울였으나 그가 아프간에 있는 한 완벽한 기회를 포착하기는 힘들었다. 설혹 완벽한 기회라고 실무자들이 판단했더라도 첩보에 대한 불확실성, 예상되는 민간인 피해, 실패에 대한 두려움 등의 이유로 실행에 옮기지 못했다.

제3장

아프가니스탄전쟁

Ⅰ. 험난한 아프가니스탄 현대사

Ⅱ. 항구적 자유 작전

Ⅲ. 시행착오가 많았던 아프간의 안정과 재건

Ⅳ. 반격에 나선 탈레반

Ⅴ. 적극 대응에 나선 오바마 행정부

Ⅵ. 빈 라덴 제거에 성공

Ⅶ. 난관이 많았던 아프간군 육성

Ⅷ. 불확실한 아프간의 미래

아프가니스탄 지도

_ 출처: lonelyplanet.com

아프가니스탄전쟁

"아프간에서 죽은 자만이 항복한다." _ 본문 중에서

9.11 테러가 발생한 지 10일도 안 돼 미국은 테러와의 전쟁의 일환으로 알카에다와 그들을 지원해온 탈레반 정권을 분쇄하기 위해 아프가니스탄에 대한 군사공격에 나섰다.

군사전문가들은 세계 유일 초강대국인 미국이라 해도 아프가니스탄의 험난한 지형, 이슬람교에서 비롯된 배타적 전통, 아프간인들의 전통적인 호전성 등을 감안하면 아프간전쟁은 매우 어려운 전쟁이 될 것으로 예상했다.

아프간에서의 군사 작전이 어려운 이유는 무엇보다 독특한 지리적 특성 때문이다. 아프가니스탄 전체가 험준한 산악지형이기 때문에 외부 공격에 버틸 수 있는 천연 요새가 되고 있다. 아프간은 파미르고원 남서쪽에 위치하고 있을 뿐 아니라 힌두쿠시산맥이 영토를 남서쪽으로 횡단하고 있어 세계 최고의 산맥들에서 뻗어 나온 험난한 지맥支脈들과 그 사이를 흐르는 깊은 계곡들이 어떤 외침도 저지할 수 있게 한다.

그 같은 지형 조건은 게릴라전에 유리한 반면 현대 기동전에는 극히 불리하다. 또한 아프간에는 강대국들과의 전쟁 경험과 오랜 내전을 통해 실전 경험이 풍부하고 또한 어떤 외세에도 굴하지 않았던 수십만의 정규군과 200만 이상의 비정규군이 있었다. 그렇지만 삼림이 거의 없는 산악지형과 사막지형은 공중공격에 취약했다.

아프간전쟁을 이해하기 위한 방편으로 먼저 아프간의 역사를 간략히 살펴보고자 한다.

I. 험난한 아프가니스탄 현대사

아프간의 현대사는 험난하기 짝이 없다.[1] 19세기 최강대국의 하나였던 영국은 인도에 식민지를 구축한 후 인접지역인 아프간에 진출하여 아프간 인물을 집권자로 내세워 간접 통치하는 등, 100여 년 노력했지만 결국 아프간을 장악하는 데 실패했다. 결국 아프가니스탄은 1차 대전 후인 1919년 독립을 쟁취했다.

1933년부터 1973년까지 자히르 샤Zahir Shah 왕의 통치하에 장기

---

1) Susmit Kumar, "Afghanistan: Short History," http://www.susmitkumar.net/index.php/afghanistan-a-short-history

간 안정을 유지했으나, 그의 처남 모함마드 다우드^{Mohammad Daoud}가
무혈 쿠데타를 통해 왕좌를 차지했다. 1978년 공산당인 인민민주당
이 다우드왕과 그 가족을 살해하고 정권을 장악한 후 공산주의 급진
개혁을 강행했다. 토지개혁을 통해 부족장들과 성직자들이 소유하
고 있던 토지를 빼앗아 농민들에게 나누어 주었고 이슬람 율법에 배
치되는 남녀평등 정책을 밀어부쳤다.

그러나 그 같은 급진개혁에 대해 도시 주민들은 어느 정도 호의
적이었지만, 이슬람 율법이 지배적인 촌락에서는 거센 저항이 있었
다. 이에 공산정권은 수천 명의 이슬람 성직자들을 처형하는 등 공
포정치로 맞섰지만 대대적인 반정부운동이 일어났고 군대까지 반정
부세력에 동조하면서 나지불라^{Najibullah} 정권은 붕괴위기에 직면했다.

소련은 아프간 공산정부를 지원하기 위해 1979년 12월 10만여
명의 군대를 아프간에 투입했다. 소련군 점령하에서 아프간 공산정
권의 탄압은 극심해졌고 소련군도 민간인들을 대상으로 무차별 공습
과 포격을 하면서 100만 이상의 아프간 주민들이 살해되었고 500여
만 명이 파키스탄, 이란 등 주변국으로 피난했다.

소련의 아프간 침공은 이슬람 세계의 분노를 불러일으켰다. 6,000
여 명의 여러 아랍국가 젊은이들이 지하드의 명분 아래 아프간으로
몰려들었으며, 그 후 그들은 무자헤딘으로 불리게 된다. 그러나 그
들은 현지 사정도 잘 몰랐고 생활여건도 열악하기 짝이 없었고 훈련
도 제대로 받지 못하여 상당수가 희생되었지만, 살아남은 자들은 더
욱 극렬한 전사가 되었다. 미국의 카터 행정부는 소련의 아프간 침
공에 대한 대응전략으로 파키스탄 정보기관^{ISI}을 통해 상당 규모의
현금과 무기, 그리고 2천여 개의 스팅어^{stinger} 지대공 미사일을 무자
헤딘에 제공했고, 뒤이은 레이건 행정부는 그 지원 규모를 확대했

다. 소련군의 아프간 점령에 대한 국제사회의 비난이 컸고 소련군의 사상자도 많았기 때문에 소련군은 1989년 아프간에서 철수했다.

1991년 소련이 해체된 후 아프간 공산정권은 고립무원의 처지가 되었다. 그럼에도 아프간 정부군은 무자헤딘을 소탕하는 과정에서 산간 부락을 불태우고 공중폭격으로 주민들의 피해가 커지면서 주민들의 반발을 샀다. 또한 정부군 중에는 살인, 방화, 약탈 등으로 원성의 대상이 되는 자들이 많았다. 1992년 북부동맹Northern Alliance의 아흐메드 마수드Ahmed Masoud와 남부지역의 헤크마티아르Gulbuddin Hekmatyar가 이끄는 무자헤딘 연합세력의 공격으로 공산정권은 결국 붕괴되었다. 그러나 군벌 간 주도권 쟁탈전으로 내전 상태에 빠졌다. 내전이 격렬했던 1994년에는 수도 카불에서만 1만여 명이 목숨을 잃었다.

이슬람 근본주의 노선의 탈레반 정권 등장

10여 개의 군벌 간 명분 없는 혼전이 계속되는 가운데 살인, 방화, 납치, 강간, 약탈 등의 만행으로 주민들의 원성이 높아졌다. 파키스탄에서 아프간을 거쳐 중앙아시아로 통하는 교역로에서 다양한 무장집단들이 교통통제소를 설치하고 통행료를 징수했기 때문에 상인들의 불만도 컸다. 이 같은 무정부 혼란상태에서 1994년 10월 아프간 남부 칸다하르 외곽에서 25,000여 명의 전통 이슬람학교 학생 중심의 이슬람 근본주의 무장조직인 탈레반Taliban이 결성된 후 급속히 세력을 확장하여 마침내 권력을 장악했다. 이로써 소련군 철수 이후 7년간 계속되어온 내전이 끝났다.

그러나 종교를 부정하는 공산주의 실험이 참담한 실패로 끝난 후 곧바로 공산세력의 반대편에 있는 이슬람 근본주의 세력인 탈레반의 등장은 또 다른 비극의 시작이었다. 그들이 실시하고자 한 이슬람 근본주의 개혁노선은 1,000년 전 무함마드 시대로 돌아가자는 것이다. 탈레반 정권은 사우디보다 더 철저한 이슬람 샤리아Sharia 율법에 따라 엄격한 남녀 차별, 이슬람식 처벌 제도 부활, 텔레비전 방송 금지, 음악 금지, 인터넷 금지 등을 강행했다. 샤리아 율법을 감시하는 종교경찰이 있어 위반자는 체벌에 처해졌다. 여자는 직장에 다닐 수 없었고, 자신의 얼굴을 드러내지 못하도록 했으며, 남성 가족의 동반 없이 병원에도 갈 수 없었다. 부르카의 착용이 의무화되었고 남자와 같이 외출하지 않으면 발견되는 대로 구타당했다. 심지어 매니큐어를 한 손이 적발되면 그 손가락이 잘렸다. 간통한 여성으로 지목되기만 하면 돌로 때려죽이게 했다. 남성들도 턱수염이 강제되었고 서양식 헤어스타일도 금지되었다. 절도범은 손이 잘렸고, 동성애자는 불도저로 깔아 죽였다. 심지어 모든 여자 아이는 학교에 다니지 못하도록 했다.

또한 탈레반 정권은 세계적인 문화유적이자 유네스코 세계문화유산으로 지정된 바미얀의 거대 불상들을 파괴하여 세계를 경악케 했다. 2001년 3월, 이교도의 우상숭배라는 이유로 1,500년 전 유적인 이 석불들을 로켓포와 다이너마이트로 폭파했다. 그뿐 아니라 탈레반 정권은 사람 모양으로 생긴 모든 조형물과 그림을 파괴했다. 그들은 2000년 한 해에만 카불 국립박물관에 소장된 미술 작품 2,750여 점을 파괴했다.

빈 라덴은 소련의 아프간 침공 직후 막대한 유산을 투입하여 수천 명의 중동 및 북아프리카의 무슬림들을 끌어들여 훈련시켜 소련군에 대항하는 아프간 무자헤딘을 지원해왔다. 그가 수단에서 추방되어 다시 아프간의 잘랄라바드로 온 것은 탈레반이 카불을 공략하기 직전인 1996년 5월이었다. 그때부터 빈 라덴을 비롯한 알카에다 지도부는 탈레반 정권의 최고 지도자 오마르와 긴밀히 협조했다. 빈 라덴이 이끄는 알카에다 테러집단은 탈레반 정권의 비호와 지원 아래 훈련 캠프를 설치하고 테러 요원을 훈련시키며 세계 도처의 알카에다의 테러활동을 지원하고 조종했다.

II. 항구적 자유 작전

　　　　9.11테러가 있은 지 6일째인 9월 17일 오전 9시 35분에 개최된 국가안보회의에서 부시 대통령은 "전쟁은 오늘부터 시작된다"고 선언했다. 그는 캠프 데이비드 회의에서 테넷 CIA 국장이 건의했던 아프간 비밀 작전을 포함한 대통령의 1급 비밀 행정명령인 고지告知각서Memorandum of Notification에 서명했다. CIA로 하여금 테러에 대한 광범위하고 제한 없는 은밀한 범세계적인 활동을 할 수 있도록 승인한 것이다. 즉 CIA 요원들은 전 세계에서 테러조직을 대상으로 살인, 암살 등, 비밀 작전을 펼칠 권한을 갖게 되었다. 또한 CIA의 특수공작팀을 아프간에 침투시켜 탈레반에 대항해서 싸워온 북부동맹과 협력하고 미 지상군이 투입되면 미군과 북부동맹군을 연결하는 역할도 하도록 했다. 이에 따라 9월 19일 CIA의 비밀공작팀이 미국에서 출발하여 26일 아프간으로 침투하면서 아프간전쟁, 즉 '항구적 자유 작전Operation Enduring Freedom'이 시작되었다.

9월 20일, 부시 대통령은 의회에서 행한 연설을 통해 미국에 대한 테러집단의 공격을 '전쟁행위an act of war'로 규정하고 '테러와의 전쟁'을 공식 선언했다. 그는 연설에서 빈 라덴과 알카에다에게 활동근거지를 제공하고 있는 아프간의 탈레반 정부에 대해 다음과 같은 최후통첩을 보냈다. "아프간 내에 은신하고 있는 모든 알카에다 지도자들을 미국에 인도하라. 불법 감금하고 있는 미국인을 비롯한 모든 외국인들을 석방하라. … 아프간 내 모든 테러훈련장을 즉시 그리고 영구적으로 폐쇄하고, 모든 테러분자와 그 지원인력을 적절한 당국에 인도하라. 또한 미국이 테러훈련장 폐쇄 여부를 확인할 수 있도록 접근을 허용하라."

이어서 부시 대통령은 "테러와의 전쟁은 알카에다를 대상으로 시작되지만 거기서 끝나는 것이 아니고 지구상 모든 테러집단이 발견되고 섬멸될 때까지 계속될 것이다. … 우리는 모든 외교적 수단, 모든 정보 수단, 모든 금융수단, 모든 전쟁무기 등을 동원하여 국제 테러조직을 분쇄할 것이다. …모든 나라는 결정해야 할 것입니다. 미국과 함께 할 것인가 테러집단과 함께 할 것인가를 선택해야 합니다. 오늘 이후 테러집단에 은신처를 제공하거나 그들을 지원하는 나라는 미국에 적대적인 것으로 간주할 것입니다."라고 선언했다.

부시 행정부는 탈레반 정부가 그 같은 요구에 응하지 않을 것으로 판단했지만, 아프간 침공의 명분을 강화하기 위한 목적에서 그 같은 최후통첩을 보낸 것이다. 탈레반 정부가 미국의 요구를 거부하자 부시 대통령은 강력한 행동을 취할 수 있는 권한을 의회에 요청했다. 이에 따라 상하원은 테러를 방지하는 데 필요한 모든 군사력을 사용할 수 있는 권한을 대통령에게 부여하는 결의안을 채택했다.

적을 규정하는 것이 곧 전쟁을 규정하는 것이다. 그런데 9월 20

일에 있었던 부시의 연설은 "지구상 모든 테러집단을 타도해야 할 적으로 규정했기 때문에 누가 적이냐 하는 문제가 제기되었다. 테러와의 전쟁은 알카에다를 적으로 규정한 것은 분명했지만 그보다 훨씬 넓은 범위의 적을 대상으로 했다. 그러나 전 세계에 산재해 있는 알카에다 네트워크를 대상으로 전쟁을 한다는 것은 매우 어려운 일이었다.

이처럼 부시 대통령은 아프간이 아니라 테러를 대상으로 선전포고를 한 것이다. 테러는 전술에 불과하기 때문에 전술을 상대로 전쟁을 한다는 것은 모순이었지만 그럼에도 '테러와의 전쟁'이 시작된 것이다. 그러나 알카에다는 국가가 아니었기 때문에 공격할 영토도 대결할 군대도 없었으며, 전쟁을 선포하고 항복을 받아낼 정부도 없었다. 테러를 상대로 한 전쟁에 관련된 미국의 교전규칙도 없었고 또한 그에 관련된 국제법과 국제조약도 존재하지 않았다.

1. 성공적인 초기 작전

부시 대통령이 아프간에 대한 군사 작전을 결심한 후 미국은 알카에다와 탈레반 정권을 대상으로 한 군사 작전 준비에 착수했다. 9.11테러 직후 토미 프랭크스 중부사령관은 부시 대통령과 럼스펠드 국방장관에게 6개월 정도 준비한 후 6만 명의 재래식 군사력으로 아프간을 침공할 것을 건의했으나, 그들은 과거의 영국이나 1980년대의 소련처럼 아프간에서 발목이 잡힐 것을 우려하여 그 건의를 거부했다. 오히려 럼스펠드는 "지금 당장 그곳에 병력이 투입돼야 한다."고 했고, 그래서 프랭크스 사령관은 다음 날 특수부대 중심의 작전계획을 가져와서 보고했다.

아프간전쟁의 작전계획은 4단계로 구성됐다. 제1단계는 전쟁에 필요한 여건 조성과 작전에 동원될 군사력 준비였다. 제2단계는 필요한 군사력을 아프간 주변지역으로 결집시키는 동안 국무부는 우방 국들로 하여금 군대를 파견하거나 지원하도록 국제협력을 모색하도록 했다. 제3단계는 아프간의 공군과 방공망을 격멸하는 동시에 미군 특수부대와 CIA 요원들이 북부동맹군과 협력하여 초기 작전을 수행하는 것이고, 제4단계는 아프간의 안정화와 재건에 대한 것이었다.

부시 대통령이 테러와의 전쟁을 결심하자 파월 국무장관은 동맹국 결성을 위한 외교에 나섰다. 9.11테러 공격은 국제법과 국제규범에 철저히 어긋난 것이었기 때문에 전 세계는 압도적으로 미국에 동정적이었다. 또한 초강대국인 미국이 테러와의 전쟁을 한다는데 이에 반대할 명분을 가진 국가도 없었다. 당시 세계 여론이 미국에 우호적이었기 때문에 아프간전쟁을 모두 58개국이 지원했다. 영국, 독일, 오스트레일리아 등 미국의 주요 우방국들이 군대를 보내고, 공군을 배치하고, 군수물자를 지원했다. 프랑스와 이탈리아는 항공모함 전투단, 수송기, 공병부대 등을 제공했고, 일본은 유류보급선과 항공기를 제공했다. 모두 25국이 참전했으며, 한국은 뒤늦은 2003년 2월 1,360명 규모의 건설공병부대인 다산^{茶山}부대를 카불 북쪽 바그람 공군기지에 파견하여 2007년 12월까지 재건활동을 했다.

아프간은 내륙 국가이기 때문에 인접국들의 협조가 중요했다. 소련이 해체된 후 미국이 관계개선을 위해 노력해온 중앙아시아의 신생 공화국들로부터 긍정적 결과가 있었다. 우즈베키스탄은 상당한 원조를 요구하기는 했지만 카쉬 카나바드^{일명 K2}공항을 미군이 사용할 수 있도록 했다. 키르기스스탄은 마나스 공항을 사용하도록 했고, 타지키스탄은 3개의 비행장을 제공했다. 특히 파키스탄의 협조가 없으면 미군의 작전 자체가 어려워질 가능성이 있었다. 다행히 2001년 6월 파키스탄의 대통령이 된 사람은 장군 출신으로 합참의장과 국방부장관을 역임한 무샤라프로서 군인 출신인 파월 미 국무장관과 대화가 통했다. 무샤라프는 상당한 원조를 요구하기는 했지만 미국의 요구를 수용했기 때문에 미국은 파키스탄에 미군 기지를 확보할 수 있었을 뿐 아니라 아라비아해海로부터 아프간에 이르는 소중한 육상보급로를 확보할 수 있었다.

미군의 작전개념은 CIA 요원과 미군 특수부대 요원들이 북부동맹군을 지원하고, 나아가 미군의 강력한 장거리 미사일과 공중 폭격을 통해 승리를 쟁취한다는 것이다. 소화기와 박격포, 그리고 소규모 야전포병을 주축으로 하는 탈레반을 격멸하는 것은 별로 어렵지 않을 것으로 판단했다. 이처럼 아프간전쟁의 최초 작전은 북부동맹에 파견된 CIA의 작전요원 110명, 미 특수부대 장병 300명, 그리고 2만 명 규모의 북부동맹군 간의 합동 작전으로 시작되었다.

9.11테러가 일어난 지 15일째인 9월 26일, 조브레이커Jawbreaker의 일부인 게리 슈렌Gary Schroen 지휘하의 7명으로 구성된 CIA의 특수활동팀SAD: Special Activities Division은 9월 19일 미국을 출발하여 우즈베키스탄을 경유하여 26일에 아프간에 잠입한 후 그동안 탈레반과 전쟁을 벌여온 북부동맹을 설득하여 그들로 하여금 탈레반을 공격하게 할 계획이었다. 게리 슈렌은 CIA 파키스탄 지부장을 지낸 현장요원으로 아프간에서 빈 라덴의 추적 작전을 수행해온 아프간 전문가였다.

미국 특수전 요원들이 아프간에 도착한 것은 10월 세 번째 주였다. 아프간전에서는 육군 특수전 부대가 전체 특수전 병력의 절반을 차지했다. 그린베레로 알려진 육군 제5특전단5th Special Forces Group의 제75레인저연대75th Ranger Regiment와 제160항공특수전연대160th Special Operations Aviation Regiment가 그것이다. 공군의 특수전 부대는 장거리 침투용 항공기와 헬리콥터, 그리고 근접지원 공격기 AC-130이 참여했고, 해군에서는 정예 특수전 부대인 씰SEAL 팀과 이를 지원하는 해병대 특수전 병력이 참여했다. 요인 추적 등 가장 어려운 임무를 담당하는 '특수한' 작전팀은 그 조직, 임무, 활동 등이 철저한 비밀로 가려졌다.

북부동맹은 파슈툰Pashtun족 중심의 탈레반 정권에 대항하여 싸우고 있던 타지크Tajiks족, 우즈벡Uzbeks족, 하자라Hazaras족 등, 북부지방에 사는 소수민족으로 구성된 민병대였다. CIA 요원들은 주요 부족장들을 만나 미군의 작전에 참여하면 그들 휘하에 있는 주민들에게 대대적인 물자 지원을 하겠다고 약속했다.

워싱턴포스트의 밥 우드워드Bob Woodward 기자는 2002년 11월에 발간한 『전쟁 중인 부시Bush at War』라는 책에서 미국이 아프간 군벌들의 지지를 얻기 위해 무려 7,000만 달러를 뿌렸다고 했다. CIA 특수활동팀은 9.11 직후부터 활동을 시작했는데, 7명으로 구성된 팀들은 소형가방에 300만 달러씩 가지고 다니면서 아프간 군벌들과 거래하여 미국에 대한 지지를 획득했다고 한다.

20년에 걸친 전란, 30년 만의 혹심한 가뭄, 그리고 탈레반 정권의 가혹한 통치 등으로 아프간 국민의 70%가 영양실조 상태에 있었으며, 질병으로 인한 사망률도 매우 높았다. 그런데 미군이 북부동맹의 작전지역에 물과 식량, 의약품 등을 대대적으로 투하하고 동시에 북부동맹의 작전을 지원했다. 물자의 공중 투하는 지상요원이 요청한 정확한 지점에 100여 차례에 걸쳐 이루어졌으며, 모두 170만 파운드에 달했다. 여기에는 텐트, 의류, 식품, 의약품, 말의 사료와 안장, 무기와 탄약 등이 포함되어 있었다.

미군에 협조했던 부족장들의 권위가 치솟았다. 그들이 요청한 지 72시간 만에 공중에서 온갖 귀중한 물자들이 쏟아져 내렸기 때문이다. 극심한 가난에 찌들었던 주민들에게 구세주 같은 역할을 함으로써 주민들은 부족장을 존경하게 되었고, 그 결과로 부족장은 막강한 영향력을 행사할 수 있게 되었다. 부족장이나 군벌들은 탈레반과의 전투보다는 금전이나 물질적 이익에 관심이 많았던 것은 사실이지만, 그들이 탈레반을 공격했기 때문에 미군을 비롯한 연합군의 피해를 크게 줄일 수 있었다.

북부동맹을 중심으로 전개된 지상 작전은 성공적이었다. 작전이 시작된 지 몇 주 내에 주요 부족의 언어와 문화를 이해하고 있던 CIA의 7개 특수공작팀이 아프간에서 활동하고 있었다. 각 팀의 평균 연령은 45세였고 활동경력도 평균 20년이나 된 베테랑들이었다. CIA 팀들은 작전만 한 것이 아니라 정보를 수집하고 공습 목표를 알려주는 등 상황에 따라 다양한 능력을 발휘하는 최고의 전문가들이었다.

그동안 CIA는 1998년부터 빈 라덴 추적 활동을 해왔기 때문에 상당한 정보가 축적되어 있었다. 국방부와 중부사령부가 제외된 가운데 CIA라는 정보기관이 주도하고 표적유도를 위한 현장 작전팀과 화력지원 수단이 결합되고, 또한 탈레반에 의해 카불에서 쫓겨난 군벌인 북부동맹을 지원하여 탈레반 정부를 무너뜨리는 '이상한' 전쟁이 이렇게 시작된 것이다.

그런데 미국이 협력하고자 한 북부동맹에 문제가 발생했다. 북부동맹을 이끌던 아흐메드 마수드 장군이 9.11테러가 일어나기 직전인 9월 7일, 빈 라덴이 보낸 자살폭탄 테러범들에 의해 살해된 것이다. 테러범들은 방송 기자로 위장하여 마수드와 인터뷰하던 도중 촬영하던 카메라를 폭발시켜 마수드와 암살범들이 즉사한 것이다. 빈 라덴은 미국을 공격하기 전에 오마르의 마지막 정적政敵인 마수드를 제거하여 9.11 이후에 닥칠 미국의 압력으로부터 자신과 알카에다 요원들의 안전을 오마르가 지켜줄 것으로 기대했다. 수단에서 추방되었던 경험에 비추어 오마르가 미국의 압력에 굴복할 가능성을 차단하기 위한 빈 라덴의 술책이었다.

마수드가 없는 북부동맹 지도부는 서로 의심하는 4명의 지휘관 간의 경쟁으로 전력이 크게 약화되었다. 그 밑에 AK47 소총, PK 기관총, 박격포, 로켓발사기, 기관총을 설치한 토요다 픽업트럭, 그리고 십여 대의 구형 탱크와 장갑차 등으로 무장한 2만 명 정도의 민병집단이었다.

인구의 40%를 차지하고 있는 남부의 파슈툰족은 대부분 탈레반에 우호적이었다. 파슈툰족의 협력을 구하기 위해 미국은 우선 2명을 찾아냈다. 한 명은 지식인으로서 정치적 지도자로 활용할 수 있는 하미드 카르자이Hamid Karzai였고, 다른 한 명은 소련군에 대항하여 독자적 게릴라전을 펼쳤던 굴 아가 세르자이Gul Agha Serzai였다. 후에 카르자이는 아프간 대통령으로 선출된다.

마크 너츠Mark Nutsch 대위가 지휘한 제75레인저연대 ODAOperational Detachment Alpha2) 595팀은 압둘 라시드 도스툼Abdul Rashid Dostum 장군이 지휘하는 우즈벡계 북부동맹군과 파힘 칸Fahim Kahn 장군이 지휘하는

---

2) ODA는 특수 작전의 최소 기본단위이다. 6개의 ODA는 소령이 지휘하는 특수전 중대인 ODB(Operational Detachment Bravo)를 구성하고, 3개의 ODB는 대대급 부대인 ODC(Operational Detachment Charlie)를 구성하며, 3개의 ODC와 지원부대를 합쳐 특전단(Special Forces Group)이 된다.

타지크계 북부동맹군을 지원했다. 그들은 북부동맹 지휘관들과 함께 말을 타고 이동했고, 북부동맹 장병들과 같이 생활하며, 그들의 작전계획에 따라 움직였다.

본격적인 작전은 10월 7일 저녁 6시 30분, 수도 카불을 비롯한 군사거점 및 대도시들에 대한 대대적인 공습으로 시작되었다. 인도 양의 디에고 가르시아^{Diego Garcia}에서 발진한 5대의 B-1 폭격기와 10대의 B-52 폭격기가 참여했고, 북아라비아해에서 항진 중인 항공모함 칼 빈슨호^{USS Carl Vinson}와 엔터프라이즈호^{USS Enterprise}에서 발진한 25대의 F-14 및 F/A-18 공격기들이 참여했으며, 두 대의 B-2 Spirit 스텔스 폭격기와 EA-6B Prowler 전자전 항공기도 공격에 가담했다.

첫 번째 공습은 탈레반의 방공시설, 국방부와 주요 사령부, 통신망과 송전 시설, 그리고 주요 도시가 대상이었다. 탈레반 정부의 몇 대 안 되는 구형 미그기들과 비행장, 그리고 지대공 미사일들이 파괴되면서 불과 몇 시간 내에 미국과 영국의 공군이 제공권을 장악했다. 저녁 9시에는 미 공군과 해군 그리고 영국 해군의 50기의 토마호크 미사일이 탈레반 군사기지와 통신시설, 그리고 알카에다 훈련장으로 날아갔다. 이로써 단 하루 만에 아프간의 방공망, 통신망, 공군 전력이 무력화되었다. 동시에 거대한 C-17 수송기로 3만 7천5백 톤의 식량과 물자를 주민들에게 투하했다.

미군은 결정적인 작전, 즉 알카에다 소탕과 빈 라덴 제거, 북부의 마자르 샤리프, 수도 카불, 남부 주요 도시 칸다하르^{Kandahar} 등, 세 도시를 점령하고 이 도시들을 잇는 도로망을 확보하면 아프간에서의 주요 전투는 끝나는 것으로 판단했다.

2. 전략적 요충 마자르 샤리프 공략 작전

지상전은 11월 초 북부 최대 도시 마자르 샤리프 Mazar-e-Sharif에 대한 공격으로 시작되었다. 마자르 샤리프는 발크 Balkh 주의 주도이며 우즈베키스탄과 도로로 연결되어 있고 우즈베키스탄 국경에서 불과 56km 떨어져 있는 곳이다. 이 지역은 북부동맹군이 우세한 지역일 뿐 아니라 우즈베키스탄과 연결된 도로를 통해 미군의 병력과 물자의 투입이 용이하며, 또한 이 도시에 있는 공항을 장악하면 미군의 핵심 보급기지로 활용할 수 있어 전략적으로 매우 중요했다. 뿐만 아니라 북부동맹군은 이 도시를 점령하기 위해 몇 달 동안 전투를 벌여왔다는 점도 고려되었다.

프랭크스 중부사령관은 10월 30일 인접한 타지키스탄에서 타지크족 출신의 북부동맹군 사령관 모하메드 파힘 Mohammed Fahim 장군을 만나 마자르 샤리프 공략 작전에 합의했다. 곧이어 도시 외곽으로 통하는 모든 통신선을 절단한 가운데 북부동맹군의 공격이 시작되었다.

11월 1일 미 육군 제5특전단 제75레인저연대 소속의 12명으로 구성된 두 개의 ODA팀과 공군 공격통제관 요원들이 우즈베키스탄의 카르시 카나바드 Karshi-Khanabad 공군기지에서 시누크 헬리콥터 2대에 탑승하여 구름과 안개로 시계視界가 제로 zero 상태인 4,900m의 힌두쿠시 산맥을 넘어 300km를 날아와 이미 투입되어 활동 중인 CIA 특수활동팀과 그들이 지원하는 북부동맹군에 합류했다. 11시간의 비행시간 동안 헬리콥터는 세 번이나 공중 급유를 하여 헬리콥터 작전상 새로운 기록을 수립했다.

11월 2일 이슬람 순례자 차림의 말을 탄 한 무리가 눈 덮인 높은 산을 넘어 마자르 샤리프로 접근했다. 변장한 미 특수부대원인 이들

〈그림 3-1〉 작전 중인 ODA 요원

이 위성장비로 신호를 보내자 곧 인근의 탈레반 집결지와 알카에다 캠프로 공군의 합동직격탄 JDAM 과 해군의 토마호크 미사일이 내리꽂혔다. 이 작전은 육군 특전단의 ODA 543팀과 CIA 특수활동팀이 모하메드 아타 누르^{Mohammed Atta Noor} 장군이 이끄는 타지크족 중심의 북부동맹군을 지원했고, 마크 너츠 대위가 지휘하는 ODA 595팀은 압둘 라시드 도스툼^{Dostum} 장군이 지휘하는 우즈벡계 북부동맹군을 지원했다.

북부동맹군은 북부지역 최대 도시인 마자르 샤리프의 외곽에서 탈레반군과 대치하고 있었다. 탈레반군은 마자르 샤리프의 외곽의 산악지역에 방어선을 구축하고 공격부대를 내려다보고 있었다. 탈레반의 복장은 다양했다. 군복을 착용한 자들도 있었고 바지만 군복을 입고 있는 자들도 많았다. 몇몇은 소련군 특수부대의 검은색 베레모를 쓰고 있고, 일부는 반짝이는 철모를 쓰고 있었다. 이들은 AK-47

자동 소총과 기관총으로 무장하고 있었는데 장비 중에는 비교적 최신품도 있었다. 박격포 진지가 적절하게 배치되어 있었고, 몇 대의 전차가 엄폐호를 구축하고 이들을 지원하고 있었다. 복장을 제외하면 그래도 잘 준비된 방어 진지를 편성하고 있어 도스툼 장군이 이끌던 북부동맹군이 몇 차례 공격했지만 번번이 실패했던 곳이다.

그러나 막강한 미 공군의 지원을 받을 수 있었기 때문에 이번에는 달랐다. 첫 번째 능선에서 흰색 화염이 번쩍하더니 검은 연기와 흙먼지가 하늘로 솟구쳤다. 약 1km 떨어진 지점에서 작전 중이던 우즈벡Uzbek계 북부동맹군도 3초 후 엄청난 폭발음을 들을 수 있었다. 우즈벡 병사들은 환호하며 전진했다. 미 공군의 공습이 두세 번 되풀이되자 능선에 있던 탈레반은 잠잠해졌고 그 부근에 있던 민병들은 도망가기 시작했고 상당수의 탈레반 병사들이 투항해왔다. 도스툼 장군의 부대를 지원하던 ODA 595팀장 마크 너츠 대위는 "오늘 많은 적을 쓸어냈고 내일은 더 많은 적을 쓸어낼 것입니다"라고 도스툼 장군에게 보고했다. 몇 개월째 팽팽히 대치해왔던 전선에 극적인 변화가 일어난 것이다.

11월 4일, 도스툼 지휘하의 수천 명의 북부동맹군은 마자르 샤리프 시의 서남 방향에서, 그리고 모하메드 다우드Mohammed Daud 지휘하의 우즈벡계 2,000명 규모의 북부동맹군은 서북 방향에서 공격하여 마자르 샤리프를 점령했으며, 하자라족 중심의 북부동맹군도 이 작전에 참여했다. 이로써 미군은 우즈베키스탄과 연결된 도로를 통해 병력과 물자의 투입이 용이해졌으며, 또한 이 도시의 외곽에 있는 공항을 미군의 핵심 보급기지와 전진기지로 활용할 수 있게 되었다.[3] 미군과 북부동맹군은 이틀간의 소탕 작전을 통해 이 도시를 완전히 장악하는 데 성공했다.

〈그림 3-2〉 북부동맹군 _ 출처: Alzazeera.com

　　그러나 11월 7~8일 탈레반은 이 도시를 되찾기 위해 4,000명의
병력을 집결시켰으며, 이에 미군은 B-52 폭격기를 동원하여 탈레반
집결지와 접근로를 집중 폭격했다. 11월 9일, 두 개의 ODA팀과
CIA 특수활동팀이 시내를 내려다 볼 수 있는 산 중턱에 올라 탈레반
에 대한 공중 공격을 유도했다. 탈레반은 소련제 122mm 다연장 로
켓포로 대응했지만 선회하고 있던 항공기에 의해 신속히 제압되었
다. 탈레반이 공중폭격으로 심대한 타격을 입은 가운데 북부동맹군
은 말을 타거나, 픽업트럭 또는 노획한 장갑차를 타거나 도보로 이
동하여 오후 2시경 마자르 샤리프 시에 있는 군사기지와 비행장을
점령했다. 5,000명에서 1만 2,000명으로 추산되는 탈레반과 알카에
다 전투원들은 픽업트럭, SUV 차량, 또는 대공화기를 장착한 트럭
을 타고 동북 방향의 쿤두즈Kunduz로 퇴각했다. 이 전투에서 400~

---

3) 아프간전쟁 중 우즈베키스탄 등 미군의 북부보급로를 통한 전쟁물자 수송은
　40%에 달해 파키스탄을 통한 보급 30%보다 많았다.

600명의 탈레반 및 알카에다 전투원들이 사살되었고 1,500명이 투항하거나 포로가 되었다.

당초 중부사령부는 탈레반이 다음 해까지 마자르 샤리프를 계속 장악하고 있을 것으로 예상했고 전투도 장기간 계속될 것으로 판단했기 때문에 이 승리는 이외로 받아들여졌다. 이처럼 소규모의 미군 특수부대와 여단급 규모의 북부동맹군이 공군의 지원을 받아 마자르 샤리프를 점령하면서 아프간전 최초의 중요한 승리로 기록되었다. 공군기와 해군 함재기들이 요망되는 정확한 시간에 엄청난 규모로 목표를 정확하게 타격했기 때문에 탈레반은 속수무책이었다.

마자르 샤리프 함락은 탈레반에게 큰 충격을 주어 며칠 지나지 않아 탈레반이 급속히 무너지기 시작했다. 누구도 미군의 엄청난 폭격과 미군과 북부동맹군의 연합 작전을 당할 수 없다는 소문이 퍼지면서 탈레반은 도주하기 바빴다. 그럼에도 탈레반이 마자르 샤리프를 되찾기 위해 8,000명 규모의 전투원들을 투입한다는 소문이 돌면서 이에 대응하여 미군은 1,000여 명 규모의 특수전 병력을 마자르 샤리프에 공수空輸로 투입했다.

마자르 샤리프의 함락은 탈레반과 아프간의 부족장들에게 큰 충격이었다. 탈레반은 저항 의지가 꺾였고 부족장들은 승리하는 편으로 기울어졌다. 마자르 샤리프가 붕괴된 후 도미노Domino 현상이 일어나 북부지역 주요 도시들이 잇따라 함락되면서 수도 카불까지 빠른 속도로 진격하게 되었다. 즉 북부동맹군은 마자르 샤리프 점령 이틀 만에 탈로칸Taloqan을 탈취했고, 다음 날에는 서부 주요 도시인 헤라트Herat도 점령했다. 그다음 목표는 북부지역의 탈레반의 마지막 거점인 쿤두즈Kunduz였다.

그러나 쿤두즈에는 1만 명의 탈레반과 3,000명의 알카에다와 외국인 전투원들이 결집해 있었기 때문에 북부동맹군은 도시를 포위한 채 미군 공습으로 적을 약화시키기로 했다. 약 11일 동안 미군기들은 적 집결지를 지속적으로 공격하여 44개의 벙커, 12대의 탱크, 51대의 군용트럭, 상당량의 군사물자를 파괴했다. 11월 22일, 북부동맹군이 쿤두즈에 근접한 소도시 카나바드 Khanabad 를 점령함에 따라 괴멸 위기에 처한 탈레반은 다음 날 항복했다. 쿤두즈 전투에서 탈레반 및 알카에다 전투원 2,000여 명이 죽거나 부상당했고, 3,500여 명은 투항했다.

그러나 탈레반의 항복이 논의되고 있는 와중에 탈레반은 파키스탄의 지원을 받아 약 5,000명이 파키스탄으로 탈출했다. 탈레반을 지원하기 위해 와 있던 파키스탄 정보요원 및 군인들은 물론 탈레반 및 알카에다 지도자들과 전투원들이 파키스탄의 공군 수송기를 이용하여 대대적으로 탈출했던 것이다.

결국 11월 14일 수도 카불이 함락되었고, 이에 따라 탈레반과 알카에다는 아프간과 파키스탄의 중간지대에 걸쳐 있는 힌두쿠시산맥으로 잠적했다. 탈레반이 1994년부터 1998년까지 4년에 걸쳐 탈취한 영토를 미군과 북부동맹군은 단 14일 만에 탈취했으며, 이로써 북부동맹군은 아프간 영토의 절반을 장악한 것이다.

카불이 엄격한 이슬람 율법을 강요했던 탈레반으로부터 해방되자 시민들은 거리로 쏟아져 나와 북부동맹군을 환영하였다. 남자들은 탈레반의 강요로 길렀던 수염을 밀어버렸으며 여자들은 부르카를 벗어던지고 오랜만의 자유를 만끽했다. 그간 금지되었던 각종 음악과 춤도 등장했다.

3. 포로 반란을 진압한 콰라이잔기 요새 전투

아프간 전역에서 탈레반 섬멸을 위한 전투가 한창 벌어지고 있었던 11월 24일, 쿤두즈 지역에 포위돼 있던 탈레반이 도스툼 장군이 지휘하는 북부동맹군에 항복했다. 그래서 약 600명의 포로들은 마자르 샤리프 시 외곽에 위치한 콰라이잔기Qala-i-Jangi라는 19세기에 건설된 대규모 군사요새에 수용됐다. 이 요새는 도스툼 장군이 자신의 사령부로 사용한 바 있고 또한 요새 내에는 탈레반의 대형 무기고와 탄약고도 있었다.

11월 24일 늦은 밤, 북부동맹군이 포로들을 트럭에 싣고 이 요새로 왔다. 북부동맹군은 포로들을 제대로 수색하지 않아서 포로 중에는 수류탄 등 무기를 은익하고 있는 자들도 있었기 때문에 도착 직후 두 사람이 수류탄으로 자살하면서 북부동맹군 간부를 살해했고 다른 포로들의 자해행위도 일어났다. 그럼에도 북부동맹군은 안전조치를 취하거나 경계를 강화하지 않았다.

다음 날 CIA 요원 조니 스팬Johnny Spann과 데이브 타이슨Dave Tyson은 요새의 광장에서 알카에다 요원을 색출하기 위한 심문을 했는데, 심문이 시작된 지 두 시간쯤 되었을 때 갑자기 포로들이 공격하여 조니 스팬과 경계를 서고 있던 몇 명의 북부동맹군을 살해했다. 포로들은 북부동맹군보다 훨씬 잘 훈련되어 있었고 살기가 넘치고 있었기 때문에 경비병들을 쉽게 제압하고 무기고와 탄약고가 있는 요새 남쪽 부분을 점거했다. 이로써 포로들은 다량의 AK-47 소총, RPG 로켓, 박격포, 탄약 등을 보유하게 되었다.

혼란을 틈타 타이슨은 포로 반란으로 숨어 있던 독일 텔레비전 취재진의 위성전화기를 빌려 우즈베키스탄 소재 미국 대사관에 지원

〈그림 3-3〉 콰라이잔기 요새 _ 출처: stripes.com

을 요청했다. 연락을 받은 중부사령부는 마자르 샤리프에 있는 미군 특수전 본부에 지시하여 특수전 요원, 공군 사격통제 요원, 영국 해군 특수부대 SBS^{Special Boat Service} 요원 8명 등으로 구성된 긴급대응팀을 투입했다. 그들은 요새 성벽에 접근하여 탈레반들과 총격전을 벌였고, T-55 탱크를 앞세운 북부동맹군도 탈레반 점령지역인 요새 남쪽을 공격하기 시작했다. 오후 2시경에는 9명의 미군 그린베레와 6명의 영국 해군 특수전 요원으로 구성된 작전팀이 북부동맹군에 합류했다.

오후 4시부터 저녁때까지 미군기 두 대가 날아와 아홉 차례의 공중 공격을 실시했다. 다음 날 아침 북부동맹군은 성채 북문 부근에 지휘소를 설치하고 탱크와 박격포로 공격했다. 10시경부터 세 팀으로 된 미군과 영국군이 공격에 합류했다. 첫째 팀인 근접항공지원

1팀^{CAS-1, close air support team 1}은 요새의 북쪽 타워를 통해 요새 내부로 들어가 공중폭격을 유도했다. 둘째 팀인 근접항공지원 2팀^{CAS-2}은 요새 정문 부근에서 공중폭격을 유도했다. 셋째 팀은 이미 작전 중인 긴급대응팀에 그린베레 4명, 해군 군의관, 제10산악사단 병력 4명 등을 증원했다.

밤 11시경, 근접항공지원 1팀의 요청에 따라 공군기가 날아와 정밀 유도폭탄인 통합직격탄^{JDAM}을 반군 구역에 투하했다.[4] 그러나 조종사가 폭격좌표를 잘못 입력하여 일어난 오폭^{誤爆}으로 북부동맹군 4명이 사망하고 근접항공지원 1팀 전원이 부상당했다. 그날 저녁 두 대의 중무장 지상 공격기 AC-130이 상공을 선회하며 반군을 공격했는데, 그 과정에서 거대한 탄약고가 명중되어 밤새도록 폭발했다.

11월 27일 아침 포로들의 저항이 수그러들자 북부동맹군은 탱크와 장갑차를 앞세운 체계적인 공격으로 포로들의 저항을 제압했으며, 그날 저녁 무렵 요새의 대부분을 장악했고, 사망한 CIA 요원 조니 스팬의 시신도 수습했다. 조니 스팬은 아프간전쟁에서 발생한 미국의 최초 전사자였다.

포로들이 대부분 사살된 것으로 생각했으나 수색과정에서 중앙 건물 지하에 100여 명이 숨어 있는 것이 발각되면서 다시 총격전이 벌어졌다. 북부동맹군은 지하 방향으로 소총을 사격하고 수류탄을 투척하며 휘발유를 부어 불을 지르기도 했지만 포로들의 저항은 계속되었다. 11월 28일, 도스툼 장군이 와서 포로들을 설득하려 했지

---

4) JDAM은 Joint Direct Attack Munition의 약자로 위성항법장치 정밀유도폭탄을 말한다. JDAM은 기존의 재래식 폭탄에 유도장치와 날개 키드를 장착해 스마트 무기로 변형시킨 정밀유도폭탄이며, GPS 등의 유도방식을 통해 주·야간 정밀폭격이 가능하다.

만 끝내 항복하지 않았다. 다음 날 도스툼 장군이 지하에 차가운 물을 흘려보내도록 하자 12월 1일 남은 포로들이 항복했고, 이로써 전투는 종료되었다. 이 전투에서 적어도 탈레반 포로 470명이 사망했고, 살아남은 포로 86명 중에도 찬물로 부상이 악화되어 60명이 추가로 사망했다.

4. 탈레반의 남부거점 칸다하르 공략 작전

수도 카불이 함락되는 등 북부지방 대부분이 미군과 북부동맹군 연합세력에 의해 점령되었지만, 칸다하르를 중심으로 한 남부지방은 탈레반의 종교적 기반인 이슬람 근본주의 운동의 발상지이며, 또한 탈레반 최고지도자 물라 오마르Mullah Omar의 고향이었기 때문에 탈레반의 거점으로 남아 있었다.

북부에서 연이어 패배한 탈레반은 칸다하르에 군사력을 집결시키고 있었다. 아프간의 남부지역 작전을 준비하고 있던 미군은 파키스탄에 은거 중이던 파슈툰 지도자 하미드 카르자이Hamid Karzai와 과거에 칸다하르 주 지사를 지냈던 세르자이Gul Agha Sherzai와 손잡게 되었다.

카르자이의 아버지 압둘 카르자이Abdul Ahad Karzai는 탈레반 이전의 정권에서 영향력 있는 정치인이었지만 탈레반 정권에 의해 실각된 후 파키스탄에서 은거하다가 1999년 암살당했다. 카르자이는 무자헤딘이 소련 침략에 대항하여 투쟁할 당시 은밀하게 무자헤딘에 대한 미국 지원을 중재하는 역할을 했고, 탈레반 정권하에서는 미국을 방문하여 의회 청문회에서 탈레반 정권과 알카에다에 대해 증언하기

도 했던 친미 인사였다. 그는 군사적 경험은 없었지만 파슈툰 지도
자들을 설득할 수 있는 영향력을 가지고 있었다. 세르자이는 칸다하
르 지사로 있다가 탈레반의 등장으로 밀려났기 때문에 탈레반 정권
에 반대하며 수백 명의 민병대를 이끌고 있었다.

10월 중순, 파키스탄에 있던 카르자이는 칸다하르 부근에 살고
있는 자신의 동지同志 라힘Rahim에게 만나자는 메시지를 보냈다. 라힘
을 만난 카르자이는 아프간으로 갈 예정임을 밝히고 그의 집에 머물
수 있도록 해달라고 요청했고 라힘은 이를 수락했다. 며칠 후 한밤
중에 카르자이는 제이슨 아머린Jason Amerine 대위가 이끄는 ODA 574
팀의 호위를 받으며 헬리콥터를 타고 라힘의 집에 도착했다. 그때부
터 그린베레들은 24시간 카르자이를 호위했을 뿐 아니라 그가 이끄
는 파슈툰 민병대에게 무기와 탄약, 식량을 제공했고, 또한 부족 지
도자들과 탈레반 관리들을 포섭하는 데 필요한 자금도 제공했다.

한편 11월 17일, 세르자이의 민병대는 ODA 583팀의 지원을 받
으며 칸다하르 남쪽에 위치한 공항을 공격하고 있었다. 미군은 그들
에게 무기, 탄약, 식량, 현금은 물론 미군의 공중지원을 요청하는 데
필수적인 GPS 위성위치확인 장치와 위성전화기를 제공했다.

11월 18일, 미군은 칸다하르 공략을 위해 제15해병원정단 병력
750명을 공수하여 칸다하르 남쪽 160km 지점에 전진기지를 설치했
다. 동시에 영국군 공수특전단 제2대대 장병들도 이 지역에 투입할
준비를 마친 상태였다. 세르자이의 민병대가 칸다하르 외곽에 있는
공항을 장악한 후 미군은 다수의 수송기와 헬기를 동원하여 병력과
장비를 그 공항에 투입하였다.

12월 5일, 칸다하르 함락이 임박한 가운데 카르자이가 칸다하르
외곽의 한 마을에서 7명의 측근들과 회의를 하던 중 B-52가 투하한

2,000파운드의 폭탄이 그들이 머문 집 부근에서 폭발하면서 벽이 흔들리고 문이 떨어져나가는 일이 일어났다. 그린베레들이 몸을 던져 카르자이를 보호하고자 했지만 그의 머리와 얼굴이 떨어지는 거울에 맞아 약간의 상처를 입었다. 마침내 이틀 후인 12월 7일, 탈레반의 핵심 거점인 칸다하르가 함락되었다.

이로써 아프간 작전 개시 2개월 만에 탈레반 정권은 완전히 붕괴되었고, 오마르를 비롯한 탈레반과 알카에다 지도자들은 파키스탄과의 국경지역인 험준한 힌두쿠시 산맥으로 도주했다. 카르자이는 12월 22일 카불로 가서 아프가니스탄의 임시 대통령으로 취임했다. 갑작스러운 탈레반 정권의 몰락과 카르자이의 집권은 미군과 아프간 민병대라는 전혀 이질적인 두 군대 간의 놀라운 협력의 결과였다.

5. 알카에다의 근거지 토라 보라 공격

카불이 함락될 무렵 빈 라덴을 비롯한 알카에다 지도부는 칸다하르에서 잘랄라바드 지역으로 도피하여 그곳에서 남쪽으로 50km 떨어진 험준한 산악지대인 토라 보라Tora Bora 동굴지역으로 피신한 것으로 추정되었다. 빈 라덴은 11월 10일 잘랄라바드에서 1,000여 명의 파슈툰족 유지들과 알카에다 전투원들을 대상으로 연설했다는 정보가 입수되었기 때문이다.

알카에다의 섬멸을 위해 토라 보라 전투는 매우 중요했다. 그곳이 바로 알카에다의 핵심 기지였기 때문이다. 토라 보라는 아프간 동남부와 파키스탄 국경지역에 걸쳐 있는 3,000~4,000m 높이의 힌두쿠시 산맥에 있는 동굴지역이다. 이곳은 1980년대 무자헤딘이 소련 침략에 항쟁한 근거지로서 소련군의 3차에 걸친 공격을 막아냈던 곳이다. 무자혜딘을 지원하고 있던 빈 라덴은 그의 가족소유 건설회사의 불도저 등을 가져와서 6개월간에 걸쳐 이 지역의 도로 등을 건설한 것으로 알려지고 있다. 그리고 1996년 그가 아프간으로 다시 돌아온 곳도 잘랄라바드이다. 그는 그곳에서 알카에다를 창설하고 국제테러활동을 지휘했으며, 9.11테러 당시도 이곳에 은거하고 있었다.

그래서 토라 보라는 아프간전쟁 시작 당시부터 중요한 군사적 목표로서 집중적인 폭격 대상이었고 또한 빈 라덴에 대한 추적 장소이기도 했다. 이곳의 동굴진지는 수많은 동굴들이 마치 벌집처럼 형성되어 1,000명을 수용할 수 있는 곳으로서 알카에다의 은닉처와 공격기지로 활용되어 왔다. 이곳은 천연동굴, 광산 동굴, 군사용 동굴, 수로용水路用 동굴 등 다양한 동굴이 있었으며, 군사목적의 동굴은 가파른 절벽에 위치하여 공중이나 계곡으로부터 관찰할 수 없었다. 내부에는 탄약고, 병원, 연료저장고, 식량창고, 발전기를 비롯한 전기시설 등이 있었고, 산을 관통하는 도피구가 있을 정도로 도피구도 많았다. 탄약고에는 다량의 탄약과 과거 미국이 무자혜딘에 제공했던 스팅거 미사일도 남아 있었다. 빈 라덴이 생활한 동굴은 규모가 상당히 커서 침실을 비롯한 생활공간은 물론 탱크와 보급차량들이 들어올 수 있는 공간이 있었고 또한 여러 개의 탈출구가 있었다.

미군은 빈 라덴이 이곳에 있으며 또한 300명 내지 1,000명의 알카에다 전투원들이 있을 것으로 판단하고 3단계의 공격 작전을 계획했다. 1단계는 대대적인 폭격을 통해 동굴의 출구와 환기구를 막아서 적을 동굴 내에 가두는 것이고, 2단계는 이 지대를 포위 공격하는 것이며, 마지막 단계는 동굴 내부에 수색팀을 들여보내 동굴 하나하나를 수색하여 적을 생포 또는 사살하는 것이다. 그러나 이 작전에 동원된 병력은 북부동맹군 민병대 2,300명과 미군 델타포스Delta Force 40명, 해군 데브그루DEVGRU 14명, CIA 요원 6명, 공군 전술항공통제관 3명 등이었다. 12월 3일, 20명의 CIA 특수활동팀과 ODA 572 팀으로 구성된 합동 작전팀이 헬기를 타고 토라 보라에 가까운 잘랄라바드에 투입됐다.

토라 보라에 대한 폭격은 12월 3일에 시작되어 72시간 동안 무려 450발의 폭탄을 퍼부었고, 12월 7일부터 14일까지는 무려 70만 파운드의 폭탄을 투하했다. 공군 정찰기와 드론은 물론 F-18과 헬기도 폭격 목표 탐지를 위한 정찰에 나섰다. 폭격에는 B-52를 위시하여 F-18, F-15 등이 동원되었으며, B-52 폭격기들은 한 번 출격에 각기 20~30개의 폭탄을 투하했다. 동굴 파괴를 위한 다양한 폭탄이 동원되었다. 예를 들면, 땅속을 10m가량 파고들어가 터지는 5,000파운드의 GBU-28 벙커버스터, 동굴 입구와 환기구를 봉쇄하기 위한 AGM-65와 AGM-130 정밀 유도 미사일, 1만 5,000파운드의 대형 폭탄인 BLU-82 데이시 커터Daisy Cutter, 동굴 내 산소를 제거하여 적을 질식시키는 500파운드 규모의 BLU-1186 등이었다.

12월 10일, 미 육군 최정예 특수부대인 델타포스 병력, 해군 최정예 특수부대인 데브그루 병력, 공군 특수전 대대Special Tactics Squadron 요원 등 70명이 이미 이 지역에서 작전 중이던 특수전팀에 합류했다. 맹추위 때문인지 모르지만 밤에는 적들이 불을 피웠기 때문에 공중폭격의 좋은 목표가 되었다. 험난한 지형과 매서운 날씨에도 북부동맹군은 꾸준히 전진하여 적을 압박했다. 패배에 직면한 알카에다는 항복하겠다며 협상에 나섰지만, 그것은 빈 라덴을 비롯한 알카에다 핵심인사들의 탈출을 위한 술책이었다.

알카에다 및 탈레반 핵심 요원들이 4,000m 이상의 험준한 산맥

〈그림 3-4〉 **토라 보라 폭격 장면** _ 출처: thoughtco.com

을 넘어 파키스탄 방향으로 잠적한 후인 12월 12일 전투는 재개되었
다. 미군 지원하에 북부동맹군은 산악 일대에 흩어져 있는 동굴과
벙커를 집중 공격했다. 이 작전에는 영국 해군 특수전 부대인 SBS
요원들과 통신 전문가와 독일 특수부대도 참여했다.

미군의 지원을 받는 2,000여 명의 북부동맹군은 알카에다와 탈
레반의 동굴진지를 포위 공격했다. 빈 라덴이 거주했던 동굴을 찾아
냈지만 빈 라덴은 없었고, 탱크, 다양한 무기, 통신장비, 테러훈련시
설, 아편, 파키스탄 여권 등을 발견했다. 12월 17일, 알카에다가 사
수하던 마지막 동굴지대를 점령하면서 토라 보라 작전은 사실상 끝
났다. 미군은 1월까지 계속 수색했으나 빈 라덴 일당을 찾지 못했다.

왜 이처럼 미군은 이 작전에 소극적으로 임했는가? 그 첫 번째
이유는 소수의 미군 특수전 병력과 북부동맹군이 너무 쉽게 북부지
역을 석권했기 때문에 토라 보라에서도 손쉬운 승리를 거둘 것으로

판단했던 것이다. 둘째는 미국은 빈 라덴보다는 사담 후세인 제거에 관심이 더 많았기 때문이다. 토라 보라 작전이 고비였던 12월 12일과 13일, 작전을 지휘해야 할 중부사령관 프랭크스 장군과 그의 참모들은 이라크 작전계획을 수립하여 부시 대통령과 럼스펠드 장관에게 보고하는데 바빴다. 그런 가운데, 알카에다가 항복하겠다고 하자 이에 응하여 협상한 것이 실책이었다. 빈 라덴을 제거할 수 있는 기회였는데 이를 놓치고 말았다. 빈 라덴은 공중정찰이 되지 않는 구름 낀 날 밤 걸어서 또는 당나귀를 타고 험준한 산맥을 넘어 파키스탄으로 도주했을 것으로 추정되었다.

이 작전에서 220명 정도의 알카에다 전투원을 사살했고 52명을 포로로 잡았으며, 북부동맹군의 사상자도 상당수에 달했지만 미군을 비롯한 연합군의 사망자는 없었다. 그러나 알카에다는 다음 해 초 토라 보라 북동쪽의 샤이코트 계곡Shai Kot Valley 일대에서 세력을 결집한 후 봄이 되면 반격에 나설 것으로 예상되었다.

6. 고전을 면치 못했던 아나콘다 작전

겨울을 지난 후인 2002년 3월 초 알카에다 및 탈레반 잔당을 소탕하기 위한 마지막 공격인 아나콘다 작전Operation Anaconda이 샤이코트 계곡 일대에서 전개되었다. 이 작전은 3월 1일부터 약 2주간에 걸쳐 공수된 1,700명의 미군과 1,000여 명의 북부동맹군이 500명 내지 1,000명으로 추정되는 알카에다 및 탈레반을 상대로 한 전투였다. 이 작전에 투입된 미 지상군의 주력은 프랭크 위어신스키Frank Wiercinski 대령이 지휘하는 제101공중강습사단 제187보병연대와 폴 라카메라Paul LaCamera 중령이 지휘하는 제10산악사단 제87보병연대 1대대였다. 그들은 치누크 헬기로 작전지역에 투입되었고, 6대의 아파치 헬기와 해군 함재기와 프랑스 공군의 미라즈 2000D 전투기들의 지원도 받았다.

샤이코트 계곡은 토라 보라 지역에서 도피해온 알카에다와 탈레반이 파키스탄으로 넘어가기 전에 모여들었던 곳이다. 그해 초 미 특수부대 정보장교는 샤이코트 계곡 일대에 알카에다 잔당이 집결하고 있는 것으로 판단했고, CIA와 공군 특수 작전 요원들도 같은 견해였다. 따라서 봄이 되면 적이 반격에 나설 가능성이 높았기 때문에 미군은 2002년 초부터 특수전 병력 이외에 상당 규모의 지상군 병력을 동원한 작전을 계획했다.

이 작전에서 미군은 다음과 같은 정보판단을 했다. 알카에다는 토라 보라에서와 마찬가지로 알카에다 전투원들이 대항하고 있는 동안 알카에다 지도자들은 도주할 것이며, 따라서 그들은 끝까지 저항하지 않을 것이다. 둘째, 알카에다를 비롯한 적의 규모는 150명 내지 250명 정도에 불과하며, 계곡 일대에는 1,000여 명의 민간인들이 있는 것으로 판단했다. 셋째, 적은 계곡 일대에 민간 부락에 은거하고 있으며, 높은 산이나 능선을 장악하지 않고 있다고 판단했다. 넷째, 적은 소화기로 경무장하고 있는 것으로 판단했다. 이처럼 미군은 적을 과소평가하고 있었던 것이다.

미군은 샤이코트 계곡의 지형을 작전에 이용하고자 했다. 계곡의 입구와 출구를 봉쇄한 후 계곡의 서쪽에서 공략함으로써 계곡의 동쪽에 뻗어 내린 높고 험준한 산맥에 가로막혀 브라질의 거대한 아나콘다 뱀처럼 알카에다를 샤이코트 계곡에 가두어 섬멸할 계획이었다. 즉 아나콘다 작전은 전통적 군사전술의 하나인 '망치와 모루

hammer and anvil'개념을 적용했다.5) 모루 위에 철을 얹고 망치로 때리는 것과 비슷해서 이런 이름이 붙었다. 조공助攻인 북부동맹군이 샤이코트 계곡 서편에서 적을 압박하여 도주하도록 하고, 그들이 달아나는 길목에 주공主攻인 미군 병력을 배치하여 섬멸할 계획이었다.

샤이코트 계곡은 길이가 9km, 가장 넓은 곳의 넓이가 5km에 달하는 광대한 계곡이며, 계곡의 북쪽과 동남쪽에는 4,000m 내외의 눈 덮인 높은 산들로 둘러싸여 있다. 이 지역은 1980년대 소련군 침공 당시 무자헤딘의 투쟁 근거지였기 때문에 당시 많은 참호를 파고, 벙커를 건설하고, 산언덕에 사격진지도 구축하는 등 강력한 방어진지를 구축해 놓았기 때문에 적이 그 같은 방어시설을 이용할 가능성이 높았다.

작전계획은 3단계로 구성되었다.

1) 여러 개의 특수전 정찰팀을 계곡을 내려다 볼 수 있는 산 정상에 투입하여 적에 대한 정보를 제공하고 또한 항공지원을 요청하도록 한다.

2) 미군 그린베레의 지원을 받는 아프간 민병대는 계곡의 북쪽과 남쪽의 입구를 봉쇄한다.

3) 미 지상군은 계곡의 동쪽 편에서 헬기를 이용하여 공격하되 한 쪽 퇴로만 열어두어 알카에다가 함정에 빠지도록 한 후 공중공격과 공중에서 투하된 병력을 이용해 섬멸한다.

---

5) 전통적으로 모루(anvil)란 조공부대로서 주로 보병을 말하고 망치(hammer)란 실질적 타격을 가하는 주공부대, 즉 기병대를 의미한다. 이는 보병대가 적을 저지하는 동안 기병대가 측·후방을 타격하는 전술이다.

이 작전에 투입된 주력부대는 '태스크포스 망치TF Hammer'와 '태스크포스 모루TF Anvil'였다. 태스크포스 망치는 미군 특수전 병력의 지원을 받는 북부동맹군으로 구성되었으며, 샤이코트 계곡의 적을 서쪽에서 공략한다. 태스크포스 모루는 공정부대인 제187보병연대와 제10산악사단 제87보병연대 1대대 병력으로 구성되며, 적의 도주를 차단하여 섬멸할 계획이었다. 작전에 앞서 피트 브레버Pete Blaber 중령이 이끄는 특수전 부대 사전정찰팀이 샤이코트 계곡 일대를 정찰하기로 했다. 사전정찰팀은 포라리스 전술지형만능차량Polaris ATV을 타고 계곡 일대를 정찰하며, 각각 3명과 5명으로 구성된 정찰팀은 높은 산과 깊은 골짜기의 작전환경을 파악하여 작전부대에 제공할 예정이었다.

이 작전에 참가한 부대는 다음과 같이 다양했다.

- 태스크포스 대거TF Dagger: 제5특전단의 2개 ODA팀, 제160특수작전항공연대 2대대 B 헬기중대, 공군 전술항공통제관 등
- 태스크포스 망치TF Hammer: 지아 로딘Zia Lodin 장군, 카밀 칸Kamil Khan, 자킴 칸Zakim Khan 장군 지휘하의 북부동맹군 1,000여 명
- 태스크포스 라카산TF Rakkansan: 제101공중강습사단 제187보병연대 1대대 및 2대대, 제10산악사단 제87보병연대 1대대
- 태스크포스 코만도TF Commando: 제10산악사단 제31보병연대 4대대, 캐나다 경보병연대 3대대
- 태스크포스 64: 오스트레일리아 특수항공연대 1대대
- 태스크포스 K-Bar: 제3특수전단 ODA팀
- 태스크포스 보위TF Bowie: 해군 DEVGRU의 구조전문가 및 정보지원 활동 전문가의 지원을 받는 45명 규모의 사전정찰팀AFO: Advanced Force Operation6)
- 태스크포스 11: Mako 30, 31, 21, Task Force Blue/DEVGRU

작전에 앞서 사전정찰이 시작됐다. 2월 28일 저녁, 3개의 정찰팀이 계곡 일대에 은밀히 침투했다. 5명으로 구성된 주리엣Juliet 팀은 최악의 날씨에도 불구하고 계곡의 북쪽에서 침투하여 계곡 동쪽편 은신처에 도착했고, 3명으로 구성된 인디아India팀은 계곡 남서쪽의 은신처로 침투했다. 마코Mako 31로 알려진 세 번째 팀은 3명의 해군 SEAL 요원과 공군 전술항공통제관과 해군 폭발물처리Navy EOD 요원으로 구성되었으며, 그들은 도보로 접근하여 계곡의 남서쪽 끝에 관측소를 설치했다. 이들 3개 팀은 적의 규모와 구성, 헬기 예상 착륙지점 부근의 적 대공화기 위치, 지상군 투입 시 항공지원 등을 확인하도록 했으며 나아가 적의 도주로를 관찰하기 좋은 지점에 관측소를 설치하도록 했다.

진투는 3월 1일부터 시작됐다. 마코 31이 관측소를 설치하려던 산 정상에 적의 중기관총이 설치되어 있는 것을 발견했다. 그것을 제거하지 않으면 병력을 실은 치누크 헬기가 격추될 위험이 있었기 때문에 마코 31은 기습적으로 그것을 제거하려 했으나 오히려 적에게 발각되면서 총격전이 벌어졌다. 마코 31은 반군 9명 중 5명을 사살했지만 적의 증원 병력이 소련제 기관총으로 사격해왔기 때문에 AC-130 공격기의 화력지원을 받아 적을 제압했다.

3월 2일, 미군 및 캐나다군 특수전 요원들은 북부동맹군과 더불어 적의 동태를 파악하기 위해 계곡 일대를 순찰했다. 그날 밤 자정 무렵 태스크포스 망치는 화물트럭, 픽업트럭 등을 타고 샤이코트 계

---

6) 사전정찰팀(AFO)이란 3~5명 규모로 도보 또는 오토바이 같은 모든 지형에서 탈 수 있는 전지형만능차(All Terrain Vehicle)를 타고 적진에 침투하여 적정과 작전환경 등을 파악하여 보고했다.

곡으로 이동했다. 그들은 ODA 594팀과 ODA 372팀의 지원을 받는 지아 로딘Zia Lodin 휘하의 북부동맹군이었다. 도로 사정이 열악하여 이동이 매우 어려운 가운데 수십 명의 선발대는 적에 발견되지 않기 위해 차량의 헤드라이트를 켜지 않은 채 달리다가 길을 잘못 들어 본대와 이탈하게 되었고, AC-130 공격기는 그들을 적으로 오인하고 공격하여 미군 1명이 사망하고 미군과 아프간 민병대 몇 명이 부상 당했다.

3월 2일 이른 아침, 태스크포스 라카산의 주력인 제101공중강습사단 제187보병연대는 샤이코트 계곡의 북쪽 외곽에 투입됐다. 강력한 공중공격으로 적을 제압한 가운데 제187보병연대 병력은 늦은 아침 적의 강력한 저항을 뚫고 계곡 북쪽의 적의 예상 도주로를 차단하는 데 성공했고, 계속해서 하루 종일 계곡 동쪽의 높은 산맥 일대를 수색했다.

적의 저항이 예상외로 강력했기 때문에 대대적인 공중지원이 이뤄졌다. 3월 2일 하루 동안 162회의 근접 항공지원이 이뤄졌으며, 동시에 여러 대의 폭격기, 제트기, 헬기가 한꺼번에 폭탄과 미사일을 투하하고 기총소사를 했다. B-1B 폭격기 한 대는 두 시간 동안 10개의 목표물에 19발의 통합직격탄을 발사했고, 다른 B-1B는 6개의 목표에 15발의 통합직격탄을 폭격했고, 또 다른 B-1B는 적의 대공화기들을 격파했고, 해병대 항공기는 기총소사로 적을 제압했다. 101항공연대 3대대의 7대의 아파치 헬기들도 공격에 가담하여 30mm 포를 540발이나 발사했고, 로켓은 수백 발 발사했으며, 헬파이어 미사일도 발사했다.[7] 적의 대공화기와 RPG 로켓으로 인해 그 날 하루

---

7) 아파치 헬기는 30mm 기관포, 2.75inch 로켓, 헬파이어 미사일 등 세 가지

동안 6대의 치누크 헬기, 4대의 아파치 헬기, 두 대의 블랙호크 헬기가 파괴되었다.

다음 날 아침 6시 15분, 태스크포스 망치 본대는 예정된 지점에 도착하여 적 지역에 대한 55분간의 융단폭격을 기다렸지만 통신착오로 폭격이 제대로 이뤄지지 않았다. 오히려 그들은 적의 공격을 받아 몇 명이 부상당하고 여러 대의 차량이 파괴되었다. 알카에다와 탈레반이 공격을 예상하고 매복하고 있다가 소화기와 박격포로 맹렬히 사격했기 때문에 북부동맹군인 태스크포스 망치는 사실상 작전을 포기하고 퇴각했다.

비슷한 시간에 제10산악사단 병력이 치누크 헬기를 타고 계곡 남쪽에 착륙을 시도했으나 적의 사격으로 인해 8대의 헬기 중 겨우 두 대만 착륙했다. 적의 저항이 경미할 것으로 판단하여 그들은 120mm 박격포 1문만 가져왔기 때문에 주된 화력지원은 헬기 두 대밖에 없었다. 선회 중인 아파치 헬기가 적의 박격포 진지를 제압하려 했지만 적의 RPG 로켓과 12.7mm 대물 저격총對物 狙擊銃의 집중 사격을 받아 헬기 한 대의 전자장치에 고장이 발생했다. 아파치 헬기가 날아와 적을 어느 정도 제압하기는 했지만 적은 헬기를 향해 RPG 로켓을 아무렇게나 발사하여 공중에서 터지게 하여 헬기를 위협했기 때문에 헬기는 기지로 귀환했다. 산악사단 병력은 착륙한 지점에 고착되어 사전정찰팀의 요청으로 적에 대한 공중공격이 계속되는 가운데 17시간 동안 전투를 계속하면서 상당한 부상자가 발생하여 일부는 철수했고 일부는 계속 싸웠다.

당초 이 계곡 일대에 150명 내지 250명의 적이 그것도 낮은 계

___

무장을 갖추고 있다.

곡에만 있을 것으로 예상했지만, 실제로는 750명에서 1,000명의 적이 1980년대 소련 침공 당시 무자헤딘이 구축했던 산 언덕의 수많은 벙커와 터널, 그리고 자연동굴을 이용하여 강력한 방어태세를 구축하고 있었다. 그들은 소련제 견인식 대공포 ZPU-1과 중기관총과 소화기를 총동원하여 헬기를 격추시키기 위해 집중 사격했기 때문에 미군 헬기들이 큰 피해를 입었다. 당초 미군의 정보판단은 샤이트 계곡의 3개 마을에 1,000여 명의 민간인이 있는 것으로 판단했으나 실제로 민간인은 없었다. 겨울 날씨인데도 집에서 연기가 나지 않았고, 널려 있는 옷가지도 안 보였고 동물도 전혀 보이지 않았다. 민간인으로 가장한 적이었던 것이다.

지형과 적을 비교적 잘 아는 아프간 민병대 병력인 태스크포스 망치가 예정된 지점에 투입되지 못하고 퇴각하면서 미군 중심의 태스크포스 락카산의 작전은 큰 어려움에 직면했다. 항공지원은 계속됐지만, 정확한 폭격이 이루어지지 않아 아나콘다 작전은 실패할 위기에 처했다. 항공기의 폭격을 정확하게 유도해줄 특수전 병력이 절실했다. 해군 데브그루 요원 6명과 공군 항공통제관 1명으로 구성된 Mako 30과 마코 31에 임무가 주어졌다. 마코 31의 임무는 샤이코트 계곡의 북쪽 끝에 위치한 사전정찰팀 줄리엣Juliet에 필요한 보급 지원을 하는 동시에 태스크포스 라카산의 작전지역의 산 언덕에 관측소를 설치하여 항공공격을 지원하고, 마코 30은 주력부대의 작전지역을 내려다 볼 수 있는 '타쿠르과Takur Ghar' 산 정상에 관측소를 설치하여 항공공격을 지원하는 임무가 부여되었다.[8]

---

8) Leigh Neville, *Takur Ghar: The SEALs and Rangers on Roberts Ridge, Afghanistan 2002* (Bloomsbury, 2013).

3월 3일 밤 11시 23분, 마코 30이 출발하려 했으나 엔진 고장으로 헬기를 교체하면서 예정된 침투시간보다 3시간가량 늦어졌다. 원래 예상된 착륙지점에서 내리면 대략 4km 정도의 눈 덮인 험준한 산을 올라가는 데 2시간 정도 걸리며, 적과 조우하게 될 경우 더 늦어져 해 뜨기 전에 관측소를 설치하기 어려울 것으로 판단됐다. 하루 연기하는 것이 바람직했지만 전체 작전을 고려하면 그럴 수도 없었기 때문에 마코 30을 태운 헬기는 타쿠르과 산 정상에 착륙하기로 했다. 그곳은 앞서 투입된 제10산악사단 병력이 적의 사격으로 인해 철수한 지점에 가까웠기 때문에 적의 강력한 저항이 예상되었다.

　　일반적으로 병력 투입을 위해서는 무장 헬기가 엄호해 주어야 하는데 평소라면 아파나 코브라 헬기가 엄호해주지만, 이번 작전에서 적의 공격으로 5대의 아파치 헬기가 격추 또는 고장 난 상태였기 때문에 AC-130의 공중지원에 의존할 수밖에 없었다. 헬기 착륙지점에 적이 있는지 확인해 달라고 AC-130에 요청했고, AC-130은 깊은 밤인지라 적외선 장비만을 통해 산을 한 바퀴 둘러보고 적이 없다고 통보했다. 그래서 헬기는 밤 3시 타쿠르과 산 정상에 착륙하려 했는데 갑자기 사방에서 적의 총탄이 빗발치듯 쏟아졌다. 적이 산 정상 주변의 벙커와 동굴을 중심으로 진지를 구축하고 있었던 것이다. 헬기 기체가 총탄에 명중하여 헬기에 장착된 미니건minigun은 무용지물이 되었고, 헬기의 항법장치, 비행보조장치, 통신장비까지 고장 났다. 해군 SEAL로 구성된 마코 30 대원들은 헬기의 후방 램프를 통해 반격에 나섰으며, 특히 해군하사 닐 로버츠Neil Roberts는 램프의 가장자리로 가서 적을 향해 쉴 새 없이 사격했다. 헬기는 직류直流전원에 힘입어 황급히 이륙하는 가운데 로버츠 하사가 헬기 밖으로 떨어져 나갔다. 대원들은 조종사에게 한 명이 추락했음을 알리려 했으나,

인터컴이 고장 나서 알리지 못했고, 조종사는 이 사실을 모른 채 헬기를 계속 조종하다가 피격지점에서 11km 떨어진 곳에 헬기를 추락시키고 말았다.

특수전 대원들은 어떤 상황에서도 동료를 구출하는 것이 불문율이기 때문에 마코 30 대원들은 실종된 로버츠 하사를 포기하지 않았다. 타쿠르과 산 정상까지 영하 20~30도의 강추위 속에 1m 내외의 눈 덮인 험난한 산을 10km 정도 올라가야 하기 때문에 걸어서 올라가기란 사실상 불가능했다. 올라갈 수 있다 하더라도 오랜 시간이 걸려 적에 둘러싸여 있는 로버츠가 그때까지 생존할 가능성이 낮았다. 다른 헬기가 필요했고, 그래서 새벽 5시경 마코 30 대원들은 부근에 있던 마코 31 대원들과 함께 다른 헬기를 타고 다시 타쿠르과 산 정상으로 향했다. 그곳에서 그들은 신속히 내린 후 주변의 적을 제압한 후 산개散開 대형으로 정상을 향해 올라갔지만 여기저기서 적의 총탄이 사정없이 날아들었고, 이에 응사하면서 또다시 치열한 총격전이 벌어졌다. 적은 마코 30에 비해 압도적으로 많았다. 총격전의 와중에 채프먼 중사가 사망하고 2명이 총상을 입었다. 팀이 전멸당할 위기였기 때문에 헬기를 타고 우선 철수했다.

그들은 포기하지 않고 다시 로버츠 하사 구출에 나섰다. AC-130 공격기는 마코 30/31의 도착 예정 시간 직전에 타쿠르과 산 정상 부근의 적들을 제압하기로 했지만 AC-130 공격기는 사전정찰팀으로부터 목표 타격에 대한 확인을 받지 못했다면서 공중지원을 하지 않았다. 그럼에도 그들을 태운 헬기는 지난번 실패한 지점에 또다시 착륙하면서 적의 강력한 사격을 받았다. 마코 30 대원들은 적을 제압하며 정상 부근 어느 지점에 위치했던 사전정찰팀의 가시거리 무전기line of sight radio를 이용해 작전본부에 지원을 요청했다.

바그람 공군기지에서는 네이단 셀프Nathan Self 대위 지휘하의 신속대응팀이 로버츠 하사를 구출하고 마코 30을 지원하기 위한 작전을 준비를 하고 있었다. 이 팀은 그린베레 19명, 공군특수전 요원 4명 등 35명으로 구성되어 있었다. 3월 3일 늦은 밤, 그들은 두 대의 치누크 헬기에 분승하여 이동했다. 1번 헬기에는 셀프 대위와 공군 요원 및 신속대응팀의 제1소대가 타고 있었고, 2번 헬기에는 제2소대가 타고 있었다. 그러나 신속대응팀은 교전상황에 대해 거의 알지 못했고, 특히 로버츠 하사가 이미 사망했다는 사실도 모른 채 목표지점을 향해 날아갔다.

3월 4일 아침 6시 15분, 1번 헬기는 타쿠르과 산 정상 부근에서 그린베레들을 내렸지만 헬기와 그들에게 적의 총탄이 빗발치듯했다. 앞서 실패한 착륙지점에 또다시 내렸던 것이다. 지휘부에서 알려준 것은 좌표뿐이었기 때문에 어떤 상황이 벌어지고 있었는지 몰랐기 때문이다. AWACS 정찰기가 착륙지점에 상당수의 적이 있다는 것을 알려주었지만, 이 정보는 3시간이 지나도록 신속대응팀에 전달되지 않았다. 신속대응팀이 타고 있는 헬기에는 바그람 공군기지에 있는 작전본부와 교신할 수 있는 위성 통신장비가 없었기 때문이다. 미군은 걸프전 이후 10여 년 동안 전군 통신체계를 통합하고자 했지만, 3군 간 통신표준 싸움으로 통신체계가 통합되지 못했던 것이다. 더구나 AC-130 공격기는 근접 항공지원을 하지도 못했다. 위험한 지역에서는 낮에 작전을 하지 않도록 되어 있었기 때문이다.

착륙 중에 적의 로켓탄이 헬기를 관통하여 오른 쪽 엔진 고장으로 추락하는 가운데 헬기 우측 문에 설치된 미니건 사수가 총탄에 맞아 사망하고 다른 2명도 사망했다. 탑승자들은 헬기에서 뛰어내려 총격으로 대응하면서 전투가 벌어졌다. 공군 항공통제관이 항공지

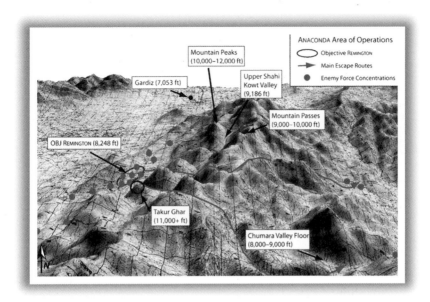

〈그림 3-5〉 아나콘다 작전 지역 _ 출처: shadowspear.com

〈그림 3-6〉 타쿠르과 정상에서 전투 중인 미군
_ 출처: defensemedianetwork.com

원을 요청하여 F-16 두 대가 날아왔지만 지형조건 때문에 레이저 유도폭탄을 투하할 수 없었다. 셀프 대위는 CIA가 운용하고 있는 무인기의 지원을 요청하자 곧 무인기가 날아와 적의 벙커들을 헬파이어 미사일로 파괴했다. 이것은 아프간전에서 무인기에 의한 최초 근접항공지원이었다.

2번 헬기는 재투입을 위해 대기 중인 가운데 통신이 회복되면서 1번 헬기의 피격 소식을 알게 되었다. 응급대응팀 제2소대를 태우고 있는 2번 헬기는 재빨리 현장으로 날아갔다. 2번 헬기는 실수를 거듭하지 않기 위해 사고 현장에서 동쪽으로 800m, 산 아래 쪽으로 약 600m 떨어진 지점에 2소대를 내려놓았다. 적의 박격포탄이 계속 떨어지고 있는 가운데 그린베레들은 탄약, 비상식량, 장비 등 50kg 이상을 짊어지고 올라가야 했는데, 산소가 희박한 고산지대에서 45도 내지 70도의 가파른 산을 1m의 눈을 헤치며 신속대응팀 1소대가 고립되어 있는 정상으로 접근했다. 2시간 후인 10시 30분, 목표지점에 도착했을 때는 완전히 탈진한 상태였지만 바로 50m 떨어진 산꼭대기에서 적이 노리고 있었다.

2번 헬기에 타고 있던 그린베레들은 도착하자마자 적의 진지를 공격할 태세를 갖추었다. 공군 전술항공통제관의 요청으로 공군기들이 날아와 적 벙커에 폭격과 기총소사를 하는 가운데 7명의 그린베레들을 수류탄을 던지고 총을 난사하며 적진으로 돌격했다. 몇 분 내로 그린베레들은 여러 명의 알카에다를 사살하며 고지를 점령했다. 그러나 산 아래 쪽 100m 지점에 있던 알카에다들이 기관총과 박격포까지 동원하여 공격하면서 공군 구조요원 제이슨 커닝햄[Jason Cunningham]이 큰 부상을 당했다. 신속대응팀 부지휘관인 하이더[Vic Hyder]는 마코 30 대원들과 더불어 부상자들을 데리고 산을 내려왔다. 그러나 마코 31에는 사망자가 두 명이고 중상자도 두 명이나 되었기 때문에 헬기로 구출할 수밖에 없었지만 헬기 추락을 우려하여 저녁까지 기다릴 수밖에 없었다. 공중폭격을 통해 적을 제압하는 가운데 구조팀이 알카에다와 총격전을 벌이는 동시에 부상자를 치료하며 어두워지기를 기다렸다가 저녁 20시경 헬기를 통해 철수하는 데 성공했다.

그런 가운데 미군 주력부대의 작전은 3월 4일부터 본격화됐다. 공수부대인 태스크포스 라카산 2대대는 아파치 헬기의 지원을 받으며 계곡 동쪽의 고지대를 공략했고, 3대대는 계곡의 북쪽 언저리에 있는 고립되어 있던 우군 부대들과 연계하면서 적의 도주로를 차단할 수 있게 되었다. 16대의 아파치 헬기, 5대의 해병대 코브라 헬기, 여러 대의 A-10 지상공격기의 지원을 받아 태스크포스 라카산은 계곡 일대에 있는 130개의 동굴과 22개의 벙커와 40개의 건물을 수색하여 일대를 장악하는 데 성공했다. 3월 10일경에는 주요 전투가 사실상 끝났다고 판단하고 미군 병력 400명을 바그람 공군기지로 복귀시켰다.

그런데 3월 11일, 태스크포스 11[9)]에 알카에다 전투원들이 전지형만능차량ATV의 선도 아래 샤이코트 지역에서 파키스탄 방향으로 탈출하고 있다는 정보가 입수되었다. 무인항공기가 그들의 동향을 계속 감시하고 있었는데, 그 대열은 SUV 차량 3대, 픽업 트럭 1대, 그 외 상당 규모의 호위 병력 등으로 구성되어 있었다. 해군의 데브그루를 주축으로 하는 태스크포스 11은 육군 레인저들의 지원을 받

---

9) TF 11은 알카에다 핵심요원들에 대한 정보 수집과 제거를 목적으로 육·해·공 특수전 요원들로 구성되어 있었다.

으며 탈출하는 적을 추격했다. 그들은 3대의 치누크 헬기를 이용하고 레인저들은 두 대의 블랙호크 헬기에 탑승하여 3월 11일 아침 기지를 출발했다. 앞서 가던 치누크 헬기가 도주하던 적의 앞쪽에 착륙하자 적은 차에서 뛰어내려 사격했지만 헬기의 미니건으로 대응하여 몇 명의 알카에다 전투원들을 사살했다. 두 번째 헬기는 적이 도주하는 방향의 앞쪽에서 사격하는 등 협공했다. 두 헬기에서 내린 병력들은 높은 지점을 장악한 후 내려다보면서 적을 향해 사격했다. 이 전투에서 알카에다 16명을 사살하고 2명에게 중상을 입히는 전과를 거두었다.

아나콘다 작전으로 미군과 북부동맹군은 샤이코트 계곡 일대에서 대부분의 알카에다와 탈레반을 제거하는 데 성공했다. 미군은 8명_{타쿠르과 정상에서 7명 전사}이 전사하고 72명이 부상당했으며, 북부동맹군은 7명이 전사하고 10명이 부당당했다. 미군은 알카에다와 탈레반의 사상자를 200명에서 최대 800명으로 판단했지만, 상당수의 적은 파키스탄 방향으로 도주했다.

프랭크스 중부사령관은 이 작전은 "논란의 여지가 없는 완전한 성공"이라 주장했지만, 육·해·공군 간의 비협조, 잘못된 작전계획, 불필요한 미군 사상 등으로 참패라는 비판도 있었다. 작전을 위한 사전정보도 문제가 많았다. 적의 규모를 고작 200명 내외로 보았고, 그것도 계곡의 저지대에 있는 것으로 과소평가했던 것이다. 더구나 계곡 주변이 3,000m 내외의 산들로 둘러싸여 있는 것을 적의 도피에 장애요인으로만 판단했던 것이다. 미군은 빈 라덴의 체포에만 급급하여 고지를 끼고 싸우면 높은 지점을 장악한 편이 절대로 유리하다는 사실을 간과했던 것이다. 실제로 적들은 박격포, RPG 로켓, 중기관총 등으로 무장하고 산악의 동굴과 능선을 장악하고 있어 매우 유리한 위치에 있었다. 그럼에도 미군을 계곡의 외곽에 투입하지 않고 곧바로 계곡에 투입하여 적의 집중포화를 받게 되었던 것이다. 치누크 헬기 2대가 격추되고 여러 대가 크고 작은 피해를 입었다는 것은 이 작전의 실책이 적지 않았음을 말해준다.

III. 시행착오가 많았던 아프간의 안정과 재건

오랜 전란으로 국가가 파멸상태였을 뿐 아니라 종족 간 불신과 갈등도 심각한 문제였다. 아프간전쟁에서 북부동맹군이 크게 기여했던 것은 사실이지만, 미국은 북부동맹이 탈레반 정권을 대체할 수 있을 것으로 보지 않았다. 북부동맹은 우즈벡, 타지크, 하자라 등 아프간의 3대 소수 종족으로 이루어져 있었다. 그들 간에도 경쟁과 갈등이 적지 않았지만 특히 파슈툰족 중심의 탈레반 정권에 대항하여 싸웠고 점령지에서 투항자들을 집단 학살하기도 했기 때문에 그들에 대해 최대 종족인 파슈툰족의 반감이 높았다. 그래서 아프간 정부를 구성하는 것조차 매우 어려운 문제였다.

탈레반 정권이 카불에서 축출되자 유엔은 아프간 임시정부 수립을 협의하기 위해 아프간 종족대표들을 독일의 본Bonn으로 초청해 2001년 12월 1일부터 5일까지 논의한 후 다음과 같은 내용의 본 협정Bonn Agreements에 합의했다. 10)

---

10) The United Nations, "Agreement on Provisional Arrangements in

- 탈레반 축출 후의 통치 공백을 신속히 메우기 위한 아프간 과도정부를 수립하기로 하고 과도정부 수반에 파슈툰족의 하미드 카르자이 지명
- 아프간 과도정부를 보호하고 지원하는 국제안보지원군 창설
- 긴급 부족원로회의emergency loya jirga와 헌법 제정 부족원로회의constitutional loya jirga 소집11)
- 대통령 선거와 국회의원 선거 실시
- 유엔 아프간 지원사무소 설치

이에 따라 12월 7일에는 카르자이가 아프간 임시정부 수반으로 선정되었으며, 12월 20일에는 유엔 안전보장이사회 결의 1386호에 따라 5,000명 규모의 국제안보지원군ISAF: International Security Assistance Force을 결성했다. 국제안보지원군은 미군 110명을 포함하여 31개국에서 파견된 5,300여 명으로 구성되었으며, 카불과 주변지역의 치안 유지를 통해 아프간 임시정부를 지원하도록 했다. 이에 따라 다음 해 1월 초 국제안보지원군 선발대가 아프간에 도착했다.

본Bonn 회의에서 타지크족, 우즈벡족 등, 북부동맹 참여 부족들은 각각 자신들이 승리의 주역임을 자처하며 대부분의 권력을 요구했다. 그들은 대통령직과 주요 각료 자리를 놓고 아프간 최대 부족인 파슈툰족과도 다투었다. 미국은 탈레반을 축출하는 데 크게 기여했을 뿐 아니라 반反소련 항쟁 지도자의 아들일 뿐 아니라 파슈툰족 지도자인 하미드 카르자이를 아프간 과도정부의 대통령으로 적극 지지했다.

국제안보지원군 선발대가 카불에 도착한 후 하미드 카르지이가

Afghanistan"(Bonn Agreement), 1(www.un.org).
11) 로야 지르가(Loya Jirga)는 아프간의 전통 부족원로회의로 통치자에게 정당성을 부여하는 기구이며, 역사적으로 아프가니스탄 국민들을 대표하는 종족 및 종교 지도자들이 로야 지르가를 열어 새 지도자를 승인해왔다.

이끄는 아프가니스탄 임시정부가 출범했다. 그러나 실권이 있는 국방장관, 내무장관, 외무장관은 모두 타지크인에게 돌아갔다. 카르자이는 최대 종족인 파슈툰족 출신이라는 것 외에는 별다른 권력기반이 없었지만 6개월간 과도정부 대통령 역할을 무난히 수행했기 때문에 2002년 6월, 선출된 대표 1,000명과 각계 대표 500명으로 구성된 부족원로회의에서 압도적 지지를 받아 2년 임기 과도정부 대통령으로 다시 선출되었다.

2003년 12월, 부족원로회의는 새 헌법을 승인했다. 아프간 국민들은 오랜 전란으로 고통받아 왔기 때문에 새로 수립된 정부에 기대를 나타냈고, 또한 미군은 물론 국제안보지원군에 대해서도 반감을 나타내지 않았다. 이제 탈레반 정부에 의해 금지되었던 신문, 라디오, 텔레비전이 허용되면서 활기를 되찾기 시작했고, 학교가 개학하여 여자 아이들도 학교에 다닐 수 있게 되었다.

2004년 4월, 새로운 아프간 정부 수립을 앞두고 유엔 주도로 아프간의 주요 세력 대표들과 아프간전쟁 참전국 대표들이 베를린에서 회의를 개최하여 '베를린선언'을 채택했다. 이 선언에는 ① 아프간 안정을 위한 지원, ② 지역재건팀Provincial Reconstruction Team 구성을 통한 재건사업 실시, ③ 각종 무장 세력의 무기 제거, ④ 법질서 유지 활동 지원, ⑤ 사법제도 신설 지원 등, 사실상 모든 것을 포함하고 있었다. 예를 들면, 아편의 재배와 판매를 줄이기 위한 대체작물 재배 지원도 포함되어 있었다.[12]

2004년 10월 9일에는 대통령 선거가 실시되어 하미드 카르카이

---

12) The United Nations, "The International Conference on Afghanistan: The Berlin Declaration"(April 1, 2004), 2, http://mfa.gov.af/Content/files/berlindeclaration.pdf(검색일: 2017.7.9).

가 대통령으로 당선되었고, 북부동맹 지도자였던 아메드 마수드 장군의 동생이고 타지크족 대표인 아마드 마수드Ahmad Massoud가 제1부통령, 시아파 종교지도자 카림 칼리리Karim Khalili가 제2부통령이 되었다. 그리고 다음 해 9월에는 국회의원 선거와 지방선거도 실시되었다. 카르자이는 중립적 입장에서 국민통합을 이룩하며 국가재건을 이끌어 나가려 했지만, 고질적인 부족 간 대립과 갈등, 탈레반의 준동 등 치안불안으로 지도력을 발휘하지 못했다.

2006년 1월 31일부터 2월 1일까지 유엔 등 15개 국제기구와 미국, 영국, 아프간 등 66개국 대표가 참가한 런던회의에서 매우 포괄적인 아프간 재건에 대한 '아프간협약the Afghanistan Compact'을 채택했다. 2001년 말에 채택된 본 협정the Bonn Agreements이 종료됨에 따라 채택한 것으로 향후 5년 간 아프간의 국가건설에 대한 청사진을 마련했던 것이다. 아프간협약은 안보와 치안, 정치행정과 법치, 경제사회적 발전에 대한 목표와 사업내용, 그리고 시간계획이 제시돼 있었으며, 마약퇴치도 중요한 과제로 포함되었다. 이 협약에는 자연자원 관리, 도로건설, 보건위생, 고등교육, 빈곤추방, 민간기업 육성 등 52개 과업들이 제시되고 있어 사실상 국가가 해야 할 거의 모든 것이 포함되어 있었다.13) 그러나 탈레반의 위협을 받고 있는 상황에서 그 같은 재건사업이 성과를 거둘 수 없었다.

아프간전쟁을 시작할 당시 미국의 목표는 세 가지였다. 즉 탈레반 정부를 붕괴시키고, 아프간 내 알카에다의 훈련 기지들을 파괴하

---

13) The United Nations, "The International Conference on Afghanistan: The Afghanistan Compact"(January 31-February 1, 2006), "Annex I: Benchmarks and Timelines," www. nato.int/isaf/docu/epub/pdf/afghanistan_compact.pdf(검색일: 2017.7.9).

며, 알카에다 요원들을 체포하거나 사살하는 것이었다. 2001년 크리스마스 무렵 미국은 탈레반 정권을 전복시켰고 알카에다 세력을 아프간에서 축출했기 때문에 2개의 전쟁목표를 달성했다고 할 수 있다. 그렇지만 아프간에 제대로 된 정부가 들어서고, 탈레반과 알카에다의 위협으로부터 정부와 국민을 보호할 수 있는 군대와 경찰이 육성되어야 하고, 또한 정부가 국민의 삶을 안정시킬 수 있어야 하며, 이를 위해 막대한 국제원조가 수반되어야 했다. 그렇지 않으면 아프간은 언제든지 내전상태에 빠지고 탈레반이 다시 권력을 장악하게 될 가능성이 높았다. 근본적인 해결책이 없는 한 초기의 승리는 결코 승리라 할 수 없었다.

IV. 반격에 나선 탈레반

아프간에는 죽은 자만이 항복한다는 말이 있다. 탈레반은 불리하기 때문에 싸우지 않고 도주했지만 결코 싸움이 끝났다고 생각하지 않았다. 기회만 되면 다시 나타나 싸우는 것이다. 더구나 아프간 종족, 특히 파슈툰족에서 가족 중 한 사람이라도 살해당하면 가족들이 나서서 복수하는 것이 아프간 전통이다. 수천 명에 달하는 탈레반과 탈레반 동조자들이 이단자infidel로 인식하는 미군과 북부동맹군에 의해 살해되거나 포로가 되었기 때문에 가족과 친척들이 복수에 나서는 것은 시간 문제였다.

힌두쿠시 산맥과 파키스탄으로 도주했던 탈레반과 알카에다는

2003년 후반부터 반격에 나서기 시작했다. 미국이 이라크전쟁을 시작하면서 이라크에 관심이 집중했을 뿐 아니라 아프간에서 작전 중이던 미군까지 이라크 전선으로 전환시켰기 때문이다.

탈레반의 재기는 또한 아프간 주민들의 반미反美·반서구反西歐 정서와 맞물려 있었다. 기대가 컸던 재건사업이 지지부진했고, 미군이 포로를 학대한다는 주장이 난무했으며, 미군과 연합군의 폭격과 포격으로 민간인 희생자가 많이 발생했기 때문이다. 또한 카르자이 정부가 탈레반의 위협으로부터 주민들을 보호하지 못하고 주민들에게 필수적인 서비스도 제공하지 못하여 그들의 지지와 충성심을 확보하는 데 실패했기 때문이다.

탈레반은 자생적으로 형성된 세력이다. 그들이 생겨날 수 있는 조건들을 제서하지 않는 한 일시적으로 제거했더라도 잡초처럼 다시 생겨나기 마련이다. 탈레반이 등장했던 1990년대 중반의 아프간 상황에서 큰 변화가 없었고 오히려 이교도인 외국군이 진주하고 있었기 때문에 탈레반 투쟁의 명분이 커지고 있었다.

미국이 이라크를 침공하자 파키스탄 등 아랍권 국가에서는 미국에 대항하여 지하드를 벌여야 한다는 목소리가 높아졌고, 이에 따라 탈레반과 알카에다에 지원자와 지원금이 쏟아져 들어왔다. 이러한 분위기에 힘입어 탈레반은 굴부딘 헤크마티아르Gulbuddin Hekmatyar가 이끄는 헤즈비 이슬라미Hezb-i-Islami 및 하카니Haqqani가 이끄는 하카니 네트워크Haqqani Network와 손잡게 되었다.[14] 헤즈비 이슬라미는 1990

---

14) 굴부딘 헤크마티아르는 소련의 아프간 침공에 대항하여 투쟁했던 군벌 중의 하나였으며, 이슬람당 지도자로서 1996년 라바니 정부에서 총리를 지냈다. 헤즈비 이슬라미는 굴부딘 헤크마티아르가 이끄는 2,000명 규모의 무장조직으로 아프간전쟁 시작 후 미군과 나토군에 대항해왔다. 하카니 네트워크는

년대 아프간 내전 당시 파키스탄의 전폭적인 지원을 받았기 때문에 병사들은 비교적 훈련도 잘 되어 있었고 무장 상태도 양호했기 때문에 이들의 가세로 탈레반의 전력은 크게 강화되었다.

탈레반과 알카에다가 아프간전 초기에는 미군과 연합군에 정면 대결했지만 2005년부터 전술을 바꾸었다. 이라크 반군처럼 자살폭탄 공격과 급조폭발물IED 공격에 집중하면서 미군과 연합군 사상자가 급속히 늘어났다. 그들은 치고 빠지는 방식의 게릴라 전법으로 아프간 정부는 물론 군대와 경찰, 그리고 연합군까지 공격했다. 그들은 연합군 접근로에 매복하고 있다가 기습 공격했고, 연합군 수송대도 공격했다. 특히 도시에서는 요인들을 암살하고 공공기관이나 시장 같은 인구 밀집지역에서 자살폭탄 공격을 했고, 재건사업을 방해하고 재건된 시설도 파괴했다. 그들은 원거리에서 RPG 로켓으로 공격하기도 하고, 사제 폭발물IED을 설치하여 터뜨렸고, 정부군과 경찰에 침투한 후 '내부공격inside attack'을 하기도 했다. 나아가 그들은 아프간 관리들은 물론 외국인들을 대상으로 자살공격을 감행했다.

탈레반이나 알카에다는 통상 50명 단위로 기습공격한 후 5명 내외로 흩어지는 게릴라 전법을 사용했기 때문에 이들을 소탕하기 위해서는 많은 병력이 필요했다. 물론 탈레반이 소규모로 공격했기 때문에 연합군이 이를 대부분 격퇴할 수 있었지만, 2006년경부터 탈레반의 전력이 강화되면서 치열한 접전이 벌어졌다. 문제는 반군을 격퇴한 후 그 지역의 안전을 유지하는 데 필요한 병력이 태부족이었다는 것이다. 낮에는 정부군과 미군이 마을을 장악하지만 저녁 때 그

파슈툰족 중심의 무장 조직으로 아프간전쟁 발발 후 파키스탄의 지원을 받아왔다.

들이 물러가면 탈레반이 나타나 장악했기 때문에 주민들은 미군과 아프간 정부를 신뢰하지 않았다.

2006년 초 나토NATO 지휘하의 국제안보지원군은 6만 3,000명으로 증강되어 아프간 남부에서 작전하던 미군의 역할을 담당하게 된다. 당시 다국적군의 주역은 영국군 3,300명, 캐나다 2,300명, 네덜란드 1,900명 등이었고 미국과 프랑스는 공중지원을 했다. 그때부터 나토군의 목표는 아프간 남부에서 지역재건팀PRT을 설립하여 재건사업을 벌임으로써 민심을 수습하고 지역안정을 도모하려 했다. 이를 위해 탈레반을 축출하고 그 지역을 계속 확보하면서 재건사업을 수행하고자 했다. 영국은 헬만드Helmand 주를 담당하였고, 네덜란드와 캐나다는 오루즈간Oruzgan 주와 칸다하르 주를 담당했다. 이에 대해 이 지역에 영향력을 떨치고 있던 탈레반이 반격에 나선 것은 예상된 일이었다. 그래서 2006년 남부지역에서는 탈레반 정권 몰락 후 최악의 무력충돌이 일어났다. 그래서 영국, 캐나다, 네덜란드, 이탈리아 등이 탈레반을 소탕하기 위한 작전을 벌여 상당한 성과를 거두었지만 탈레반을 완전히 제압하지 못하여 그들의 반격은 2009년까지 계속되었다.

당시 탈레반 전사들의 규모는 1만 명 정도이고 핵심 요원은 2,000명 내지 3,000명에 불과했고 나머지는 연합군의 폭격으로 가족들이 희생되었거나 미군이 무슬림 포로들을 장기간 억류한 데 대한 분노 때문에 아랍지역의 여러 나라에서 모여든 젊은 지원자들이었는데, 그들이 더욱 극한적인 투쟁을 벌였다.[15]

---

15) David Rohde, "Foreign Fighters of Harsher Bent Bolster Taliban," *New York Times* (October 30, 2007).

게릴라전에서는 게릴라는 물고기, 주민은 물에 비유된다. 물이 있는 한 물고기가 살 수 있듯이 탈레반에 우호적인 주민들이 있는 한 그들을 제거하기 어렵다. 다시 말하면, 아프간 정부가 탈레반의 위협으로부터 주민들을 보호할 수 있고, 그들에게 필수적인 서비스를 제공할 수 있을 때 주민들이 탈레반을 배격하게 되는 것이다. 그런데 아프간 정부는 필수적 기능인 안전security조차 보장하지 못하고 있었다.

카르자이 정부는 카불 등 대도시만을 통제하고 있었기 때문에 카르자이 대통령은 '카불 시장市長'에 불과하다고 할 정도였다. 2007년 7월 카르자이 대통령은 카피사 주州 지사 압둘 무라드Abdul Murad를 파면했다. 왜냐하면, 무라드가 뉴스위크와의 인터뷰에서 "수도에서 멀리 떨어진 지방은 실질적으로 공권력이 미치지 못하는 권력공백 상태다. 범죄조직이든 탈레반과 알카에다이든 그 공백을 메울 수밖에 없다."고 말했기 때문이다.16)

2009년 경 탈레반은 전 국토의 40% 정도를 장악하고 그 지역에서는 사실상 정부 역할까지 하고 있었다. 탈레반이 세운 '그림자 정부shadow government'가 점차 자리 잡으면서 아프간에는 사실상 두 개의 정부가 존재하고 있었다. 탈레반은 주지사 등 지방관리를 임명하고, 치안을 유지하고, 세금을 거두는 등, 사실상의 통치를 했다. 2009년 말 국제안보지원군 보고에 의하면, 아프간의 34개 주州 중에서 33개 주에는 탈레반이 세운 '그림자 정부'가 상당한 영향력을 행사하고 있는 것으로 파악했다. 미군 등 국제안보지원군이 소도시나 촌락을 순

---

16) Abrash Fisnik, "Afghan governor fired after comments," *Associated Press* (July 16, 2007).

〈그림 3-7〉 2009년경 탈레반 세력권 _ 출처: Afghanwomensmission.org

찰하면 탈레반들은 주민들 속에 숨었다가 순찰대가 사라진 저녁때부
터 나타나 미군에 협조한 사람들을 처형하거나 처형하겠다고 위협하
고, 이슬람 율법을 위반한 여성들을 처벌했으며, 국제안보지원군이
건설한 학교나 공공시설물을 파괴했다.[17]

　탈레반의 반격은 2008년 들어 최고조에 달했고, 이로 인해 미군
과 다국적군에게 최악의 한 해로 기록되었다. 매일 15~20차례의 테
러 또는 무력충돌이 발생했으며, 월평균 유혈사태 발생건수는 573건
에 달했다. 당시 아프간에는 미군이 3만 1,000명 주둔하고 있었지
만, 그해 1년 동안 미군 155명이 전사했고 연합군도 265명이 사망
했다.

---

17) Mike Mount, "Analysis: Taliban governs Afghanistan from the sha-
　　dows," *CNN* (February 19, 2010), http://edition.cnn.com/2010/WORLD
　　/asiapcf/02/18/analysis.afghanistan.shadow.governors/index.html(검색
　　일: 2017.7.20).

V. 적극 대응에 나선 오바마 행정부

이처럼 아프간 상황이 악화되고 있던 시기에 대통령 후보였던 오바마는 당선되면 이라크 주둔 미군은 줄이겠지만 아프간에는 병력을 증파하고 군사지원을 확대하는 등, 알카에다와 탈레반에 적극 대응하겠다고 공약했다. 2009년 초 오바마 대통령이 물려받은 아프간전쟁은 전쟁 시작 당시와는 전혀 다른 전쟁이 되어 있었다. 미국이 아프간 내 근거지를 둔 알카에다로부터 공격받을 가능성은 사라졌지만 안정화 작전은 실패하고 있었고, 또한 이라크가 심각한 내전에 휩싸여 있었기 때문에 이를 기회로 탈레반은 그들의 영역을 넓히고 있었다.

2009년 2월 17일, 오바마 대통령은 1만 7,000명의 미군을 증파하는 등 아프간전에 적극 대응하도록 했다. 이미 아프간에는 미군 3만 6,000명과 다국적군 3만 2,000명이 작전에 참가하고 있었다. 그는 5월 11일에는 아프간전의 교착상태를 타개하기 위해 임명한 지 6개월 밖에 안 된 데이비드 맥키어난David McKiernan 아프가니스탄 주둔 미군 사령관을 해임하고 스탠리 맥크리스털Stanley McChrystal 장군을 임명했다. 맥키어난 장군은 전통적인 군사 작전에 능통했었던 반면, 맥크리스털은 특수전과 비정규전에 더 익숙했기 때문에 새로운 아프간 전략을 실행하는 데 더 적합한 인물로 판단했기 때문이다. 미군은 그때까지 주로 적의 사살에 치중했지만 맥크리스털 사령관은 주민 보호를 기본 목표로 했다.

새로운 전략을 채택한 미군은 대대적인 공세에 나섰다. 7,000여 명의 해병대 병력이 1차로 아프간에 증파된 지 한 달 만이었다. 2009

년 7월 초 4,000여 명의 제2해병원정단 병력이 650여 명의 아프간 정부군과 함께 탈레반 거점인 남부 헬만드Helmand강 계곡 일대에서 5년 이래 최대 규모의 공격 작전을 폈다. 이 지역은 아프간 내 최대 아편 생산지로 여기서 생산된 아편의 밀매자금이 탈레반의 군자금으로 사용되고 있었다. '검劍의 타격 작전Operation Strike of the Sword'으로 명명된 이 작전은 탱크와 장갑차를 앞세운 지상 작전과 해병대의 공중 투하, 그리고 헬기와 전투기의 공중지원을 받은 대규모 입체 작전이었다.

해병들은 마을에 들어가 초소를 세우고 경계를 서며 탈레반의 접근을 차단함으로써 주민들을 보호하고자 했다. 다음 달인 8월로 예정된 아프간 대통령 선거를 앞두고 탈레반은 누구든 선거에 참가하면 살해할 것이라고 위협하고 있었기 때문에 이 작전은 아프간 주민들이 안심하고 선거에 참가하도록 하려는 목적도 있었다. 미군 장교들은 부락 지도자들을 만나 그들의 요구사항을 청취하고 또한 부락의 안전을 위해 다양한 조치를 취했다. 3개월도 못 돼 탈레반의 검문초소도 사라지고 폭탄테러도 자취를 감추면서 주민들이 되돌아왔고, 지방행정이 재개되고 상거래도 활기를 띠기 시작했다.

오바마 대통령은 9월부터 11월까지 3개월간 아프간 전략을 검토한 후 새로운 아프간 전략을 발표했다, 즉 12월 1일 웨스트포인트에서 행한 연설에서 알카에다를 와해disrupt하고, 해체dismantle하고, 격퇴defeat시킨다는 목표하에 알카에다의 은신처를 제거하고, 탈레반을 제압하여 아프간 정부 전복 가능성을 차단하는 한편 아프간 군대와 경찰을 육성하고, 나아가 아프간 정부의 역량을 강화시키겠다고 선언했다. 이를 위해 미군 3만 명을 추가로 파병하고, 그 대신 2011년 7월부터 미군을 단계적으로 철수시키겠다고 선언했다.[18]

2010년에도 헬만드강 계곡에 대한 주민보호 중심의 작전이 계속
되었다. 무려 2만여 명의 미 해병과 1만여 명의 연합군 병력이 이
지역의 작전에 참여했다. 해병은 50여 개의 주요 초소와 200개에
가까운 소초小哨들을 설치 운용함으로써 탈레반이 침투할 수 없도록
했다. 지역 경찰을 육성하여 치안을 담당할 수 있을 때까지 1년 가
까운 기간 동안 탈레반과의 전투는 계속됐다.[19]

VI. 빈 라덴 제거에 성공

2011년 5월 1일, 미군은 9.11테러를 위시하
여 전 세계에서 수많은 테러를 주도해왔던 알카에다 지도자 빈 라덴
을 제거하는 데 성공했다.[20] 그는 사망 당시 54세에 불과했지만 전
세계 이슬람 극단주의 테러조직을 이끌어온 악명 높은 인물로 미국
이 10년이 넘도록 체포하거나 사살하려고 노력해왔고, 그래서 그의

---

18) The White House, "Remarks by the President in Address to the Nation
   on the Way Forward in Afghanistan and Pakistan"(December 1, 2009),
   https://obamawhitehouse.archives.gov/the-press-office/remarks-presiden
   t-address-nation-way-forward-afghanistan-and-pakistan(검색일: 2017.7.3).
19) 2011년 2월 14일, 아프간 주둔 미 해병대 사령관인 리처드 밀스 소장은 미
   군과 연합군이 남부 헬만드 주에서 저항세력을 퇴패시키는 데 성공했다고
   발표했다.
20) "Osama Bin Laden Killed by U.S. Forces"(May 2, 2011), http://www.
   history.com/this-day-in-history/osama-bin-laden-killed-by-u-s-forces

사살은 테러와의 전쟁의 핵심 목표 중의 하나였다. 그래서 10년이 넘도록 그를 추적해서 결국 그를 살해하는 데 성공했던 것이다.

아프간 국경에서 200km, 그리고 파키스탄의 수도 이슬라마바드에서 50km 거리에 위치한 아보타다드Abbottabad 시에 위치한 빈 라덴이 은거해있던 건물에 두 대의 블랙 호크Black Hawk 헬기에 탑승한 23명의 미 해군 제6씰팀SEAL Team Six 대원들이 급습했다. 작전 중 헬리콥터 한 대가 추락했지만 다친 미군은 없었다. 약 40분간 계속된 이 작전에서 빈 라덴과 그의 아들을 포함한 5명이 미군이 쏜 총에 맞아 숨졌지만 미군 측은 아무런 피해가 없었다. 그의 시신은 아프간으로 보내져 공식적으로 신분을 확인한 후 24시간 내에 아라비아 해海의 미공개 장소에 이슬람 방식에 따라 수장水葬되었다.

이 작전 장면을 현장 상공을 날던 드론에서 촬영한 영상을 통해 모니터한 오바마 대통령은 "정의는 실현되었다"면서 빈 라덴의 사망 사실을 텔레비전으로 중계된 연설을 통해 밝혔다. 백악관 주변은 물론 뉴욕의 타임 스퀘어 광장과 9.11테러 현장에서 군중들의 환호성이 울렸다. 작전 현장에서 수집된 컴퓨터 파일과 다른 증거들을 통해 빈 라덴은 오바마 대통령 암살계획을 포함하여 9.11테러 10주년을 기념하는 대규모 테러를 비롯하여 미국을 상대로 일련의 테러를 계획하고 있었던 것으로 밝혀졌다.

미국이 빈 라덴이 아보타다드에 은거하고 있다는 정보를 입수한 것은 2010년 8월이었다. CIA 분석가들은 아보타다드의 주거지역에 높은 경계용 울타리로 둘러싸여 있는 건물로 빈 라덴의 측근들이 드나드는 것을 알고 드론을 통해 여러 달 동안 감시했지만 빈 라덴이 있는지 확신하지 못했던 것이다. 그런데 그가 사살된 후 빈 라덴이 도시지역에서 그것도 파키스탄 육군사관학교에서 1km 정도 거리에

5년 동안 숨어서 활동해왔다는 사실에 놀라움을 금치 못했다.

빈 라덴을 사살한 미국이 2011년 7월부터 미군을 철수시키기 시작하면서 미국은 아프가니스탄과의 장기적 관계를 설정하지 않으면 안 되었다. 이에 따라 양국은 2012년 5월 2일 전략적 동반자 협정strategic partnership agreement을 체결했고, 이어서 양국 간 안보협정 체결을 위한 협상에 나섰다. 2013년 말 양국 간 안보협정 협상이 타결되었으나 카르자이 대통령이 서명을 거부하면서 협정 체결이 지연되었다. 2014년 가을 아슈라프 가니Ashraf Ghani가 대통령으로 취임한 다음 날 양국 간 안보협정에 서명하면서 안보협정이 체결되었다. 이로써 미군은 2015년 이후에도 1만 명 규모의 미군이 아프간에 주둔하며 아프간군 훈련과 자문을 하고 또한 대테러 작전에 협력하기로 했다.

VII. 난관이 많았던 아프간군 육성

미군이 아프간에서 철수하기 위해서는 탈레반과의 전쟁을 감당할 수 있는 아프간 정부군의 육성이 선행되어야 했다.

아프간군 육성을 위한 '새로운 아프간 시작 프로그램the Afghan New Beginning Program'은 2003년 6월, 그리고 탈레반군 무장 해제는 2003년 10월부터 시작되었다. 그러나 아프간군에 지원하는 자도 적었을 뿐 아니라 지원자들의 자질도 문제가 많았고, 또한 훈련과정이나 부대 배치 후에도 이탈하는 자가 많았기 때문에 육성에 어려움이 컸다.

그래서 2003년 말 아프간군 병력은 고작 1,750명이었고 1년 후에도 13,000명에 불과했으며, 2006년에도 26,900명 정도였기 때문에 최악의 안보상황에 대처하기에 태부족이었다.[21]

미군과 연합군이 철수하기 시작하면서 전쟁 시작 10년 만인 2011년에 와서야 아프간군 육성이 본격적으로 시작됐고, 실제 육성에 필요한 지원이 시작된 것은 2012년이었다. 아프간군 훈련을 담당할 다국적군 훈련요원의 3분의 2 정도는 2012년 초까지 현장에 도착하지 못했고, 상당수 훈련요원은 2014년까지도 필요한 자질을 갖추지 못했다.

2017년 6월까지도 다국적군 훈련요원은 50% 정도만 충원되었고 나머지 50%인 의무, 수송, 군수, 공병 등 후방 지원부대와 기술 부분의 훈련 요원은 확보하지 못했다. 그 결과 군단급 이상 부대, 보급 등 후방지원부대, 훈련부대 등이 취약했다. 또한 다국적군 훈련요원에 대한 반군의 공격이 빈번해지면서 아프간 전투부대와 전방지역 훈련소에 배치돼 있던 훈련요원들까지 철수했다.

아프간군 육성에 있어 기존의 아프간 군대를 모두 해산하고 완전히 새로운 군대를 창설하려 한 것이 실책이었다. 병사들을 모집하면서 무자헤딘, 공산정권하의 아프간 군대, 탈레반 정권의 군대, 지역 군벌의 민병대 등 군사 경력이 있는 사람은 모두 제외하고 그 외

---

21) 2005년의 아프간군 규모는 21,200명, 2006년은 26,900명이었고, 2007년에 이르러 겨우 50,000명이 되었다. 아프간 병사는 훈련 중 매월 30달러의 봉급을 받았고, 훈련을 마치면 50달러를 받았다. 그런데 이탈자가 많았기 때문에 봉급이 지속적으로 인상되어 지금은 165달러 수준이며, 다소 불안한 지역에 근무하는 병사는 230달러, 전투가 벌어지고 있는 지역에서는 240달러를 받는다.

지원자 중에서 입대시켰기 때문에 전혀 싸울 수 없는 군대를 만들었다. 모집과정에서 가장 기본적인 질문은 "과거에 총을 잡아 본 적이 있느냐?"였다. 총을 잡아보지 못한 자만이 입대가 허용되었다. 그 결과 모집된 사람들의 지원 동기는 봉급을 받는 데 있었다. 그들 대부분은 문맹자였는데 그러한 사람들이 현대식 무기와 장비와 군사기술에 숙달하기 어려웠다. 가장 큰 문제는 군인으로서 싸우고자 하는 동기가 없었다. 그들은 자기 자신과 자기들의 종족만 생각할 뿐, 국가의 수호자란 인식이 전혀 없었다. 또한 다수가 아편과 같은 마약을 복용하는 등 기강이 해이해져 있었을 뿐 아니라 전사자, 부상자, 탈영자 등으로 인한 병력 손실률attrition rate이 매년 50%에 달했다. 이렇게 취약한 군대로는 강력한 종교적 신념과 조직력을 갖춘 탈레반을 상대하기 어려웠다.[22]

아프간군의 또 다른 문제는 탈레반과 테러집단 분자들이 위장 입대하여 우군友軍을 상대로 빈번한 '내부공격inside attack'을 한다는 사실이다.[23] 그 대표적 사건이 2014년 8월 6일에 카불에서 일어났다. 아프간 정부군에 위장 입대한 자들이 미군 헤럴드 그린Harold Green 소장의 호위 임무를 수행하는 중 그를 저격한 것이다. 범인은 그린 소장뿐만 아니라 여러 명의 다국적군 인사들도 저격했다. 미군 소장이 전쟁 중에 사망한 것은 베트남전쟁 이래 처음 있는 일이어서 미국에서도 충격이 컸다. 아프간 정부군에서 엄선한 고위인사 호위 병력 중에 위장 침투한 자들에 의한 내부공격이 일어난 것이다.

---

22) Chris Mason, *The Strategic Lessons Unlearned from Vietnam, Iraq, and Afghanistan* (United States Army War College Press, June 2015).

23) "Taliban infiltrate Afghan army to target foreign troops," *The Associated Press* (2017.6.18).

2007~2015년 기간 중 NATO군 157명과 아프간군 557명이 내부 공격에 의해 살해당한 바 있다. 아프간의 연합군 사상자 7명 중 한 명이 아프간 군인 또는 경찰 복장을 한 자들에 의해 일어난 공격으로 인한 것이다. 2017년 들어서도 여러 차례의 내부공격이 발생했다. 3월에 일어난 내부공격으로 미군 3명이 살해당했고, 4월에는 아프간군 복장을 한 탈레반이 아프간군 기지에 들어와 아프간군 140명을 살해했고, 6월에도 아프간군으로 위장한 탈레반에 의해 미군 3명이 살해당하고 7명이 부상당했다. 그래서 NATO군과 아프간군은 탈레반의 침투를 막기 위해 모병절차를 개선했다. 한국에서도 해방 직후 미군이 국방경비대를 창설할 당시 허술한 모병절차로 인해 공산분자가 다수 침투했기 때문에 여수군사반란이 일어났던 것이다.

VIII. 불확실한 아프간의 미래

아프간 정세에 대해 비관적인 분석이 다수이지만 실제로는 탈레반 정권 당시에 비해 큰 변화가 있었다. 대표적인 예로 학교교육이 활성화되었다는 점이다. 탈레반 정권 당시의 학생 수는 100만 명 정도에 불과했으나 교육이 권장되고 또한 여자아이들이 학교를 다니게 되면서 학생 수는 무려 6백만으로 늘어났다. 탈레반 정권에서는 여성이 심한 차별과 통제를 받았지만 지금은 선거에서 투표할 수 있고, 직장에도 다닐 수 있는 등, 상당한 권리가 보장되고 있다. 그전에는 전화기를 휴대한 사람이 별로 없었지만 지금은 아프간인 3명 중 1명이 휴대전화기를 소유하고 있다. 과거에는 의료혜택이 특권층에나 가능했지만 지금은 누구나 의료혜택을 받을 수 있다.[24]

2014년 가을 아슈라프 가니가 새 대통령으로 취임했다. 그는 버클리대와 존스 홉킨스대에서 교수를 지낸 인물로 아프간의 어려운 현실을 타개할 카리스마와 역량이 부족하다는 평가를 받기도 하지만 『실패한 국가의 재건*Fixing Failed States*』이라는 책의 저자로서 실패한 국가인 아프간의 국가건설 문제에 상당한 식견을 가진 지도자이다. 이로써 2004년 말에 대통령으로 취임했던 카르자이는 10년 가까이 재임했지만 아프간을 안정시키지 못한 채 퇴임했다.

2014년 12월 28일, 미국과 나토NATO는 전쟁 종료를 선언하고 군대를 철수하기 시작했고, 미군도 철수에 나섰다. 그러나 외국군의 철수는 아프간에 적지 않은 정치적·경제적 타격을 주었다. 외국군의 지출이 줄어들면서 아프간의 경제성장률은 2010년 20%, 2012년 14%에서 2015년 1% 수준으로 급락했고, 부정부패도 심각했기 때문에 급속한 민심 이반이 일어났다. "나라가 올바른 방향으로 나아가고 있다"는 문항에 동의한 사람은 3분의 1도 못 될 정도로 국민 불만이 높았다. 탈레반은 이 같은 주민들의 불만을 파고들어 재빨리 세력을 확장했다. 경제사정이 악화되면서 2016년의 아편 생산이 40%나 증가되었고, 그것은 탈레반의 중요한 자금원이 되었다.

안보 면에서도 미군을 비롯한 NATO군이 철수하기 시작하면서 탈레반은 이를 반격의 기회로 삼았다. 2015년 9월 탈레반은 북부지

---

24) Peter Bergen, "Why Afghanistan is Far From Hopeless," *Time* (March 17, 2012), http://content.time.com/time/specials/packages/article/0,28804,2059521_2059653,00.html(검색일: 2017.5.10).

방의 주도州都인 쿤두즈Kunduz를 점령할 만큼 공세적이었으나 미군의 지원을 받은 아프간군에 의해 탈환됐다. 그 후에도 탈레반은 계속 그 지역을 대한 공세를 멈추지 않았다. 2015년과 2016년에 걸쳐 탈레반과 아프간 내 IS세력이 경쟁적으로 공격에 나서면서 수도 카불까지 위협받게 되었다.

탈레반과 IS의 테러 공격이 계속되면서 2016년 미 공군과 나토 공군이 투하한 폭탄은 전년도에 비해 40% 증가했다. 항공폭격이 다수의 민간인 희생자를 내면서 주민들의 반미성향도 높아졌다. 2016년에만 3,500여 명의 민간인이 희생되었고 그중에 어린이가 1,000여 명이나 되었다. 오바마 행정부는 두 차례에 걸쳐 미군을 증파했지만 별 성과를 거두지 못했다. 2015년 당시 1만여 명의 미군이 잔류하여 특수 작전에 참여하는 동시에 아프간군 훈련 지원을 하고 있었고, 2016년 말까지 미군을 완전히 철수시킬 계획이었으나 아프간 사정이 여의치 않자 오바마 대통령은 8,400명의 병력을 잔류시킨 가운데 퇴임했다.

2017년에 들어서도 탈레반을 중심으로 한 반군의 공격은 계속되었다. 즉 1월 잘랄라바드의 파키스탄 영사관 부근에서 자살폭탄 테러와 무장 공격으로 10명의 사망자와 수십 명의 부상자가 발생했다. 3월 8일에는 의사 차림의 남성에 의한 자살폭탄 테러로 군병원 환자 등 30명이 사망했다. 5월 31일에는 카불의 외교공관 밀집 지역에서 폭발물을 실은 저수탱크 트럭을 폭발시켜 90명이 숨지고 400여 명이 부상당하는, 최악의 참사가 발생했다. 테러가 발생한 곳은 독일 대사관 앞 광장으로 주변에는 각국 대사관과 정부청사 등이 몰려 있고 인근에는 대통령 집무실도 있는 곳이다. 이 폭발로 사방 1km 이내에 있는 외교공관과 정부기관, 상가와 식당 등의 창문이 날아갈 만

큼 위력이 강력했으며 주변에 있던 차량 50여 대도 파손됐다.[25]

강한 미국을 표방한 트럼프 행정부는 이라크와 시리아뿐만 아니라 아프간에서 IS와의 전쟁에 적극적으로 임했다. 그 일환으로 2017년 4월 13일, 공중폭발 대형폭탄GBU-43/B Massive Ordnance Air Blast bomb, 즉 '모든 폭탄의 어머니MOAB: mother of all bombs'로 불리는 2만 1,000파운드의 초대형 강력 폭탄을 아프간의 IS 거점에 투하한 바 있다.

그럼에도 탈레반이 활기를 되찾고 있고, IS의 테러 공격은 여전하고, 알카에다도 완전히 소탕된 것이 아니다. 미국은 아프간에서 글로벌 테러집단을 박멸한다는 목표를 내세우고 아프간전쟁을 시작했지만 아프간은 여전히 글로벌 테러의 근거지로 남아 있다. 2017년 2월 현재 아프간 정부의 통제하에 있는 지역은 전체의 60% 정도에 불과하고, 아프간 인구의 10%에 해당하는 3백만 명이 반군과 테러 단체의 통제하에 놓여 있다. 미국 정부가 발표한 전 세계 98개 테러 조직 중 20개가 아프간과 파키스탄 접경지역에서 활동하고 있다.

최근에는 수도 카불이 집중적인 테러 공격 대상이 되고 있다. 2018년 1월 27일, 카불 도심 사다라트 광장에서 앰뷸런스를 이용한 탈레반의 자살폭탄 테러가 발생해 103명이 죽고 235명이 다쳤다. 테러 발생 지점에서 1.7km 떨어진 곳에는 아프간 내무부 건물이 있고 그 인근에는 나토군 본부, 각국 대사관 등이 밀집해 있다. 이 테러는 외국인 14명을 포함해 29명이 희생된 인터컨티넨털호텔에서 인질 테러가 일어난 지 1주일 만이다. 3일 전인 1월 24일에는 아프간 동부 낭가르하르 주의 주도州都 잘랄라바드에 있는 세이브더칠드런Save the Children 사무실 부근에 IS에 의한 차량폭탄 테러로 3명이 사

---

25) "아프간 정부 '카불 폭탄테러 사망자 90명'," 『연합뉴스』, 2017년 6월 1일.

망하고 26명이 부상했다.[26] 아프가니스탄의 존립이 풍전등화의 위기에 놓여 있는 실정이다.

* * * * *

'항구적 자유 작전'은 9.11이 일어난 지 한 달도 안 된 짧은 기간에 급조된 군사 작전이었음에도 불구하고 소규모의 특수전 병력과 공군의 지원하에 북부동맹군을 앞세워 탈레반 정부를 붕괴시켰지만, 미군과 연합군의 인명 피해는 매우 적은 편이었다. 그러나 탈레반 정권이 너무 쉽게 붕괴되면서 미군은 몇 가지 실책을 범했다. 첫째, 미군 특수부대는 공중폭격만 유도하고 지상 작전은 북부동맹에 맡겼기 때문에 알카에다와 탈레반의 핵심 인사들이 파키스탄으로 도주하는 것을 차단하지 못했다. 둘째, 미군은 주요 도시 점령을 최종 승리로 착각했다. 그러나 알카에다와 탈레반은 그들의 패배는 일시적인 것이라 확신하고 산악지대와 동남부의 파키스탄 국경지대에서 세력을 재구축하고 있었다. 마지막으로, 미국은 아프간 국민들이 자기들의 안전보다도 민주정부 수립을 더 원할 것으로 판단하고 탈레반 정부 붕괴 이후에 대한 대비가 미흡했다.

17년에 걸친 아프간전쟁에서 미군 전사자는 2,352명이고 민간 용역업체의 사망자는 1,582명이었기 때문에 미국인 사망자는 모두 3,934명이고 부상자는 20,067명이었다. 연합군의 사망자는 1,124명

---

26) 낭가르하르 주는 IS의 아프간 지부인 'IS 호라산(IS Khorasan)'의 근거지이다.

이고, 아프간군 및 경찰 사망자는 13,729명이고 부상자는 16,511명이다.

미국의 전쟁비용도 막대했다. 2001년 10월부터 12월까지 탈레반을 축출할 때까지 약 210억 달러가 소요되었지만, 2002~2006년 사이에는 매년 180억 달러가 소요되었다. 2006년 이후 아프간 상황이 악화되면서 미군 병력을 추가로 투입하게 되었고, 이로 인해 전비는 연간 360억 달러가 되었고 2008년부터는 다시 2배가 되어 매년 720억 달러가 투입되었다. 2001년부터 2015년까지 미국의 직접 전비戰費는 7,860억 달러에 달했으며, 그중 60%는 마지막 5년 동안 사용되었다. 미국은 아프간 전후 복구를 위해 10년에 걸쳐 매년 400억 달러를 지원하기로 했다. 미군 부상자의 치료와 보상에 1,150억 달러가 소요되었고 전비에 대한 이자 부담도 1,120억 달러나 되었다. 이라크와 아프간전쟁으로 인한 전비는 약 2조 달러로 추산되며, 그중 43%가 아프간전쟁으로 인한 것이다.

인명 피해와 투입된 비용에 비해 그 성과는 기대에 크게 못 미친다는 평가이다. 첫째, 미국은 알카에다를 파멸시키고 아프간이 알카에다 등 국제 테러집단의 근거지가 되지 않도록 하기 위해 탈레반을 축출하는 것을 목표로 했기 때문에 단기적으로 보면 그 목표를 어느 정도 달성했다고 볼 수 있다. 빈 라덴이 사살되고 대다수 알카에다 지도자들도 살해되었으며, 알카에다 조직도 와해되었기 때문이다.

그러나 알카에다는 지하드를 목적으로 다수의 무슬림 국가에서 자원한 자들로 구성되어 있었기 때문에 새로운 근거지에서 IS 같은 새로운 테러집단으로 변신할 수 있었고, 알카에다 조직의 국제 네트워크도 테러노선을 고수하고 있다. 아프간에서는 민주정부가 정착하는 데 실패하면서 탈레반이 재기하고 있어 아프간의 미래는 불투명한 현실이다. 미국이 알카에다와 탈레반을 군사적으로 축출하는 것을 목표로 했을 뿐 실패한 국가인 아프간의 국가건설은 사실상 회피했기 때문이다.

둘째, 아프간의 안정과 재건을 위해 본격적으로 노력해야 할 시기에 이라크전쟁을 시작하면서 아프간 문제는 소홀히 다루었다. 동시에 두 개의 전쟁을 하는 것은 어려운 일이지만, 특히 아프간과 이라크 같은 난제가 얽혀 있어 사실상 실패한 나라를 동시에 수습하기 어려웠던 것이다.

셋째, 실패한 나라인 아프간을 다루는 데 있어 우선순위와 대응방식이 적절했다고 볼 수 없다. 무엇보다도 주민들을 반군의 위협으로부터 보호하면서 '기초체력'을 차분히 다져나가는 것이 필요했지만 미국은 군사력으로만 대응하는 등 외과적 수술에 몰두했을 뿐이다. 아프간에 배치된 미군과 연합군의 규모가 작았기 때문에 부대가 감당해야 할 전투지역은 매우 넓었고 촌락과 산악지역도 많았다. 그래서 미군은 적을 격멸하기 위해 공군 지원에 크게 의존했고, 이로 인해 다수의 민간인 사상자가 발생하고, 주거시설까지 파괴되면서 미군에 대한 반감이 높아졌고 그것이 탈레반에 대한 지지로 나타났던 것이다.

아프간의 안정과 재건이 성공할 가능성은 매우 낮다. 미군은 2011년 빈 라덴을 살해하는 데 성공하는 등 알카에다 세력을 무력화시키는 했지만, 탈레반은 복수심이 충만한 세력으로 재기하여 상당한 지역을 통제하고 있는 실정이다. 아프간 정부는 무능하고 부패하여 국민의 신뢰를 잃고 있다. 과연 아프간의 장래는 어떻게 될 것인가?

제**4**장

이라크 자유 작전

Ⅰ. 걸프전의 '미완성 과업'

Ⅱ. '테러와의 전쟁'의 일환인 이라크전쟁

Ⅲ. 이라크전쟁 계획 수립

Ⅳ. 이라크 자유 작전

Ⅴ. 바그다드 포위 함락 작전

Ⅵ. 바그다드 함락

이라크 지도

_ 출처: Britanica.com

이라크 자유 작전

"이라크인들은 후세인 독재정권을 무너뜨린 미군을 열렬히 환영할 것이다."

_ 본문 중에서

I. 걸프전의 '미완성 과업'

2003년에 시작된 이라크전쟁은 '제2의 걸프전쟁' 또는 '제2의 이라크전쟁'이라 불리기도 한다. 걸프전이 바로 이라크와의 전쟁이었지만, 그것이 제대로 마무리되지 않은 가운데 미국과 영국이 이라크 북부와 남부, 즉 이라크 영공의 60%에 달하는 지역에 비행금지구역을 설정하고 공군기를 띄워 계속 감시하며 필요시 폭격을 했고, 이라크는 이에 대항하면서 1991년부터 2003년까지 12년간 미국과 이라크 간에 준準전쟁 상태가 계속되었다.

이라크 내 비행금지구역에 대한 미·영 공군의 감시 작전은 이라크 공군의 위협으로부터 쿠르드족과 시아파 주민들을 보호할 목적으로 시작되었지만, 1990년대 말부터 무력대결로 변했고, 특히 1998년에는 미·영 공군의 공중감시 작전이 다양한 이라크 표적에 대한 폭격으로 확대됐다. 이라크 정부가 유엔 대량살상무기 사찰단을 추방하자 이에 대한 제재 조치로 미·영 공군은 12월 16일부터 4일간 '사막의 여우 작전Operation Desert Fox'이라는 명칭하에 대량살상무기 생산 및 연구 시설, 대통령 관저, 국방부, 방공 시스템, 공화국 수비대 등을 대상으로 공습을 실시했다.

'사막의 여우 작전'은 이라크군에 상당한 타격을 주었지만 후세인의 의지를 꺾지는 못했다. 이 작전 후 후세인은 오히려 감시 작전을 하는 항공기 격추에 포상금 지급을 선언하는 등, 공중감시 작전에 공개적으로 반발하며 군사적으로 대응하기 시작했다. 이라크군은 미·영 공군기에 대해 지대공 미사일과 대공포를 발사했으나 피해를 입히지는 못했다.

1999년이 되자 미·영 공군은 이라크의 저항을 빌미로 공격대상을 확대해 나갔다. 이제 폭격은 이라크군의 반응과 상관없이 이루어졌다. 주요 폭격지역은 모술, 바스라, 탈릴, 아마라 등 방공 및 요격 센터가 위치한 지역이었지만, 비행금지구역 밖의 대함對艦 미사일 기지, 통신 중계소 등도 포함되었다. 1999년 한 해 동안 450개 목표에 1,800발 이상의 폭탄이 투하되었으며, 이로 인한 미군의 비용도 연간 10억 달러를 넘었다. 이로 인해 이라크의 지휘통제체제, 방공체제, 미사일 기지 등이 무력화되었다.

9.11사태 이후 이라크에 대한 공격이 논의된 이래 미·영의 공중 감시 작전은 저강도低强度 전쟁 수준으로 강화됐다. 계속 반복되던 방공시설과 군사목표에 대한 폭격에서 지휘통제시설, 통신센터, 광케

이블 등, 통신망에 대한 집중 폭격이 이루어졌고 폭격 횟수도 급증했다. 또한 군용 비행장뿐만 아니라 민군 겸용 비행장까지 폭격하는 등, 전면전을 위한 정지작업을 방불케 했다. 2002년 2월에는 비행금지 구역 밖인 바그다드 남쪽의 레이더 기지, 지휘통제시설 등을 24대의 전투기로 2시간 반에 걸쳐 폭격했다. 그해 9월에는 미·영 공군기 100대가 금지구역 밖인 바그다드 서쪽의 H-3 공군기지를 무력화시켰다. 그 후에도 미국과 영국 공군의 공격은 거의 매일 계속되었다.

부시 행정부는 후세인 정권 축출을 걸프전이 남긴 '미완성 과업 unfinished business'으로 인식했지만 우선순위는 높지 않았다. 그러나 9.11테러 후 그들의 세계관과 안보관이 근본적으로 바뀌었고, 특히 중동 지역이 테러의 온상으로 인식되면서 사담 후세인 제거를 시급한 당면 과제로 삼았다.

II. '테러와의 전쟁'의 일환인 이라크전쟁

부시 대통령은 2001년 9월 17일, 아프가니스탄 공격을 결심하는 자리에서 "이라크가 9.11테러 공격에 개입되었다고 믿고 있지만 확실한 증거가 없기 때문에 이번에 이라크는 공격하지 않지만 시간적 여유를 갖고 이라크에 대한 공격계획을 국방부에서 계속 발전시켜 주기 바란다"고 말했다. 그러나 10일 후 부시 대통령은 럼스펠드 국방장관에게 이라크 공격에 대한 준비를 시작하도록 지시했다.

그 후 부시 행정부는 이라크 공격을 위한 분위기 조성에 나섰다. 2002년 1월, 부시 대통령은 연두교서年頭敎書: the State of Union Address를 통해 이란, 이라크, 북한을 '악의 축axis of evil'이라 선언하고, 특히 후세인은 "아주 큰 위협이 되고 있다"고 했다. 체니 부통령은 후세인 정권의 테러집단과의 연관성을 강조하며 이라크의 위험성을 거듭 주장하면서 부시 대통령에게 상당한 영향을 미쳤다. 걸프전 당시 국방장관이었던 체니는 후세인 정부 축출을 반대했지만 9.11테러 이후 고조된 위기의식으로 입장이 바뀐 것이다. 체니는 2002년 3월 미국의 이라크 침공을 설득하기 위해 중동 12개국을 순방했으며, 8월 26일 미국 예비군단체 집회에서 후세인 정권의 위험성을 거듭 강조했다. 뒤이어 10월 7일, 부시 대통령은 텔레비전으로 중계된 연설을 통해 후세인 제거를 위한 전쟁 준비가 되어 있다고 선언했다.

미국 의회와 여론도 후세인 정권 타도를 위한 무력사용을 지지했다. 걸프전이 끝난 당시부터 미국 국민은 10명 중 7명 이상이 지속적으로 미국의 이라크 침공을 지지했다. 그래서 2002년 10월 10일, 의회는 296 대 133이라는 압도적 다수로 이라크에 대한 무력사용을 지지했고, 다음 날 상원도 77 대 23으로 이라크에 대한 미국의 군사작전을 지지했다. 지지했던 의원들의 대부분은 이라크를 대상으로 한 군사 작전이 걸프전처럼 손쉬운 승리가 될 것으로 판단했던 것이다.

2002년 11월 8일, 유엔 안전보장이사회는 결의안 1441호를 통해 이라크에게 유엔의 무기사찰을 받아야 하고, 또한 그때까지의 이라크에 대한 모든 유엔결의안을 준수하라고 요구했다. 2003년 초 부시 대통령과 토니 블레어Tony Blair 영국 총리는 공동성명을 통해 이라크는 유엔사찰을 방해하고 있을 뿐 아니라 생화학무기 등 대량살상무기를 보유하고 있다고 비난했다.

이라크전쟁에 대한 부시 행정부의 안이한 인식

부시 대통령을 위시한 미국 지도자들은 다음과 같은 인식 때문에 사담 후세인 몰락 이후의 이라크에 대해 매우 낙관적이었다. 첫째, 이라크인들은 후세인 독재정권을 무너뜨린 미군을 열렬히 환영할 것이다. 둘째, 이라크의 석유 수입에서 나오는 자금으로 전쟁 후의 재건비용을 감당할 수 있을 것이기 때문에 대규모 원조는 불필요할 것이다. 마지막으로, 이라크인들은 민주주의와 시장경제 등 서구식 제도를 적극 수용할 것이다. 다시 말하면, 2차 대전 직후 독일과 일본에서 일어났던 것과 비슷한 상황이 전개될 것으로 내다봤다.[1]

아프간의 탈레반 정부가 붕괴된 직후인 2002년 초 중부사령부는 이라크 공격계획을 구상하고 있었다. 아프간에서의 손쉬운 승리에 도취되거나 첨단 무기에 과도한 기대를 해서는 안 된다는 군사전문가들의 거듭된 경고에도 불구하고 럼스펠드 국방장관은 자신의 군사개혁을 적극 지지해온 맥그레거Douglas Macgregor 장군을 중부사령부로 보내 바그다드 공격에는 기계화 부대 중심의 1만 5천 명 정도의 병력이면 충분하고, 후세인 정부를 붕괴시킨 이후의 안정화 작전을 위해서는 지상군 1만 5천 명을 추가로 투입하면 된다고 주장하도록 했다. 중부사령부는 이라크전쟁에 투입해야 할 병력 규모로 27만

---

1) Michael Mandelbaum, *Mission Failure: American and the World in Post-Cold War Era* (New York: Oxford University Press, 2016), p.201.

5천 명을 계획하고 있었지만, 결국 최소한의 병력으로 승리를 쟁취한다는 럼스펠드의 주장을 일부라도 수용할 수밖에 없었다.

그들이 이라크전쟁을 계획하면서 이처럼 낙관적 오류에 빠지게 된 것은 무엇보다도 아프간전쟁이 매우 성공적이었기 때문에 이라크 전도 비슷하게 전개될 것으로 판단했기 때문이다. 이라크전쟁에 대해 낙관적 전망을 하게 된 다른 이유는 미국 정책결정자들이 이라크에 대한 이해가 너무도 부족했기 때문이다. 2003년 2월 25일 상원 청문회에서 육군참모총장 신세키Eric K. Shinseki 장군은 캘리포니아 크기에 2천700만의 인구를 가진 이라크를 통제하려면 "수십만의 병력이 필요하다"고 말했다. 그러나 신세키의 언급에 대한 기자들의 질문을 받은 럼스펠드 장관은 "수십만의 병력이 필요할 것으로 생각지 않는다"고 잘라 말했다. 그러나 미국의 유수한 외교안보 싱크탱크의 절대 다수 전문가들은 후세인 정부 붕괴 이후 이라크의 안정과 재건을 위해 대규모 미군 병력이 상당 기간 주둔해야 할 것이며, 국제협력을 획득하는 것도 필수적이라 보았다.

III. 이라크전쟁 계획 수립

걸프전 이후 중부사령부는 만약의 사태에 대비하여 걸프전 작전계획의 규모를 약간 확대한 이라크에 대한 비상계획contingency plan을 가지고 있었다. 아프간전쟁이 순조롭게 진행되자 부시 대통령은 이라크 침공을 위한 작전계획에 관심을 보였고,

이에 럼스펠드 장관은 2001년 10월 21일 아프간에서 전쟁을 지휘하고 있던 프랭크스 중부사령관에게 "사담 후세인을 축출하고 대량살상무기에 관련된 모든 문제들을 제거하며 테러집단에 대한 후세인 정권의 지원을 저지하기 위해 어떤 방식으로 군사 작전을 전개할 것인가?"라는 요지의 비밀전문을 보냈다. 이에 프랭크스 사령관은 플로리다의 중부사령부로 돌아온 후인 10월 26일 사령부를 방문한 럼스펠드 장관과 기존의 이라크전쟁 계획을 논의했다. 이 계획은 대략 200쪽 분량으로 50만 명의 군사력을 대략 7개월에 걸쳐 전개시킨다는 것이었다. 이에 만족할 수 없었던 럼스펠드는 발상을 전환하여 새로운 전쟁 계획을 수립할 것을 요구하고 그 결과를 빠른 시간 내에 논의하자고 했다. 12월 4일, 프랭크스 사령관은 펜타곤으로 가서 투입 병력은 약 40만, 전개 소요시간은 1개월이 단축된 전쟁 계획을 럼스펠드에게 보고했다. 럼스펠드는 아프간전쟁의 예를 들면서 투입병력을 획기적으로 감축시킨 더욱 혁신적인 전쟁 계획 수립하라고 했다.

럼스펠드의 요구를 반영하여 새로 작성된 이라크전쟁 계획은 12월 28일 부시 대통령에게 보고된다. 그 계획은 우선 10만 5천 명의 병력으로 전쟁을 시작하고 개전 후 투입병력을 계속 늘려서 최종적으로 23만 명이 되도록 하고 이를 위해 4~6개월의 준비기간이 필요하다고 했다. 이 계획은 전쟁을 수행하는 각 요소들 즉, 공군의 폭격, 육군과 해병 사단의 기동 작전, 광범위한 심리전과 기만전, 외교전, 쿠르드족과 시아파 등 불만세력을 이용한 작전, 이라크 국민들을 대상으로 하는 인도적 지원 등에 대해 설명했다. 부시 대통령은 대규모 병력을 파견하지 않고 실질적인 성과를 달성할 수 있다는 것을 알게 되었다면서, 이 계획이 승리하기에 충분한지를 물었고 프랭크스 사령관은 충분하다고 말하고 실천계획은 더욱 효과적일 것이라고 말했다.

　이라크전쟁 계획은 럼스펠드의 군사혁신 개념을 적극적으로 적용한 것이다. 베트남전쟁 시에는 1개 목표를 파괴하는 데 30대의 F-4 팬텀기가 176발의 500파운드 폭탄을 투하해야 했지만, 걸프전 때는 F-117 전폭기 1대가 2,000파운드 레이저 유도 폭탄 2발로 2개의 목표를 파괴할 수 있었다. 하지만 지금은 B-2 폭격기 1대가 2,000파운드 레이저 유도 폭탄 16기를 탑재해 16개의 목표를 동시에 정밀 타격할 수 있게 되었다. 과거에는 폭격기의 4배 정도의 전투기가 호위해야 했지만 스텔스 기능을 갖춘 폭격기를 사용하면 호위 전투기가 필요 없게 되므로 항공 작전의 효율이 획기적으로 높아졌다. 따라서 스텔스기, 정밀 유도무기, 향상된 전장 감시능력과 지휘통제 능력 등을 통합하면 소수의 정예전력으로 신속히 기동할 수 있어 작전 성공 가능성을 획기적으로 높일 수 있다는 것이다.

　이것이 럼스펠드가 강조해온 효과중심 작전Effect Based Operation의 핵심 개념이다. 이 작전이 과거의 작전과 크게 다른 점은 정밀 타격이 가능해져 동시에 다수 목표를 확실히 파괴할 수 있기 때문에 단계적 작전을 탈피하고 한꺼번에 주요 목표들을 동시에 공격하여 적을 파멸시킨다는 것이다. 즉 레이더를 파괴하고 이어서 방공지휘센터를 공격하고 그다음에 비행장, 지대공 미사일 진지를 공격하여 제공권을 확보한 후, 후방의 주요 목표인 적의 지도부와 지휘통제시설을 공격한 다음 지상군을 투입하여 주요 목표들을 점령하는 단계적 작전을 실시하는 대신, 중요 목표들을 동시에 공격해서 제공권을 장악하고 지도부와 지휘체계를 마비시킨다는 것이다. 목표를 타격하는 수단은 공군력과 해군의 미사일인데 이들은 이미 확보되어 있으므로 이러한 전력들을 적절한 장소로 이동시키기만 하면 언제든지 목표 타격이 가능할 것으로 판단했다.

대통령 보고 며칠 후, 럼스펠드 장관과 프랭크스 사령관은 이라크 내의 공습 목표물, 즉 표적에 대해 토의했다. 프랭크스 사령관은 위성사진으로 식별한 4,000개의 표적 목록을 가지고 있었다. 작전계획이 구체화되는 단계에서 국방장관과 군사령관이 표적에 대해 토의했다는 것이 흥미롭다. 그것은 무기체계의 발달로 표적으로 선정되기만 하면 확실하게 파괴할 수 있다는 점과 수많은 표적 중에서 어느 것을 먼저 파괴할 것인가에 대한 지침이 무엇보다 중요하다는 점을 의미한다. 럼스펠드는 어떤 종류의 공격과 폭격이 후세인 정부에 결정적 타격을 줄 것인가? 우선적으로 타격해야 할 목표는 무엇인가? 어떻게 하면 후세인 정권을 조기에 붕괴시킬 수 있을 것인가? 등의 질문을 쏟아냈다. 이 문제들은 핵심 표적을 선정하고 타격의 우선순위를 정한 후 다시 논의하기로 하였다.

프랭크스 사령관은 2002년 5월 11일 구체화된 작전계획을 부시 대통령에게 보고했다. 그 요지는 5개의 전선에서 전투가 실시되며, 제1전선은 특수부대의 침투 작전으로 이라크 서부지역의 스커드 미사일 기지들을 무력화하는 것이고, 제2전선은 지상군 기동으로 육군 2개 사단과 해병 2개 사단이 쿠웨이트에서 바그다드로 진격하는 것이며, 제3전선은 다양한 첩보전을 펴는 것이고, 제4전선은 공군과 순항 미사일에 의한 바그다드 폭격이며, 제5전선은 조공으로 육군 1개 사단이 터키를 경유하여 이라크 북쪽으로부터 바그다드로 진격하는 것이었다.

프랭크스의 전쟁 계획은 이라크가 선제공격을 할 경우 등을 가정한 우발계획을 포함하여 발전시킨 후 8월 5일 국가안보회의에 보고되었다. 그는 우선 이라크군은 북부지역에 11개 사단과 공화국 수비대 2개 사단이 배치되어 있고, 남부에는 정규군 5개 사단이 배치되어 있으며, 바그다드 일대에는 공화국 수비대 3개 사단과 공화국 특별수비대가 배치되어 있다고 보고했다. 이 계획은 아프간전쟁 계획과 마찬가지로 4단계로 구성되었다. 제1단계는 군사력 배치 등 전쟁 준비에 관한 것이고, 제2단계는 공습 및 특수 작전을 통해 초반의 주도권 장악에 관한 것이며, 제3단계는 사담 후세인의 정예부대를 격파하는 결정적 전투에 관한 것이고, 마지막 단계는 안정화 작전에 관한 것이었다.

이 전쟁 계획은 90일간에 걸쳐 작전지역에 부대를 전개시키고 45일간의 결정적 공격 작전, 그리고 후세인 정권을 완전히 궤멸시키는데 90일이 걸릴 것으로 판단하는 등, 총 225일간의 작전계획이며, 이를 기초로 투입부대를 최소화하고 전쟁에 소요되는 기간을 최소화할 수 있는 방안도 제시되었다. 즉 민간 항공기를 동원하는 등 수송수단을 증가시켜 부대전개 기간을 16일로 최소화하고, 공군의 공습기간도 16일로 단축하기로 했다. 최초 1개 사단으로 공격을 개시하고 일주일 후에는 1개 사단을 추가로 투입하는 등, 축차적으로 병력이 투입이 될 경우 결정적 작전에 소요되는 시간이 125일로 늘어나는 것으로 되어 있었다.

부시 대통령은 안정화 작전에 어느 정도의 병력이 필요할 것인가라는 질문에 프랭크스 사령관은 초기 작전에는 26만 6천 명이 소요될 것이며, 바그다드 점령 후에는 상황에 따라 5만 명으로 감축할수 있을 것이나 병력 감축은 전투 종료 후 최소 18개월은 지나야 가능할 것으로 판단된다고 했다.

그때까지 이라크의 대량살상무기에 대한 명백한 증거가 나오지 않아서 침공의 뚜렷한 명분이 없었다. 이미 이라크에 대해서는 유엔 결의에 따라 공중감시 작전을 수행하고 있었지만 이라크를 공격하려면 유엔의 동의를 받는 것이 바람직했으나 그렇게 되지 못했기 때문에 국제적 지지를 획득하기 위한 노력에 적극 나섰다. 국무부는 이라크 인접국들을 대상으로 미군의 영공통과 협조, 비행장을 비롯한 군사시설 사용 등 공격 작전을 위한 여건조성과 침공 명분을 확보하기 위한 국제적 지지획득 등 다양한 차원에서 노력했다.

그 결과 이라크전쟁에는 모두 49개국이 참전하거나 지원했으나, 초기 전투에는 영국과 캐나다만 군사력을 투입했다. 가장 중요한 나라는 4만 5,000명의 병력을 파견한 영국이었다. 영국은 기갑사단, 특공여단 등 지상군 2만 6천 명과 항공모함 2척을 포함하여 23척으로 구성된 해군전투단, 그리고 토네이도 전투기 등 항공기 100대를 지원했다. 1982년 아르헨티나의 포클랜드 제도 점령으로 일어난 포클랜드전쟁에 영국이 3만 명의 병력을 투입했던 것을 감안하면 엄청난 전력을 투입한 것이다.

1. 이라크군의 방어태세

이라크의 군사력은 걸프전 당시에는 110만에 달하였지만 그 후 유엔의 경제제재로 경제가 악화되면서 군사력이 크게 약화되었다. 육군은 17개 사단보병 11, 기계화 3, 전차 3에 병력 17만 명, 공화국 수비대 6개 사단전차 3, 기계화 1, 보병 2에 병력 8만 명, 후세인의 경호부대인 공화국 수비대 1만 5천 명 등이었고, 해·공군까지 합쳐도 40만을 넘지 않았다. 게다가 명칭에서 보는 바와 같이 정규군과 별도의 정예전력인 공화국 수비대는 수니파 중심으로 구성된 부대로 바그다드 주변에 배치되어 후세인의 직접 지시를 받았다. 여단급 이상의 부대 이동은 후세인의 허가 없이는 할 수 없었고 임의로 이동할 경우 쿠데타로 간주되어 처벌받았다. 주요 지휘관은 군사적 역량이 아니라 후세인에 대한 충성도에 따라 발탁되었고, 후배들의 존경을 받는 유능한 장군들은 제거되었다. 지휘관의 동향을 감시하는 비밀경찰도 여러 개의 조직을 만들어 서로 견제하도록 했다.

이 같은 여건에서는 이라크군이 변화하는 작전 상황에 따라 부대를 이동시키거나 역습을 실시하는 등, 가장 기본적인 병력 운용도 어려웠다. 더구나 미군이 쿠르드족을 이용해 공격해 올 것을 우려한 후세인은 북부지역에 군사력을 더 많이 배치하였다. 터키의 반대로 북부지역으로 기동하려던 제4보병사단이 투입하지 못하게 되었는데도 후세인은 북부 지역의 부대들을 남부로 전환 배치하지 않았다.

물론, 미군의 정밀 폭격으로 이라크군의 지휘통제 수단이 마비되어 정상적으로 지휘하기도 어려웠을 것이고, 부대 이동 명령을 받았다고 하더라도 미군 공습으로 전투력이 저하되어 요망하는 장소와 시간에 온전한 전력으로 도착했을 가능성은 별로 없었다. 또한 정규군에 대한 후세인의 의심은 정규군의 전투의지에 상당한 영향을 끼쳐 제대로 된 전투력을 발휘하지 못했다. 오히려 미군의 진격에 적극 대항한 것은 우리의 예비군과 유사한 페다인Fedayeen 등 민병대였다.

2. 미국 군사력의 작전지역 전개

걸프전 이후, 미국은 이 지역의 분쟁 재발에 대비해왔다. 이 준비는 주로 이라크가 쿠웨이트나 사우디를 침공할 경우를 상정한 것이었다. 9.11테러 이후 미국은 이라크 공격에 적극 대비해왔다. 이슬람의 성지인 메카와 메디나를 보호하는 사우디의 사정상 미군 공격부대가 사우디에서 대기할 수 없었기 때문에 쿠웨이트에 군사기지를 설치하고, 쿠웨이트 북부지역으로 향하는 송유관을 건설하는 등, 대규모 지상군이 도착했을 때 필요한 시설과 대기 지역을 확보하여, 유사 시 지원기지 역할을 할 수 있도록 했다.

걸프전 당시 중重사단, 즉 전차사단과 기계화사단을 전개시키면서 어려움을 경험했던 미군은 신속한 부대전개를 위해 과감한 방식을 택했다. 우선 군사력 전개 개시일로부터 4일 이내에 1개 여단을 공중 수송하고, 30일 이내에 2개의 중사단을 해상으로 수송하며, 75일 이내에 5개 사단과 그 지원부대들을 전개하기로 한 것이다. 이를 위해 일부 중사단의 물자와 장비를 예상되는 전역 부근에 사전 비축시키고, 또한 사전에 장비와 물자를 선적해 놓고 있다가 유사시에 즉각 출동하는 '사전 집적함선대事前 集積艦船隊, Army Pre-positioned Stocks' 개념을 도입하였다.

1992년에 구상하기 시작한 육군 전략기동 프로그램은 2003년경 기본 틀이 완성되었다. 미 본토를 포함하여 8개소에 육군 중사단의 전략물자 비축이 이루어졌는데, 걸프지역에는 쿠웨이트와 카타르가 전략물자의 비축 장소였다. 쿠웨이트에는 1개 기갑/기계화 여단, 즉 2개 전차대대와 2개 기계화보병대대의 장비전차 100대, 보병전투차량 30대, 장갑차 80대, 155mm 자주포 12문, 다연장로켓(MLRS) 9문 등와 물자탄약, 연료, 식량, 주요 수리부속품 등 15일분이 비축되었고, 카타르에는 증강된 1개 여단 규모의 장비와 물자가 비축되었는데 주요 장비는 전차 150대, 보병전투차량 116대, 장갑차 112대 등이었다. 인도양의 디에고 가르시아에는 사전 집적함선대에 전차 123대, 보병전투차량 154대, 차량 4,200대 등, 증강

〈그림 4-1〉 전쟁물자를 수송 중인 미군 선박 _ 출처: usdotblog.typepad.com

된 1개 기갑/기계화 여단의 장비와 15일분의 전투물자를 탑재하고 있었다. 이를 종합하면 증강된 3개 기갑/기계화 여단의 장비와 물자, 즉 1개 중사단이 15일간 전투할 수 있는 장비와 물자가 비축되어 있었다.

해병대 역시 16척의 해상집적 선박 MPS: Marine Pre-positioned Ship 으로 구성된 MPS 3개 선대船隊를 예상 전개지역, 즉 지중해와 인도양의 디에고 가르시아와 태평양의 괌에 사전 배치하였다. 각 선대에는 1개 해병원정여단의 장비와 30일분의 전투물자를 탑재하고 있었다. 따라서 육군 1개 중사단과 2개 해병원정여단을 걸프지역에 인원만 항공기로 수송하면 장비와 물자는 현지에서 수령하여 신속히 전투준비를 끝낼 수 있었다.

이라크 공격 작전의 명칭은 '바그다드 먼저 Baghdad First' 였다. 후세인 정부를 무너뜨리려면 군사, 정치, 경제의 중심지인 바그다드를 점령해야 한다. 신속하게 바그다드를 점령하고 나머지 지역을 평정한다는 전략개념이 명칭에서 나타난다. 이 작전에 투입된 부대는 최종적으로 지상 전투부대 8만 명을 포함한 25만 명으로 결정되었다. 주요 지상 전투부대는 육군 2개의 중사단인 제3 및 제4 보병사단, 1개 경사단인 제101공중강습사단, 제82공수사단 제2여단, 제173공수여단, 제75레인저연대, 해병 제1사단과 제2해병원정단 등이었고, 연합군으로는 영국군 제1기갑사단이 작전에 참가하였다.

이라크군의 주요 방어지역은 유프라테스강을 연해 있는 주요 도시인 나시리아Nasiriyah, 사마와Samawa, 나자프Najaf, 카르발라Karbala 등이었다. 주공인 제5군단의 핵심 전력인 제3사단은 작전지역의 좌측 축선인 유프라테스강을 연해 이라크 서부 사막지대를 통해 진격하여 나시리아와 탈릴Talil 공군기지를 확보한 후 나자프를 거쳐 카르발라 협곡Karbala Gap을 통과하여 바그다드 서쪽에서 공격할 계획이었고, 조공인 해병 제1원정군은 우측 축선을 담당하여 티그리스강에 연한 1번 고속도로와 7번 고속도로를 따라서 진격하여 바그다드를 동쪽에서 공격할 계획이었다. 영국군 제1기갑사단은 이라크 동남쪽 페르시아만에 연한 주요 항구인 바스라Basrah 등 해안지역과 루마일라 유전지대를 장악하기로 했다.

이처럼 육군 5군단과 해병원정군이 나란히 북진하여 바그다드를 양측에서 공격할 계획이었지만 해병대에 문제가 있었다. 해병대는 상륙 작전을 전제로 한 군대이기 때문에 기본적으로 보병이고 수륙양용 장갑차를 육군의 보병전투차량과 장갑차 대신 운용한다. 그런데 수륙양용 장갑차는 인원 수송용이라 21명이 탑승할 정도로 크기는 하지만 물 위에 떠야 하기 때문에 장갑을 두껍게 할 수가 없어서 장갑 보호능력이 육군 장갑차보다 약하고, 보병전투차량에 탑재된

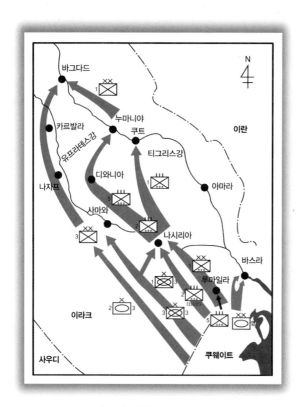

〈그림 4-2〉 미군의 이라크 공격 계획

중기관총도 없어서 전투 능력이 현저히 떨어진다. 그래서 해병대는
육군과 동시에 바그다드 전방에 도착하여 협조된 공격을 하기 어려
운 상황이었다.

　중부사령부는 이 점을 고려하여 5군단을 주공으로 해병원정군은
조공으로 하여 5군단이 바그다드를 점령할 계획이었으나 해병대의
요청으로 계획을 수정하여 해병대도 바그다드 공략에 참가하도록 했
다. 이를 위해 다른 해병사단의 장비와 부대들을 제1해병사단에 증
원하여 전투력을 보강했지만, 위성통신망 등이 육군에 비해 뒤처져
있어 부대위치 식별장치 등이 보급되어 있지 않은 상태에서 전투에

투입되었다.

IV. 이라크 자유 작전

2003년 3월 17일, 부시 대통령은 사담 후세인에게 48시간 내에 이라크를 떠나라는 최후통첩을 보냈다. 후세인이 그러한 요구에 응할 리가 없었다. 3월 19일, 스텔스 폭격기들이 후세인이 은거한 것으로 추정되는 건물들과 이라크 국경지역 군사기지들에 대한 폭격이 시작되었다. 다음 날인 3월 20일, 부시 대통령은 특별성명을 통해 "지금 미군과 동맹군은 이라크 정부의 무장해제, 이라크 국민의 해방, 알카에다 등 테러집단에 대한 지원 차단, 그리고 대량살상무기 확산 위협으로부터 세계를 보호하기 위해 군사 작전을 시작한다."고 선언했다. 이처럼 미국이 '이라크 자유 작전Operation Iraqi Freedom'을 시작하면서 테러와의 전쟁은 아프간전쟁에 이어 이라크전쟁으로 확대되었다.

전쟁 직전까지 미국은 육군 1개 보병사단, 2개 공수사단, 해병 1개 사단을, 그리고 영국은 1개 기갑사단을 쿠웨이트에 집결시켰고, 걸프만과 홍해 해역과 지중해에는 키티호크Kitty Hawk, 에이브러햄 링컨Abraham Lincoln 등 미국 항모 4척, 영국 항모 1척 등의 해군 전력이 투입되었다. 그리고 미 공군의 F-15 전투기, EA-6B 전자전 항공기, KC-135 공중급유기, AWACS 지휘통제기, U-2 정찰기, 프리데이터 무인정찰기 등에 더하여 인공위성 자산도 전개하였다. 미군은 개전

〈그림 4-3〉 바그다드 폭격 장면 _ 출처: time.com

^{開戰} 첫날부터 이른바 e-폭탄^{전자폭탄}으로 이라크군의 주요 지휘통제·
통신·정보 체제와 모든 전자 장비를 무력화하면서, GPS로 정확한
타격력을 발휘하는 JDAM[2] 정밀유도폭탄, 적외선 레이저 센서로 표
적을 추적하는 CBU-97 폭탄 및 BAT탄,[3] 그리고 고도의 종심 타격

---

2) JDAM은 원래 유도되지 않는 자유 낙하탄이나 GPS 유도장치를 부착하여 유
　도탄으로 개조하여 사용되고 있다, 907kg~2ton의 폭탄투하가 가능하며, 유
　도장치는 약 30분이면 장착이 가능하다. 유도장치를 부착했을 때는 10미터
　내의 명중률을 보인다.

3) CBU란 Cluster Bomb Unit의 약자로 대전차확산탄(擴散彈) 또는 대전차집속
　탄(集束彈)을 말한다. 항공기에서 발사되어 낙하산을 타고 내려오면서 적의
　기갑부대 상공에서 폭발하여 넓은 지대를 초토화할 수 있다. BAT란 Brilliant
　Anti-tank Technology의 약자이다. BAT 자탄(子彈: submunition)은 대전차
　보조탄으로 목표지역 상공에서 폭탄 후미에 장착된 낙하산을 타고 서서히 내
　려오면서 목표물 상공에서 분리된 후 목표물을 탐지하여 타격한다. 목표물
　탐지를 위한 음향탐지기와 터미널 유도를 위한 적외선 센서를 가지고 있다.

을 가하는 신형 토마호크 미사일 등 첨단 전력을 총동원했다.

3월 21일과 22일, 쿠웨이트에 주둔하고 있던 미 육군 5군단 예하의 제3사단, 해병 제1원정군1st Marine Expeditionary Force 예하의 해병 제1사단, 영국군 제1기계화사단 등이 진격을 개시했다. 걸프전 당시에는 상당 기간 폭격이 실시된 후 지상 작전이 개시되었지만 이라크전쟁에서는 공군 작전과 지상 작전이 거의 동시에 이루어졌다. 또한 주요 제대의 기동과 전투에는 인공위성과 무인기 등에서 획득한 군사정보가 C4I 체제를 통해 신속히 전파되고 공유되었다.

작전 중에 예측치 못한 사태가 일어날 수 있다. 이라크 공격 시에도 예상치 못한 일이 일어나 계획대로 작전을 실시할 수 없게 했다. 총공격이 임박했을 때 CIA가 후세인의 동향에 대한 보고를 했다. 바그다드 교외의 한 농장에 후세인의 두 아들이 있고 후세인도 도착할 가능성이 있다는 첩보였다. 부시 대통령은 후세인을 제거할 경우 전쟁을 조기에 끝낼 수 있다는 가능성에 기대를 걸었다. F-117 스텔스 전투기 2대가 카타르의 공군기지에서 이륙하여 최후통첩 시간을 1시간 30분을 넘긴 이라크 시간 20일 새벽 5시 30분에 벙커버스터 폭탄 4발을 목표지역에 투하하고 귀환하였다. 미국 동부시간 저녁 7시 30분이었고 거의 동시에 바그다드에 대한 공습도 시작되었는데, CNN은 곧바로 바그다드의 공습경보 사실을 보도했다.

지상군의 공격 개시는 22일 아침 6시로 예정되어 있었다. 특수전부대는 20일 저녁 9시부터 이라크로 침투하여 필요한 정보를 수집하고, 또한 남부 유전지대를 장악하여 유전 파괴를 방지할 예정이었고, 공군의 공습은 21일 저녁 9시부터 9시간 동안 실시한 후 지상공격을 할 계획이었다. 9시간의 폭격 후에 지상군이 공격한다는 것은 공군의 폭격시간을 유례없이 줄인 것이나, 이는 이라크에 대한 영공

감시 작전을 하면서 전략목표들을 충분히 파괴했을 뿐 아니라 공격 기도를 은폐함으로써 기습효과를 노렸기 때문이다. 특수부대를 유전지대로 투입한 것은 걸프전 시에 유전의 폭파로 어려움을 당했던 것을 되풀이하지 않으려는 것이다.

19일 새벽에 관측된 남부지역 유전의 파괴 징후는 프랭크스 사령관의 유전지대 파괴에 대한 우려를 증폭시켰다. 오전 10시경 사령관은 지상 공격을 24시간 앞당길 수 있는지 예하 구성군 사령관들과 상의했다. 연합지상구성군 사령관 맥키어난David McKiernan 중장은 가능하다고 하였으나 연합공군구성군 사령관은 준비시간이 부족하기 때문에 앞당기기 어렵다고 했다.

그래서 프랭크스 사령관은 육군이 공군보다 먼저 공격하기로 결심한다. 지상 작전은 21일 아침 6시에 공격을 개시하고 공군은 예정대로 21일 밤 9시에 공습을 실시하기로 한 것이다. 명령은 20일에 하달되었고 이때까지 지상군 중에서 전투준비가 끝난 부대는 육군 제3보병사단과 해병 제1사단뿐이었다. 나머지 부대들은 아직도 전구내로 이동 중이거나 공격대기지점으로 이동하고 있는 중이었다.

이처럼 전투준비가 완료되지 않았음에도 공격을 개시한 것은 그때까지 준비가 안 된 후속부대들도 사령관이 필요하게 될 무렵에는 투입 준비가 완료될 것이라는 믿음과 기습에 의한 충격효과는 공격 시기를 앞당김으로써 초래할 불이익을 압도할 것이라는 확신이 있었기 때문이다.

1. 제5군단의 초기 작전

지상군 공격의 주력부대인 육군 제3사단과 해병 제1사단은 이라크 전역에 투입되기 전에 상당한 전력을 보충받았다. 제3보병사단은 전차 275대, 보병전투차량 325대 등을 보유한 3개 기계화보병여단, 아파치 공격헬기 24대를 포함하여 헬기 84대를 보유한 1개 항공여단, 155mm 자주포 54문과 다연장ᴹᴸᴿˢ포 18문을 보유한 1개 포병여단, 1개 공병여단 등으로 편성된 강력한 사단이었지만, 투입에 앞서 실시된 워게임ʷᵃʳ ᵍᵃᵐᵉ 결과 등을 반영하여 전차 1개 대대, 기계화보병 1개 대대, 아파치 헬기 1개 대대와 군수지원을 담당할 제24군단지원단²⁴ᵗʰ ᶜᵒʳᵖˢ ˢᵘᵖᵖᵒʳᵗ ᴳʳᵒᵘᵖ도 배속받았다. 군단지원단은 1개 공병대대, 2개 보급대대, 급수 및 급유 각 1개 대대로 구성된 대규모 군수지원부대이다.

이라크에 진입하려면 이라크 침공으로부터 쿠웨이트를 방어하기 위해 국경선에 연해 설치한 방책지대를 극복해야 했다. 넓이가 10km이고 종심이 5km에 달하는 방책지대는 최전방에 대전차구溝, 다음에 대전차 방벽, 그리고 유자有刺 및 전기 철조망이 있고, 그다음에 또다시 대전차구와 대전차 방벽을 설치한 대규모 방어시설이다. 제3보병사단은 좌측에서 5개의 통로를 개척하고, 해병사단은 우측에서 3개의 통로를 개척했다. 좌측의 통로 개척은 공격 개시 전에 겨우 끝났지만 해병사단이 담당한 우측 통로 개척이 늦어져 공병여단의 지원을 받아야 했다.

3월 20일 저녁 9시, 제3사단 포병이 공격준비사격을 개시하여 이라크군의 최전방 관측소를 파괴하였고, 파괴되지 않은 관측소들은 헬기의 공격으로 무력화시켰다. 9시 20분, 지상부대의 기동이 시작되었다. 제3보병사단의 우측 축선을 담당한 제1여단은 195km 북쪽의 나시리아 근처에 있는 탈릴 공군기지를 목표로 하고, 좌측 축선의 제2여단은 사막 지역을 통과하여 300km 북쪽의 사마와 시를 목표로 했다.

선두부대가 이라크 영토로 들어가는 순간, 33톤의 M2A2 브래들리Bradley 보병전투차량과 70톤의 M1A2 에이브람스 탱크가 부드러운 모래사막에 빠져들기 시작했다. 일단 빠지면 탑승인원들이 내려서 궤도 밑의 모래를 파내야 기동이 가능해진다. 제1여단의 선두인 2/7 기계화보병대대 TF는 전차 14대, 보병전투차량 30대, 장갑차와 공병전투차량 등 60대의 궤도차량과 30대의 10톤 트럭연료와 탄약 수송 차량과 정비 차량 등과 30대의 구형 5톤 트럭, 40대의 험비 차량 등 200대 이상의 차량들로 구성되어 있었다.

바그다드까지 직선거리로 550km이지만 실제 기동거리는 700km에 달한다. 최초 목표까지만 해도 실제 기동거리는 200km가 넘는다. 이러한 장거리 전투에서는 전투부대에 근접해서 연료, 탄약, 정비 등을 제공하는 필수 군수지원부대도 공격부대와 같이 이동할 수밖에 없다. 선두의 전투부대가 적을 완전히 섬멸하고 전진하는 것이 아니라 진격에 방해되는 적만 패퇴시키고 전진하기 때문에 군수지원부대들이 전투부대에서 뒤떨어지면 일시적으로 패퇴한 적의 간단한 공격에도 치명적인 피해를 입을 수 있다. 정상적인 전투라면 전방부대가 적을 격멸한 후 안전한 상태에서 군수지원부대가 이동해야하지만 이 작전에서는 전투부대와 함께 이동해야만 했다.

전차는 1시간에 220리터가량의 연료를 소비한다. 한 대가 하루에 10개 드럼 이상을 소모하기도 한다. 엄청난 기름을 소비하는 전투부대에 계속 연료를 공급하지 않으면 연속적인 기동이 이루어질

〈그림 4-4〉 남부 이라크를 이동 중인 미군 수송대 _ 출처: talkingproud.us

수 없다. 뿐만 아니라 궤도차량은 끊임없이 정비를 해야 한다. 특히 사막지형을 뚫고 나갈 때는 정비소요가 엄청나게 늘어난다. 근접하고 있는 정비부대와 연료수송 차량의 고마움을 출발하고 얼마 안 가서 모든 전투원들이 실감하게 되었다. 취약한 지원부대를 보호하면서 공격을 해 나가야 하는 것이 숙명처럼 받아들였다.

한 시간에 1km 밖에 전진할 수 없었던 모래사막은 아침이 되면서 단단한 땅으로 바뀌었지만 사막 내에 강이 있었던 흔적이나 물이 마른 골짜기 등이 산재해 있어서 지형은 기본적으로 울퉁불퉁했다. 해병대가 공격하는 지역에서는 경미한 적의 저항이 있었지만 제3사단 지역에서는 공격준비사격과 그 후의 지원사격으로 이라크 국경에 포진해 있던 이라크군은 무력화되어 거의 저항이 없었다. 제3사단 제2여단은 3일간 계속 사막을 질주해 나갔다. 선두부대뿐만 아니라

전 부대들이 사막을 이동하면서 엄청난 고통을 받았다. 행군제대의 무전기는 쉴 새 없이 차량이 정지했다는 보고가 올라오고 있었다. 연료가 바닥난 경우도 있었고 대부분은 궤도나 바퀴의 말썽이었다.

보병전투차량은 1개 분대용이지만 내부 공간이 매우 좁다. 평시의 간단한 이동에는 여유가 있는 것 같던 내부 공간은 탄약, 긴급정비 세트, 전투식량, 물 등을 구석구석에 쌓아 놓아야 했기 때문에 여유공간이 없었다. 창문은 없고 작은 총안구만 있었으므로 최소한의 환기만 가능했다. 냉방장치가 안 되어 있기 때문에 사막의 열기는 차량 내부의 온도는 참기 어려울 정도였다. 게다가 궤도차량은 충격을 완충시키는 장치가 없다. 바닥의 상태를 고스란히 몸으로 느껴야 한다. 울퉁불퉁한 지형을 달리는 보병전투차량의 내부에서 흔들리는 병사들의 고통은 극심했다.

가장 가까운 지점에 있었던 적은 나시리아 부근의 이라크군 제11보병사단이었다. 선두제대가 도착하기 전에 적의 전투력을 약화시키기 위해 5군단장은 공격헬기 연대의 공격을 계획했다. 군단장이 통제하는 제11공격헬기연대11th Attack Helicopter Regiment는 아파치 21대로 구성된 대대, 롱보우longbow 아파치 21대로 구성된 대대, 그리고 이번 전쟁을 위해 증강된 롱보우 아파치 18대로 구성된 대대 등 3개 대대로 편성되어 있었다. 아파치 헬기는 미국이 개발한 헬기 중에서 가장 강력한 공격용 헬기다. 그 이전의 공격헬기인 코브라 헬기보다 2배 이상의 출력을 내는 엔진을 장착하여 무장력과 작전반경을 획기적으로 향상시켰다. 우리에게는 발칸포로 알려진 30mm 기관포와 70mm 로켓포, 헬파이어 미사일, 스팅어 또는 사이드와인더 등 공대공 미사일을 장착할 수 있고, 최대 작전반경은 480km이지만 통상 200km 내외의 반경 내에서 작전을 실시한다. 헬파이어 대전차미사일 16발을 장착하고 있어 한 번에 적 전차 16대를 파괴할 수 있다.

아파치의 공격력은 이들 무장을 유도하는 전자장치에 의해 배가 된다. 즉 초기 모델인 AH-64A 아파치에 롱보우 레이더를 설치한 AH-64D, 일명 롱보우 아파치의 전자장치는 8km 내의 목표물 1,000 개를 식별할 수 있고, 그중에서 가장 적합한 표적 16개를 식별하여 조종사에게 전달되어 조종사가 스위치만 누르면 16발의 헬파이어 미사일이 16개의 목표를 동시에 타격한다. 이 미사일의 관통력은 철판 1,400mm에 달하기 때문에 명중된 전차는 치명적인 피해를 입는 다. 그래서 이 헬기는 전차킬러로 불리기도 한다.

롱보우 아파치 2개 대대와 구형 아파치 1개 대대의 전력은 적 1개 보병사단의 전차와 포병 등을 공격하기에는 너무 과도한 전력이 지만 군단장은 적을 단번에 궤멸시키기 위해 공격헬기 연대 전체를 투입했다. 야간 투시경과 야간 항법장치를 장착한 아파치는 적의 시 야를 가리는 야간 공격을 선호한다. 사막지역은 장애물도 없어 헬기 의 기동과 공격에 최적 조건이었다.

그러나 전쟁은 모든 여건이 갖춰졌다 하더라도 계획대로만 이루 어지지 않는다. 헬기들이 이라크 국경을 넘어 전진하는 가운데 안개 로 시야가 나빠진 것이다. 야간 관측경도 안개가 낄 경우에는 가시 거리가 현저히 짧아진다. 아파치에는 야간 항법장치가 있지만 구형 아파치는 표적 위치가 정확하지 않으면 이를 식별하기 위해 상당한 위험을 감수해야 했다. 군단의 모든 공격헬기를 끌고 나온 헬기연대 연대장은 작전 초기 단계부터 헬기들을 위험에 노출시킬 수는 없다 고 판단했다. 게다가 보병부대는 공격헬기의 주요 목표가 아니었다. 연대장은 공격을 중지하고 부대를 철수시켰다. 결과적으로 보면 이 는 현명한 판단이었다. 이라크 제11사단은 이미 항공타격 등으로 보병 제3사단의 진출을 위협할 상태가 아니었고, 더구나 바그다드 부근에는 공격헬기들의 주요 목표인 기계화 부대들이 기다리고 있었다.

제3사단의 우측 축선인 제3여단의 선두 부대가 최초 공격목표인 나시리아 남쪽의 탈릴 공군기지 서남쪽에 도착한 것은 22일 10시경이었다. 제3여단은 1/30기계화보병대대, 1/15기계화보병대대, 2/69전차대대로 구성된 기계화보병여단이다. 공격헬기가 먼저 목표 지역을 타격하여 전차 2대, 장갑차 6대, SA-6 대공미사일 등을 파괴했지만 적의 소화기 사격으로 미군 1명이 부상당했다. 공격헬기들은 이라크군의 휴대용 미사일은 회피기동으로 피할 수 있었지만 소화기의 집중사격을 피할 수는 없었다.

오후 2시경 제3여단의 선두 대대가 공격을 개시하였다. 여단 정찰대는 1번 고속도로상에서 지뢰 매설 중이던 적 20여 명과 조우하여 접전 끝에 제압하고 부상당한 4명은 포로로 잡았다. 이들은 미군의 접근에 대비하고 있었지만 이들에게 지뢰 매설을 지시한 상급부대는 미군이 이렇게 빨리 도착하리라고는 예측하지 못했던 것이 분명했다. 적이 근접해 왔는지도 모르고 지뢰매설을 지시했기 때문이다. 이라크군의 지휘부나 제11보병사단이 20일 새벽에 실시된 미 지상군의 공격 개시 사실을 몰랐을 리 없었다. 이라크군 제11사단은 전방이나 측방의 경계부대로부터 보고를 받아 예하부대에 적군의 접근 사실을 통보해 주어야 하는데 이 같은 가장 기본적인 것이 제대로 이루어지지 않았다. 이로 미루어 보아 앞으로의 전투가 어떻게 전개될 것인지 암시하고 있었다.

직선거리 185km, 실제 기동거리 200km 이상인 거리를 13시간만에 기동한 제3여단의 선두 부대가 탈릴 공군기지와 제11보병사단 주둔지의 적을 격퇴하는 데는 하루가 걸리지 않았다. 탈릴 기지와 제11보병사단 주둔지에 있던 전차와 장갑차의 일부는 미군이 접근하기 전에 나시리아 방향으로 이동하다가 2/7기계화보병대대의 공격을 받았다. 이들도 주간에 이동하면 항공타격에 취약하다는 점을 감안하여 야간에 이동했지만 야간에 미군과 조우했을 경우에는 주간보다 더욱 비참한 결과를 초래한다는 사실을 알지 못하고 있었다. 야간 관측경을 통해 적을 발견한 선두 전차들은 이라크군을 순식간에 격멸해 버렸다. 야간 관측 능력이 전장을 지배한 것이다. 당연히 미군의 손실은 없었다. 이 접촉에서 미군은 155mm 자주포로 발사한 '감응 장갑파괴탄^{SADARM, Sense & Destroy Armor}'4)을 처음 사용했다. 이라크전쟁에서 제3보병사단은 총 121발의 감응 장갑파괴탄을 사용하여 적 전차 48대를 파괴하여 그 성능을 입증하였다. 이제 보병사단의 포병도 20km 밖에서 적 전차를 제압할 수 있게 된 것이다.

탈릴 기지를 점령한 제3여단은 인구 30만의 나시리아 인근에 주둔하고 있는 이라크군, 특히 전차연대의 위협을 차단하기 위한 태세를 갖추었다. 후속하던 제1여단은 탈릴 기지 남쪽에서 서측으로 우회하여 북쪽으로 공격 중이었고, 제3여단은 탈릴 기지와 그 인근 지역을 해병사단의 진출을 위해 계속 확보하면서 병참선 경계에 들어갔다.

약 300km 떨어진 쿠웨이트 국경으로부터 사막을 횡단하여 기동한 제2여단 선두부대는 온갖 역경 끝에 3월 22일 아침 7시경 사마와 서남쪽에 도착하였다. 여단의 임무는 사마와와 그 인근에 주둔하고 있는 이라크군이 북쪽으로 진격하는 아군에게 위협이 되지 않도록

---

4) 감응 장갑파괴탄은 표적 상공 150m 지점에서 일차 폭발하여 2발의 자탄(子彈)을 분리시키고 이 자탄이 소형 낙하산으로 천천히 하강하면서 150m 반경 내의 차량을 인지하면 자동으로 표적을 향해 날아가는 폭탄이다.

봉쇄하는 것이었다. 사마와는 바그다드와 바스라 중간에 위치한 교통의 요지로서 바그다드 공략을 위해 반드시 장악해야 했다. 여단장은 선두부대에 사마와 서남쪽 약 5km에 있는 교량을 점령하도록 명령했다. 교량으로 전진하던 3/7기갑대대 C중대전차 9대와 보병전투차량 13대는 중기관총을 장착한 미군 픽업트럭들과 조우했다. 며칠 전 사마와로 잠입하여 정찰임무를 수행하고 돌아오는 특수전 부대원들이었는데 그들은 차량 후미에 성조기를 달아 아군임을 표시하고 있었다. 그들은 미군이 목표로 하고 있는 교량에 민병대가 배치되어 있지만 교량 폭파준비는 되어 있지 않았고, 사마와 시내에는 상당수의 민병대가 있다고 보고했다.

C중대장은 위력 수색을 위해 전차 2대와 보병전투차량 3대로 이루어진 헌터킬러hunter-killer 팀을 투입하였다. 후속하던 D중대는 사마와 시내와 D중대의 목표인 사마와 북쪽에 있는 유프라테스강의 교량을 정찰해 줄 것을 요청했고, 이에 따라 투입된 OH-58 정찰헬기 2대가 아침 8시경 사마와 상공에 도착하여 정찰을 했다. 시내 중심부를 통과할 때 소화기의 집중 사격을 받은 조종사들은 초저공으로 비행하여 위험지역을 벗어난 다음 한 대는 시가지 상공으로 비행하여 사격을 유도하고 다른 한 대는 노출된 적을 기관총과 로켓으로 공격하였다. 한편 C중대의 헌터킬러 팀의 선두 전차와 장갑차가 교량에 접근했을 때 민간 복장을 한 자들이 소총으로 사격해 왔는데 C중대는 교량이 파괴될 것을 우려하여 전차포를 사용하지 않고 기관총으로 대응했으나 적은 계속 사격해 왔다. 결국 보병전투차량이 교량 가까이 접근하여 25mm 기관포로 적을 제압했다.

민병대의 저항을 제압한 헌터킬러 팀은 계속 전진하여 유프라테스강의 교량을 점령하고 사마와 시내로 들어갔다. 왼쪽에는 민병대의 훈련시설과 막사 같은 군사시설이 있었는데 이라크군 트럭 한 대가 그 시설로 들어갔다. 이를 목격한 헌터킬러 팀의 보병전투차량 한 대는 뒤따라 들어갔고 전차는 입구에서 경계했다. 트럭에 타고 있던 민병들이 놀라서 소총과 RPG 로켓으로 사격을 가해왔다. 로켓포는 사거리가 너무 가까워서 장갑에 부딪힌 후 튕겨나갔다. 민병들은 차량에서 뛰어내려 방어진지로 들어갔다. 보병전투차량의 25mm 기관포가 차량을 향해 사격하는 동안 뒤쪽의 전차는 120mm 전차포로 적의 방어진지를 향해 사격했다. 적의 트럭은 화염에 휩싸였고 방어진지는 완전히 파괴되었다.

이때 우측 막사에서 소화기와 RPG 로켓으로 무장한 150명 정도의 민병들이 쏟아져 나오면서 사격을 시작했다. 거리가 너무 가깝다고 판단한 전차가 뒤로 빠지면서 적의 공격은 보병전투차량에 집중되었다. 이들이 쏜 RPG 로켓탄 10여 발이 명중했지만 역시 폭발하지 않고 튕겨 나갔다. 보병전투차량에 탄 1개 분대는 1개 중대 규모의 민병대와 치열한 근접전투를 벌였다. 25mm 기관포를 사격하는 동안 기관총 사각지점까지 들어온 민병들에 대해 보병들은 총안구를 통해 사격하였다. 전투는 20분 정도 계속되었는데 부상당한 13명만 포로로 잡았다. 확인한 결과 적 사망자는 167명이었다. 부상자에 대한 응급처치를 하는 중에 민병들을 가득 실은 트럭 8대가 도착하여 교량에 있는 헌터킬러 본대를 공격하기 시작했지만, 그들은 군사시설 담벼락 뒤에 있는 보병전투차량은 발견하지 못했다. 분대장 존슨 중사가 민병대 차량들에 대해 사격하도록 명령하자 25mm 기관포가 불을 뿜었으며, 차량들은 순식간에 화염에 휩싸였다. 이때 건물 뒤편에서 70명 정도의 민병들이 몰려나와 사격을 개시했고 동시에 적의 박격포탄도 날아왔다. 헌터킬러 팀이 지원 사격을 요청하자 C중대는 4.2인치 박격포를 동원하여 민병대의 박격포를 무력화시켰다. 이라크 민병대가 후퇴한 후 중대장은 헌터킬러 팀의 복귀를 명령했다.

그러나 접적接敵 상태의 철수가 순조로울 수 없었다. 후퇴하던 보병전투차량 한 대가 적 박격포탄에 의해 만들어진 웅덩이에 빠져버렸고, 이로 인해 이 차량에 장착된 25mm 기관포나 기관총으로 적을 사격할 수 없게 되자 적은 이때를 노려 맹렬히 공격해 왔다. 이를 구출하기 위해 다른 보병전투차량들이 달려가 웅덩이에 빠진 보병전투차량을 구출하여 철수했다. 민병들이 끈질기게 철수하는 헌터킬러 팀을 향해 사격했으나 헌터킬러 팀의 25mm 기관포에 의해 무력화되었다.

한편 제3사단 제1여단은 나시리아에서 사마와로 이동하는 중 사마와 남단의 8번 고속도로를 통과하면서 민병들의 공격을 받았다. 이들은 사마와에 주둔하고 있었던 민병대의 일부였으며, 미군 병참선을 보호하기 위해 그들을 소탕해야 했지만 도시지역인 사마와에 대한 작전이라는 점에 유의해야 했다.

미 육군은 오랫동안 도시지역 전투를 연구해왔다. 이라크전쟁이 예상되면서 5군단은 과거의 연구결과를 바탕으로 이라크에서 적용할 수 있는 도시공격 작전을 검토했다. 이라크에는 인구 500만의 바그다드를 비롯하여 40여 개의 도시가 있는데 대개 5층 이하의 건물로 이루어져 서구의 도시와는 다르다. 도시를 방어하는 부대는 3선 개념의 원형방어가 기본이며 이라크군도 이를 따르고 있었지만, 미군의 공중공격에 대비하기 위해 주요 전투력을 사원, 학교 등에 배치하여 민간인을 방패로 삼고 있었다. 공격하는 측은 최전방의 경계부대를 격멸한 후 주방어선에 배치된 적과의 전투에 역점을 두고 도시 전체를 점령해 나가는 것이 통상적인 방법이었다.

5군단의 도시공격 작전의 핵심은 적의 주방어선이 아니라 마지막 방어선인 3선 안에 있는 주요 목표들을 정밀 공격하는 것이다. 3선의 내부는 핵심방어지대라고 불릴 정도로 방어의 핵심 요소들이 위치한다. 부대지휘소, 시청 등 행정기관, 경찰서 등이 주요 목표인데 이를 이라크의 실정에 맞게 식별하기 위해 CIA, 군 정보부대 등과 협의하여 주요 목표들을 선정했다. 정밀 타격이 가능해졌기 때문에 종래의 정면공격에 의한 도시 전체의 점령이 아니라 도시의 핵심부와 정권의 주요 통제기구만 선택적으로 무력화시켜 점령하는 새로운 도시공격 방식이다. 이 같은 새로운 작전 개념에 의거하여 특수전 부대에 전투부대 도착 이전에 도시의 주요 목표를 선별하라는 임무가 하달되었다. 사마와에 대한 공격은 5군단이 새로 발전시킨 도시공격 방식이 처음으로 적용되었다는 데 그 의미가 있다.

3월 23일 사마와 시내의 민병대를 소탕하라는 임무를 하달받은 제2여단 3/7기갑대대는 특수부대원들이 파악한 바트당 당사와 민병대 본부 등을 공격했다. 이번에는 공군의 근접항공지원을 받았다. 먼저 OH-58 정찰 헬기가 표적을 확실히 식별할 수 있도록 헬파이어 미사일을 건물에 사격한 후 대대에 배속된 공군의 전방통제요원의 유도하에 F-15 전투기가 폭탄을 투하했다. 그들의 지휘부가 공격 받았지만 민병대는 저항을 계속했다. 23일 오후 3/7기갑대대는 사마와를 제3여단에 인계하고 나자프를 향해 북진했다.

제3여단의 주 임무는 쿠웨이트 국경선에서 사마와에 이르는 병참선을 보호하는 것으로 전환되었다. 그때까지 저항하고 있던 사마와 시내의 적이 병참선을 위협하지 못 하도록 하는 것이 핵심이었지만 240km에 걸쳐 전개되어 있는 예하 부대들을 통제하는 것은 통상적인 여단의 작전 범위를 초과한 것으로 제한된 통화만 할 수 있는 위성통신망을 이용해야 했다. 위성에 연결된 우군부대 위치추적 장치에 의해 예하부대의 위치를 파악할 수는 있었으나 간단한 메시지만을 교환할 수밖에 없어서 지휘통제에 상당한 어려움이 있었다.

제3여단의 사마와에 대한 작전은 29일까지 계속되었다. 이라크 민병대의 공격은 집요하게 계속되었다. 여단은 수시로 위력수색을 통해 민병대를 시내에 고착시키는 데는 성공했지만 이들을 완전히 섬멸하지는 못하였다. 그래서 적은 미군에게 끊임없이 로켓포와 소총사격을 가해왔다. 특히 테크니컬technical이라고 불리는 기관총을 장착한 소형 픽업트럭들이 보병전투차량을 향해 돌진하며 자살공격을 시도했는데 한두 대가 아니라 10여 대가 연속해서 공격해 올 때도 있었다. 이들은 보병전투차량에 탑재된 25mm 기관포에 의해 대부분 도착 전에 파괴되었지만 일부는 전차나 보병전투차량에 충돌한 후 전차나 보병전투차량에 올라타서 공격하기도 하였다. 그러면 전차는 포탑을 신속히 회전시켜 떨어뜨리거나 후방에 있는 아군이 기관총으로 사격하여 격퇴하였다.

이 테크니컬의 공격이 성공한 적은 거의 없지만 이라크전쟁 과정에서 계속 일어났다. 민병대들의 공격은 단순하여 상황변화에 적응하지는 못했지만 무시할 수 없을 정도로 위협적이었다. 이들은 죽음을 두려워하지 않았고 쉽사리 항복하지도 않았다. 후세인에 대한 충성심과 외부세력에 대한 적개심이 복합적으로 작용했기 때문이다.

한편 해병 제1사단의 선두부대인 타라와Tarawa TF는 3월 23일 새벽 나시리아 시내에서 이라크군의 공격을 받은 미 육군의 제507정비중대 수송대를 구출하게 되었다. 그날 507정비중대의 수송대는 8번 고속도로로 이동하다가 길을 잃어 나시리아 시내로 들어가 적의 공격을 받아 11명이 전사하고 제시카 린치 일병 등 여군 3명을 포함한 6명이 포로가 되고 대형 수송차량 15대가 파괴되는 등 큰 피해를 입었다. 루마일라 유전지역에서 작전 후 북상 중이던 제2해병원정여단의 타라와 TF가 이들의 구조 작전에 나섰다. 해병대는 상당한 피해를 입기는 했지만 24~25일간 격렬한 전투를 통해 나시리아와 인접한 탈릴 공군기지를 장악했다. 이로써 미군은 남부지역에 중요한 보급기지와 전방작전기지forward operating base를 확보했다. 그때까지 나시리아는 이라크 제3군 본부가 위치한 곳으로 예하에 제11보병사단, 제51기계화보병사단, 제6기계화사단을 거느리고 있었다.

이라크전에 투입하기 위해 편성된 타라와 TF는 상설 전투부대가 없이 지휘부만 편성되어 있는 제2해병원정단에 제2해병연대, 제29해병항공단, 제2전투근무지원단을 배속시킨 것이다. 타라와 TF의 주력은 제2해병연대의 3개 해병대대이며, 1개 대대는 수륙양용 장갑차 46대를 배속시켜 기계화보병대대로 편성하고, 2개 대대는 신형 7톤 야전트럭으로 차량화시켰다. 여기에 포병대대, 전차중대, 경輕 장갑정찰중대, 공병중대 등을 배속시켜 제병협동부대로 편성한 부대이다. 제3보병사단 여단급 부대와 해병연대의 주요 차이점은 보병 여단의 경우 전차 1개 대대가 편성되어 있는 데 비해, 해병연대에는 전차가 1개 중대 밖에 편성되어 있지 않다는 점과 수륙양용 장갑차에는 보병전투차량의 주요화력인 25mm 기관포가 장착되어 있지 않아 공격력이 상대적으로 약하다는 점이다.

2. 바그다드 공격의 중간기지 나자프 확보 작전

제3보병사단의 주력은 나시리아와 사마와를 공략한 후 제3여단에 병참선 경계 임무를 부여하고 나자프를 향해 북진했다. 나자프는 바그다드 남쪽 180km에 위치한 나자프 주의 주도이고 시아파 무슬림들이 마호메트의 유일한 후계자로 숭배하는 알리의 묘지가 있는 시아파 최고의 성지이다. 작전 반경이 200km인 공격헬기들이 바그다드 인근의 이라크 기계화사단을 공격하기 위한 중간 기지로 나자프 남쪽지역이 선정되었기 때문에 이곳이 제3보병사단의 1차 공격목표가 되었으며, 그 작전목표는 람스Rams로 명명됐다. 람스는 헬기의 연료와 탄약을 보충하고 정비를 하는 등, 지원시설이 들어설 지역이기 때문에 반드시 확보하고 적의 공격을 저지해야 했다.

람스를 향한 선두부대는 제2여단의 1/64전차대대 TF였다. 3월 22일 사마와를 지나 북쪽으로 기동한 전차대대는 람스 남쪽 50km 지점에서부터 장애물과 적 보병들을 격파하면서 오후 6시경 람스 남쪽에 도착하였다. 5군단 군사정보대대 정찰대가 이미 투입되어 목표지역에 대한 적정을 알려왔다. 적어도 정규군 1개 대대와 민병대가 방어편성을 하고 있다는 것이다. 저녁 8시경에 공격을 개시한 전차대대는 11시경에 목표를 탈취했다. 소화기와 기관총, 로켓으로 무장한 이라크군은 상대가 되지 않았다. 게다가 그들은 미군 공수사단이 낙하한다는 잘못된 정보에 대비하고 있었기 때문에 남쪽으로부터 공격해온 미군 전차대대를 상대할 수 없었다. 대대는 이라크군 차량 20여 대를 파괴하고 350여 명을 사살했다.

이라크군과 민병대는 포기하지 않고 역습했다. 밤새도록 계속된 광적인 역습에 전차대대는 근접항공지원과 포병 화력지원으로 대응했다. 적은 계속 공격해 왔지만 미군의 막강한 화력에는 속수무책이었다. 나자프에서 민병대들이 계속해서 유입될 것을 우려한 대대장은 오전 10시 방어태세를 취하도록 했다. 나자프를 고립시키기 위해 제3사단장은 나자프 북쪽에 제1여단을 투입하였다. 제1여단은 제2여단의 좌측 8번 고속도로를 따라 북상하던 중 사마와 외곽에서 테크니컬들의 습격을 받았다.[5] 그들이 제1여단의 기동을 30분도 저지하지 못했지만 이들의 죽음을 무릅쓴 맹렬한 공격은 인상적이어서 프랭크스 사령관이 자신의 자서전 『아메리칸 솔져*American Soldier*』에 상세히 기술할 정도이다.

3월 23일 오전 10시, 제1여단은 람스를 점령한 제2여단을 경유하여 북쪽으로 계속 전진하였다. 이들의 유일한 전진로인 협곡의 좌우에는 적 2개 대대가 강력한 방어진지를 구축하고 있었는데 제1여단은 바로 이 협곡지대를 통과해야 했다. 제1여단의 3/69전차대대 TF가 공격임무를 담당했다. 1열종대로 전진하는 대대에 적의 포병 사격이 시작되었고, 이에 전차대대는 근접항공지원을 요청하여 A-10기가 적을 맹타했다.

A-10기는 1976년에 배치된 공군의 유일한 지상군 근접항공지원 전용기로 공군 조종사들에게는 인기가 없다. 걸프전 당시 처음 실전 투입된 A-10기는 8,100회의 출격을 통해 311,597발의 30mm 기관포를 사격하여 900대의 탱크와 2,000대의 장갑차를 포함한 군용 차량, 1,200대의 각종 포를 파괴하는 엄청난 위력을 발휘하였다. 그래서 F-16을 근접항공지원용으로 개조하여 A-10기를 대체하려던 공군의 계획이 취소되고 이라크전에 투입된 것이다.

걸프전의 경험을 살려 이라크전에는 60대의 A-10기가 투입되었

---

5) 테크니컬이란 무장한 민병들을 태운 차량을 말한다. 픽업트럭에 기관총, 대공포, 대전차포, 박격포, 다연장로켓 등 다양한 무기를 장착했으며, 이라크전에서 민병이나 반군들이 이를 이용해 공격했다.

다. 급사면의 협곡 좌우측에 포진한 적에 대한 A-10기의 사격과 포병의 화력지원을 받으면서 선두의 전차중대들이 방어진지를 돌파하였고 뒤따르던 보병전투차량들이 이라크군 방어진지에 돌입하여 좌우측 참호를 소탕하였다. 돌파한 전차들은 계속 전진하여 적 후방의 박격포 진지를 유린하였고 좌우측 참호의 적을 소탕한 보병전투차량들은 방공부대 등 잔적을 소탕하였다. 적의 저항은 강력했지만 미군의 피해는 없었다. 전차대대는 사마와 북쪽으로 진출하여 사마와에 대한 이라크군의 증원을 저지하였다.

3. 공격헬기 연대의 작전 실패

22일 밤 10시 45분, 나자프 남쪽의 목표 람스를 점령하고 다음 날 아침 10시까지 계속된 소탕 작전으로 안전이 확보되자 5군단은 바그다드 진격의 중요 장애요소인 메디나^{Medina} 전차사단에 대한 공격을 서둘렀다. 군단장은 제3사단 공격로상에 위치한 것으로 판단되는 메디나사단 제2전차여단에 대한 공격을 23일 야간에 실시하라는 명령을 제11공격헬기연대에 하달하였다.

공격헬기들은 23일 오후 2시경 람스 지역에 도착했다. 엄청난 먼지를 일으키며 착륙한 헬기들은 1.6km에 걸쳐 길게 늘어서 있었다. 그런데 연료와 탄약이 예정대로 도착하지 않았다. 모래 바람으로 인해 주보급로 상에 교통체증이 발생하여 반 정도 밖에 도착하지 않았기 때문에 출동 규모를 줄이기로 하고, 일단 연대가 보유한 61대의 헬기 중에서 31대만 출동했다. 그런데 또 하나의 문제가 발생했다. 전술지휘소에 디지털 통신을 제공하는 이동전술통신의 단말기가 도착하지 않았다. 유일한 통신수단은 위성전화기뿐이었는데 이는 공격부대가 공격을 지원할 공군 및 해군 부대와 통신이 되지 않는다는 것을 의미한다. 그럼에도 승인이 떨어졌고 계획된 헬기 이륙시간은 밤 11시였다. 이 시간에 맞춰 A-10기가 도착하여 근접항공 지원을 하고 해군과 다연장로켓Multiple Launched Rocket 포병대대에 의해 '적 방공망 제압 사격SEAD: Suppression of Enemy Air Defence'이 실시될 예정이었다.

그러나 공격헬기부대는 출발 전부터 문제가 발생했다. 연대장의 지휘통제기의 연료가 부족했다. 주요 지휘관들의 헬기도 같은 문제가 있어서 연료를 보충하거나 연료를 채운 헬기를 찾아 바꿔 타는 소동을 벌이는 가운데 출발이 2시간 15분이나 지연되었다. 더군다나 통신 문제로 출발이 지연된 사실을 근접항공을 지원할 공군부대에 통보하지 못했다. 다행히 군단을 경유하여 '적 방공망제압 사격 SEAD'을 담당한 해군과 다연장로켓 포병대대에는 연락이 되었다. 출발하면서 헬기 1대가 모래 바람으로 지면과 충돌하여 실제 출동한 아파치 헬기는 30대였다. 마침내 6/6대대와 1/227대대 등 2개 헬기대대는 고도 30m의 초저공으로 시속 200km로 날아갔다. 목표까지의 거리는 100km이었다. 6/6헬기대대가 카르발라 상공을 지나면서 이라크군의 대공밀집사격을 받았다. 기관총 등의 소화기와 23mm 대공포, 테크니컬에 장착된 14.5mm 기관총의 대공 밀집사격으로 작전 중이던 거의 모든 헬기가 피격되었다. 대대장은 임무수행이 불가능하다고 판단하고 기지로 복귀할 것을 명령했다. 한편 1/227 헬기대대는 목표지역에 도착했으나 적 전차를 발견하지 못하고 복귀하다가 역시 이라크군의 밀집사격을 당했다. 아파치 한 대가 불시착하여 승무원 2명이 포로로 잡혔고, 나머지 헬기들은 람스 지역으로 복귀했다.

작전은 완전한 실패였다. 복귀한 29대의 헬기 중 한 대를 제외하고 모두 심각한 손상을 입었다. 모든 헬기를 수리하는 데 한 달이나 걸렸다. 이날 출동했던 헬기부대는 바그다드 진격 작전을 앞둔 결정적 시기에 그 작전능력을 상실한 것이다. 군단이 제3사단의 작전을 지원하기 위해 계획했던 야심적인 아파치 공격은 적의 위치를 정확하게 확인하지 않은 채 실시되었는데 이는 롱보우 아파치의 레이더와 정찰 헬기의 능력을 과신했다는 것을 말한다.

적에게 기습하려 했지만 적은 미리 알고 대비하고 있었던 것이 확실하다. 그들이 헬기들을 향해 사격을 개시하기 직전 먼저 시 전체의 가로등이 꺼지고 잠시 후 전기가 들어오면서 사격이 개시되었던 것으로 보아 가로등을 끄고 켜는 것이 사격 개시 신호였음이 틀림없었다. 엄청난 헬기들이 야지에 착륙한 것은 그 소음과 먼지 등으로 은밀함과는 거리가 멀었기 때문에 이라크군은 매복 공격을 준비하고 있었던 것이다.

이라크군은 오랫동안 계속된 미군의 영공감시 작전 동안 나름대로 재래식 대공방어 능력을 향상시켰던 것이다. 대공사격 표적이 될 공화국 수비대의 기계화 부대들도 사전에 대피하였기 때문에 기존의 위치에서 전차를 찾으려던 아파치들은 헛수고를 할 수밖에 없었다. 또한 대공화기 제압사격은 육군전술미사일ATacMS: Army Tactical missile System6) 26발과 공군의 B-52 폭격기의 합동직격탄 26발이 발사되었지만 그다지 효과적이지 못했다. 건물 사이사이에 숨어서 사격하는 소화기와 테크니컬 차량들, 그리고 이슬람 사원이나 병원 등에 숨겨

---

6) 육군전술미사일(ATACMS)은 사거리 160km 정도의 지대지미사일로 TNT 1톤 정도의 위력이 있다.

놓은 대공무기 등은 이러한 무기체계로는 제압되기 어려웠다. 적을 제압할 근접지원 항공기들은 예정된 시간에 도착했다가 돌아간 뒤였기 때문에 헬기들은 계속 피해를 볼 수밖에 없었다. 1993년 소말리아의 모가디슈에서 도시지역에서 헬기가 매우 취약하다는 것을 경험했지만 미군은 그 교훈을 새기지 못해 뼈아픈 피해를 입게 된 것이다.

4. 끔찍한 모래폭풍

3월 25일 아침 6시경 모래폭풍이 시작되었다. 사우디와 이집트 사막은 물론 이라크 남쪽지방의 거대한 아라비아 사막에서 몰아치는 대형 회오리바람이 모래와 먼지를 휘몰아 와서 미군 진격을 사실상 불가능하게 했다. 모든 것이 황갈색으로 바뀌고 시야는 10m도 안 되어 병력들은 주변만 경계하는 수밖에 없었다. 황토 먼지와 모래가 복장은 물론 모든 무기와 장비의 틈새로 파고들어 고장 내거나 쓰지 못하게 만들었다. 비는 한 방울도 내리지 않았고 하늘에서 몇 분 동안 모래와 먼지가 한없이 쏟아져 내렸으며, 그것이 3일간이나 계속되었다. 짙은 모래 바람이 사방을 뒤덮으면 몇 미터 앞도 분간하지 못할 정도여서 지상군은 항공기와 헬리콥터에 공중지원을 요청할 수 없었다. 모래폭풍으로 가시거리가 30m 이내로 악화되자 적은 이를 기회로 반격에 나섰다. 악천후로 인해 근접항공지원을 받을 수 없었기 때문에 포병 화력만으로 공격을 계속하던 부대들은 적의 끊임없는 공격에 시달려야 했다. 모래 바람으로 시계가 나빠져 적이 가까운 곳까지 접근할 수 있었기 때문에 전투는 더욱 치열해졌다.

제3사단 제1여단이 람스 주변에서 작전하고 있는 가운데 나자프 시내에서 공격해오는 차량들이 늘어났다. 버스가 공격해 오기도 했고, 심지어 기름을 가득 채운 유조차도 돌진해왔다. 버스의 운전자는 살해되었지만 버스는 계속 굴러서 장갑차에 부딪혔고 그 충격으로 장갑차가 2m 정도 뒤로 밀리기도 했다. 유조차가 전복되어 화염이 치솟았고 모래 먼지 속에서도 붉게 타올랐으며, 이 불길은 이틀간 계속됐다. 민병대의 파상공격이 격렬해짐에 따라 기갑대대는 탄약이 고갈되기 시작했다. 다연장로켓 포병대대가 M26 로켓탄을 26발이나 발사했고 모래폭풍 속에서도 운행이 가능한 B-1 폭격기가 합동직격탄으로 지원했다. B-1폭격기는 통상 우군부대로부터 1.6km 내의 표적은 안전을 고려하여 폭격하지 않지만 대안이 없었기 때문에 B-1폭격기의 지원을 요청했던 것이다. 우려했던 것과는 달리 B-1 폭격기의 폭격은 정밀하여 미군의 피해 없이 계속되는 적의 파상공격을 물리칠 수 있었다. GPS로 유도되는 합동직격탄은 악천후와는 관계없이 10m의 오차범위로 폭탄을 투하할 수 있었다.

5. 이라크 남부 전투

한편 영국군 제1기갑사단은 미 공군과 해병대의 지원하에 남부 최대 도시인 바스라와 주변지역을 공략했다. 이 지역에는 이라크군 제51사단과 페다인 민병대가 방어하고 있었다. 3월 21일에 시작되어 4월 6일까지 계속된 바스라 전투는 이라크전쟁의 첫 번째 주요 전투였다. 바스라는 전략적 요충이다. 인구 1백만 내지 1백50만의 대도시일 뿐 아니라 부근에 이라크 내륙과 걸프만을 잇는 유일한 항구가 있으며, 또한 세계 원유공급의 14%를 차지하는 루마일라 유전과 세계에서 두 번째로 큰 웨스트 쿠르나West Quma 유전이 있기 때문이다. 따라서 연합군은 바스라와 그 부근의 유전을 점령하는 것을 우선 목표로 삼았고, 그래서 3월 22일 미 해병 전차부대는 유전지대를 점령했다.

영국군은 3일간의 초기 전투를 끝낸 후 3월 23일부터 바스라를 포위했으며, 이 포위 작전은 3주간 계속되었다. 도시지역 전투로 인한 민간인 피해를 방지하기 위함이었다. 결국 이라크군은 포위망을 돌파하기 위한 공격에 나섰다. 3월 27일, T-55전차와 장갑차를 앞세운 이라크군이 바스라에서 나와 알파우Al Faw 반도에 포진한 영국군을 공격했다. 영국군의 155mm AS90 중포와 105mm L118 경포로 이라크군 탱크를 분산시켰다. 뒤이어 120mm 주포로 무장한 영국의 첼린저Challenger 전차부대와 이라크군 전차부대 간에 대규모 전차전이 벌어졌다. 이 전차전은 영국군이 치른 2차 대전 후의 최대의 전차전이었다. 이 전투에서 이라크 전차 14대를 격파했고 이라크군 500여 명을 사살했다. 4월 6일에 이르러 영국군은 바스라 일대를 완전히 정악하게 되었다.

6. 특수전 부대의 활약

아프간전과 마찬가지로 이라크전에서도 특수전 부대들이 크게 기여했으며, 그 주축은 제5특전단5th Special Forces Group, 제10특전단10th Special Forces Group, 제75레인저연대75th Ranger Regiment였다. 제5특전단은 남부 유전지대 장악과 서부의 H-1, H-2, H-3 비행장을 확보하는 전과를 올렸다. 이들 비행장을 장악함으로써 미군의 보급 및 작전 기지로 활용하게 되었고, 나아가 요르단과 시리아로 통하는 도로를 차단하게 되었다.

특수전 부대들은 이들 비행장을 점령한 후 그 주변의 스커드 미사일 기지 등 군사시설을 무력화시키기 위해 강도 높은 수색 및 습격 작전을 실시했다. 그 후 이 특수부대에 전차 1개 중대를 배속시켜 시리아로 통하는 1번 고속도로를 차단하는 임무가 부여되었다. 이를 위해 3일간에 걸쳐 M1A1전차 10대, M113장갑차 3대, 화력지원용 장갑차 5대, 연료트럭 2대, 화물트럭 및 다목적 전투차량 3대를 항공기로 수송한 다음 약 160km를 기동하여 시리아 국경을 봉쇄하여 이라크 정부 요인들이 시리아로 도주하지 못하도록 했다.

제75레인저연대는 델타포스와 더불어 이미 확보한 H-1 비행장에서 헬기를 이용하여 유프라테스강 상류에 위치한 거대한 하디타 Haditha 댐 부근에 공중 투하되어 댐을 장악함으로써 적이 댐의 수문을 열어 홍수를 일으킴으로써 5군단의 진격을 방해하지 못하도록 했다.

북부지역에서는 제10특전단과 CIA 특수활동팀이 페쉬메르가 Peshmerga로 불리는 쿠르드족 민병대 약 7만 명과 협력하여 반미 테러 집단인 '안사르 알 이슬람Ansar al-Islam'을 격파하고 인접한 바슈르Bashur 공항을 확보함으로써 3월 26일, 제173공수여단이 공중 투하할 수 있게 되었다. 제173공수여단은 모술과 키르쿠크 일대에 포진한 이라크군 13개 사단들을 압박하여 바그다드 지역으로 이동하지 못하도록 했다. 즉 3월 30일에는 북부지역 최대 도시인 모술을 방어하는 이라크 제4보병사단을 대상으로, 그리고 3월 31일에는 키르쿠크 지역을 방어하는 이라크 제2보병사단을 대상으로 공격을 실시하였고, 4월 2일에는 이라크군 제2, 제8, 제38 보병사단 등에 제한적인 동시 다발 공격을 실시하였다.

남부에서는 3월 21일 제5특전단 2대대 소속의 ODA 554팀이 해병 제1사단과 더불어 루마일라 유전을 확보한 후 영국군 제1사단에 인계했다. ODA팀은 CIA 특수활동팀이 유전파괴를 방지하기 위해 포섭해두었던 4명의 석유산업 기술자들을 바스라 시 외곽에서 구출했다. 그 후에는 바스라 일대에서 영국군 작전을 지원하는 활동을 했다.

7. 전선 정비 및 병참선 경계

진격속도는 예상보다 빨랐는데 이는 미군이 전문 직업군으로 이루어진 막강한 전투력과 엄청난 화력 덕분이었다. 공격을 시작할 때와 다른 점이 있다면 이라크군, 특히 도시지역 민병대의 저항이 무시하지 못할 정도로 강력했다는 것이다. 후세인에 의해 오랫동안 핍박을 당했기 때문에 시아파 주민이 다수인 지역에서는 미군을 환영하거나 저항이 약할 것으로 판단했던 것이 착오였다. 또한 걸프전 때와는 달리 이라크군 기갑부대, 특히 공화국 수비대가 적극적으로 나서지 않아 이들을 끌어들여 막강한 화력으로 무력화시키려던 구상이 빗나가 바그다드 공격 작전이 쉽지 않을 것으로 예상되었다.

제3사단이 바그다드로 진격을 계속하기 위해서는 현재의 임무를 교대할 새로운 부대의 투입이 필요했다. 가용부대는 군단 예비인 제101공중강습사단과 연합지상구성군 예비인 제82공수사단이 있었다. 5군단장 윌리스William S. Wallace 중장은 나자프에서 교전 중인 제3보병사단의 제1 및 제2 여단의 임무를 제101공중강습사단에 인계하고, 지상구성군 사령관의 승인을 받아 제82공수사단을 사마와에서 작전 중인 제3사단의 제3여단과 교대하도록 하였다.

3월 26일 임무를 부여받은 제82공수사단은 바그다드 진격 작전을 위해 장비와 차량을 낙하산에 결속한 채 대기 중이었다. 새로운 임무는 미군 점령지역 내에서 이동하는 것이므로 차량 등의 장비는 지상으로 이동하고 병력은 C-130 수송기로 나시리아 인근의 탈릴 공군기지로 공수했다. 3월 29일 공수사단의 마지막 부대가 사마와에 도착함으로써 임무 인수를 위한 준비를 끝냈다. 탈릴 공군기지를 방호하던 1/41기계화보병대대가 제82공수사단에 작전 통제되어 사단의 부족한 장갑전력이 보충되었고, 이에 따라 사단은 이 기계화보병대대를 사마와에서 전투 중인 제3여단 1/30기계화보병대대의 임무를 인수하였다. 인수인계를 끝낸 제3여단은 북쪽으로 이동했다.

연합지상군구성군사령관[7] 맥키어난 중장은 제82공수사단을 5군단에 배속시킨 다음 계획된 제2경기갑연대에서 1개 대대만이라도 신속히 지원해 줄 것을 중부사령부에 요청했다. 제2경기갑연대는 험비로 무장한 보병부대로 작전지역에 가장 빨리 투입할 수 있는 부대였다. 기갑연대는 4월 4일에 쿠웨이트에 집결을 완료하고 4월 8일 사마와에 도착하여 제82공수사단에 합류했다.

---

[7] 이라크전쟁에 참가한 국가는 미국, 영국, 호주의 3개국이며 총사령관, 지상군, 해군, 공군의 구성군사령관은 전부 미군이 담당하여 전쟁을 수행하였는데 연합지상구성군사령부는 미 육군의 3군사령부를 증편하여 맥키어난 중장이 이끌었다.

V. 바그다드 포위 함락 작전

1. 바그다드 공격을 위한 5군단의 기만 작전

이라크군은 3월 25일부터 시작된 모래폭풍을 이용하여 티크리트에 주둔하고 있던 아드난^{Adnan} 전차사단의 2개 여단을 미군 공격에 대비한 방어태세 구축을 위해 카르발라 협곡^{Karbala Gap}과 바그다드 남동쪽 6번 고속도로에 투입하였으나 미 공군의 폭격으로 심각한 피해를 입어 목표지역에 도착했을 당시의 전력은 40~50% 정도로 추정되었다. 다행히 가장 취약했던 미군의 부대 교대와 정비기간에 이라크군의 역습은 없었다. 5군단은 좌측의 카르발라 협곡을 통한 전진로에 주목했다. 바그다드에 이르는 접근로 중에서 가장 좌측에 있는 접근로로서 통로가 협소하긴 하지만 바그다드 공항으로 진출할 수 있을 뿐 아니라 서쪽에서 바그다드를 직접 공격할 수 있을 것으로 판단한 것이다.

그동안의 노력으로 헬기 지원을 위한 보급기지도 준비되었고 남부의 탈릴 기지에는 A-10기들의 보급과 정비를 할 수 있는 시설이 갖추어져 무려 60대의 A-10기들이 작전 준비태세를 갖추고 있었기 때문에 지상군은 언제든지 근접 항공지원을 받을 수 있게 되었다. 모래폭풍 속에서 이동했던 아드난 전차사단은 항공기의 공격을 피할 수 있을 것으로 기대했을지 모르지만 첨단장비로 무장한 폭격기의 공격은 피할 수 없었다. 모래폭풍으로 위치를 정확히 파악할 수 없었을 때는 미군기들이 도로에 500m 간격으로 합동직격탄을 투하하였고, 모래폭풍이 지나간 후에는 적 전차의 이동을 추적하여 폭격을 실시하였다. 하루 1,500~1,800회로 늘어난 폭격의 60% 정도가 바그다드를 방어하고 있던 이라크군에 집중됐다.

제3사단이 바그다드 공격을 준비하고 있는 동안 5군단장은 아파치 헬기에 의한 작전을 세 번째로 실시했다. 제3사단이 기동할 카르발라 협곡을 위협할 수 있는 적 전차들을 격멸하기 위한 목적이었다. 이번에는 제101공중강습사단의 제101항공여단 제1 및 제2 공격헬기 대대를 투입했다. 카르발라 북쪽에 있는 메디나 전차사단 제14기계화여단의 항공폭격에서 살아남은 전력을 확인하고 격파하는 임무가 주어졌다.

3월 28일 저녁 9시 45분, 제101항공연대 공격헬기 1대대가 목표 람스에서 이륙하여 카르발라 북쪽으로 이동했다. 헬기들은 사막지대를 지나 카르발라 서북쪽으로 접근하며 일대를 수색하다가 적 소화기의 집중사격을 받았다. 공격헬기 2대대는 1대대의 기동을 기만하기 위해 카르발라 남쪽에서 접근하다가 카르발라를 통과하지 않고 우회했다. 2대대가 카르발라 전방에서 우회하던 중 이라크군 기갑부대를 발견하고 교전이 시작되었다. 이 전투는 F-15 전투기의 근접항공지원을 받으며 실시되었는데 적 기갑부대의 규모가 기대치에 크게 못 미쳤다. 파괴한 주요 장비가 전차 4대, 장갑차 7대, 야포 3문 정도였다. 그렇지만 5군단은 카르발라 인근지역에 적의 기갑부대가 더 이상 남아 있지 않다는 것은 확인할 수 있었다.

그러나 제3사단이 메디나 전차사단의 2개 대대가 배치되어 있는 카르발라 협곡을 통해 진격하는 것은 만만치 않았다. 협곡의 넓이는 카르발라 시와 바르 알 밀Bahr al-Milh 호수 사이의 1,800m에 불과했고, 운하와 농경지로 장애물이 많고 두 개의 작은 도로만 있을 뿐이어서 기갑부대의 기동이 어려웠다. 방어에 절대로 유리한 지역이었기 때문에 진격하는 미군이 집중 포격을 받아 심각한 타격을 받을 가능성도 있었다. 그럼에도 제3사단을 이 협곡을 통해 기동시키려는 것은 무엇보다 바그다드의 서쪽에서 공격함으로써 기습 효과를 노릴 수 있을 것으로 판단했기 때문이다.

5군단장은 제3사단이 카르발라 협곡을 안전하게 기동할 수 있는 여건을 조성하기 위한 기만 작전을 구상했다. 즉 5군단 소속 부대들을 총동원하여 바그다드 남쪽의 3개 방향에서 동시에 공격하도록 했고, 동시에 장거리 미사일 공격과 대대적인 공습을 병행했다. 이를 통해 미군이 카르발라의 남동쪽에서 유프라테스강을 건너 힌디아^{Hindia}와 힐라^{Hilla}를 거쳐 바그다드 남쪽으로부터 공격할 것으로 이라크군이 믿게 하려는 데 있었다.

미군의 기만공격이 성공한다면 바그다드 동남부를 담당한 메디나 기갑사단의 주력은 위장된 진지에서 나와 힐라와 힌디아 방향으로 이동하게 될 것이고 미군의 JSTARS 등의 정찰수단에 포착되어 집중 폭격으로 심각한 타격을 입게 될 것이다. 그렇게 되면 제3사단은 이라크군이 가장 약하게 배치되어 있는 바그다드를 서쪽으로 우회하여 바그다드 공항 방향으로 공격할 수 있게 되는 것이다.

이 기만 작전에는 제101공중강습사단과 제82공수사단, 제3보병사단 제2여단이 투입되었다. 제3사단 제2여단은 힌디아, 제101공중강습사단 제2여단은 힐라 방향으로 공격하고, 제101공중강습사단 제1여단은 나자프, 제82공수사단은 사마와에 대한 강력한 소탕 작전, 그리고 서북쪽 측익側翼에 대해서는 제101공중강습사단 항공대대의 위력수색 작전 등, 5개 작전이 거의 동시에 이루어졌다. 카르발라 협곡 방향을 제외한 전 전선에 대한 압박이었지만 특히 힌디아와 힐라에 대한 공격은 이라크군이 미군의 주공으로 확신하도록 강력히

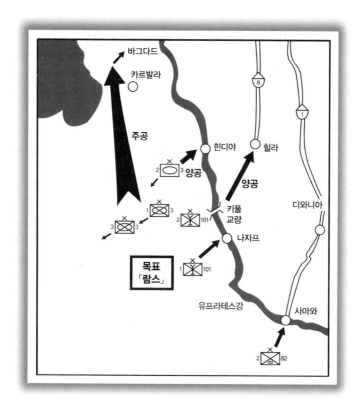

〈그림 4-5〉 바그다드 우회공격을 위한 5군단의 기만 작전

실시하기로 계획했다.

3월 31일 새벽, 제3사단 제2여단은 힌디아에 대한 공격을 시작했다. 이라크군의 저항은 격렬하였지만, 소화기와 RPG 로켓, 테크니컬 등으로는 미군 기갑부대의 공격을 막아낼 수 없었다. 미군은 작전 중에 이라크 공화국 수비대인 느부갓네살사단 제3여단 소속 장병 10여 명을 포로로 잡았다. 이는 이라크군이 바그다드 방어를 위해 북쪽의 키르쿠크 지역에 주둔하던 보병사단을 바그다드 방어를 위해 100km나 이동시켰다는 것을 의미한다. 즉 미군의 항공감시와 공중공격하에서도 이라크군이 보병부대를 어느 정도는 이동시킬 수

있었다.

제101공중강습사단 제2여단은 3월 31일 새벽 힐라에 대한 공격을 개시했다. 이 지역을 방어하고 있는 적은 공화국 수비대의 1개 기계화보병대대로 122mm 곡사포 12문이 지원하고 있었다. 사단은 이 작전을 위해 아파치 헬기 8대, 105mm 곡사포 24문, 155mm 곡사포 6문을 2여단에 배속시켰다. 이라크군은 강력했지만 그들은 전차들을 앞세우고 공격해 오는 미군을 저지할 수는 없었다. 여단이 강력한 공중지원을 받으며 진격하던 중 아파치 헬기들이 야자수 숲속에 은닉해 있던 57mm 대공포의 집중사격을 받았다. 아파치 헬기 8대가 모두 피해를 입었지만, 즉시 반격하여 57mm 대공포 26문을 파괴하였다. 제2여단이 공격목표인 힐라 남쪽에 도착한 것은 저녁 6시 30분이었다.

기만 작전과 동시에 실시된 나자프 소탕 작전은 제101공중강습사단 제1여단을 투입하여 실시한 본격적인 도시공격 작전이었다. 미군은 나자프를 방어 중인 이라크군의 대응태세를 탐지하기 위해 전차소대가 포함된 강력한 소규모 정찰대를 투입했다. 이들을 원거리에서 지원할 토우TOW 대전차 미사일 팀을 전방에 투입하고, 이들의 공중지원을 위한 전술항공 통제반과 전투관측 레이저팀도 투입됐다. 3월 30일 오후 3시경 정찰대가 시내로 진입하던 중 수십 명의 이라크 민병들로부터 공격받았다. 잠시 후 이번에는 지뢰지대에 의해 가로막혔고, 그러한 가운데 적은 점차 증강되었다. 적은 소화기와 RPG 로켓으로 사격하다가 곡사포까지 끌고 와서 직사로 사격하는 등, 전차와 장갑차를 위협할 정도로 저항이 완강했다. 여단장은 사거리가 4km인 토우 미사일, 포병, 공격헬기, 전투기 등을 총동원하여 정찰대를 지원했음에도 4시간이나 전투가 지속되었다. 그동안 여단은 토우 미사일 56발을 사격했고, 영국 토네이도 전투기와 미 공군의 F-16 전투기, B-1 및 B-52 전폭기가 500파운드 폭탄 12발, 1,000파운드 폭탄 7발, 합동직격탄 5발을 투하하였고, 공격헬기도 로켓포와 기관총으로 계속 지원하였다. 전투는 치열했지만 미군의 인명 피해는 없었다.

제101공중강습사단 제1여단장은 적의 완강한 저항을 고려하여 공격팀을 더욱 강력하게 편성하여 A-10기, 아파치 헬기 등의 근접지원을 받으며 3월 31일부터 소탕 작전을 실시했다. 강력한 항공지원에도 불구하고 제1여단이 나자프를 완전히 소탕하는 데 5일이나 걸렸다. 이라크 민병대가 얼마나 끈질기게 저항했는지 알 수 있다.

이 치열했던 전투에서 주목할 만한 과감한 작전이 실시되었다. 즉 1개 중대가 전차를 앞세우고 고속으로 시내를 질주하여 시가지를 통과한 것이다. 이 방법이 여러 차례 규모를 키워가며 실시되면서 도시공격 시 적용될 새로운 전투 방법으로 등장하게 된다. 이 작전은 적의 전투의지를 상실하게 만들어 적의 저항을 현저하게 감소시켰다. 그들이 아무리 사격을 해도 별 피해도 없이 마음대로 시가지를 왔다 갔다 하는 미군에 대해 더 이상의 저항은 별 의미가 없었다. 공격을 포기한 민병대들은 시민들 사이로 숨어들었다. 조기에 시가지 전투의 승패를 결정짓기 위해 고심해온 미군들이 시가지 전투의 성공 가능성을 이 작전에서 발견하게 된 것이다. 이 전술은 '전격질주thunder run' 작전으로 명명되었고 그 후 바그다드 공격에 결정적으로 기여하게 된다.

주공인 제3사단의 주 접근로는 유프라테스강 좌측에서 강을 건넌 후 바그다드를 서남쪽에서 공격하는 것이다. 이 접근로상의 카르발라 협곡을 통과하기 위해서는 협곡을 지키고 있는 부대들뿐만 아니라 이 지역에 사격을 가할 수 있는 곡사화기, 그리고 이 지역에 증원될 수 있는 기계화 부대들을 격멸해야 하고, 혹시 있을지 모를 적의 증원을 막아야 하는 복잡한 작전이었다. 그렇기 때문에 이를 은폐하기 위해 강력한 기만 작전이 실시되었던 것이다. 4월 1일 저녁 9시, 제3보병사단 제3여단은 카르발라 북동쪽으로부터 있을지 모르는 적의 증원을 차단하기 위해 출발했다. 다행히 적과 접촉 없이 카르발라 우측의 습지대를 통과한 다음 카르발라를 통과하여 동북쪽 힐라로 통하는 9번 도로를 장악했다.

모든 준비가 끝난 후인 4월 2일 밤 2시, 제3사단 제1여단은 예하 3/7기계화보병대대를 좌측으로, 3/69전차대대를 우측으로 하여 카르발라 협곡 방향으로 진격을 개시했다. 예상했던 대로 적은 RPG 로켓, 곡사포 등으로 대항했지만 강력한 공중화력 지원으로 순식간에 제압했다. 아파치 공격헬기들은 적의 후방에 있는 적 포병을 찾아서 공격했고, 카르발라 협곡 방향으로 이동하던 이라크군 기계화부대는 전투기들에 의해 격멸되었다. A-10기 등, 근접지원 항공기들의 집중공격에 의해 협곡을 지키던 이라크군 부대들은 이미 전투력을 상실한 상태였으므로 3/69전차대대의 협곡 통과 작전은 싱겁게 끝났다. 전차대대는 새벽 5시경 협곡을 통과한 후 계속 전진하여 유프라테스강의 교량으로 향했다. 이 교량을 안전하게 확보하면 바그다드를 서쪽에서 공격하는 접근로가 열리게 되는 것이다. 만약 이라크군이 교량을 파괴하면 교량을 가설하는 데 시간을 지체하게 되고, 그렇게 되면 이라크군이 미군의 주공 방향을 인지하고 예비대를 투입할 가능성이 있었다. 교량을 안전하게 확보하는 것이 중요했다.

전차대대는 오후 1시경 교량 남쪽에 도착하였다. 대대 정찰대가 교량에 접근하자 이라크군이 사격을 해왔다. 적을 1개 대대 규모로 판단한 전차대대장은 근접항공지원, 공격헬기, 포병 및 박격포 등 가용한 모든 화력을 집중해서 적의 저항을 무력화했다. 오후 3시경 교량의 한쪽 편을 장악한 후 교량을 향해 전진을 계속하자 이라크군의 반격이 재개되었다. 예상치 못했던 적 포병의 집중사격이었다. 선두 전차중대에 200여 발의 152mm 곡사포탄을 퍼부은 것이다. 1개 대대 또는 그 이상의 적 포병대대가 집중 사격을 실시한 것인데 전차중대는 신속히 그 지역을 빠져 나왔지만 모든 전차와 장갑차들이 피해를 입었다. 대대장은 연막소대에 연막차장을 지시하여 적의 시야를 가린 후 교량을 통과하려고 하였다.

오후 4시경 연막 작전을 지휘하던 공병중대장은 교각에 폭약과 전선이 설치된 것을 발견하고 폭발물을 제거하기 위해 고무보트를 타고 교각에 접근했다. 이라크군이 이를 발견하고 폭약에 사격을 가해 폭발시켰으나 교량은 경미한 피해만 입었다. 교량의 4개 차선 중에서 3개 차선은 사용하는 데 문제가 없었다. 공병중대장이 나머지 도전선導電線과 폭약을 제거하는 동안 전차대대는 주요 접근로에 1개 중대씩을 배치하여 교두보 확보를 확고히 하고자 했다. 교량의 남쪽에 배치하기 위해 이동하던 B중대는 이 교량을 향해 이동해 오던 적 전차들과 조우하여 이를 격파하였다.

전차대대장은 방어를 확고히 하기 위해 점령한 지역을 수색했다. 수색하던 중 파괴된 이라크 차량에서 작전 지도를 발견했다. B중대와 조우한 전차가 메디나 전차사단의 수색중대이며 병력절약 차원에서 측방 방호를 위해 운영된 것이 밝혀졌다. 공격하는 부대는 원하는 곳에 어디든 집중해서 공격할 수 있지만 방어하는 부대는 적이 어디로 올지 모르기 때문에 병력이 분산되기 마련이다. 방어에 성공하려면 적의 공격 방향에 주요 부대를 배치하고 중요도가 떨어지는 지역에 경계부대를 배치하게 된다. 사단 수색대대는 방어 작전 시에는 통상 경계부대로 운영된다. 메디나사단 수색중대가 이 지역에 배치되었다는 것은 이라크군이 이 지역을 미군의 주공으로 판단하고 있지 않다는 확실한 증거였다. 이라크군은 미군의 주공을 유프라테스강 동쪽으로 판단하고 그쪽에 주력을 배치하고 있었다. 5군단의 기만 작전이 성공하여 메디나 전차사단의 주력이 이 교량 방향에 배치되지 않은 것이 확실했다.

그러나 제3사단의 작전에 약간의 차질이 발생했다. 제3여단을 후속하여 공격해야 할 제2여단이 이동로를 잘못 선택하여 되돌아가는 바람에 도착이 늦어졌다. 교두보를 확보한 전차대대가 적어도 하루 동안은 이곳을 지켜내야 했다. 교량을 탈취당한 이라크군이 야간에 역습해올 것에 대비하여 대대장은 각 중대 작전지역의 적 예상 접근로에 근접항공지원의 살상지대殺傷地帶, killing zone를 계획했다. 이 교량은 바그다드 서남쪽 약 25km에 위치한 전략적 지점이므로 적의 강력한 역습이 예상되었다.

이라크군의 역습은 4월 3일 새벽 3시경 적 수색중대가 교량의 남쪽에서 접근하면서 시작되었다. 후에 메디나 전차사단 제10전차여단 소속으로 밝혀진 이들은 전차 4대를 선두로 접근해 왔다. 방어하고 있던 전차중대가 발견하고 선두의 적 전차들을 공격하여 3대를 파괴하였다. 이때 파괴된 3대의 T-72 전차 중 하나에 타고 있던 이라크군 여단장이 전사했다. 이라크군은 역습 방향을 동쪽으로 바꾸었으나 그쪽에도 역시 다른 전차중대가 기다리고 있었다. 전차대대장은 살상지대에 대한 공격을 요청하였고 약 15km에 걸쳐 계획되었던 살상지대에 엄청난 화력이 집중되었다. 비록 방어부대는 중대 규모였지만 이 화력에 의해 전차 15대, 장갑차 30대 이상의 손실을 입은 이라크군은 박격포 사격 등의 산발적인 공격을 하다가 아침 5시 30분경 퇴각하였다. 미군의 주공 방향에서 가장 중요한 유프라테스강의 교량 확보에 성공한 것이다.

이로써 제3사단은 바그다드 서남쪽 25km 지점에 도달하여 바그다드를 직접 공격할 수 있게 되었다. 사단은 이 교량만으로는 전 부대를 투입하는 데 무리가 있다고 판단하고 인근에 부교를 가설하였다. 사단은 해병대가 진격해 올 바그다드의 동쪽을 제외하고 나머지 3개 방면을 포위하기 위한 작전에 착수했다.

2. 바그다드 점령 작전

시가전은 매우 어려운 작전이다. 모든 건물들이 방어시설로 사용될 수 있기 때문에 방어에 유리하고 공격에는 불리하다. 적이 건물 하나하나를 이용하여 게릴라전을 편다면 공격하는 부대는 막대한 인명 피해를 입을 수밖에 없을 뿐만 아니라 작전이 얼마나 오래 걸릴지 모른다. 건물과 도시 인프라의 파괴도 어마어마하기 마련이다. 1999년 12월부터 2000년 2월까지 3개월간에 걸친 러시아의 체첸Chechen 반군 진압 과정에서 무차별 폭격으로 그로즈니Grozny 시를 초토화시키면서 엄청난 민간인 희생자를 발생시켜 세계적으로 규탄 대상이 된 것을 알고 있는 미군은 대규모 폭격 없이 바그다드를 점령하는 것을 1차적 목표로 삼고 있었다.

이를 위해서는 도시 외곽에서 방어하고 있는 부대들이 시가지로 후퇴하지 못하게 기습적으로 도시의 핵심지역을 점령할 필요가 있었다. 이를 위해 선택된 것이 카르발라 협곡을 통과하는 접근로였고 이로써 바그다드 점령을 위한 밑그림이 완성된 것이다. 제3사단은 해병대가 진격해 올 바그다드의 동쪽을 제외하고 나머지 3개 방면을 포위하기 위한 작전을 개시했다. 즉 2여단은 바그다드의 남쪽을 점령하고, 3여단은 바그다드의 북쪽을 점령하며, 1여단은 서쪽의 바그다드 공항을 점령하기 위해 기동했다.

제2여단의 선두대대인 1/15기계화보병대대는 4월 3일 바그다드 남쪽 1번 고속도로와 8번 고속도로의 교차점을 향해 진격했다. 이 일대에는 적 1개 보병연대가 배치되어 있었는데 이미 폭격 등으로 저항의 강도는 미약하였다. 선두대대가 교차점을 점령한 후 1/64 전차대대가 남쪽의 힐라 시 일대에 미군의 공격에 대비하여 남쪽을 향해 배치되어 있는 이라크군 전차대대와 보병 2개 대대를 후방에서 공격하여 휩쓸어 버렸다. 이날 하루에만 2여단은 적 전차 54대, 야포 50문, 122mm 다연장포 6문, 차량 127대를 파괴하고 700명 이상의 병력을 사살했다. 여단은 이 일대를 점령하고 바그다드 남쪽에 잔존하고 있던 이라크군의 바그다드로 철수하려는 것을 방지하면서 바그다드 공격 준비에 들어갔다.

4월 1일부터 카르발라 일대에서 이라크 민병대를 소탕하고 있던 제3여단은 4월 5일 바그다드 북부지역을 차단하라는 명령을 받았다. 기존 임무를 제101공중강습사단에 인계한 여단은 4월 6일 새벽 5시경 2/69전차대대 TF를 선두로 유프라테스강을 건너 바그다드 북쪽 방향으로 진격했다. 목표까지의 거리는 110km인데 1번 고속도로와 10번 고속도로가 만나는 곳까지는 아군이 점령한 지역이었다. 선두인 전차대대가 두 고속도로의 교차로에 도착한 것은 아침 8시 30분경이었다. 교차로를 통과하자마자 이라크군 소화기와 RPG 로켓의 치열한 사격이 시작되었고 박격포와 포병의 공격도 이어졌다. 엄폐된 진지에서 이라크군 전차가 사격해왔는데 명중시키지 못하고 오히려 미군 전차에 의해 격파당했다. 석조건물 안에서 적 장갑차들이 사격하는 것을 미군 전차가 사격하여 무력화시켰고, 노출된 적들은 A-10기들이 제압했다. 대대장은 선두부대를 뒤따라가면서 근접항공지원과 포병사격지원을 적절하게 요청하여 적을 격파했다. 바그다드 북쪽을 차단하는 것은 시간을 다투는 일이었다. 늦게 도착하면 작전목표를 달성하지 못할 수도 있기 때문이다.

전차대대는 계속 북쪽으로 진격하며 40km에 걸쳐 이라크군의 치열한 저항을 뚫고 나가^{Nahga} 운하에 도달한 후 우회전하여 1번 고속도로를 향해 전진하면서 운하에 연해 배치돼 있던 적의 T-72 전차와 장갑차, 122mm 다연장포 등을 파괴하였다. 이라크군은 항복하지는 않았으나 도로상에서 민간인 복장으로 갈아입다가 사살되기도 하는 등, 전투의지를 상실한 것이 분명했다. 오후 3시 30분, 마침내 1번 고속도로를 차단할 수 있는 교차점에 도달한 대대는 1개 중대에 차단 임무를 부여하고 계속 전진하여 티그리스강의 교량을 점령하였다. 이로써 바그다드 북쪽 퇴로를 차단하는 제3여단의 임무는 완수되었지만, 불과 몇 시간 후부터는 탈출하는 이라크군을 저지하기 위해 치열한 전투를 벌여야 했다.

4월 3일 오후 3시경 제3사단 제1여단은 바그다드 서쪽에 위치한 바그다드 공항 점령을 위한 작전을 개시하였으며, 3/69전차대대가 선두에서 공격을 이끌었다. 1번 고속도로의 남쪽 10km 지점에서 이라크군의 경미한 저항을 받기는 하였으나 오후 5시 30분경에 1번 고속도로에 도착하여 바그다드 공항에 대한 공격준비사격을 실시했다. 공항은 높이 4.5m의 돌담으로 둘러쳐 있었고 돌담 위에는 유자철조망이 설치되어 있었다. 밤 11시경 선두중대 전차들이 돌담을 폭파한 후 내부로 진입했지만 이라크군의 저항은 없었다. 4월 4일 밤 0시 38분, 3/69전차대대의 나머지 중대들도 공항 내로 진입하여 지정된 구역을 소탕하기 시작하여 새벽 4시 30분경 비행장 전체를 점령하고 방어태세에 들어갔다. 아침이 되자 종군기자들은 바그다드 공항 점령 소식을 전 세계에 전했다.

그러나 공항이 완전히 소탕된 것은 아니었다. 이들이 왜 미군 진입 시 강력히 저항하지 못했는지는 모르지만 공항 내 곳곳에 있는 벙커와 창고 등에 숨어 있던 이라크군을 소탕하는 데는 2일이 더 걸렸다. 바그다드 시내로부터의 이라크군 역습에 대비하기 위해 여단은 바그다드 도심 방향에 있는 4거리 일대에 대한 방어를 2/7기계화보병대대에 부여했다. 대대장은 4거리 인근에 대대전술본부를 설치하고 적절한 지역에 방어진지를 구축하게 하였다. 이라크군 T-72 전차 2대가 미군들이 방어편성을 하고 있는 지역으로 들어오는 등 산발적인 반격이 있었지만 2시간 후에는 적의 저항도 끝났다. 바그다드 공항은 너무 쉽게 점령되었고 조직적인 역습도 없었다. 이라크군은 제3사단의 진출을 예측하지 못하고 있었던 것이 분명했다. 공항 점령을 끝으로 3사단의 바그다드에 대한 고립 포위 작전은 끝났다.

3. 해병원정군의 진격

제1해병원정군은 5군단보다 더 많은 전투력을 보유하고 있었지만 제3사단처럼 우회할 수 있는 공간이 없어 정면으로 돌파해 나가야 했기 때문에 어려움을 겪기도 했다. 제3사단이 바그다드를 공격하기 위해 대기하고 있었음에도 바그다드 우측에서 협공할 제1해병원정군은 바그다드 공격대기지점까지 도착하지 못하고 있었다. 제1해병사단을 주력으로 하는 해병원정군은 나시리아에서 유프라테스강을 건넌 후 제5해병여단과 제7해병여단은 1번 고속도로를 따라 북상하여 디와니아Diwaniyah 방향으로, 그리고 제1해병여단은 7번 고속도로를 따라 쿠트Kut로 향하던 중 모래폭풍을 만났다. 나시리아의 이라크군 및 민병들로부터 병참선을 보호하기 위해서는 추가적인 전투력이 필요했다. 이를 위해 제15해병원정단15th Marine Expeditionary Unit이 나시리아에 투입되었고, 예비로 제24해병원정단24th Marine Expeditionary Unit도 쿠웨이트에 상륙했다. 모래폭풍 기간 중에도 군수지원부대는 쿠웨이트로부터 나시리아 서남쪽에 설치한 임시 군수지원기지까지 97km에 달하는 송유관을 가설하면서 해병원정단의 고속 진격을 지원하는 데 가장 중요한 연료 문제가 해결되었다.

모래폭풍이 그친 3월 30일 진격을 재개한 제5해병여단은 디와니아를 거쳐 누마니아Numaniyah로 향했다. 누마니아에서 6번 고속도로를 따라 바그다드로 진격할 예정이었다. 제5해병여단의 선두는 제2전차대대 TF인데 대대장이 대단히 공격적이었다. 대대장은 이 작전의 성공요소가 속도라고 강조하면서 대대를 최대 속도로 진격시켰다. 비포장 4차선도로를 시속 48km의 속도로 달려 누마니아 외곽의 사담운하에 있는 교량에 도착했을 때는 4월 2일 새벽이었는데 교량 일대에 포진하고 있던 이라크군의 152mm 곡사포 진지를 발견했다. 해병대가 맹렬한 속도로 적의 방어부대를 통과해 온 것이었다. 기습당한 적은 순식간에 궤멸되었다.

누마니아 시내에 파이어니어Pioneer 무인정찰기를 띄워 적 1개 전차대대와 다수의 민병들이 방어태세를 갖추고 있는 것을 확인하고 누마니아 시내로 진입했다. 예상했던 대로 적의 사격이 빗발쳤다. 해병 제2전차대대 대대장은 우선 소형 무인기 '드래곤 아이Dragon Eye'를 투입했다. 드래곤 아이는 약 2kg 정도의 소형 무인기로 비행고도 150m로 한 시간 동안 내장된 카메라로 촬영한 영상을 실시간으로 전송하는데 유효거리는 5km이다. 전차대대의 전진을 방해한 것은 소화기의 사격이 아니었다. 전차와 대전차 화기, 특히 보병들이 휴대하고 있는 RPG 로켓이 위협적인데 적은 건물에 숨어 있는 데다 위치가 발각되면 다른 건물로 이동하기 때문에 위치확인이 어려웠다. 이들의 위치를 실시간으로 파악하기 위해 최초로 드래곤 아이가 투입된 것이다. 드래곤 아이의 운용자가 RPG 로켓의 위치를 찾아내 알려주자 전차 소대가 일시에 사격하여 무력화시켰다. 시가지에서 공군기에 의한 폭격은 민간인 피해가 발생할 수밖에 없기 때문에 건물에 숨어 있는 적의 정확한 위치를 무인기로 식별하고 전차로 격멸하는 방법은 매우 효과적이었다.

전차소대가 누마니아 시내로 진입하다가 이라크군 전차부대와 조우했다. 12대의 T-55와 T-62전차였는데 공화국 수비대 알 니다Al Nida 전차사단 예하 대대였다. 이들은 미군 M1A1전차에 의해 모두 파괴되었는데 미군 전차는 한 대도 피해를 입지 않았다. 전차전에서는 누가 먼저 보고 먼저 정확히 쏘느냐에 승패가 결정된다. 거의 동시에 적을 봤을 것인데 이라크군이 일방적으로 패배한 것은 그들 전차의 성능이 뒤떨어진 구형인 데다가 전차병들의 훈련 수준이 전문 직업군으로 구성된 미군에 훨씬 못 미쳤기 때문이다.

제5해병여단 제2전차대대는 계속 전진하여 티그리스강의 교량을 확보했다. 교량을 건너는 동안 뒤에서 대기하던 전차 1대가 적의 RPG 로켓에 맞아 엔진이 정지해 버렸다. 티그리스강의 교량이 확보되자 제5해병여단은 진격을 서둘렀다. 제1해병사단의 요청에 의해 제8공병지원대대는 6시간 반이라는 기록적인 속도로 티그리스강에 부교를 설치했다.

4월 2일 자정 무렵이었다. 제5해병여단은 진격을 계속하여 누마니아 북쪽 70km에 있는 아지지야Aziziyah 시로 접근했다. 선봉인 2전차대대 TF가 아지지야에 접근하자 이라크군 방어부대의 사격이 시작되었다. 척후소대의 험비 차량에 RPG 로켓이 명중되어 소대장이 부상당했다. 대대장은 도로 양쪽에 전차를 세우고 그 중간에 험비를 위치시켜 전차가 험비를 호위하는 대형을 짜서 시내로 진입하였다. 알 니다 전차사단의 1개 대대가 '바그다드 보병사단'의 1개 연대에 배속되어 있었는데, 시내 입구에 2개 중대를 배치하고 도로 양측 진지에 전차, 보병전투차량, 대공포 등을 배치하여 엄청난 사격을 퍼부었다. M1A1전차가 적 전차들을 향해 사격하고 험비 차량도 적 전차들을 향해 토우 미사일을 발사했다. 공격헬기의 강력한 화력지원과 A-10기의 근접항공 지원으로 적 전차들은 제압되었지만, 보병과 민병대는 끝까지 저항했다. 누마니아에서 조우했던 적과 거의 같은 규모였음에도 2전차대대는 전차 1대가 파괴되고 5명이 전사하고, 10명이 부상당했다. 제5해병여단은 4월 5일 바그다드를 향해 북상을 개시했다.

한편, 제1해병여단은 4월 1일 쿠트 근교에 도착한 후 하루 동안 연료를 보충하는 등 공격준비를 하고 3일부터 공격에 나섰다. 적은 공화국 수비대의 '바그다드 보병사단'이었다. 파이어니어 무인정찰기를 투입하여 적의 포병진지를 탐지하여 화력지원을 요청하자 공군의 B-52폭격기와 해병대 항공기가 출격했다. 이 공중지원으로 적 포병은 거의 무력화되고 방어하고 있던 병사들 대부분 전장을 이탈하였다. 또한, 동남쪽의 아마라Amirah 부근에 주둔하고 있던 이라크 제

10전차사단이 '바그다드 보병사단'을 지원하기 위해 쿠트로 이동하다가 공군의 폭격으로 무력화되었다. 그럼에도 불구하고 제1해병연대장은 쿠트를 점령하지 못했다.

제1해병사단장 제임스 매티스 소장은 쿠트 전투가 끝나지 않고 있는 이유를 연대장의 과감성 부족 때문이라 판단하고 연대장과 작전장교를 해임하고 사단 참모장으로 하여금 연대를 지휘하도록 했다.[8] 전장에서 일선 지휘관을 교체하는 것은 이례적인 일이나 육군의 바그다드 진격에 보조를 맞추기 위해 작전 속도를 높여야 할 필요가 있었다. 4월 3일 당시 육군 제3사단은 바그다드 25km 지점까지 진출했지만 해병 제1사단은 바그다드에서 160km나 떨어져 있었던 것이다. 다음 날인 4일에 제1해병연대는 새로운 연대장 지휘하에 공격을 개시하여 쿠트를 점령했는데, 시내의 적은 그동안의 공격에 의해 전투력을 거의 상실한 상태였다.

쿠트를 통과한 해병 제1사단의 3개 연대 전투단이 바그다드 외곽에 도착한 것은 4월 6일이었다. 진격로상에서 최대 강적이 될 것으로 판단했던 알 니다 전차사단의 제43기계화여단은 그동안의 폭격으로 무력화되어 그 주둔지에는 파괴된 전차, 보병전투차량, 야포 등이 널려 있었다. 그러나 바그다드 진출에 필요한 교량 2개를 이라크군이 폭파했기 때문에 해병의 특기인 강습도하를 실시하여 바그다드로 진입하였다.

---

8) 매티스는 중부사령관을 지냈고 2017년부터 국방장관으로 재임하고 있다. 결혼도 하지 않고 국가를 위해 평생 헌신한 사람이며, 그의 군사 관련 장서가 무려 7,000권에 이른다고 하는, 지(智)와 용(勇)을 겸비한 군인이다.

VI. 바그다드 함락

1. 바그다드 시가지 전투

바그다드의 외곽 방어선이 무너지자 이라크군은 공화국 수비대의 잔존 전력을 바그다드 시내에 배치하여 결전에 대비하고 있었다. 그러나 공화국 수비대 6개 사단 중 2개 사단은 이미 전멸한 상태이고 4개 사단도 그동안의 폭격 등으로 전력이 50% 이하로 떨어져 조직적인 방어는 어려운 상황이었지만 공격하는 미군으로서는 이라크군의 정확한 상황을 파악하지 못하고 있었기 때문에 그동안의 전투 경험으로 보병과 민병대 중심의 강력한 시가지 방어를 예상하고 있었다.

4월 4일, 바그다드 동쪽을 제외한 서·남·북 3개 방향에 진출한 제3사단은 바그다드 외곽에서 바그다드에 대한 봉쇄 및 차단 임무를 수행하면서 바그다드 동쪽 방향에서 공략할 해병대의 진출을 기다릴 것인가 아니면 독자적으로 공격할 것인가를 결정해야 했는데 지금까지 쉬지 않고 공격해 온 제3사단으로서는 공격을 멈추라는 지시가 없으면 당연히 공격을 계속할 예정이었다. 제3사단 제1여단은 서쪽의 바그다드 공항을 점령하고 있었고, 3여단은 바그다드 북쪽을, 그리고 제2여단은 바그다드 남쪽의 8번 고속도로를 차단하고 있었다.

8번 고속도로는 바그다드를 지나 서쪽에 있는 바그다드 공항으로 연결되고 있었으므로 제2여단장은 이 고속도로를 이용하여 이라크군의 대응을 점검하는 과감한 작전을 구상했다. 전차대대로 하여금 8번 고속도로 남쪽에서 출발하여 제1여단이 장악하고 있는 서쪽의 바그다드 공항 쪽으로 기동하는 작전이었다. 그동안의 시가지 전투의 경험을 살려 바그다드의 방어 상태를 확인하려는 목적이었다. 무엇보다도 바그다드 시가지를 공군의 대규모 폭격 없이 근접지원 항공기와 자체화력만으로 통과할 수 있을 것인지 판단하는 것이 중요했다. 건물 하나하나를 소탕하면서 전진하지 않고 전차들이 시가지를 돌파하여 핵심지역의 적 지휘부를 점령할 수만 있다면 전투를 조기에 끝낼 수 있을 것으로 예측은 할 수 있었지만 잘못하면 이라크군에게 포위되어 피해만 입을 가능성이 있었다.

이 작전을 통해 미군이 바그다드 시내 어디든지 갈 수 있다는 것을 과시하여 이라크군에게 심리적 충격을 주어 적의 저항의지를 분쇄하려 한 것이다. 제101공중강습사단이 나자프 소탕 작전을 하면서 개발한 전격질주 작전을 바그다드에서 대규모로 실시하려 한 것인데 여단장의 구상은 지휘부의 전폭적인 지지를 받았다.

전격질주 작전 임무를 부여받은 1/64전차대대 TF는 4월 5일 아침 6시 30분 8번 고속도로로 진입하였다. 이 작전은 상당한 위험이 있었으므로 군수지원차량들은 제외되었고, 전차 29대와 보병전투차량 14대, M113장갑차 3대를 3개 조로 편성하여 작전에 투입하였다. 병사들을 안심시키고 적정을 피부로 느끼기를 희망한 여단장이 작전에 동참하였다. 국제공항이 있는 제1여단 지역까지의 거리는 20km 정도였으나 도로 양편의 건물과 주거시설에 있는 적으로부터 공격을 받을 가능성이 높았다. 기습을 위해 공격준비사격은 실시되지 않았다. 대대가 2km 정도 전진했을 때 전방의 건물에 적이 보였지만 그들은 사격하려고 하지도 않았다. 미군의 진출을 예상하지 못하고 있었던 것이다. 이들에 대한 전차의 기관총 사격이 미군의 진입을 알리는 신호가 되었다. 도로 양측과 건물에 있던 이라크군이 소화기 및 대전차 로켓으로 사격을 퍼붓기 시작했다.

전차대대는 시속 15km의 속도로 전진하고 있었는데 차간 거리를 50m로 좁혀 전차나 장갑차의 후방에서 공격하는 것을 방지하면서 전진했다. 20분 후 선두에서 두 번째로 가던 전차가 피격되어 전차의 뒷면에서 불꽃이 일기 시작했다. 대대장은 대대를 정지시키고 그 전차의 승무원들을 구출한 후 전진을 계속하도록 했다.

작전에 돌입한 지 한 시간이 지나자 전진로상에 적이 증원되어 대대는 엄청난 저항에 직면했다. 근접항공 지원기의 지원을 받았지만 이라크군을 완전히 무력화할 수 없었다. 적의 사격으로 많은 전투차량들이 손상을 입었고 부상자도 발생했다. 이 전투장면은 여단장 장갑차에 동승한 FOX 뉴스 기자에 의해 전 세계에 중계되고 있었다. 이 교전은 여단장도 직접 권총으로 이라크군을 사살해야 했을 정도로 치열했다. 선두부대가 공항 방향으로 좌회전하면서 적의 방어진지를 발견했다. 이를 전차포 사격으로 파괴하고 전진하고 있었는데, 선두부대가 2km 앞에 적 전차들이 포진하고 있다고 보고해 왔다. 선두중대의 중대장은 우군부대 추적장치BFT: blue force tracking를 통해 2km 전방에 아군 부대가 있는 것을 확인했다. 우군부대 추적장치가 아군끼리의 오인사격을 방지한 것이다. 전차대대는 작전이 개시된 지 2시간 20분 만에 바그다드 공항 부근에 있던 제1여단과 합류했다. 그동안 전사 1명, 부상 5명, 전차 1대 등의 피해가 있었지만 작전은 성공적이었다.

이제 상황이 명확해졌다. 이라크군은 거세게 저항하고 있었지만 미군이 우려하던 정교하고 통합된 도시방어는 아닌 것이 확실했다. 미군은 바그다드를 초토화시키지 않고도 점령할 수 있다는 확신을 갖게 되었다. 제2여단장은 자신감을 가지고 전격질주 이상의 특별한 작전을 구상하기 시작했다. 우선은 공격로를 달리해서 바그다드 핵심지역까지 진출했다가 복귀하는 방안을 구상했으나, 그 작전은 이라크군이 이미 경험한 것이기 때문에 복귀하는 과정에서 많은 피해를 볼 가능성이 있었다.

여단장은 대통령궁이 있는 바그다드 중심부로 진출하여 방어진지를 편성하고 체류한다면 야간에 역습해 오는 이라크군을 격멸할 수 있을 것이라는 데 착안했다. 지금까지의 전투에서 주요 교차로를 점령하고 이라크군이 야간에 역습해 올 때 항공폭격 등으로 적을 격멸한 경험과 이라크군에 비해 월등한 야간전투 능력을 감안하면 체류하는 것도 가능할 것으로 판단했다. 야간에 바그다드 시내에 체류하기 위해서는 무엇보다도 병참선을 확보하고 탄약과 유류를 재보급할 수 있어야 했다. 바그다드의 핵심지역 범위가 상당히 넓고 역습부대의 규모가 여단 규모 이상일 것이기 때문에 최소한의 방어가 가능하도록 2개 대대를 전격질주 작전에 투입하고 나머지 1개 대대는 병참선을 확보하도록 했다.

4월 7일 아침 5시 30분, 제2여단은 이틀 전에 성공적으로 전격질주 작전을 한 바 있는 1/64전차대대 TF를 선두로 하여 8번 고속도로를 따라 북쪽으로 이동하였다. 약 1km 전방에서 이라크군이 설치한 지뢰지대에 봉착했지만 배속된 공병들이 15분 만에 통로를 개척하였다. 이 지뢰지대가 설치된 것을 야간에 투입된 무인정찰기로 탐지하여 알고 있었기 때문에 신속히 처리할 수 있었다. 6시경 이라크군의 소화기 및 RPG 로켓의 사격과 포병사격이 시작되었다. 2명으로부터 RPG 사격을 동시에 받은 전차 1대의 유압시스템이 파괴되어 정지해 버렸다. 대대는 전진을 계속했지만 또 다른 장애물이 나타났다. 이라크군이 18대의 차량과 중장비를 전복시켜 급조 장애물을 만들어 놓고 그 주위에 매복해 있었다. 제법 규모가 큰 장애물이었지만 전차포의 사격과 공병전투차량의 활약으로 장애물은 순식간에 제거됐다.

도심으로 진입할수록 전투는 더욱 치열해졌다. 전차와 보병전투차량은 기관총, 25mm 기관포, 120mm 전차포로 주위의 건물과 도로변의 진지와 벙커에서 사격하는 이라크군에 대응 사격하면서 전진했다. 전차대대가 대통령궁이 있는 바그다드 핵심지역으로 들어가는 입체교차로에 이르자 이라크군의 사격이 뜸해졌다. 대대는 우회전하여 공항 고속도로를 따라 바그다드 심장부로 진입했지만 예상외로 이라크군의 저항은 경미했다. 미군이 도시의 심장부로 들어올 것으로 예측하지 못했던 것 같았다.

심장부에 도착한 1/64전차대대는 신속히 방어진지를 편성했다. 뒤따르던 4/64전차대대도 적의 격렬한 사격을 뚫고 입체교차로에 도착했으나 선두부대가 통과할 때와는 달리 입체교차로 부근에 이라크군 수백 명이 사격을 가해왔다. 그러나 이들의 사격 역시 전차대대에는 거의 피해를 주지 못했다. 아침 7시 20분경 1/64전차대대는 대통령궁 부근에 도착했다. 대통령궁에서도 이라크군의 저항은 경미했다. 대통령을 비롯한 수뇌부뿐만 아니라 경호부대도 도주한 후였다. 대통령궁 내부에서 사격하던 잔적들을 소탕하는 데 1시간도 걸리지 않았다. 그리고 4/64전차대대도 방어태세에 들어갔다.

병참선을 확보해야 하는 마지막 제대인 3/15기계화보병대대는 아침 6시 20분 8번 고속도로를 따라 북쪽으로 전진했다. 통로상에는 이라크군이 증원되어 강력히 저항했으나 이라크군의 전투방식은 거의 같았다. 앞의 2개 전차대대는 적과 교전하면서 신속하게 전진해나가면 되었지만 3/15기계화보병대대의 임무는 달랐다. 이 통로 상의 적을 무력화시키고 보급차량이 안전하게 통과할 수 있도록 해야 했다.

기계화보병대대는 도로 주변 진지에서 사격하고 있는 이라크군에 대해 A-10기 등 근접항공지원과 가용한 포병화력, 그리고 자체 화력으로 적을 제압하면서 전진했다. 전투는 치열했지만 이라크군은 서서히 무력화되었다. 8번 고속도로상의 출발지점에서 공항고속도로와의 교차점에 이르는 도로상에는 2개의 주요 교차점이 더 있었기 때문에 대대장은 A중대, B중대, C중대에게 각각의 교차로를 담당하도록 했다. 제일 북쪽의 공항고속도로와 8번 고속도로의 교차점에 도착한 A중대가 방어진지를 편성하고 공병工兵 소대들이 도로 전방에 장애물을 설치하자 이라크군의 공격이 시작되었다. 이들은 전차와 보병전투차량, 자살폭탄 차량, 버스, 트럭, 테크니컬 등 가용한 모든 장비를 총동원하여 공격해왔고 RPG 로켓을 마구 쏘아댔다. 자살폭탄 차량이 돌진해 왔으나 공병이 설치한 도로장애물을 들이받고 폭발했다. 민병들의 자살폭탄 공격은 계속되었지만 공병이 설치한 장애물을 뚫고 들어오지는 못했다. 나머지 2개의 교차로에서도 비슷한 전투가 일어났다. 시내에 진입하여 방어 중인 부대들도 강도는 약하지만 민병들의 간헐적인 공격에 시달렸다.

상황이 나빠질 것에 대비하여 제3사단장은 오전 10시 30분, 바그다드 공항 일대에서 방어 중인 기계화보병대대를 대통령궁 주변에 투입시키기 위해 제2여단 지역으로 이동하도록 명령했지만, 이 대대는 오후 늦게야 그 지역에 투입될 수 있었다. 정오 무렵 여단장이 대통령궁 근처를 걷고 있는 모습이 CNN을 통해 전 세계에 방송되면서 세계의 이목이 바그다드로 쏠렸다. 이제 여단장이 체류할 것인지 철수할 것인지를 결정해야하는 시간이 다가오고 있었다. 방어 중인 전차는 움직이지는 않았지만 시동을 걸어 놓은 채로 적과 대치하고 있었다. 전차 한 대는 1시간에 200리터 이상을 소모하고 있었다.

결심시간은 시내에 진입한 전차들의 연료가 되돌아갈 연료만 남는 시간이다. 병참선은 아직 확보되지 않았지만 여단장은 방어 중인 전차들이 배터리 충전을 위해서만 시동을 걸게 함으로써 결심시간을 늦추고 있었다. 전투가 시작된 지 8시간이 지났지만 교차로상의 전투는 좀처럼 끝나지 않았다. 공항고속도로와의 교차점에 있는 A중대는 탄약의 재보급이 시급했고, 나머지 2개의 교차로의 전투도 만만치 않은 상황이어서 여단장은 주둔지 경계에 투입되었던 1개 중대를 교차로 경계에 투입했다. 병력이 교차로에 증원되면서 상황은 약간 호전되었지만 민병들의 공격은 계속되었다.

마침내 사단장이 명령한 기계화대대가 대통령궁 부근에 도착하면서 적의 저항은 무력화되었다. 탄약과 연료를 실은 보급부대가 바그다드 도심에 도착하면서 치열했던 병참선 확보 작전은 끝났다. 탄약보급 작전 중 민간인 복장을 한 민병대의 RPG 사격에 탄약보급차량이 명중되어 폭발하고 인접한 4대의 차량이 소실되는 등 어려움이 있었지만, 탄약과 연료의 보급이 이루어져 제3여단은 바그다드 시내를 계속 장악할 수 있었다. 이처럼 대통령궁 등 이라크의 심장부를 점령하면서 예상했던 대로 이라크군의 저항의지를 완전히 꺾었다.

사담 후세인 등 이라크의 수뇌부들은 이미 바그다드를 탈출하였거나 지하로 잠적했다. 도심을 장악하고 있는 미군들에 대한 산발적인 공격이 계속되었지만 심각한 위협이 되지 못했다. 전투는 오히려 바그다드 북쪽에서 대기 중이던 제3여단 지역에서 치열하게 벌어졌다. 바그다드를 탈출하려는 적의 부대들이 몰려들었기 때문이다. 교차로를 차단하고 있던 부대들은 방어부대가 취할 수 있는 마지막 수단인 최후저지사격을 요청하여 끊임없이 몰려오는 이라크군을 격퇴해야 했다. 적의 공격은 4월 7일 새벽 무렵 최고조에 달했지만 날이 밝아 오면서 끝났다. 그러나 생존자들이 항복한 것은 아니다. 미군에 대한 전투를 포기한 채 일부는 총기를 감추고 일부는 총기를 버리고 민간인 지역으로 사라졌다.

한편 4월 7일 새벽 바그다드 동남쪽에서 전진하고 있던 제1해병사단은 티그리스강 지류인 디야라DiYara 강을 강습 도하했다. 이라크군의 포병 사격이 수륙양용 장갑차에 명중되어 1명이 사망하고 12명이 부상을 당했지만 해병은 성공적으로 도하한 후 적을 제압해 나갔다. 곧이어 공병들이 파괴된 2개의 교량을 복구하였고 오후 5시경에는 추가로 개량된 리본교ribbon bridge를 설치하였다. 이리하여 제1해병사단은 3개의 교량을 이용하여 바그다드 동부로 진격하였고 4월 8일에는 티그리스강 동쪽의 라시드Rasheed 공군기지를 점령하였다. 한편 제3보병사단은 바그다드 외곽에 있던 부대들을 도심으로 진입시켜 제3여단과 연결하면서 바그다드 시내의 잔적을 소탕하도록 하였다.

미군은 바그다드 공략이 매우 어려운 전투가 될 것으로 예상했으나 실제로는 그렇지 않았다. 대대적인 정밀 폭격 등 미군의 압도적인 첨단 군사력에 이라크군은 대항할 능력이 없었다. 공격 초기부터 미군은 후세인 정권과 그 군대를 대상으로 대대적인 정보 작전information operations을 벌여 후세인 정권과 군대의 지휘통제 능력을 무력화시켰다.[9] 미군의 심리전도 매우 효과적이었다. 적의 집결지에 대대

---

9) 정보 작전(information operations)은 전자전, 컴퓨터 네트워크를 통한 작전, 심리전, 군사기만 작전 등이 통합된 작전을 의미한다.

적으로 전단을 살포하고 이라크군 지휘관들에게 전화를 걸거나 이메일을 보내 저항을 포기하도록 유도했다. 나중에 이라크군 출신들을 대상으로 확인한 결과 미군이 폭격이 예상되면 이라크 전차사단 병력들은 전차를 버려두고 먼 곳으로 대피했다. 공포에 질리기도 했고 단지 살아남기 위해 그렇게 했다는 것이다. 어떤 부대는 아예 부대를 떠나라는 지시를 받기도 했다. 끝까지 저항한 것은 페다인 민병대에 불과했다. 바그다드 시내를 방위하던 특별공화국수비대도 진격하는 미군에 제대로 저항하지 않았다.10)

이라크군은 유리한 위치에 포진하고 있었고 도시 지형의 이점을 이용하여 거리마다 건물마다 저항하면서 미군에 막대한 피해를 입힐 수 있는 여건에 있었지만 그렇게 하지 못했다. 미군은 이라크군보다 더 잘 싸웠고, 더 적절한 기동력을 발휘했고, 더 현명한 작전을 하는 등 모든 면에서 뛰어났다. 미군의 바그다드 포위 함락 작전은 '탁월한 군사전략brilliant military strategy'이었다는 평가를 받고 있다.

미군은 이라크군의 집단항복이 있을 것으로 예상했으나 이 예상은 빗나갔다. 이라크군은 결사적으로 항전하지도 않았고 항복하지도 않았다. 그들 대부분은 경미한 저항을 하다가 사라졌다. 미 지상군은 초정밀 무기와 장비 등으로 이라크군을 압도할 수 있는 이점이 있었지만 공화국 수비대 사단들이 바그다드로 이동하여 시가전을 폈다면 바그다드를 점령하는 것은 매우 어려운 작전이 되었을 것이다.

바그다드 점령 작전에는 공군의 저지 작전interdiction operations이 결정적 역할을 했다. 계속된 공중 감시와 폭격을 통해 공화국 수비대

10) Terry McCarthy, "What Ever Happened to the Republican Guard?" *Time* (May 3, 2003), http://content.time.com/time/magazine/article/0, 9171,449441,00.html(검색일: 2017.12.5).

사단들이 바그다드로 이동하지 못하도록 했기 때문이다. 또한 지상
군에 대한 근접지원도 결정적으로 중요했다. 바그다드 주변의 전략
목표에 대한 폭격과 아울러 A-10기로 지상군을 근접 지원했다. 물론
육군의 아파치 헬기와 해병대의 코브라 헬기도 지상 작전에 위력을
발휘했지만 대규모 작전은 성공하지 못했다. 바그다드 함락 작전을
통해 연합군 공군의 1만 9,898회의 공격 중 1만 5,592회를 연합군
지상 작전을 지원하기 위해 이라크군 타격에 투입되었던 것이다. 이
로써 이라크군 부대는 바그다드로 이동하는 중에 치명적인 타격을
입거나 아니면 이라크군이 탱크 등 무기와 장비를 버리고 도망가도
록 만들었던 것이다.

미군의 이라크전 준비가 철저했다는 점도 바그다드 점령 작전 성
공의 한 원인이기도 했다. 미군은 걸프전 이래 이라크 비행금지 구
역에 대한 공중감시 작전을 12년이나 계속했고, 매년 쿠웨이트군과
의 합동훈련을 통해 이라크전에 대비해왔던 것이다. 그것을 기반으
로 하여 2001년 가을부터 9개월에 걸쳐 작전계획 수립, 장병과 부대
훈련 및 새로운 무기와 장비 도입 등 필요한 준비, 예비군 및 방위군
동원, 작전지역으로 병력과 물자 이동 등이 차질없이 이루어졌던 것
이다.

2. 후세인 동상을 끌어내리다

마침내 4월 9일 제1해병사단이 도심으로 진입하여 제3보병사단
과 연결했다. 9일 오후에는 제3보병사단의 점령 지역인 티그리스강
동쪽에 있는 피르도스 광장Pirdos Square에서 바그다드 점령을 상징적

으로 보여주는 이벤트가 벌어졌다. 이 광장에는 2012년에 후세인의 65세 생일을 기념하여 설치한 높이 12m의 대규모 후세인 동상이 서 있었는데 해병대 병사 한 명이 이 동상에 올라가 목에 로프를 걸고 얼굴에 성조기를 씌운 다음 해병대의 M88 구난전차로 끌어당겨 쓰러뜨리는 장면이 전 세계에 방송되었다. 이를 지켜보던 이라크 시민들이 성조기를 이라크 국기로 바꿀 것을 요구하여 성조기를 내리고 이라크 국기로 바꾼 다음에 동상을 쓰러뜨렸지만 이미 성조기를 덮고 있는 사진이 너무 많이 찍혀버렸다. 동상은 서서히 쓰러졌고 이라크 시민들이 망치 등으로 동상을 산산조각 낸 후 동상의 머리는 군중들이 시내 곳곳으로 끌고 다녔다. 후세인 정권이 붕괴되었다는 것과 후세인의 강압 정치에 대한 시민들의 분노를 상징적으로 보여준 사건이었다.

바그다드로 진격하는 미군에 대한 주민들의 반응은 덤덤했다. 적대적이지는 않았지만 그렇다고 환영하지도 않았고 심지어 손을 흔들지도 않았다. 그들은 사담 후세인을 증오했지만 그를 제거한 미군을 환영한 것도 아니었다. 후세인이 사라지면 이라크라는 국가는 계속 굴러가게 될 것이라는 전쟁 시작 전 미국 지도자들의 판단은 환상에 불과했다. 이라크전에서 지상군 사령관이었던 맥키어난 장군은 이라크에는 "군대도 경찰도 없었다. 중앙정부도 지방정부도 기능을 멈추었다."고 회고했다. 5군단장 월리스 장군은 "항복받을 대상이 없었다. 그러한 대상을 찾을 수 없었다."고 말했다.

터키가 자국 영토를 통해 미 지상군이 투입되는 것을 반대했기 때문에 그 대안으로 3월 26일, 제173공수여단 병력 959명과 중장비 등을 17대의 C-17 수송기로 이라크 북부 바슈레Bashure 공군기지에 낙하산을 통해 투입했다. 제173공수여단이 쿠루드 민병대와 연합하여 이라크군 제4사단, 제2사단, 제8사단, 제38사단을 패퇴시키면서 북부전선의 이라크군은 바그다드 지역에 증원군을 보낼 수 없었고, 그래서 바그다드를 공격하는 미군은 안심하고 공격할 수 있었다. 미군 특수전 부대의 지원을 받은 쿠르드 민병대는 바그다드가 함락된 다음 날인 4월 10일 키르쿠크Kirkuk를 점령했고, 11일에는 북부 최대 도시 모술까지 장악하였으며, 이로써 이 지역을 방어했던 이라크군 제5군단은 항복했다.

바그다드가 점령되고 후세인 정권이 붕괴되자 이라크 북부지역으로 관심이 쏠렸다. 사담 후세인의 행방에 대한 추측성 보도들이 난무하고 있었는데 공습에 의한 사망, 시리아 망명, 티크리트에서 최후의 항전 준비 등이었다. 이라크 육군의 60%인 3개 군단이 북부지역에 잔존하고 있었고 북부지역 중앙에 위치한 티크리트Tikrit는 후세인의 고향으로 후세인이 여기서 최후의 저항을 할 가능성도 있었다.

티크리트 시내에 이라크군의 활동이 거의 없다는 정보를 입수한 중부사령부는 신속한 점령을 위해 바그다드에 위치한 제1해병사단에 티크리트 점령 임무를 부여했다. 사단장은 험비와 장갑차를 위주로 하는 1개 여단 규모를 편성하여 전차 1개 소대와 함께 출발시켰다. 4월 12일에 출발한 부대는 150km를 이동하여 4월 13일 자정 티크리트에 대한 공격을 개시했다. 티크리트에는 공화국 수비대인 아드난Adnan 기계화사단이 방어하고 있었는데 이미 항공폭격으로 거의 괴멸되고 수백 대의 장갑차와 차량들이 시 외곽 지역에 파괴되거나 유기되어 있었다. 아드난 기계화사단의 잔존 전차와 민병대가 저항했지만 전투는 오래가지 못했다. 4월 14일 오후 2시 30분, 전차를 앞세운 선두부대가 티크리트 중앙광장을 점령했다.

작전계획상 북부지역을 담당하기로 했던 제4보병사단은 지중해에서 터키를 통해 이라크 북부로 투입할 예정이었으나 터키의 반대로 투입하지 못하고 수에즈 운하를 통해 쿠웨이트에 도착한 것은 4월 2일이었고 사단의 장비를 하역한 것은 4월 9일이었다. 제4사단은 4월 13일에 이라크 작전지역 내에 투입된 후 차세대 사단으로서의 역량을 발휘하기 시작했다. 미국 최초의 디지털 사단이 처음으로 전장에 투입된 것이다. 우선 이동하는 것부터 달랐다. 전차와 장갑차는 새로 개발한 중장비수송차량Heavy Equipment Transport System11)으로 신속히 이동시킬 수 있었다. 사단의 지휘통제 시스템은 완전히 디지털화된 첨단 시스템이었다. 전장정보를 수집하고 처리하여 해당 부대에 실시간으로 통보하는 전장정보 시스템, 각종 포병의 표적처리와 사격을 통제하는 포병전술데이터 시스템, 적의 미사일을 발견하고 요격하는 방공 작전 시스템, 예하부대와 인접한 아군의 위치를 자동으로 알려주는 기동통제 시스템이 갖추어져 있었고 그 외에도 탄약, 정비, 물자 보급을 위한 각각의 데이터 시스템을 통해 적 상황뿐만 아니라 아군 부대의 현재 상태와 보급 가능 시기 등을 실시간으로 파악할 수 있었다.

제4사단은 4월 16일 바그다드 북쪽의 타지Taji비행장을 점령했고 19일에는 최종 목적지인 티크리트 시에 도착하였다. 바스라를 함락한 영국군은 바스라에서 이라크 경찰과 합동 순찰을 실시하는 등 치안을 유지했고 이라크군이 방화한 7개의 유정油井도 전부 진화하였다.

4월 16일 부시 대통령은 이라크는 해방되었다고 선언했고, 5월 1일에는 조종사 복장으로 함재기艦載機 S-3 Viking을 타고 샌디에이고 근해에 정박 중인 항공모함 에이브러햄 링컨USS Abraham Lincoln 호

---

11) 10륜 구동이며 시속 80km로 전차와 장갑차를 이동시킬 수 있다.

에 착륙한 후 "임무 완수Mission Completed"라고 써진 현수막 앞에서 승리를 선언했다.

3. 놀라운 승리

3월 19일에 시작된 '자유 이라크 작전'은 한 달도 못 된 4월 9일 바그다드가 함락되면서 극적인 승리를 거두었다. 이 기간 중 미군 사망자는 139명, 영국군 사망자는 33명으로 걸프전보다 더 작았다. 연합군은 40만 명 규모의 이라크군을 괴멸시키고 후세인 정권을 붕괴시켰으며, 주요 도시 전투를 성공적으로 수행했다. 이 기간 중 이라크군 사망자는 9,200여 명이고 민간인 희생자는 3,750명으로 추산되었다. 폭격과 포격이 주로 주요 도시를 대상으로 이루어졌고 지상전투도 주요 도시 중심으로 이뤄졌던 것을 고려할 때 민간인 희생자는 적은 편이었다. 특히 격전을 치렀던 도시들이 비교적 많이 파괴되지 않은 것은 미군들이 격전 속에서도 공중 폭격을 자제하고 새로운 도시공격 방법을 찾아냈기 때문이다.

미국의 군사력은 세계 최강이었지만 이라크의 군사력은 10여 년간 계속된 미·영 공군의 공중 감시 작전과 유엔의 경제제재 등으로 약화되어 결코 미군의 상대가 될 수 없었다. 이라크군의 패배는 당연한 것이지만 불과 21일 만에 바그다드를 점령한 것은 놀라운 승리였다. 쿠웨이트에서 출발한 미군이 나자프 부근의 작전목표 램스까지 400km 이상의 거리를 72시간 만에 돌파했던 것은 놀라운 전격 기동으로 이는 속도에 의한 기습이라 할 수 있다.

육군 및 해병 장병들의 자신감과 뛰어난 전투력도 돋보였다. 특히 제3사단의 바그다드 점령은 '위력 수색reconnaissance in force'의 변형인 '전격질주' 작전을 통해 이루어졌는데 이라크군이 기갑부대의 공격을 효과적으로 저지하지 못하는 데 착안한 창의적이고 과감한 작전이었다.

특수 작전도 매우 창의적이고 효과적으로 이루어졌다. 특수부대는 쿠르드 민병대와 같이 합동 작전으로 북부지역 점령에 기여했고, 소규모 팀으로 적지에 투입되어 이라크군 지휘통제 교란, 석유산업보호, 거대한 하디타댐 파괴 방지, 후방의 주요 비행장 장악 등 다양한 임무를 수행하여 미래의 전장에서 특수부대들이 더욱 활용될 가능성을 예고했다.

그러나 작전의 차질도 없지 않았다. 무엇보다 사담 후세인과 그의 아들이 바그다드를 빠져나갔다. 5군단장 월리스 장군은 이라크 남부지역을 점령한 후에 페다인 민병대가 도처에서 저항하고 있고 미군 보급로도 위협받고 있는 등 "우리가 싸우는 적은 예상했던 적과는 다르다."고 했는데 이는 시아파 주민들이 미군들을 환영할 것이라는 정보와는 크게 다른 것이었다. 시아파 민병대들은 완강하게 저항했고 미군의 진격을 저지한 것은 정규군이 아니라 군복을 착용하지 않은 민병대들이었다. 또한 미군은 이라크군이 부대 단위로 항복할 것으로 예상했지만 그러한 일은 바그다드 함락 후에 항복한 북부지역의 5군단 외에는 일어나지 않았다. 대부분의 이라크 군인들은 항복하는 대신에 총을 내려놓고 군복을 벗어던지고 민간인 복장으로 주민 속으로 사라졌다. 또한 이라크군의 무기를 체계적으로 회수하지 않아 수많은 무기와 탄약들이 사라졌다. 이들 군인들과 무기, 탄약은 후에 미군들과 이라크 당국에 엄청난 부담으로 돌아오게 된다.

4. 사담 후세인의 비참한 말로

2003년 4월 9일 이라크 바그다드 함락 이후 종적을 감추었던 사담 후세인은 8개월여 동안 추적당한 끝에 12월 14일 그의 고향인 티크리트 부근에서 생포됐다. 리카도 산체스 이라크 주둔 미군 사령관은 "후세인은 체포 당시 한 외딴 농가에서 2m 깊이의 지하시설 속에 숨어 있었으며 아무 저항을 하지 않고 순순히 체포됐다"고 했다. 산체스 사령관은 "후세인이 숨어 있던 참호 입구는 벽돌과 흙으로 은폐돼 있었으며 그는 그 바닥에 숨어 있었다"며 이 지하시설은 "한 사람이 누워있기 충분한 공간이었으며 환풍기도 갖춰져 있었다"고 말했다. 그는 "이날 체포 과정에서 사상자가 전혀 발생하지 않았으며 단 한 발의 총알도 발사되지 않았다"며 체포 과정이 순조로웠다고 밝혔다.

후세인이 체포될 당시 75만 달러를 소지하고 있었다. 같이 체포된 다른 2명은 후세인의 측근 관리였다. 이외에도 AK-47 소총 2자루, 권총 한 자루, 택시 한 대도 압수됐다.

긴 머리와 길게 난 잿빛의 턱수염을 한 사담 후세인은 당황스럽고 매우 피곤해 보였다. 후세인이 체포된 지 몇 시간 만에 치과 검사 등 사담 후세인을 검진하는 의사의 모습을 담은 비디오테이프가 공개됐다.

후세인에 대한 재판은 세계의 이목을 끌었는데 범죄에 대한 증거 확보와 재판관 구성 등 절차상의 문제로 지연되어 체포된 지 2년 가까운 2005년 10월 19일 첫 번째 재판이 열렸다. 그의 혐의는 그의 집권 당시 자행한 1982년 두자일Dujail 마을에서 140여 명의 시아파 주민을 학살하도록 한 것이었다. 그의 여러 가지 만행 중 상대적으로 비중이 작은 두자일 사건이 먼저 채택된 것은 명백한 증거와 증인 때문이다. 후세인을 기소한 측에서는 그가 이 만행에 직접 관계되어 있다는 수백 페이지 분량의 증거를 확보한 것으로 알려졌다. 사담 후세인은 이외에도 1988년 5,000명의 쿠르드인들을 화학가스로 집단 살해했고, 1차 걸프전 후인 1991년에는 이라크 남부지역에서 후세인 정권에 반대하여 봉기를 일으킨 수만 명의 시아파 주민들을 대량 살상한 바 있다.

2006년 11월 5일 1심 재판에서 두자일 마을의 시아파 무슬림 학살에 대한 유죄가 인정되어 사형을 선고받았다. 후세인이 1심 재판에서 사형을 선고받자 후세인 지지세력인 수니파들은 사형선고에 반발해 항의시위를 벌이는 등 이라크 곳곳에서 종파 간의 폭력사태도 확산되었다. 12월 26일 후세인은 이라크 최고법원에서 교수형을 선고받은 지 나흘 만인 12월 30일 수도 바그다드에서 사형이 집행되었다.

한편 후세인 독재정권의 2인자와 3인자로서 악랄한 만행을 저질렀던 그의 아들 우다이Uday와 쿠사이Qusay는 2003년 7월 22일 이라크 북부 모술의 한 빌라에 은익하고 있었으나 제20그린베레 특수전 요원과 200여 명의 제101공중강습사단 병력의 합동 작전에 의해 사살되었다. 후계자였던 쿠사이는 공화국 수비대 사령관 겸 정보기관의 책임자로서 온갖 만행을 주도했다. 호화 방탕하고 잔인한 행동을 서슴지 않았던 우다이는 페다인 민병대를 지휘했다. 후세인 일가의 비참한 말로였다.

제5장

이라크 안정화의 험난한 길

Ⅰ. 급속히 악화된 이라크 정세

Ⅱ. 안정화 계획도 없었던 군사 작전

Ⅲ. 치명적인 실책들

Ⅳ. 재건사업의 실패

Ⅴ. 수니파 저항세력과의 대결

Ⅵ. 시아파 무장세력과의 대결

Ⅶ. 종파 내전의 늪에 빠지다

Ⅷ. 이라크전의 이라크화

Ⅸ. 비정규전 교리의 부상

Ⅹ. 온건 수니파의 각성

Ⅺ. 비정규전 전략으로 전환

이라크 안정화의 험난한 길

"미군의 주된 작전 목표는 후세인 정권의 붕괴였고, 이라크의 안정화
와 재건에 대해서는 별 관심을 기울이지 않았다." _ 본문 중에서

Ⅰ. 급속히 악화된 이라크 정세

성급한 승리 선언

작전 측면에서만 본다면, 바그다드 함락 작전은 매우 성공적
이었다. 걸프전보다 훨씬 적은 병력으로 최소한의 희생
을 내며 단기간에 후세인 정권을 축출했기 때문이다. 그러나 이것은
이라크전쟁에 대한 미국 지도자들의 잘못된 인식을 심화시켰다. 전
쟁 이전부터 부시 행정부는 이라크전쟁에서 쉽게 승리하는 것은 물
론 이라크가 조기에 안정될 것으로 낙관했다.

그러나 모든 것을 장악하고 있던 후세인이 제거되면서 이라크 국가체제는 한꺼번에 무너지고 말았다. 24시간도 못 돼 바그다드는 광범위한 약탈로 혼란의 도가니에 빠졌고, 그 이후 미군은 이라크에서 권위를 회복하지 못했다. 머지않아 이라크인들은 미군에 대해 크게 실망했던 것은 물론 적대감도 높아졌다. 아부 그레이브 교도소 포로 학대 사건도 미군에 대해 부정적 인식을 갖게 된 결정적 계기였지만, 무엇보다도 가장 기본적 서비스인 물과 전기마저 공급되지 못했기 때문이다.

몇 달 내로 미군을 철수시키겠다던 럼스펠드의 예상과는 반대로 이라크전은 9년이나 계속되었다. 이라크 점령 시까지 미군 사망자는 139명에 불과했으나 2011년 말 미군이 철수할 때에는 미군 사망자는 4,485명에 달했고, 미국의 이라크 전비戰費도 2조 달러에 달했다.

2001년 9월 29일, 이라크 침공을 논의한 국가안보회의에서 럼스펠드 국방장관은 이라크전쟁은 사담 후세인의 독재 정권을 타도하기 위한 해방전쟁이기 때문에 이라크인들은 미군을 해방자로 환영할 것이고, 저항세력은 나타나지 않을 것이며, 이라크의 민주정부 수립은 순조롭게 진행될 것이기 때문에 미군이 이라크에서 조기에 철수할 수 있을 것으로 낙관하면서 이라크를 점령하고 군정을 실시할 필요가 없다고 주장했다. 그러나 콜린 파월Colin Powell 국무장관은 몇 년간 군정을 실시하면서 점진적으로 주권을 이양해야 한다고 했다. 부시 대통령은 럼스펠드와 파월 간의 입장 차이를 조정하지 않았다. 결국 국방부의 전쟁지침은 이라크 점령을 최단 기간 내에 끝내고 새로 수립될 이라크 정부에 주권을 이양하고, 미군은 전쟁 과정에서 발생한 난민과 민간인 사상자 등 인도적 문제만 다루기로 했다.

그러나 바그다드 함락 후에 나타난 이라크 상황은 럼스펠드의 예상했던 것과는 정반대였다. 경찰과 행정 등 기존 통치기구가 완전히 와해된 가운데 바그다드를 중심으로 약탈과 파괴 등 엄청난 혼란이 벌어지고 있었다. 그렇지만 미군은 약탈을 방지하고 질서를 유지하라는 명령을 받지도 못했고, 또한 미국이 이라크에 정부를 수립할 계획도 없었다. 그 결과 바그다드를 위시한 대도시에서는 심각한 혼란의 소용돌이에 휩싸였다. 도처에 약탈, 강도, 절도 등으로 무정부 상태에 빠졌고, 바그다드에서는 23개 정부기관 중 17개가 약탈당했다. 바그다드 함락 후의 약탈이 전쟁 초기의 미군 공습보다 훨씬 더 큰 타격을 주었다.

바그다드 함락 당시 이 지역에 투입된 미군은 2만 5,000명에 불과했을 뿐 아니라 그때부터 사담 후세인과 그 추종세력 추격에만 몰두했다. 2003년 4월 16일, 대혼란의 와중에 프랭크스 중부사령관은 바그다드를 방문하여 9월까지 1개 사단만 잔류시킬 것이라고 선언했다. 이라크전쟁 최고사령관의 이라크 상황에 대한 인식이 너무도 안이했다. 5월 1일 부시 대통령이 항공모함 에이브러햄 링컨호에서 이라크전쟁 종결 선언을 한 이후에도 온갖 심각한 문제들이 발생하였기 때문에 그 선언은 너무도 성급한 선언이 되고 말았다.

이라크전쟁에서 미군의 주된 작전목표는 사담 후세인 정권을 붕괴시키는 것이었고 그 후속 과제인 이라크의 안정화와 재건에 대해서는 별 관심을 기울이지 않았다. 그러나 이라크전쟁이 시작되기 한 달 전 미 육군대학교Army War College 전략연구소Strategic Studies Institute의 보고서는 이라크 재건을 위해서는 135개에 이르는 과업을 수행해야 하기 때문에 전쟁에 이긴다 하더라도 평화를 보장하기 어려울 것이라고 보았다. 따라서 이 보고서는 사담 후세인의 군대를 유지하는 것이 중요하며 또한 평화가 정착되기 전에 미군이 철수하는 것은 위험하다고 강조했다. 이 보고서의 주요 결론은 다음과 같다.

"이라크에서 군사 작전이 끝난 후에도 대규모 미국 군사력 유지, 미군 장기 주둔, 이라크 국가건설에 대한 미국의 확고한 의지 등이 요구되며, 이를 위해 미국 관련부처 합동으로 세부계획이 마련돼야 한다.

전후 처리에 대한 미국의 경험은 대체로 잘못된 계획, 부적절한 군사력, 군사 작전에서 민간정부로 임무전환의 어려움 등이었다.

이라크 재건을 위해서는 미군은 비정규전 역량은 물론 헌병, 민사업무, 공병, 수송 부문에서 보강되어야 한다.

이라크 점령업무는 이라크 내 종교적·인종적 또는 부족 간 뿌리 깊은 갈등으로 매우 어려울 것이기 때문에 미군은 이라크 내부의 갈등 조정을 위해 적극 나서지 않으면 안 된다.

이라크의 인종적·종교적 갈등, 허약한 정치체제, 이라크인들의 폭력에 의한 문제해결 방식 등으로 정치사회적 안정을 달성하기 어려울 것이기 때문에 미군의 철수계획을 마련하는 것은 쉽지 않다."[1]

그러나 이라크전쟁 계획을 수립함에 있어서 육군대학 연구보고서의 비판적인 견해는 무시되었고, 결국 럼스펠드의 구상대로 미군의 조기철수를 위한 조치가 이루어졌던 것이다.

---

1) Conrad C. Crane and W. Andrew Terrill, *Reconstructing Iraq: Insights, Challenges, and Missions for Military Forces in a Post-conflict Scenario* (Carlisle, PA: U.S. Army War College, February 2003).

II. 안정화 계획도 없었던 군사 작전

이라크전쟁 계획은 4단계로 나누어져 있었는데, 1단계는 준비preparation, 2단계는 작전영역 설정shape the battle space, 3단계는 결정적 작전decisive operations, 4단계는 전후戰後 작전post-hostility operations이었다. 그러나 럼스펠드는 4단계 작전 자체가 불필요한 것으로 판단했고, 그래서 복구와 재건에 필요한 예산은 17억 달러 정도로 예상했다.

이라크전쟁 계획의 4단계 작전계획에 문제가 있었다. 정규전에 대비한 작전계획이었기 때문에 적의 주력부대를 격파하는 3단계 작전이 끝나면 사실상 전쟁이 끝날 것으로 판단했던 것이다. 이라크전쟁이 테러와의 전쟁의 일환이기 때문에 비정규전이기도 하다는 인식이 없었다. 비정규전이란 누가 적인지 불분명하고, 전선戰線도 불명확하고, 전쟁의 시작과 끝의 구분조차 어렵다. 따라서 작전의 4단계를 '전후戰後 작전'이라 한 것은 근본적으로 잘못된 것이다. 테러와의 전쟁의 일환인 이라크전쟁에서 후세인 정부의 붕괴가 곧 승리를 의미하는 것이 아니며, 이라크를 안정된 국가로 변화시켜 테러집단의 온상이 되지 못하도록 해야만 의미 있는 승리가 되는 것이다.

중부사령부 참모진들이 이라크전쟁의 4단계 계획을 마련하기는 했지만 프랭크스는 그 부분에 대해 별로 신경 쓰지 않았다. 작전계획 수립에 핵심 역할을 했던 윌리엄 웹스터William Webster 장군은 "4단계 계획의 골격은 있었지만 실질적인 내용은 별로 없었다."고 회고했다. 사담 후세인 축출에 집중했을 뿐 나머지는 큰 문제가 아니며 저절로 해결될 것으로 생각했다는 것이다.

이라크전쟁 계획을 논의한 백악관 국가안보회의에서는 군사 작전에 관한 사항만 다루었을 뿐, 안정과 재건을 다루는 4단계 작전에 대한 계획은 보고되지 않았고, 논의되지도 않았다. 이라크전쟁에 관여한 백악관과 펜타곤의 민간 지도자들도 4단계 작전에 대한 구체적인 구상이나 인식이 없었던 것이다.

이라크 상황이 걷잡을 수 없이 악화되자 미국에서는 그 책임을 둘러싸고 논란이 벌어졌다. 군사전문가 마이클 오핸런Michael O'Hanlon은 이라크전쟁의 4단계 작전, 즉 전후 안정과 재건에 대한 계획이 부적절했음에도 이를 묵인하고 작전을 감행한 군 당국에 책임이 있다고 주장했다. 그는 군사지도자들이 잘못된 작전계획을 그대로 이행할 것이 아니라 문제점을 적극 제기하여 수정하도록 했어야 한다고 했다.2)

2005년 이사야 윌슨 3세Isaiah Wilson III도 미군은 안정화 계획도 없이 이라크를 침공했다고 비판했다.3) 그는 국가 차원에서 막연한 '계획들'이 존재하기는 했지만 초기의 승리를 공고히 하는 데 필수적인 안정화 작전과 이를 뒷받침하는 지원계획이 구체화되지 않았다고 했다. 그 결과 미군은 승리의 모멘텀을 살리지 못하고 반군의 저항에 직면하여 우왕좌왕하게 되었다는 것이다. 이라크 상황이 악화되자 후세인 정권 붕괴 7개월 만인 2003년 11월에 4단계 계획이 마련되

---

2) Michael O'Hanlon, "Iraq without a Plan," *Policy Review* (December 1, 2004).

3) Thomas E. Ricks, "Army Historian Cites Lack of Postwar Plan," *Washington Post* (December 25, 2005). 윌슨은 2003년 4월부터 6월까지 미 육군의 이라크 작전 연구그룹에 참여했고, 그 후 제101공중강습사단의 작전기획관으로 근무했다. 2006년부터 미국 육군사관학교 교수로 재직했으며, 대령으로 전역했다.

었지만, 그것은 너무 늦었을 뿐 아니라 그것조차도 제대로 된 안정화 계획이라 할 수도 없다고 했다. 윌슨은 그 책임이 럼스펠드 등 민간 지도자들에게만 있는 것이 아니라 군사지도자들의 책임이 훨씬 크다고 주장한다. 그들이 이라크 상황을 제대로 인식하지 못하여 제대로 된 작전계획을 마련하지 못했고, 또한 작전지휘도 성공적이지 못했다는 것이다.

윌슨은 미국의 전쟁 기획자들, 전쟁 수행자들, 민간 지도자들 모두가 전쟁을 너무 좁게 인식하여 안정화 작전을 전쟁 이외의 문제로 인식하고 그것은 '누군가 다른 사람들의 임무'로 인식했다는 데 문제가 있었다고 비판한다. 테러와의 전쟁이나 비정규전에서는 안정화 작전의 성공 없이 승리가 보장될 수 없는 것이다. 이라크전쟁에 대한 이 같은 잘못된 인식 때문에 안정화 작전을 위한 병력이 부족했던 것은 물론 관련 기관들 간의 협조도 미흡했고, 또한 안정화 작전이 성공할 수 있을만한 시간적 여유도 없었다고 지적했다.

III. 치명적인 실책들

2003년 4월 8일, 이라크전쟁을 주도한 부시 미국 대통령과 토니 블레어Tony Blair 영국 총리는 아일랜드의 벨파스트에서 가진 회담에서 이라크전쟁의 전후 처리는 군정을 거친 후 과도정부를 거쳐 민정 이양을 하는 등, 3단계에 걸쳐 추진하기로 합의한 바 있다. 즉 프랭크스 중부사령관 지휘하에 이라크를 3개 권역으로 분할하여 각각 미군, 영국군, 폴란드군이 관할하는 군정을 실시할 예정이었지만 이를 포기했던 것이다. 무정부 상태에서 계엄령을 선포하고 군정을 실시하여 치안을 확보하는 등 최소한의 조치를 한 후에 이라크 과도정부를 수립하지 않았던 것이 치명적인 실책이 되었다.

미국의 전쟁목표가 사담 후세인 정권의 축출이었고 그래서 미군의 단기 점령을 계획했기 때문에 부시 행정부는 이라크 점령 행정에 관한 계획도 없었고 필요한 군사적 자원도 투입하지 않았다. 머지않아 이라크전쟁 개념의 한계가 노출되기 시작했다.

럼스펠드 장관은 이라크전쟁 시작 8주 전인 2003년 1월 국방부 산하에 전후처리 담당 조직으로 '재건 및 인도적 지원처ORHA: Office of Reconstruction and Humanitarian Assistance'를 설치했고, 그 책임자로 가너Jay Garner 예비역 중장을 임명했다. 그의 임무는 재건 및 인도적 지원에 국한되었고 점령 행정에 대한 권한은 주어지지 않았다. 더구나 그는 이라크 재건을 준비할 시간적 여유도 없었다. 그가 실무팀을 편성하여 바그다드에 도착한 것은 4월 18일이었다. 재건 및 인도적 지원 업무는 국무부 업무와 중복된 것이 많았지만, 국방부와 국무부 간에 경쟁심리가 작용하고 있었고, 특히 이라크전쟁에 대한 파월과 럼스펠드 간의 견해차도 컸다. 국무부는 별도의 팀을 구성하여 이라크 전후처리 문제를 연구하여 그 결과를 국방부에 통보하였지만, 럼스펠드는 이를 참고하지 않았다. 그런 가운데 5월 11일, 바그다드에 도착한 지 3주밖에 안 된 가너는 해임되고 그가 이끌던 재건 및 인도적 지원처도 해체되었다.

동시에 미국은 이라크전쟁 참전국 대표들로 '연합국 임시행정처 Coalition Provisional Authority'를 설치하고 폴 브리머Paul Bremer III 대사를 책임자로 임명했다. 5월 12일, 바그다드에 도착한 브리머는 2차 대전 후 맥아더 장군이 일본을 개혁했듯이 이라크를 근본적으로 개혁하고자 했다. 즉 바트당 중심의 경찰국가를 민주국가로, 그리고 통제경제를 자유시장경제로 전환시키고자 했다. 당시 랜드RAND연구소의 제임스 도빈스Dobbins 등이 이라크전과 관련된 연구보고서에서 독일과 일본을 미국의 국가건설의 성공사례로 분석했다는 것은 우연이 아니다.

그 같은 목표하에서 브리머는 이라크의 장래에 중대한 영향을 미치는 두 가지 조치를 취했다. 첫 번째 조치는 도착 4일 만인 5월 16일, 임시행정처 명령 1호를 통해 바트당에서 중견 간부 이상의 위치에 있었던 8만 5,000 내지 10만 명의 공직자들을 면직시켰을 뿐 아니라 신설될 이라크 정부에서도 일하지 못하도록 했다. 그래서 단지 직장에 남아 있기 위해 바트당 당원이 되었던 4만 명의 교사들까지도 학교에서 쫓겨났다. 이로 인해 유능한 행정관료, 경찰간부, 그리고 전기, 통신, 철도, 상하수도 등 인프라 부문의 인력을 재건에서 배제시킴으로써 재건사업을 사실상 불가능하게 했다. 뿐만 아니라 그들 대부분은 수니파였기 때문에 수니파 주민들이 미군에 반감을 갖게 되면서 반군을 지원하거나 반군에 가담하는 자들도 적지 않았다.

또 다른 조치는 더욱 치명적인 것이었다. 5월 23일, 임시행정처 명령 2호를 통해 이라크 군대를 해산했다.[4] 수십만의 군인들에게 아무런 금전적 보상도 없이 실직자로 만든 것이다. 이라크 군대, 후세인의 친위대인 공화국 수비대, 그리고 비밀경찰은 수니파가 주도

---

4) 후세인 당시의 군대를 유지하는 것은 물론 군대 경험을 가진 자들로 새로운 군대를 육성하는 것도 시아파 무슬림과 쿠르드족의 반감을 살 우려가 있다는 것도 무시할 수 없는 일이었다.

해왔으며, 그들은 후세인 정권의 방패역할을 해왔다. 이 조치로 인해 잘 훈련된 수십만 명의 군인 출신 중에 상당수가 수니파 반군에 가담하게 되었다.

행정명령 1호와 2호는 이라크의 전후 처리를 혼란에 빠뜨리게 한 결정적 요인인데 이 결정으로 가장 놀란 사람들 중에는 이라크 작전을 지휘하고 있던 미군 수뇌부들도 포함되었다. 프랭크스 사령관의 구상은 바그다드 함락 후 신속하게 이라크의 군과 경찰을 정비하여 이들에게 책임을 인계하고 철군할 계획이었는데 이 구상이 물거품이 되고 말았다.

브리머는 새로 수립될 이라크 정부에 주권이 이양될 때까지 약 1년간 이라크 재건과 국가개혁을 시도했지만 그것은 실패였다. 이라크의 국가건설을 위해서는 상당한 시간과 막대한 자금이 필요했지만 임시행정처의 활동기간은 1년에 불과했고, 미국 의회가 이라크 재건을 위해 184억 달러의 예산을 배정했지만 실제 집행한 것은 10억 달러에 불과했다. 사용된 액수의 상당 부분은 임시행정처 직원들의 임금과 행정비 등으로 쓰였을 것이 분명하다.

더구나 지극히 불안정한 상황으로 인해 임시행정처는 재건에 필요한 인력조차 확보하지 못했다. 직원 대부분이 맡은 업무에 대해 전문성과 경험이 결여되어 있었고 그것도 3개월 정도 일했을 뿐이며, 13개월 동안 계속 일했던 사람은 7명에 불과했다. 그들은 이라크에 대해 아는 것이 별로 없었고 현지 언어를 구사할 수 없어 이라크인들과 소통조차 하지 못했다.

임시행정처 직원들은 철통같은 경계 속에 있는 바그다드 중심가의 녹색구역Green Zone 내에 고립되어 있었다. 바그다드가 약탈과 방화 등으로 엄청난 혼란에 빠져 있을 때도 그린존 내에서만 질서가 유지되고 있었다. 바스라 시에서 이라크 경찰과 함께 치안을 유지하고 있던 영국군과는 달리 미군은 그린존 밖의 치안과 질서 유지에는 관심이 없었다. 그 결과 바그다드의 약탈이 점차 심화되어 공공기관은 물론 심지어 국립박물관까지도 약탈당했다.

미군은 2차 대전 후 독일과 일본에서 했던 방식대로 이라크의 재건활동을 하려 했지만, 이라크는 독일이나 일본과는 전혀 다른 나라였다. 독일과 일본은 이미 19세기 후반에 국가건설에 성공하여 효율적인 국가기구가 존재했고 전문적인 관료와 수준 높은 경제인, 학자, 기술인력, 그리고 무엇보다 국가에 대한 국민들의 충성심이 있었다. 더구나 이라크 경제는 석유산업에 의존하는 통제 경제로 시장경제 자체가 존재하지 않았기 때문에 시장경제로 전환하려는 브리머의 노력은 아무런 성과를 거둘 수 없었다. 특히 독일과 일본은 전쟁이 끝난 상태였지만 이라크에서는 전쟁이 계속되고 있었다는 점도 근본적으로 다르다.

머지않아 이라크는 반군의 위협으로 인해 통상적 경제활동조차 불가능했고 재건공사도 할 수 없었다. 폭력을 제압하고 법과 질서를 유지하지 못하는 한 할 수 있는 것이 아무 것도 없었다. 전문인력이 태부족이었고 인프라와 기간산업이 결여되어 있었기 때문에 재건은 마치 모래 위에 고층건물을 급히 세우려는 것과 마찬가지였다. 미군에 대해 상당한 기대를 걸었던 이라크인들조차 크게 실망했고, 이에 따라 저항세력이 활개 치기 시작했다.

미국은 일찌감치 승리를 선언했지만 후세인 등 이라크 정부 지도자들은 잠적했고 페다인 민병대, 바트당 지지세력 등 상당한 저항세력이 잔존해 있었다. 더구나 전쟁 초기 혼란의 와중에 후세인 정부군이 보유했던 50만 톤 내외의 무기와 탄약이 약탈되었는데, 그중

상당 부분이 저항세력의 수중에 들어갔다. 저항세력의 무장 투쟁이 본격화되고 연합군의 희생자가 급증하면서 미국 내에서 이라크전쟁에 대한 논란이 커졌다. 특히 2004년 4월 아부 그레이브Abu Graib 교도소에서 미군이 이라크 포로들을 학대한 사진들이 공개되면서 비판 여론이 비등했다.

그러한 가운데 9.11테러 조사단은 2004년 7월의 보고서에서 9.11테러에 후세인 정부가 관여했다는 증거가 없다고 결론지었다. 후세인 정권 붕괴 후 미군은 아무런 방해도 받지 않고 대량살상무기와 핵 개발 시설이 있을 만한 곳을 샅샅이 뒤졌지만 아무것도 발견하지 못하면서 미국의 정보능력은 조롱거리가 되었고 미국에 대한 국제사회의 신뢰도 추락했다.

그래서 2004년의 미국 대통령 선거에서 이라크전쟁이 핵심 쟁점이 되었다. 전쟁 이전에 부시 행정부가 이라크의 위험성을 과장했고, 이라크에 대한 미국 정보기관의 정보가 정확하지 않았으며, 또한 이라크에 대량살상무기가 없다는 사실이 드러나면서 부시 대통령은 궁지에 몰려 재선에서 겨우 승리했다. 2004년 말에 이르러 이라크전으로 인한 미군 사망자는 3,000명이 넘었고 전쟁비용도 천문학적 수준으로 치솟았다. 그 결과 공화당은 2006년 중간선거에서 참패했고, 그래서 민주당이 하원 31석, 상원 6석을 획득하여 상하 양원에서 다수를 차지하여 의회를 장악하여 전쟁에 대해 제동을 걸기 시작했다. 2006년 말, 제임스 베이커와 리 해밀턴이 공동 의장이었던 초당적 성격의 이라크 연구 그룹Iraq Study Group은 이라크 상황이 "위중하고 또한 악화되고 있다grave and deteriorating"고 경고했다.

당시 이라크에서는 자살폭탄 테러 등 폭력이 난무했다. 해산된 바트당 당원, 시아파 민병대, 수니파 민병대, 이라크 알카에다 등이 미군과 이라크 임시정부를 대상으로 공격에 나섰던 것은 물론 그들 간에도 무력충돌이 빈번했다. 당시 이라크에는 무려 90개가 넘는 무장단체가 활개치고 있었으며, 그래서 시간과 장소를 가리지 않고 자살폭탄 테러가 일어났다. 테러분자들이 테러의 시간과 장소를 마음대로 선택했기 때문에 대응하기가 어려웠다.

시아파 중심의 이라크 임시정부가 구성된 가운데 시아파의 핵심 인물은 73세의 알시스타니Ali al-Sistani였다. 그는 1992년 시아파 종교 지도자의 최고지위인 대大아야톨라Grand Ayatollah에 추대되었고, 동료 아야톨라였던 알사드르al-Sadr가 1999년 암살되면서 시아파의 유일한 최고 종교지도자였다. 다른 시아파의 핵심 인물은 암살된 알사드르의 아들 무크타다 알사드르Muqtada al-Sadr로서, 아버지의 후광에 힘입어 상당한 영향력을 가지고 있었다.

럼스펠드를 비롯한 미국의 이라크전쟁 관련자들은 대부분 이슬람교에 대한 기본 인식이 없었다. 임시행정처 책임자 브리머는 종교지도자들을 상대하지 않았고, 특히 그들이 사실상 이라크의 정치지도자라는 사실도 인정하지 않았다. 이로 인해 시아파 세력은 미국과 미군에 대해 적대시하기 시작했다. 특히 시아파의 강경파 지도자 무크타다 알사드르는 이라크 민족주의를 강조하면서 미군의 즉각 철수를 주장했다.

브리머는 선거를 통한 이라크 정부 수립을 위한 선거가 단기간 내에 이뤄지기 어렵다고 선언했다. 그러나 선거를 하면 정권을 장악할 수 있다고 판단한 시아파는 조속한 선거를 촉구했다. 시아파 종교지도자 알시스타니가 브리머의 선거 연기를 비난하고 즉각 선거를 실시할 것을 요구하면서 시아파 전체가 임시행정처 및 미국과 대립하게 되었다.

그러나 당시 이라크에서 선거를 조기에 실시하는 것은 불가능한 일이었다. 왜냐하면, 선거인 명부를 작성할 수 없었기 때문이다. 후세인 정권하에서는 선거가 없었기 때문에 선거인 명부가 존재하지 않았다. 선거인 명부를 만들기 위해서는 인구조사 등 막대한 노력이 필요했지만 최악의 치안상황이었을 뿐 아니라 지방행정체계도 와해되어 있어서 인구조사를 할 수 없었다.

후세인 정부가 붕괴된 지 1년 후인 2004년 6월 28일, 임시행정처로부터 새로 출범한 이라크 임시정부에 주권 이양이 이루어졌다. 이라크 임시정부는 내각제 형식으로 총리에는 시아파 출신이지만 종파색이 옅은 아야드 알라위Ayad Allawi가 선정되었다. 2005년 1월로 예정된 이라크 정부 수립을 위한 선거를 앞두고 임시행정처 책임자는 존 네그로폰테John Negroponte 대사로 교체되었으며, 동시에 전쟁 초기의 군사지휘체계는 이라크 상황에 효과적으로 대응하지 못했다는 판단에 따라 이라크 점령군 역할을 했던 제7통합군Combined Joint Task Force 7이 해체되고 이라크 참전 다국적군 사령부가 설치되면서 조지 케이시George Casey 장군이 사령관으로 임명되었다.

이라크 임시정부는 2005년 1월 국민의회 의원 선거를 실시하고, 새로운 헌법을 제정하는 등 새로운 정부 수립에 나섰다. 수니파 무장 집단은 이라크 정부 수립을 방해하기 위해 빈번한 테러 공격을 가했고, 설상가상으로 수니파와 시아파 간의 고질적인 종파宗派분쟁이 표면화되었다. 사담 후세인 정권 당시 주류였던 수니파는 반군을 조직하여 미군과 다국적군은 물론 시아파가 주도하는 이라크 정부와 시아파 주민들에게 공격을 가했고, 시아파 주민들도 무력으로 수니파 반군에 맞선 것은 물론 때로는 미군과 다국적군도 공격하면서 이라크는 큰 혼란에 빠졌다.

그러한 가운데 부시 대통령은 2005년 11월 30일, 해군사관학교에서 행한 '이라크전쟁 승리를 위한 국가전략National Strategy for Victory in Iraq'이라는 제목의 연설을 했는데, 이 연설문은 이라크전쟁에 관한 부시 행정부의 유일한 전략문서로 알려지고 있다. 미국이 2년 반에 걸친 이라크전쟁의 시행착오 끝에 이 같은 전략을 내놓았다는 것은 놀라운 일이 아닐 수 없다.

부시 대통령은 이 연설에서 이라크의 국가건설을 목표로 설정하고 이를 위해 미군의 장기 주둔 가능성을 시사했다. 즉 이라크전쟁에 승리하기 위한 단기, 중기, 장기의 단계별 목표를 제시하고, 정치, 경제, 안전이라는 3대 영역에서 유기적으로 통합된 노력을 기울이겠다고 선언했다. 정치 영역에서는 저항세력을 고립isolate시키고, 수니파를 포용engage하며, 국민통합을 가능케 하는 정치제도를 구축build하겠다고 했다. 경제 영역에서는 도로, 전기통신시설 등 이라크의 인프라infrastructure를 복구restore하고, 경제를 개혁reform하며, 나아가 생산역량을 구축build하겠다고 했다. 가장 중요한 안전 영역에서는 저항세력을 소탕clear하고 그들의 근거지였던 지역을 계속 장악hold해 저항세력의 복귀를 막으며, 이라크 군대와 경찰을 육성build하여 이라크 정부가 안전을 책임지도록 하겠다고 했다.[5] 그러나 미군이 2004년 6월 이라크 정부에 주권을 이양한 상황에서 과연 어떤 방법으로 그 같은 목표들을 달성할 수 있을 것인지 의문이었다.

---

5) Nation Security Council, "National Strategy for Victory in Iraq"(November 30, 2005), https://georgewbush-whitehouse.archives.gov/news/releases/2005/11/20051130-2.html(검색일: 2017.8.7).

IV. 재건사업의 실패

　　　　　　　　민생을 안정시키는 것이 테러와의 전쟁에서 승리의 기본조건이다. 이라크의 복구와 재건이 신속히 이루어져야만 저항세력을 고립시켜 분쇄할 수 있는 것이다. 그러나 당시 이라크의 기반시설은 최악의 상태였고, 이로 인해 이라크 국민들의 불만이 폭발 지경이었다. 1980~1988년 기간 중 이란과의 전쟁, 1990~91년 걸프전쟁, 그 후 계속된 미국과 영국 등에 의한 공습과 유엔의 경제제재, 이라크전쟁으로 인한 파괴, 그리고 바그다드 함락 후 약탈과 파괴 등이 계속되었기 때문이다. 더구나 저항세력은 유전, 송유관, 정유시설, 석유수출을 위한 항만시설 등 기간산업은 물론 전력망과 상하수도 시설 등 인프라에 대한 파괴와 약탈과 공격을 계속 했기 때문에 이라크의 현실은 재앙상태였다.

　　전쟁 초기만 해도 이라크 국민들은 후세인 정권이 미국에 의해 타도되자 환호했고 미국에 대한 기대가 컸지만, 그 후 그들의 삶이 개선되기는커녕 극도의 혼란에 빠지면서 참담한 실망으로 바뀌었다. 고질적인 전력 부족으로 2004년 말 당시 바그다드조차 매일 4시간 밖에 전기가 공급되지 않았다. 숨 막히는 더운 기후에 전기가 공급되지 않는다는 것은 여간 고통스러운 일이 아니었다. 상하수도 시설에 대한 약탈과 파괴로 수돗물이 공급되지 못했으며, 이로 인해 바그다드에서만 하루 50만 톤의 분뇨와 폐수가 시내를 관통하는 티그리스강으로 쏟아져 들어가 도시 전체가 악취로 코를 찌를 정도였다. 정유시설이 복구되지 못하여 휘발유 생산이 부족해 주유소에서 몇 시간을 기다려야 했다. 모든 산업이 마비되어 2005년 말의 실업률은

40%에 달했고, 하루에 1달러 미만으로 연명하는 극빈층이 27%나 되었다. 경제개혁을 추진하려 했지만 이라크 총 생산의 90%를 차지하는 국영 기업체를 구조조정하면 실업자가 급증할 우려가 있어 경제개혁을 강행할 수도 없었다.

건설현장이 반군의 공격을 받거나 폭탄 테러 또는 약탈의 대상이 되거나, 납치 또는 살해 대상이 되었기 때문에 재건 사업이 사실상 불가능했다. 이라크 재건이 시작된 2003년 여름부터 2009년 7월 말까지 미국이 주도한 건설현장에서 1,395명이나 살해당했기 때문에 기술 인력들이 재건 사업장을 기피하면서 인력을 확보할 수 없었을 뿐 아니라 작업장 경비를 위해 사업비의 25%를 투입해야 했다. 이미 재건을 마친 곳에서는 저항세력이 송유관과 송전탑을 파괴하는 등 복구사업 자체를 원점으로 돌려놓았다.

V. 수니파 저항세력과의 대결

1. 수니 무슬림의 저항

수니파 무슬림의 저항은 예상된 바였다. 그들은 권력을 빼앗겼을 뿐 아니라 시아파 무슬림에 의해 탄압받는 위치로 전락했기 때문이다. 역사적으로 이라크 국가가 수립된 이래 수니파 무슬림은 정치권력과 경제력을 장악한 지배세력이었고, 인구의 다수를 차지하고 있던 시아파 무슬림은 차별과 박해를 받아온 가난한 계층이었다. 걸프전 직후 시아파가 봉기했을 때 후세인 정권은 그들을 무자비하게 탄압했다. 미군의 침공으로 권력을 장악하게 된 시아파는 수니파에 대해 보복할 수 있는 절호의 기회가 왔다고 생각했다.

이라크에서 시아파 정권의 등장은 또 다른 의미가 있었다. 후세인 정권이 시아파 국가인 이란과 8년간 전쟁을 했기 때문에 이라크의 수니파 무슬림은 이란의 시아파에 대해 강한 적대감을 가지고 있었다. 그런데 그 원수 같은 시아파가 이라크의 집권세력이 되었기 때문에 수니파는 시아파 정권은 물론 이를 지원하고 있는 미군에 대해서도 반감을 가질 수밖에 없었다. 그래서 바그다드 함락 직후부터 수니파가 다수를 차지하고 있는 바그다드 일부 지역과 서부 이라크에서 수니파 반군이 미군을 대상으로 빈번히 공격했다. 이라크전쟁의 미군 사망자 4,400명과 부상자 3만 2,000여 명의 대부분은 수니파 반군 때문이다.

수니파 반군에는 두 종류의 집단이 있었다. 그 하나는 '알카에다 이라크 지부' 또는 '이라크 알카에다'로 알려진 집단이다. 이들은 이슬람 근본주의 집단으로 이교도인 미국의 침략에 대항하여 이슬람을 수호한다는 명분하에 이라크에서는 물론 중동과 아프리카의 이슬람 국가들에서 달려온 지원자가 다수이며, 자살폭탄 테러 등 극단적인 투쟁방식을 선호했다.

다른 하나는 후세인 정권의 잔존세력이다. 그들은 권력을 빼앗겼기 때문에 박탈감과 반감이 매우 컸다. 특히 브리머가 바트당 출신은 공직에서 축출했을 뿐 아니라 새로 수립되는 이라크 정부에서 일할 수 없도록 했고, 동시에 이라크군을 해산하여 실직자로 만들었기 때문이다. 이들은 이라크 군대가 보유하고 있던 다량의 무기와 폭발물을 쉽게 획득할 수 있었으며, 이를 기반으로 시아파에게 복수하고 나아가 권력을 되찾고자 투쟁에 나섰다.

이라크에서는 전쟁 초기 얼마 동안 잠잠하다가 갑자기 적대행위가 폭증했다. 2003년 6월 한 달 동안 미군이 500건 정도 공격을 받았지만 2년 후에는 매달 3,000여 건에 달했다. 수니파의 저항은 바그다드, 라마디Ramadi, 팔루자Pallujah 등, 수니파 인구가 많은 '수니 3각 지역Sunni Triangle'에서 가장 강력했다.

2. 팔루자 전투(2004년 4월)

팔루자는 바그다드 서쪽 60km에 위치한 알안바르al-Anbar 주의 중심 도시로 수니파 저항세력의 핵심 근거지였다. 인구는 43만 정도이며 100개의 모스크가 있는 모스크의 도시로 알려질 만큼 종교 도시로서 수니파의 최대 거점이다. 따라서 후세인 정권의 핵심 인사 상당수는 이 지역과 인근 지역 출신이기 때문에 미군에 대한 저항이 거셌다.

더욱 심각한 문제는 팔루자에는 수니파 저항세력이 사용할 수 있는 상당량의 무기와 탄약이 있었다는 것이다. 미군이 바그다드 함락에만 몰두하면서 바그다드 주변지역은 사실상 방치했기 때문에 팔루자는 아무런 피해를 입지 않았다. 이 지역을 방어하던 후세인 정부의 군인들은 사라져 버렸고, 그들이 버리고 간 상당수의 무기로 수니파 저항세력이 무장하게 되었다. 사담 후세인은 미국 침공과 시아파의 반정부 봉기에 대비하여 수니파 지역에 많은 무기고를 건설했고, 나아가 상당 규모의 민병대와 민간 저항조직까지 준비했다. 이처럼 팔루자에는 저항세력이 이용할 수 있는 자원이 풍부했기 때문에 수니파 저항의 중심지가 되었다.

바그다드가 함락된 지 2주 후인 2003년 4월 23일, 미 제82공수 사단 1개 대대 700명이 팔루자에 투입된 가운데 찰리Charlie 중대 병력 150명이 한 초등학교 건물에 주둔했다. 4월 28일, 통금시간이 넘은 늦은 시각에 200여 명의 주민들이 미군은 학교에서 철수하고 학교를 개학하라면서 시위를 벌였다. 그 날은 바로 사담 후세인의 생일로, 과거에는 그날이면 이곳에서 후세인의 생일을 축하하는 축제가 열렸지만 이날은 미군에 반대하는 시위가 일어난 것이다.

시위가 격화되자 미군은 연막탄으로 해산하려 했으나 실패했다. 그 혼란의 와중에 시위군중 속에서 무장 괴한들이 미군을 향해 총격을 가했고 미군이 응사하는 가운데 17명이 사망하고 70여 명이 다치는 유혈사태가 발생했다. 이틀 후 이 사건에 항의하는 시위가 또다시 벌어지자 미군이 사격을 가해 3명이 또 숨졌다. 미군은 자신들이 먼저 발포하지 않았고 시위자들이 먼저 총격을 가했기 때문에 응사했을 뿐이라고 했다.

6월 4일, 미군이 시내 순찰 중 반군의 로켓 공격을 받아 1명이 전사하고 6명이 부상당했다. 그 후 미군은 반군이 '치고 빠지기hit and run' 공격에 사용될 우려가 있다면서 주민들이 소유한 오토바이를 모두 압수했고, 이로 인한 주민들의 반발도 컸다.

6월 30일, 이슬람 사원에서 대형 폭발이 일어나 수니파 종교지도자 이맘Imam 쉐이크 라이트 카릴Sheikh Laith Khalil과 다른 8명이 사망했다.6) 주민들은 미군이 사원에 미사일을 발사했기 때문이라고 주장한 반면, 미군은 반군이 폭발물 제조 과정에서 실수로 터진 것이라

---

6) 이맘이란 종교지도자를 지칭하는 말이다.

고 했다.

이후 미군은 시내에서 정규적으로 '번개 습격 작전lightening raids'을 실시했다. 즉 험비Humvee 장갑차들이 줄지어 도로를 신속히 순찰하며 노상 장애물을 파괴하고 보병이 주택과 학교를 수색하는 것을 엄호하는 가운데 반군과 총격을 주고받게 되었다. 수니파 반군은 주로 게릴라 방식의 공격을 했다. 그들은 군복을 입지 않았고, 5명 내외의 소그룹으로 움직였으며, '치고 빠지기hit and run' 방식의 기습 공격을 한 후 주민 속으로 사라지곤 했다. 개인에 의한 자살폭탄 공격은 물론 차량 또는 트럭에 사제私製 폭발물IED: improvised explosive device을 장착하고 군중 속으로 돌진하며 폭발물을 터뜨려 대량 살상을 하고, 도로변에 폭발물을 은닉하여 미군 순찰대가 통과할 때 폭발시키기도 했다.

11월 2일에는 미군 수송 헬기 1대가 팔루자 남쪽 상공에서 반군이 쏜 휴대용 로켓에 격추되어 15명이 사망하고 20명이 부상당했다. 이에 대한 보복으로 미군은 로켓을 발사한 지역을 폭격하는 등 강력히 대응했고, 저항세력은 박격포로 반격했다. 이에 미군은 더욱 강력한 무기인 155mm 야포를 동원해 박격포 발사 지점을 초토화시키려 했다. 이에 수니파 저항세력은 그 지역을 담당하고 있던 이라크 경찰과 공무원을 협박하기 시작했다. 자신과 가족의 생명에 위협을 느낀 경찰은 치안업무를 포기하고 도주하면서 수니파 민병대가 그 지역을 완전히 장악하고 적극적인 무장 투쟁에 나섰다.

2003년 8월부터 2004년 1월까지 팔루자에서는 총 262회의 무력 충돌이 발생했으며, 그중 61회는 수니파 무장 세력에 의한 휴대용 로켓 또는 박격포를 이용한 공격이었다. 이 기간 중 미군 헬기는 3대나 격추되었고, 사제폭발물IED에 의해 미군이 피해를 입은 횟수는 270회에 달했다.[7] 팔루자가 통제 불능의 '해방구'가 되면서 이라크 내 다른 지역과 사우디 등 국외로부터 수니파 무슬림들이 몰려들어 반군 세력이 강화되면서 미군에 대한 공격은 더욱 격렬해졌다.

2004년 3월, 제82공수사단은 안바르 주의 통제권을 제1해병원정 단에 인계했다. 그런데 그 무렵부터 팔루자에서는 반군의 무장 활동 이 급속히 증가했고, 그래서 미군은 시내에서 완전히 철수한 후 간 헐적인 순찰만 실시했다. 해병대가 주둔한지 1주일 만인 3월 31일, 최악의 사태가 발생했다.

즉 미군에 식료품을 수송하던 민간 용역업체인 블랙워터 유에스 에이Balckwater USA 직원 4명이 반군의 매복 공격으로 살해당했다. 반 군은 대낮에 그들의 시체를 불태운 후 차량에 매달아 시내로 끌고 다 니다가 유프라테스강 교량 위에 매달아 놓았고, 그 동영상을 언론에 공개하여 전 세계에 방영하도록 했다. 이로 인해 미국 국민들의 분노 가 폭발했고, 그래서 부시 대통령은 팔루자를 평정하라고 명령했다.

시체 훼손 사건이 발생한 지 1주일 후인 2004년 4월 5일, 이 사 건에 대한 보복으로, 미군은 '단호한 결의Vigilant Resolve'라는 명칭의 군 사 작전을 전개했다. 제1해병원정단 소속 1,200명의 해병과 이라크 군 2개 대대 800명이 팔루자를 포위 공격했고, 미 육군의 정예 특수 전 부대인 델타 포스도 참여했다. 미군은 험비 장갑차량과 원형 철 조망으로 시내로 들어가는 도로를 봉쇄하였고, 라디오 방송국을 점 령하여 주민들에게 집밖으로 나오지 말 것과 반군을 색출하는 데 협 조할 것을 요청했으며, 그 같은 내용의 유인물도 뿌렸다. 시내에서 치열한 전투가 계속되면서 주민 3분의 1가량이 팔루자를 탈출했다.

---

7) Bing West, *No True Glory: A Frontline Account of the Battle for Fallujah* (New York: Bantam Books, 2006), pp. 26-52.

〈그림 5-1〉 팔루자에서 작전 중인 미군 _ 출처: pinterest.com

당시 팔루자에는 휴대용 로켓, 기관총, 박격포, 대공화기 등으로 무장한 20개 가까운 급진 반군 집단이 저항하고 있었다.

미군은 AC-130 중무장 공격기, AH-64 아파치 공격헬기, F-16 전투기 등을 동원한 공습과 포격으로 저항세력의 근거지를 파괴하는 동시에 반군 수백 명을 사살했다. 저격수 Scout Snipers 활용은 미 해병 전략의 핵심이었다. 헬기를 이용해 건물 옥상에 도착한 해병 저격수들은 거리에서 움직이는 모든 물체를 조준 사격했는데, 저격수 한 명당 평균 31명을 사살했던 것으로 알려지고 있다. 그리고 전술심리전팀 Tactical Psychological Operations Team 은 스피커를 통해 음악과 함께 주민들을 선무하는 방송을 내보냈다. 3일간의 작전으로 미군은 반군의 주요 거점을 탈취하고 팔루자의 25%를 장악했다.

그러나 이 공격에 동원된 이라크군은 전투에 전혀 도움이 되지 않았다. 685명의 대대병력 가운데 106명이 탈영하고 104명은 전투

명령을 거부했다. 나머지 70%는 전투에 참가하지 않았기 때문에 미 해병대만으로 공격했으며, 병력 부족을 화력으로 대체했기 때문에 민간인 피해가 컸다.

4주간 계속된 전투에서 미군 전사자는 27명이었고 반군 사살은 200여 명이었으며, 민간인 사망자도 600여 명에 달했다. 미군의 작전 목표가 팔루자의 평정이었지만 그 목표는 달성되지 못했다. 더구나 미군의 작전이 상당한 민간인 희생을 초래했기 때문에 이라크 임시정부가 항의했고, 이에 브리머는 일방적으로 휴전을 선언했다.

4월 13에는 이슬람 사원에 은닉한 반군이 미군을 공격했고, 이에 대한 반격으로 미군은 사원을 폭격하여 주민들의 거센 저항에 직면하게 되었다. 이틀 후에는 F-16 전투기가 팔루자 북부에 2,000파운드의 정밀 유도폭탄을 투하했다.

4월 27일에는 반군이 미군 방어선을 공격하자 미군은 항공지원을 요청했다. 다음 날 항공모함 조지 워싱턴호의 함재기들이 날아와 반군 밀집지역을 폭격했고, 레이저 유도 폭탄GBU-12 Paveway Ⅱ 13발로 반군 지역을 맹타했다. 5월 1일, 지역 주민들이 반군들을 팔루자에서 내보내기로 합의하면서 작전이 종료되었고, 미군은 새로 결성된 '팔루자 여단Fallujah Brigade'에게 작전을 일임하고 철수했다. 팔루자 여단은 CIA가 창설한 수니파 민병대로 미군이 공급한 무기와 장비로 무장하고 있었다. 그러나 9월에 이르러 팔루자 여단 요원들이 반군 지지로 돌아서면서 그 여단은 해체되었다. 팔루자를 중심으로 한 전투는 이라크 중부지역과 유프라테스강 유역으로 확산되었다. 팔루자의 서북쪽에 위치한 라마디Ramadi에서도 수니파 반군들이 미군과 이라크군을 대상으로 빈번한 공격이 일어났다.

팔루자 전투는 바그다드 함락 후 최대의 전투였다. 뿐만 아니라 팔루자 전투는 후세인 정부군을 대상으로 한 전투가 아니라 반군을 상대로 한 전투였기 때문에 이라크전쟁의 개념을 완전히 바꾸어 놓았다.

3. 2차 팔루자 전투(2004.11.7~12.23)

2004년 늦가을 팔루자 지역의 수니파 반군은 크게 강화된 상태였다. 1차 팔루자 전투 당시인 4월 핵심 반군 요원은 500명, 이른바 '파트타임part time' 반군은 1,000명 정도로 추산되었으나 11월에 이르러 반군 규모는 두 배 이상으로 증가해서 3,000여 명에 이르렀다. 당시 팔루자에는 '이라크 알카에다' 등 이라크 내 주요 저항세력들의 본부도 위치해 있었다. 늦은 가을 반군의 공격이 격렬해지자 미군은 수니파 반군을 대상으로 2차 팔루자 작전에 나섰다.

이라크 출신 반군과 외국 출신 무장 요원들은 미군 공격에 대비하여 각종 방어용 장벽을 설치했다.[8] 그들은 터널과 수로를 건설하고, 은신용 참호spider hole를 파고, 다양한 급조폭발물을 제조하여 설치했다. 빈 집에는 프로판 가스와 휘발유통과 화약을 설치하여 미군이 접근하면 줄을 잡아 당겨 폭발할 수 있도록 했다. 모든 도로는 콘크리트 구조물로 차단하고 그것들을 건물 입구에도 설치하여 방어시설로 사용했다. 반군은 빌딩과 차량은 물론 출입문과 창문에도 수류탄과 급조폭발물을 설치하여 건드리면 터지도록 했다. 미군이 옥상을 점령할 것에 대비하여 건물 계단에 불을 지를 준비도 했다.

---

8) Ricks(2005), pp.343-346.

미군과 이라크군은 공격 이전에 팔루자 주변에 검문소를 설치하여 사람이나 차량이 시내로 들어오지 못하도록 하고 동시에 반군들이 시내로부터 탈출하지 못하도록 했다. 그리고 공격하는 병력들에게 항공사진이 제공되었으며, 미군 부대의 작전을 돕기 위한 이라크 통역자도 배치되었다. 당시 팔루자 주민 대부분이 피난 갔기 때문에 작전으로 인한 민간인 피해에 대한 우려는 줄어들었다. 30만의 시민 중 70~90%가 공격 이전에 탈출한 상태였다.

작전에는 미군, 이라크군, 영국군이 참여했으며, 총 병력은 13,500 명이었다. 미군은 해병 제1사단의 10개 대대 병력 6,500명이었고 육군도 1,500명이 공격에 가담했으며, 해군 2,500명은 항모전단 등을 통해 지원 임무를 담당했다. 영국군 1개 대대 850명은 미군과 이라크군의 팔루자 포위를 지원하는 임무를 수행했으며, 특히 팔루자 동쪽의 고속도로를 장악하고 순찰했다. 그리고 이라크군 3개 대대는 예비 병력으로 참가했다. 미군 지상군은 두 개의 연대전투단Regimental Combat Team으로 편성되어 작전에 나섰으며, 그들은 항공모함에서 발진한 항공기, 해병대와 육군의 포병화력, 그리고 해군 특수전부대 저격병들의 지원을 받았다.9)

11월 7일 저녁 미군은 팔루자의 서쪽과 남쪽에서 양동 작전을 전개하여 팔루자 종합병원, 주요 교량, 시내 주요 건물 등을 점령하고, 유프라테스강 건너편의 마을들도 장악했다. 팔루자 남쪽으로부터도 양동 작전이 실시됐다. 그리고 해군 특수공병팀Navy Seabees이 팔루자의 북동쪽과 북서쪽에 위치한 두 개의 변전소를 습격하여 전

---

9) Vincent L. Foulk, *Battle of Fallujah: Occupation, Resistance And Stalemate in the War in Iraq* (Jefferson NC: MacFarland, 2006).

력을 차단한 후 해병전투단들은 북쪽 교외에서 공격을 개시했고, 증강된 육군 2개 대대도 공격에 가담했으며, 뒤이어 4개 보병 대대 병력이 주변지역 건물을 장악하는 임무를 맡았다.

미 공군은 F-15, F-16, A-10 썬더볼트 Thunderbolt II 공격기, B-52 스트래토 포트리스 Strato Fortress 폭격기, AC-130 중무장 공격기 gunship 등으로 반군 거점에 대한 정밀폭격으로 지상 작전을 근접 지원했다. 공군은 또한 중저고도 다목적 무인기 MQ-1 Predator 로 정찰과 정밀폭격 임무를 수행했고, 고고도 정찰기 드래곤 레이디 Dragon Lady 는 작전 전후에 걸쳐 정보수집, 감시, 정찰 임무를 수행했다.

11월 8일, 해병대 및 해군 저격수 팀과 공군의 '합동 공격통제관 JTAC' 팀의 지원을 받은 해병과 육군 및 이라크군으로 구성된 6개 대대 병력이 야음을 이용하여 은밀히 팔루자 시내로 진입해서 이미 침투해 있던 정찰팀과 연계한 후 다음 날 이른 새벽, 정밀 폭격과 격렬한 포격에 이어 공격을 개시했다. 먼저 철도역을 점령한 후 후속 병력의 집결지로 사용하도록 했고, 해병은 공중 엄호를 받으며 시내 중심가로 진격했다. 미군은 전차와 항공기를 동원해 저항세력의 거점을 파괴하고 그들이 은익하고 있던 주택을 불도저로 밀어버리기도 했다. 뒤이어 해군 특수공병팀은 그날 아침 폭격과 포격으로 생겨난 폐기물들을 장갑장치가 된 불도저를 사용하여 제거했다. 그날 자정이 넘어 해병들은 시내 중심부에 도달했다.

11월 13일경 대부분의 전투는 끝났고, 해병과 육군 특수부대는 시내 곳곳에 남아 있던 반군 잔당을 소탕했으며, 간헐적인 전투는 12월 23일까지 계속되었다. 2005년 1월 후반에 이르러 미군은 시내에서 철수하기 시작했고, 동시에 피난 갔던 주민들이 폐허로 변한 도시로 돌아오는 것을 돕기도 했다.

2차 팔루자 전투는 베트남전쟁 이래로 미군이 치른 가장 유혈적인 전투였다. 이 전투의 치열함은 2차 대전 당시 미군이 일본군과 가장 치열하게 대결했던 이오지마 전투와 오키나와 전투, 그리고 베트남전 당시 최악의 시가전이었던 후에^{Hue} 전투와 비교될 정도이다.[10]

2차 팔루자 전투에서 미군은 95명이 전사하고 560명이 부상당했으며, 영국군은 4명이 전사하고 10명이 부상당했고, 이라크군은 8명이 전사하고 43명이 부상당했다. 반군의 인명 피해는 공식 통계가 없기 때문에 정확하지 않지만 사망자가 2,175명에 이르렀다. 그리고 연합군은 이 작전에서 1,500여 명을 포로로 잡았다. 한편 적십자사는 이 전투로 인한 민간인 사망자는 800명 정도로 추산했다.

미 해병 제1사단은 이 전투 중 5,685발의 155mm 고폭탄을 쏟아 부었고, 해병 제3항공대는 318발의 정밀 유도폭탄을 투하하고, 391발의 미사일을 발사했으며, 93,000회의 기관포 사격을 했다. 이 전투로 인해 팔루자의 사원寺院, 공공시설, 민간 빌딩, 주거지 등이 완전히 파괴되거나 큰 피해를 입어 팔루자는 폐허로 변했다. 이 도시에서 반군이 사원을 무기 저장소 또는 중화기 거점으로 사용했기 때문에 연합군의 공격을 받아 200개의 사원 중 60여 개가 파괴되었다. 작전이 끝난 후 연합군이 사원들을 수색한 결과 66개의 사원에서 반군이 저장해둔 무기들을 발견했다. 팔루자에 있는 5만여 동의 크고 작은 건물 중 7,000~10,000동의 건물이 파괴되었고, 나머지 건물의 절반 내지 3분의 2가 상당한 피해를 입은 것으로 나타났다. 미군들이 이라크 공격 당시 그토록 피하려고 했던 대규모 폭격과 포격

---

10) Ricks(2005), p.400.

에 의한 도시점령 작전의 참담한 결과였다.

미군 수색대는 11월 16일, 팔루자에서 알카에다 조직과 지휘부를 발견했다. 알자르카위al-Zarqawi가 이끄는 '이라크 알카에다AQI: al-Qaeda in Iraq는 이라크전쟁이 시작된 이래 본격적으로 저항하기 시작했으며, 특히 수니파 거주지역인 팔루자에서 수니파 주민들의 반미감정을 효과적으로 이용했다. 그들은 외국인을 납치하고 시아파를 공격했으며, 시아파와 싸우고 있는 수니파 무장 세력을 지원하고 무기와 탄약도 제공했다. 연합군의 팔루자 공격 목표 중의 하나는 이라크 내에 있는 알카에다 조직망의 분쇄였다. 미군은 '이라크 알카에다' 지도자 알자르카위를 사살하거나 생포하는 데 실패했지만, 팔루자에 있던 '이라크 알카에다'의 근거지를 파괴했고, 나아가 이라크 서부지역의 수니파 저항세력의 근거지도 파괴하는 데 성공했다. 그러나 2006년 9월이 되면서 팔루자와 라마디가 위치한 안바르 주에서 상황이 다시 악화되었다. 이에 미군은 3차 팔루자 작전을 시작하여 다음 해 1월 중순까지 계속했다.

이라크전쟁이 수니파와 시아파 간 종파전쟁으로 변하면서 자신의 목숨을 던지는 자살공격이 성행했고, 이를 막을 효과적인 방법도 별로 없었다. 자살공격을 감행한 사람들은 이라크인보다는 다른 아랍 국가에서 온 지원자들이 많았지만, 이라크 군대와 경찰이 테러분자와 테러물자의 유입을 통제하지 못했기 때문에 문제는 심각했다. 2003년 3월 이라크전쟁 시작 당시부터 2006년 8월까지 이라크에서는 514건의 자살폭탄 공격이 발생했다. 신원이 확인된 102명의 자살공격자 가운데 44명이 사우디 출신이었고, 쿠웨이트 출신 7명, 시리아 출신 6명 등이었고, 이라크 출신은 7명에 불과했다. 2007년 7월에 발표된 자료에서도 자살공격자의 출신국은 사우디 45%, 레바논과 시리아가 15%를 차지했다. 자살폭탄 공격자는 대부분 자동차에 폭탄을 장착하고 공공시설이나 주민 밀집지역으로 잠입해 자폭했다. 미군이 새로운 장갑차 등으로 자살폭탄 공격에 대비하게 되면서, 자살공격자들은 이라크 군대 및 경찰과 시아파 주민을 집중 공격했다.

이라크전쟁에서 가장 심각한 위협은 전투가 아니라 사제폭발물이었다. 이라크에서 시아파와 수니파 모두 자살공격에 동원한 것이 사제폭발물이다. 사제폭발물은 대개 기존 폭발물에 있던 폭파 장치를 제거한 다음 새로 뇌관과 기폭 장치를 설치한 것으로, 목표물 근처에서 폭파되도록 했다. 2007년 9월에 추산된 자료에 의하면, 이라크에서 미군 전사자의 3분의 2가 사제폭발물 공격 때문이었고, 같은 이유로 부상당한 미군도 2만 1,200명에 달했다. 사제폭발물 공격이 효과적이자 저항세력은 사제폭발물을 더욱 많이 동원했다. 2006년

〈그림 4-1〉 전쟁물자를 수송 중인 미군 선박 _ 출처: usdotblog.typepad.com

1월에는 하루 50여 개의 사제폭발물이 매설되었지만, 2007년 3월부터 하루에 100여 건, 한 달에 3,000여 건으로 급증했다.

펜타곤은 "사제폭발물은 미군을 위협하는 가장 효과적인 무기"라고 인정했을 정도이다. 펜타곤은 사제폭발물 공격에 대처하기 위해 약 30억 달러를 투입하고, 또한 사제폭발물에 의한 공격으로부터 미군을 보호하기 위해 장갑차를 이용한 순찰만 하도록 했다. 그러나 2007년 지뢰방호차량mine-resistant ambush-protected vehicle이 도착한 후 미군 피해는 급격히 줄어들었다.

VI. 시아파 무장세력과의 대결

팔루자 전투가 진행되고 있을 당시인 2004년 4월, 시아파의 근거지인 나자프에서 미군과 이라크군이 시아파 무장세력인 마흐디Mahdi 민병대와 충돌하여 전투가 일어났다.

나자프는 바그다드 남쪽 160km 지점에 있는 인구 140만의 도시로 시아파의 성지일 뿐 아니라 나자프 주州의 주도州都이다. 이곳에는 이슬람의 창시자 무하마드의 조카인 동시에 그의 사위였던 4대 칼리프Caliph 알리Ali의 무덤이 있어 매년 수백만의 시아파 무슬림들이 순례하는 곳으로 시아파의 정체성과 직결된 곳이다.[11] 따라서 나

---

11) 순례자 규모 면에서 메카(Mecca)와 무함마드의 출생지인 메디나(Medina)만이 나자프를 앞선다. 나자프는 다른 어느 곳보다 많은 시아파 순례자들이 모인다.

자프를 장악한 시아파 집단은 이라크는 물론 중동지역 시아파 전체에 막강한 영향력을 행사했다. 후세인 정권하에서 시아파가 탄압받았기 때문에 시아파 종교지도자들이 국외로 망명했다가 후세인 정권 붕괴 후 귀국하여 나자프 지역에 자리 잡았고, 그래서 세계 각지에서 수많은 시아파 무슬림들이 나자프에 인접한 카르발라로 순례를 재개했다.

당시 미국인들은 이슬람교의 민감성을 제대로 이해하지 못했으며, 특히 이라크 인구의 다수를 차지하는 시아파 세력과 충돌하게 되면서 이라크전쟁을 더욱 어려운 국면에 빠뜨렸다. 브리머가 이끄는 연합군 임시행정처는 2004년 3월 28일, 시아파의 젊은 지도자 무크타다 알사드르Muqtada al-Sadr의 영향력하에 있던 신문 『알하우자 Al Hawza』를 폐간했다. 이 신문이 시아파는 수니파에게 복수해야 한다는 주장을 펴고 있었을 뿐 아니라 미군을 대상으로 무장투쟁을 벌일 것을 선동하고 있었기 때문이다. 이 신문의 폐간에 반발하여 알사드르는 자신이 창설한 마흐디 민병대로 하여금 무력투쟁에 나서도록 했고, 시아파 주민들도 격렬한 시위에 나섰다. 4월 4일, 마흐디 민병대가 미군을 공격하여 미군 7명이 사망하고 58명이 부상당하면서 무력 충돌이 시작되었다.12)

전투는 곧 나자프와 남부 주요 도시인 바스라지역으로 확산되었다. 미군은 알사드르가 장악하고 있는 지역을 공격하는 등, 한 달간 전투를 벌인 후 휴전에 합의했다. 동시에 6월 28일 출범한 시아파 중심의 이라크 임시정부는 알사드르에게 마흐디 민병대를 해산하고

---

12) 마흐디 민병대는 '마흐디군(軍)(Mahdi Army)'이라 하기도 하는데 여기서는 마흐디 민병대로 표기하기로 한다.

임시정부에 참여할 것을 제안했으나 거절당했다.

8월 5일, 마흐디 민병대가 경찰서를 공격하면서 6월에 체결되었던 휴전은 깨졌다. 다음 날 미군 헬기 한 대가 마흐디 민병대의 공격으로 격추되었고, 뒤이은 시가지 전투에서 미군 4명이 사망했다.

이에 미군은 8월 9일 제1기갑사단의 3개 대대를 투입해 공격에 나섰다. 전투기와 헬기 공습에 이어 탱크와 장갑차를 동원한 2,000명의 제1기갑사단 병력과 1,800명의 이라크군이 나자프 시내를 향해 진격했다. 마흐디 민병대가 시내 좁은 골목에서 휴대용 로켓으로 저항하면서 10여 대의 에이브람스Abrams 탱크와 브래들리 전투차량이 파괴되거나 피해를 입었다.

미군과 이라크군의 대대적인 공세로 수세에 몰린 1만 5,000명 규모의 마흐디 민병대와 다른 시아파 무장세력은 시아파 이슬람교도들이 신성시하는 이맘 알리Imam Ali 사원과 그 인근에 위치한 이슬람 최대의 고대 공동묘지로 후퇴하여 그곳을 피난처로 삼고 소총과 기관총, 휴대용 로켓을 동원해 항전했다. 그들은 공동묘지를 내려다볼 수 있는 큰 호텔의 옥상에 기관총을 거치한 후 전진하는 미군을 향해 사격했다. 마흐디 민병대 지도자 알사드르는 "마지막 피 한 방울을 흘릴 때까지 싸우겠다"고 다짐하고 "내가 죽어도 끝까지 항전하라"고 명령했다. 야포 등 중화기를 사용할 수 없는 상황에서 미군은 정밀 폭격으로 마흐디 민병대가 저항하고 있는 건물 하나하나를 차례로 제압했고, 그 과정에서 알리 사원은 부분적으로 파손되었다.

이 전투로 인해 시아파의 봉기가 전국으로 확산되었다. 바그다드와 남부 주요 도시에서는 연일 시위가 벌어졌고, 이라크 임시정부 내에도 심각한 분열이 일어났다. 시아파 부통령 이브라힘Ibrahim은 "성지 공격을 중단해야 한다"며 알라위 총리에게 반기를 들었다. 8월

26일, 두 대의 F-16 폭격기가 반군이 저항하고 있던 두 호텔에 4발의 통합직격탄을 투하하여 결정적 타격을 가했다. 이에 대★아야톨라 시스타니Grand Ayatollah Sistani가 중재에 나서 휴전이 성사되고, 마흐디 민병대는 무기를 내려놓고 자유롭게 떠날 수 있도록 했다.

2004년 8월에 있었던 20여 일간의 전투에서 미군 전사자는 13명이었고 미군 탱크 2대와 장갑차 4대가 파괴되었으며, 이라크군은 40명이 전사하고 46명이 부상당했으며, 18명이 포로가 되었다. 반면 반군 사망자는 1,594명에 달했고 포로로 잡힌 자도 261명이나 되었다. 그럼에도 마흐디 민병대는 급진적인 시아파 세력과 종교지도자들의 지지를 확보했으며, 미국과 대립하고 있던 이란의 지지를 얻어내면서 자신들의 정치적·군사적 영향력을 강화하게 되었다.

VII. 종파 내전의 늪에 빠지다

부시 행정부는 후세인 독재정권을 타도하고 민주정부를 수립하면 이라크가 머지않아 안정될 것으로 예상했지만, 그것은 환상에 불과했다. 이라크는 마치 '판도라의 상자'를 열어놓은 것처럼 시아파와 수니파 간의 무력 충돌로 내란을 방불케 했다. 미국은 이라크의 뿌리 깊은 종파 갈등을 경시하고 하나의 통합된 사회로 판단했기 때문에 종파 갈등에 적절히 대응하지 못했다. 후세인 정권의 독재정치는 이라크 내 종파 갈등을 억눌러 왔지만, 그 정권이 사라지면서 억눌려 있던 종파 갈등이 걷잡을 수 없이 터져 나온 것이다. 서기 661년 4대 칼리프 알리가 암살되면서 시작된 수니파와 시아파의 반목과 갈등이 무려 1,400년 동안 계속되어 왔다는 사실을 미국은 간과했던 것이다.[13]

부시 행정부는 후세인 정권 붕괴 후 이라크에서의 주된 과제는 후세인 지지세력과 테러집단을 고립시키고 무력화하는 것이라고 판단하고, 이라크 보안군군대와 경찰 육성을 통해 그것을 달성하려 했다. 곧 '이라크전쟁의 이라크화'였다. 그것은 이라크전쟁의 중심 역할을 이라크군이 담당하고 미군은 지원하는 역할을 하며, 그것은 미군 병력의 축소는 물론 조만간 철수를 전제로 한 것이었다. 그래서 건잡을 수 없이 확산되고 있는 시아파와 수니파 간의 무력충돌을 대수롭지 않은 '종파 분쟁sectarian violence'으로 인식했을 뿐, 결코 '내전civil war'이 아니라고 강변했다. 그래서 미군은 시아파와 수니파 간의 생사를 건 유혈사태를 중단시키려고 적극적으로 개입하지 않았다.

그러나 제대로 능력을 발휘하지 못하는 이라크 정부가 전쟁을 주도할 수 없는 것은 말할 것도 없고, 졸속으로 육성된 이라크군은 민병대보다 못한 수준이어서 미군을 대신하여 작전할 능력이 없었다. 또 다른 문제는 이라크 정부가 수니파 주민들로부터 정당한 정부로 인정받지 못했을 뿐 아니라 오히려 도전받고 있었다. 이처럼 수니파가 이라크 정부에 저항했기 때문에 이라크 정부는 그들을 '반군叛軍'으로 간주하여 살해하거나 탄압했고 미군은 이를 저지하지 못했다.

---

13) 이슬람의 창시자이며 예언자인 무하마드의 조카인 동시에 사위였던 4대 칼리프(Caliph) 알리(Ali Ibn Ani Talib)의 지위에 대한 해석의 차이로 수니파와 시아파가 갈린다. 수니파는 무하마드 사후에 있었던 4명의 칼리프가 정당한 후계자이며 신이 지정한 후계자는 없다고 보는 반면, 시아파는 알리만이 신이 지정한 정당한 후계자라고 본다.

또 다른 미군의 실책은 바그다드 함락 직후 후세인 정부군의 수많은 무기고들이 약탈당하도록 방치한 것이며, 그 결과 이라크 알카에다 같은 테러집단은 물론 수니파와 시아파의 민병대가 무장할 수 있는 무기와 탄약, 그리고 급조폭발물IED 제조에 필요한 폭약 등이 풍부했던 것이다. 2004년 4월의 조사에 의하면, 이라크 내 400여 개의 후세인 정부 당시의 군사기지가 모두 약탈되어 무기고가 완전히 비어 있었던 것으로 파악되었다.14) 또한 미군은 이라크군을 육성하면서 무기와 탄약을 제공했지만 그중 상당수가 사라졌고, 결국 종파 내전에 동원되었을 가능성이 컸다.

이라크 내 시아파 인구는 60% 정도이고 수니파는 35% 정도이다. 그런데 수니파 출신인 사담 후세인이 35년간 통치하면서 시아파를 차별하고 탄압했기 때문에 종파 간 반감이 깊었다. 그런데 이란의 아야톨라 호메이니Ayatollah Ruhollah Khomeini가 팔레비Pahlavi 왕정에 저항하다가 1965년 이라크로 망명 와서 시아파 성지 나자프에서 이란에 대항하는 종교적·정치적 세력을 형성했다. 권력을 장악한 사담후세인이 시아파 탄압 등 무자비한 독재로 치닫자 호메이니는 후세인 정권을 축출해야 한다고 시아파 주민을 선동했고, 그래서 그는 이라크에서 추방되었다.

1979년 초 이란에서 이슬람혁명으로 호메이니가 이끄는 이슬람공화국이 수립되었다. 그 후 급진적인 이슬람혁명의 바람이 아랍 세계에서 급속히 확산되었고, 특히 인접국이면서 시아파 인구가 다수

---

14) Government Accountability Office, *Operation Iraqi Freedom: DoD Should Apply Lessons Learned Concerning for the Need for Security Over Conventional Munitions Site in Future Operations Planning* (Washington, DC: GAO, 2007), pp.11-12.

인 이라크가 가장 큰 영향을 받았다. 사담 후세인은 이슬람혁명의 바람이 자신의 정권을 위협하고 있다고 판단하고 이란 혁명정권을 타도할 목적으로 1980년 이란을 공격했다. 8년간 계속된 이란-이라크전쟁으로 100만 명 가까운 사상자가 발생했고, 이로 인해 이라크 내 수니파와 시아파 간 대결도 심화되었다.

2003년 미국은 후세인 정권을 붕괴시키고 시아파에게 권력을 넘겨주었다. 그러나 시아파 정권은 수니파를 권력에서 배제했을 뿐만 아니라 그들을 탄압했다. 다시 말하면, 새로 수립된 이라크 정부는 종교와 분리된 정권이 아니라 시아파 세력이 정치의 전면에 나서거나 배후에서 조종하고 지원한 '종파적 정권'이었다. 이로써 이라크전쟁은 미국에 대한 이라크인들의 민족주의적 전쟁으로부터 이라크 내 시아파와 수니파 간의 종파 내전으로 바뀌었다.

2003년 8월 29일 금요일, 나자프에 있는 시아파의 이맘 알리 사원 앞에서 두 대의 폭탄 차량이 폭발하면서 95명이 죽고 500여 명이 부상당했으며, 이 테러로 시아파 최고 종교지도자 아야톨라 알하킴Ayatollah Mohammed al-Hakim이 살해당했다. 이것은 그해 이라크에서 일어났던 가장 끔찍한 테러였다. 수니파인 아부 무사브 알자르카이Abu Musab Al-Zarqawi가 이끄는 '이라크 알카에다'가 미군에 협조적이었던 알하킴을 살해한 것이다. 이에 분노한 수많은 시아파 주민들이 거리로 몰려나와 테러세력에게 저주를 퍼부었고, 그때부터 수니파를 대상으로 한 시아파의 보복 공격이 벌어지면서 종파분쟁이 급속히 악화되었다.

2004년에 들어서도 수니파에 의한 폭탄 테러는 계속되었다. 특히 3월 2일 카르발라와 바그다드에서 시아파의 최대 종교기념일인 성인聖人 아슈라Ashura 기념일에 수만 명이 운집한 장소에서 수니파 무장 세력의 총격과 차량폭탄 테러 등으로 178명의 주민들과 순례자들이 사망하고 500여 명이 부상당했다.

연합군이 가로챈 서한을 통해 이 테러 공격이 이라크 알카에다의 소행이라는 것이 밝혀졌다. 이 서한에서 테러 분자들은 이라크에서 미국이 주도하는 민주주의가 정착되는 것을 저지하는 유일한 방법은 시아파와 수니파 간의 대결을 심화시키는 것이라고 했다. 특히 그들은 종파갈등이 전면적인 내전으로 확대되면, 수니파 무슬림이 압도적으로 많은 중동과 아프리카의 이슬람 국가들에서 대대적으로 지원자들을 끌어들일 수 있다고 판단하고 의도적으로 사태를 악화시켰던 것이다.

2006년 2월 22일에 일어난 시아파 성소聖所 알아스카리al-Askari 사원의 폭파는 종파宗派 갈등을 내전으로 치닫게 한 결정적 계기였다. 이 사원은 시아파 신앙에서 가장 신성시되는 곳으로 시아파 무슬림의 순례지가 되어 왔다. 이라크 알카에다가 폭파했을 것이라는 보도가 잇따랐다. 이라크 알카에다는 2004년 2월부터 이라크에서 시아파 목표물을 공격해서 시아파와 수니파 간의 내전을 촉발시켜야 한다고 공언해왔고, 2005년 9월부터 시아파를 본격적으로 공격하기 시작했다. 결국 알아스카리 사원을 폭파한 테러범들이 체포됐는데 그들은 이라크 알카에다 요원들이었다.

시아파 사원이 공격당하자 시아파는 격분하여 보복에 나섰다. 그들은 수니파 사원을 파괴하고 수니파 주민들을 닥치는 대로 살해했다. 알아스카리 사원이 파괴된 지 24시간 만에 이라크 전역에서는 수니파 사원들에 대한 공격이 일곱 차례나 일어나 사원들이 파괴되고, 바그다드와 바스라에서 수니파 종교지도자 이맘Imam이 살해되고, 바그다드 인근에서는 수니파 부족장sheik이 살해되고 그의 아들은 납치되었다. 워싱턴포스트는 알아스카리 사원이 파괴된 후 4일 동안 적어도 1,300여 명의 수니파가 살해되었으며, 그들 대부분은 시아파 마흐디 민병대의 공격으로 희생되었다고 보도했다.[15]

그러나 이 같은 혼란을 수습할 수 있는 정부가 이라크에는 사실상 존재하지 않았다. 2005년 12월 이라크 정부 수립을 위한 총선거가 있었지만 6개월 후인 2006년 5월 20일이 되어서야 정부가 구성될 수 있었다. 이라크 과도정부가 존재하고 있었지만 아무 것도 할 수 없는 무력한 정부였다. 이처럼 이라크가 종파 내전에 빠져들면서 미국의 이라크전쟁은 파탄상태에 빠졌다.

그것은 알아스카리 사원 사태 후 급증한 이라크인 사망자 수를 통해 알 수 있다. 미군 집계에 의하면, 이 사태 후 바그다드 지역의 1일 사망자 수는 11명 수준에서 3배인 33명으로 늘어났다.[16] 2006년 2월 22일 알아스카리 사원이 폭파된 때로부터 다음 해 2월 21일까지 1년간 이라크인 사망자는 2만 8,440명으로 1년 전 같은 기간에 비해 두 배로 늘어났다.[17] 피난민도 급증했다. 2006년 10월 유엔난민고등판무관실UNHCR은 알아스카리 사원 사태 이후 종파 내전으로 37만 이상의 난민이 발생했다고 밝혔다. 조직적인 살해 위협에 직면했던 이라크 중산층의 40% 정도가 이라크를 떠났다. 국가재건에 필수적인 소중한 인적 자원이 탈출했던 것이다.

---

15) Ellen Knickmeyer and Bassam Sebti, "Toll in Iraq's Deadly Surge: 1,300 Morgue Count Eclipses Other Tallies Since Shrine Attacks," *The Washington Post* (February 28, 2006).

16) Toby Dodge, "The Causes of US Failure in Iraq"(2007), *Survival* 49 (1): pp.85-106.

17) http://www.iraqbodycount.org/

종파 내전은 바그다드와 주변 지역을 치열한 게릴라 전쟁터로 바꾸었으며, 그 여파로 이라크 전체가 불안한 상태에 빠졌다. 무엇보다도 바그다드가 종파전쟁의 격전지가 되었다.[18] 바그다드의 인구 600만 중 시아파가 400만이고 수니파가 200만이었는데 그들이 격돌한 것이다. 바그다드를 중심으로 한 이른바 '수니 삼각지대'가 종파 내전의 주된 전쟁터가 되었으며, 종파 간 충돌의 80% 정도가 이 지역에서 일어났다.

시아파 민병대와 수니파 민병대가 각기 '종파 청소ethnical cleansing'에 나서면서 바스라 시의 소수파인 수니파 주민들은 시아파의 살해 위협을 피해 수니파 지역으로 도망갔고, 수니파가 장악하고 있던 지역에서는 시아파가 탈출하지 않으면 안 되었다. 후세인 정권 당시에는 바그다드 일대에서 수니파와 시아파가 서로 섞여 살았으나, 종파전쟁으로 수니파는 바그다드의 서쪽, 시아파는 동쪽에 몰려 살게 되었고, 그 후 미군은 시아파 거주지역과 수니파 거주지역을 차단하기 위해 중간에 콘크리트 장벽을 설치하였다.

종파 내전은 사실상 '종교전쟁'이었기 때문에 공격자들은 종교적 확신에 차 있어 극단적 방식으로 공격하는 것을 서슴지 않았다. 시아파 민병대는 수니파 지역에 들어가 무분별하게 주민을 납치하여 고문하고 살해했으며, 때로는 경찰을 동원하기도 했다. 처형조處刑組: death squad를 편성하여 조직적으로 수니파 주민들을 살해하거나, 집단 살해한 후 시체를 도로변에 버리기도 했으며, 처형 장면을 촬영하여

---

18) Kirk Semple, "Sectarian Clashes: Baghdad Erupts in Mob Violence," *The New York Times* (November 23, 2006), http://query.nytimes.com/gst/fullpage.html?res=9D0CEFDF1130F933A25754C0A9609C8B63&pagewanted=all&mcubz=2(검색일: 2017.7.21).

인터넷에 공개하기도 했다.

시아파의 공격에 대항하여 수니파는 극단적인 방식으로 대응했다. 시아파 밀집장소에서 폭탄을 터뜨리거나 자살폭탄 테러를 감행했다. 예를 들면, 2006년 11월 23일, 이라크 알카에다와 수니파 민병대가 시아파의 마흐디 민병대의 본거지인 사드르^{Sadr} 시市에 대한 자살폭탄 공격과 박격포 공격으로 144명이 사망하고 206명이 부상당했다. 시아파 무장세력이 즉시 보복에 나서 수니파 사원을 공격하고 수니파 주민 6명을 불태워 죽였다.[19] 수니파 극단주의 세력인 이라크 알카에다도 반격에 나서 시아파 축제기간인 2007년 1월 22일 바그다드의 시아파 본거지를 차량폭탄으로 공격하여 88명을 살해하고 160명을 부상케 했다.

2007년 2월 7일에도 수니파 무장 세력이 바그다드 중심가에 있는 번잡한 시장에서 대형 트럭에 장착된 폭탄을 터뜨려 135명이 사망하고 339명이 부상당했다. 더욱 심각한 것은 교파 신앙의 상징인 사원에 대한 공격을 주고받았다는 것이다. 예를 들면, 2007년 3월 25일, 이라크 남부 하스와^{Haswa} 시에 있는 수니파 사원이 시아파의 공격으로 불탔는데, 그것은 전날 같은 도시에 있는 시아파 사원 공격에 대한 보복 공격이었다. 그 해 6월에도 시아파의 성소인 알아스카리 사원은 두 번째로 공격받았다. 이 같은 종교시설에 대한 공격과 보복공격으로 10여 개의 사원이 파괴되었다.

종파 내전이라는 측면에서 2006년은 최악의 해였다. 28,000명에 가까운 이라크인들이 사망했고, 하루 평균 자살공격과 차량폭탄 테

---

19) Kirk Semple, "Deadly Attack Kills at Least 144 in Baghdad," *The New York Times* (November 23, 2006), http://www.nytimes.com/2006/11/23/world/middleeast/24iraqcnd.html?mcubz=2(검색일: 2017.7.21).

〈그림 5-3〉 자살폭탄 공격 현장 _ 출처: enronews.com

러로 16명이 죽었고, 처형과 저격 등으로 56명이 목숨을 잃었다. 그
해 7월에는 14만 명의 미군이 작전에 참가하고 있었고, 매주 반군들
부터 1,000여 회의 공격을 받아 70명의 미군이 희생되었다. 종파 내
전이 심화되면서 이라크 알카에다에 대한 수니파 주민들의 지지는

● 표 5-1   2007년 2월~2011년 1월 이라크 알카에다의 주요 테러

시기	테러 개요	인명 피해
2007. 2	바그다드 시장 트럭폭탄 테러	135명 사망 339명 부상
3.	탈 아파르 트럭폭탄 테러	152명 사망 347명 부상
4.	바그다드 연쇄 차량폭탄 테러	200명 사망
8.	야지디족 지역 자살폭탄 테러	796명 사망 1,562명 부상
2009.10.	바그다드 폭탄 테러	155명 사망 721명 부상
2010. 4.	바그다드 연쇄 폭탄 테러	85명 사망
5.	힐라(Hilla)시 연쇄 폭탄 테러	100명 사망 350명 부상
11.	바그다드 폭탄 테러	110명 사망
2011. 1.	티크리트 자살폭탄 테러	133명 사망

더욱 공고해졌다. 다음 장에서 자세히 살펴 볼 예정이지만 이라크 알카에다는 더욱 극단적 근본주의 세력인 IS이슬람국가로 변신하게 된다.

2007년 이후에도 이라크 알카에다의 폭탄테러 공격은 계속되었으며, 그중 규모가 큰 것을 〈표 5-1〉에 정리하였다.

이처럼 이라크가 종파 내전으로 최악의 상황에 처해 있었음에도 2007년 5월, 이라크 의회는 미군 철수 일정을 확정하라고 요구했다. 그래서 미국과 이라크 간 협상이 이뤄져 2008년 11월 '주둔군 지위 협정Status of Forces Agreement'에 합의했다. 이에 따라 미군은 2년 후인 2009년 6월 30일까지 도시 지역에서 철수하고, 2011년 말까지 이라크에서 완전히 철수하기로 했다.

VIII. 이라크전의 이라크화

이라크전쟁 시작 5개월 전인 2002년 10월 11일, 부시 대통령의 중동 문제 선임고문 칼리자드Zalmay Khalilzad는 후세인 정권 축출 후 수년간 미국 주도의 군사통치 계획을 제시한 바 있다.[20] 실제로 브리머는 상당 기간에 걸쳐 이라크를 사실상 통치하려 했다. 그러나 중동은 강대국들 간의 패권경쟁의 장場이었기 때문에 미국이 벌이고 있는 이라크전쟁에 대해 러시아와 중국이 제동을

---

20) Julian Borger, "U.S. plans military rule and occupation of Iraq," *The Guardian* (October 12, 2002).

걸었다. 즉 2003년 10월 16일, 유엔 안전보장이사회가 "되도록 빠른 기간 내에 주권을 이라크인들에게 이양할 것을 촉구"하는 결의안 1511호가 채택되었다는 것은 러시아와 중국의 입장이 반영된 것이다. 이라크에서 혼란이 계속되었지만 이를 사실상 방치하고 있던 미국에 대해 이라크 내에서도 불만의 목소리가 높아졌다. 시아파 종교지도자 알시스타니Ali al-Sistani는 조속한 선거를 통해 이라크 정부를 수립할 것을 촉구했고, 시아파 급진 세력은 즉각 선거가 실시되어야 한다고 주장했다.

부시 행정부는 다수의 이라크인들이 이라크전쟁을 이슬람국가에 대한 이교도의 침공으로 인식하여 저항하고 있기 때문에 조기에 이라크에 주권을 이양하는 것이 정세를 안정시킬 것으로 판단했다. 이 같은 외부 요인도 중요했지만, 2004년의 재선을 앞두고 있던 부시 대통령은 미군 사상자가 급증하고 있는 상황에서 이라크전쟁이 선거의 악재가 되는 것을 피하려 했다. 그래서 2003년 11월 15일, 연합군 임시행정처는 2004년 6월 말까지 이라크통치위원회Iraq Governing Council에 주권을 이양하겠다고 선언했다.

그러나 새로 수립되는 이라크 정부가 이라크를 안정적으로 이끌어 갈 수 있을지는 의문이었다. 이슬람 사회의 가치기준이 민주사회와 근본적으로 다르고, 대다수 이라크인들이 민주주의가 무엇인지 모르고, 또한 민주주의의 기본조건이 결여된 나라에서 민주정부의 수립과 정착은 매우 어려운 일이며, 더구나 무차별 살상이 난무하고 있는 나라에서는 더욱 그러했다. 가장 근본적인 문제는 민주적 공동체가 자리 잡을 수 있는 정치문화가 존재하지 않았다는 것이다. 수니파 무슬림, 시아파 무슬림, 크루드족은 각기 그들 중심의 정체성을 가지고 있었으며, 다른 세력에 대해서는 의심하거나 적대적이었기 때문에 하나의 국민이라는 인식이 없었다. 또한 상호 타협하지 않으며, 승자독식勝者獨食의 정치문화가 뿌리 깊었기 때문에 권력을 장악한 세력은 정치보복을 하는 것을 당연시했다.

2004년 6월 28일, 미국은 아직도 전쟁 중인 상황에서 이라크 임시정부에 주권을 이양했다. 임시정부는 2005년 1월 30일, 이라크 헌법 제정을 위한 제헌의회 의원 선거를 실시했다. 수니파 대표들은 임시정부에서 탈퇴한 후 선거에 불참했고, 수니파 무장세력이 투표자들을 살해하겠다고 위협하면서 수니파 지역인 안바르 주의 투표율은 2%에 불과했다. 제헌의원 선거는 제도적으로도 문제가 있었다. 종파 또는 지역 특성을 반영할 수 있는 소선거구제가 아니라 전국을 하나의 선거구로 했던 것이다. 전국적인 득표비율에 따라 정당에 의석이 배분되었기 때문에 가장 잘 조직된 시아파 정당과 쿠르드계 정당에 유리한 결과를 가져왔다. 서부지역에는 수니파 인구가 밀집되어 있었음에도 그들의 선거불참으로 그들은 의석에 반영되지 못했다. 선거가 국민통합에 기여하기보다는 오히려 분열을 조장한 것이다.

2005년 5월 3일 제헌의회의 구성에 따라 이라크 과도정부가 수립되었다. 10월 15일에는 헌법안에 대한 국민투표를 통해 내각제 헌법이 채택되었고, 12월 15일에는 새로운 정부 구성을 위한 총선거가 실시되었다. 다행이 총선거에서는 수니파를 배려한 조치들이 이루어졌기 때문에 수니파 주민들이 선거에 참여했다.

선거 결과는 시아파 정당인 통일이라크연합United Iraq Alliance이 41.2%의 득표로 128석을 획득했고 다른 시아파 정당인 이라크국민당Iraqi National List은 8%의 득표로 25석을 차지했으며, 쿠르드민주애국연합Democratic Patriotic Alliance of Kurdistan은 21.7%의 득표로 53석을 획득했고, 이들 3개 정당이 정부를 구성하면서 시아파가 정부의 주도

권을 장악하게 되었다. 수니파 정당인 이라크합의전선Iraqi Accord Front
과 이라크국민화합당Iraqi National Dialogue Front은 각각 15%와 4%의 득표
로 44석과 11석을 획득했다.

전쟁 중인 긴박한 상황이었음에도 총리 선출에 6개월 정도 소요
되는 등 정부 수립이 지연되어 2006년 5월 20일, 시아파 출신의 알
마라키Nouri al-Maliki를 총리로 선출하여 내각을 구성함으로써 정부 수
립이 완료됐다. 그러나 수니파 저항세력은 정부 수립을 저지할 목적
으로 2006년 2월 22일 시아파의 성소聖所인 알아스카리al-Askari 사원
을 공격하여 시아파의 분노와 반격을 불러일으켜 '종파 내전'으로 치
닫게 했다.

이라크 정부 수립과정에서 최악의 사회혼란이 계속되어 왔다.
2004년 4월부터 연말까지 팔루자에서 미군과 수니파 저항세력 간에
전투가 계속되고 있었다. 2005년 1월 이라크 총선거가 있었고 10월
에는 새로운 헌법을 채택했지만 반군의 공격은 2004년의 26,496건
에서 2005년 34,131건으로 30% 정도 증가했다. 미군뿐 아니라 이라
크인에게도 심각한 위협이었던 사제폭발물IED에 의한 공격이 2004
년의 2만 6,496건에서 2005년 3만 4,131건으로 30% 이상 증가했다.

미국의 침공으로 수니파의 후세인 정권이 붕괴되었기 때문에 수
니파의 권력 상실감을 치유하기가 쉽지 않았다. 수니파 급진세력은
새로운 이라크 정부에 참여하기보다는 저항세력이 되었기 때문에 이
라크 상황이 더욱 악화된 것이다. 이처럼 선거를 통해 안정을 이룩
하려던 미국의 계획은 실패했다. 그럼에도 미국은 저항세력의 공격
을 후세인의 잔당에 의한 저항으로 인식하고 적극적인 군사 작전을
폈다. 즉 저항세력을 진압하여 사회를 안정시키려 했지만 오히려 더
욱 심각한 저항을 초래했다.

당시 미국의 이라크정책은 선거를 통해 수립되는 이라크 정부에 주권을 이양하며 또한 이라크군을 육성하여 그들에게 전쟁을 담당하게 한 후 철수하는, 즉 '이라크전쟁의 이라크화Iraqification of the Iraq War'였다. 그것은 이라크 군대를 육성한 후 그들에게 전쟁의 책임을 맡긴 후 철수하겠다는 '육성 후 철수 접근방식train-and leave approach'으로 실패한 '베트남전의 베트남화Vietnamization'과 같은 접근방법이었다. 그러나 헨리 키신저Henry Kissinger는 이라크전쟁은 전선戰線 없는 비정규전이라면서 미군은 승리를 확고히 한 후에 철수해야 한다면서 이라크화를 강력히 반대했다.21)

미국은 걸프전보다 훨씬 적은 병력으로 후세인 정권을 붕괴시킬 수 있었지만, 이라크 전체를 통제하는 데 필요한 병력은 절대 부족했다. 반군이 한 지역에서 밀려나더라도 다른 곳에서 다시 집결하여 반격했기 때문이다. 또 다른 문제는 미국에는 이라크에 증파할 수 있는 병력의 여유가 없었다는 것이다. 증파하려면 훨씬 더 중요한 임무를 위해 대기 중인 부대를 동원할 수밖에 없는 상황이었다. 징집徵集을 하지 않는 한 미국 정부가 병력을 신속히 증가시킬 방법이 없었다. 이라크의 현실은 미군 증파가 절실했지만 미국의 현실은 이를 허락지 않았다.

이라크전 초기 몇 년간 투입된 미군 중에서 방위군의 비율이 41%나 되었다. 자원자로만 구성된 미군 병력의 확대에는 한계가 있었기 때문에 장기전에서 필요한 병력을 확보하기 위해서는 이미 아프간전이나 이라크전에 참전했던 장병들이 또다시 투입되는 경우가

---

21) Henry A. Kissinger, "Lessons for an Exit Strategy," *Washington Post* (August 12, 2005), http://www.washingtonpost.com/wp-dyn/content/article/2005/ 08/11/AR2005081101756.html(검색일: 2017.8.7).

빈번했다. 이라크전과 아프간전 참전 장병 260만 명 중 두 차례 이상 투입된 비율이 40%나 되며, 4~5차례 투입된 장병들도 적지 않았다. 또한 한 번 투입되면 예상했던 것보다 장기간 전선에 머물러 있어야 했으며, 18개월이나 계속되는 경우도 적지 않았다.

이라크를 안정되게 이끌어 나갈 수 있는 정부를 만드는 것도 어려운 일이지만 이라크 보안군 육성은 더욱 어려운 과제였다.[22] 임시행정처 당시에도 보안군 육성을 중요한 과제로 삼았지만 제대로 된 보안군을 육성하지 못했다. 2004년 4월 팔루자 전투 당시 이라크 민방위군 일부를 투입할 예정이었으나, 병력의 절반은 첫 번째 휴가를 나간 후 복귀하지 않았고, 출동 명령을 받은 부대에서는 일주일 사이에 3,000여 명이 탈영했고, 민방위군 전체에서 2주 사이에 1만 2,000여 명이 도주했다. 이라크 과도정부에 주권이 이양된 2004년 6월까지 보안군 병력 규모는 8만 정도였지만 최소한의 필수 훈련을 받은 병력은 32% 정도인 2만 7,000명에 불과했고, 명단에는 올라 있지만 실제로 존재하지 않은 병력이 20~30%에 달했다.

경찰의 육성도 지지부진했다. 임시행정처는 장기계획에 따라 경찰을 육성한 것이 아니라 당장 저항세력과의 전투에 투입하기 위한 병력 증강에 급급했기 때문에 제대로 훈련시킬 여유가 없었다. 그래서 시아파 민병대가 대거 경찰에 영입되면서 시아파 민병대가 사실상 경찰을 장악하게 되었고, 그 후 종파 내전이 본격화되었을 때 경찰이 공정한 법질서를 유지하기보다는 시아파의 탄압수단이 되었다. 그래서 경찰은 시아파 민병대가 수니파 주민을 살해해도 이를 방조

---

22) 보안군(security forces)이란 국방부 소속 이라크군과 내무부 소속 경찰군을 통칭한 미군 용어이다.

하거나 오히려 가담하기도 했고, 수니파 민병대의 공격을 빌미로 수니파를 탄압하거나 살해하기도 했다.

이 무렵 이라크 주둔 다국적군 사령관으로 임명된 케이시George W. Casey, Jr 장군은 사령부의 기본 임무를 "이라크 안전에 대한 책임을 이라크보안군에 이양하는 것"이라고 규정했다. 그리고 다국적군 사령부 산하에 '이라크 안전책임 이양 준비 사령부Multi-National Security Transition Command-Iraq'를 설치하고 퍼트레이어스David H. Petraeus 장군을 사령관으로 임명하여 이라크 보안군 육성을 전담하도록 했다.

케이시와 퍼트레이어스는 그동안 육성된 이라크 보안군의 훈련 실태를 점검했는데 전체 115개 대대 중에서 3개 대대만이 최고 등급으로 평가되었고, 3분의 2는 무능無能등급으로 판정했다. 퍼트레이어스는 이라크군 규모를 27만 명으로 설정하고 4,000여 명의 미군 장병을 교관 요원으로 투입하여 이라크군과 함께 생활하며 훈련을 실시했다.

미군은 1년 이상의 기간에 걸쳐 66억 달러의 예산을 투입하며 이라크군 육성에 나섰지만 훈련을 담당할 교관 요원은 필요 인원의 50%에 불과했고 훈련장도 부족하여 요르단과 터키의 훈련시설을 이용해야 했기 때문에 기대하는 성과를 거두지 못했다.[23] 더구나 이라크 정부가 이라크군 육성에 적극성을 보이지 않았다. 후세인 정권 당시의 장교 출신들이 새로 창설된 이라크군에 일부 합류하면서 시아파 중심의 정부는 국방부가 지나치게 큰 규모의 군대를 갖지 못하도록 견제했기 때문이다. 그래서 2008년 말 내무부 산하 경찰군은

---

23) Eric Schmitt, "Efforts to Train New Iraqi Army is Facing Delays," *The New York Times* (September 20, 2004).

43만 명에 달했지만 이라크군은 20만 명에 불과했다.

　이라크전이 시작된 이래 10여 년간 미국은 새로운 이라크군 육
성을 위해 총 250억 달러를 투입했다. 전투경찰을 제외하고도 25만
명의 병력을 갖춘 이라크군대는 적어도 서류상으로는 그럴 듯 해
보였다. 이라크군대는 미제 탱크와 소련제 탱크 등 400대의 탱크,
2,500대의 장갑차, 드론, 수송기, 수륙양용기, 헬리콥터 등 278대의
항공기를 보유했다. 이 같은 대규모 병력과 장비 그리고 투입된 막
대한 예산에도 불구하고 이라크군대는 대대급 부대 이상의 전투능력
은 미지수였다. 신병 모집이 어려웠고 제대로 훈련도 받지 못하여
군대다운 군대가 되지 못했다. 그러한 군대가 이라크 알카에다와 같
은 신념에 찬 극단주의 세력의 상대가 되지 못했다. 이라크의 안보
상황이 악화되면서 이라크 정부가 수도권에 엘리트 부대를 집중 배
치하였고 이로 인해 팔루자, 라마디 등 시리아 국경지대는 수니파
무장 세력이 장악하게 되었다.

IX. 비정규전 교리의 부상

　　　　이라크전쟁은 막강한 후세인 군대를 대상으
로 한 정규전으로 시작되었지만 후세인 정권 몰락 후 각종 민병대,
이라크 알카에다 등 다양한 반군 집단이 미군을 공격하면서 이라크
전쟁은 더 이상 정규전이 아닌 전형적인 비정규전으로 바뀌었다. 그
럼에도 정규전에만 익숙해온 미군은 비정규전에 직면하여 효과적인

작전을 하지 못했다. 오히려 정규전의 연장으로 인식하고 저항세력의 소탕에만 치중하면서 미군은 이라크 주민들과 완전히 유리되었다.

당시 대부분의 미군은 대규모 전진기지Forward Operating Base에 집결해 있으면서 미국 본토에 주둔하는 것과 같은 생활환경을 누렸다. 전진기지에는 식당, 영화관, 방송시설, 세탁소, 도서관, 오락실 등 모든 서비스 시설이 갖추어져 있었다. 미국 본토 기지에서는 한 끼 식사비가 4달러였지만 여기서는 34달러나 되는 풍성한 식사를 즐겼으며, 이슬람에서 금지하는 돼지고기 바비큐까지 즐겼다. 사상자를 줄이고자 탱크와 장갑차를 이용해 순찰했기 때문에 미군과 주민 간의 접촉도 별로 없었다. 이른바 '순찰을 위한 출근commuting to patrol'이 일상화되었다. 미군 순찰대는 정확한 시간에 기지에서 출발했기 때문에 순찰대가 지나간 후 곧바로 반군세력이 나타나 주민들을 장악했기 때문에 순찰은 별 효과가 없었다.

이라크 상황이 심각한 혼란에 빠지자 미국 내에서는 미군의 전쟁 수행방식에 대한 비판이 일어났다. 특히 럼스펠드가 주도한 첨단군사기술에 의한 네트워크 중심전은 바그다드 함락 후 이라크의 안정과 재건에 제대로 대응할 수 없었기 때문에 그의 전략개념에 대한 비판이 일어났다.[24] 이라크에서는 치안유지와 주민보호를 우선하는 비정규전counterinsurgency이 실시되어야 했지만 첨단군사력을 과신하며 재래전 방식에서 벗어나지 못하고 있다고 했다. 오히려 비정규전 방식의 작전으로 탁월한 성과를 보인 지휘관들은 승진에서 탈락되었다고 했다.

---

24) 이근욱, 『이라크전쟁: 부시의 침공에서 오바마의 철군까지』(한울, 2011), p.264.

〈그림 5-4〉 미군 전진기지 _ 출처: facebook.com

    2005년 여름 랜드RAND연구소는 「이라크 재건Rebuilding Iraq」이라는
연구보고서에서 전쟁의 4단계 작전인 이라크의 안정과 재건을 위한
계획은 수립하지도 않았고, 이를 위한 미군의 능력도 결여되어 있었
다고 비판했다. 미군이 후세인 정권을 전복시키는 데는 성공했지만
그 이후의 안정화 작전을 수행하는 데 필요한 훈련을 받지 못했으며,
또한 안정화 작전에는 훨씬 더 많은 병력이 필요했음에도 오히려 병
력을 감축했다는 것이다. 미 육군 군역사센터the Center of Military History는
이라크의 안정화 작전에는 26만 명의 병력이 필요하다고 판단했지
만, 이라크에 작전 중인 미군을 포함한 다국적군은 16만 명 정도에
불과했다.[25]

    이 무렵 미 해병대 대령 출신 토머스 햄즈Thomas X. Hammes는 『21
세기 제4세대 전쟁The Sling and the Stone』이라는 저서에서 미국이 이라

25) Thomas E. Ricks, *Fiasco: The American Military Adventure in Iraq*
    (New York: Penguin Books, 2007), p.96.

크에서 제4세대 전쟁에 직면했음에도 그 전쟁의 본질을 이해하고 있지 못하고 있다고 비판했다.[26) 그는 럼스펠드가 중시하고 있는 네트워크 중심전과 같은 전쟁방식은 알카에다와 이라크 반군이 구사하고 있는 제4세대 전쟁에 효과적일 수 없다고 주장했다.

한편 2005년 제3기갑연대를 이끌고 이라크 북부 탈 아파르Tal Afar 지역 작전을 지휘했던 맥마스터H. R. McMaster 대령은 시 외곽의 안전한 곳에 주둔하라는 상부의 명령을 따르지 않고 부대를 도심에 주둔시키고 부대원들에게 이라크 역사와 문화를 공부하게 하고 또한 주민들을 존중하도록 했다. 그 결과 주민들의 협조를 얻어냈고, 그래서 이라크 파견 미군 중 유일하게 작전지역으로부터 알카에다를 축출할 수 있었다.

이 같은 분위기하에서 미 육군 통합군연구센터Combined Armed Center 사령관 데이비드 퍼트레이어스David H. Petraeus 장군과 해병대 전투발전사령관Marine Corps Combat Development Command 제임스 매티스James N. Mattis 장군은 2006년 4월 『야전교범 3-24 비정규전FM 3-24 Counterinsurgency』을 발간하였다.[27) 퍼트레이어스는 이라크전 초기 제101공중강습사단장으로 참전했고 그 후 이라크 북부 모술 지역의 재건 작전을 지휘했다. 교범의 전반적 구상은 퍼트레이어스와 메티스가 주도했지만, 교범 작성에는 미국 육군사관학교의 존 네이글John Nagl 교수, 군사문제 전문가 콘라드 크레인Conrad Crane, 그 외 육군과 해병대 장교, 그리고 영국과 오스트레일리아 장교 등, 135명이 참여했다. 이 교범은

---

26) Thomas X. Hammes, *The Sling and the Stone* (St. Paul, Minnesota, Zenith Press, 2004).

27) David H. Petraeus and James N. Mattis, *Counterinsurgency: FM 3-24/ MCWP3-33.5,* (United States Department of the Army, 2006).

케네디 대통령이 강조했던 다음과 같은 내용을 싣고 있다.

> "군인들은 전략과 전술과 병참에 대해 알아야 하지만, 또한 경제와 정치와 외교와 역사에 대해서도 알아야 한다. 군인들은 군사력에 대해 알 수 있는 모든 것을 알아야 하지만, 군사력의 한계에 대해서도 알아야 한다. 우리 시대의 중요한 문제들이 군사력에 의해서만 최종적으로 해결된 사례가 많지 않다는 것도 알아야 한다."

이 교범은 각종 정보의 통합, 주재국의 군대와 경찰 훈련, 전기, 교통, 통신 등 공공서비스 복구, 행정기능 향상, 경제발전 등에 대한 지침이 포함되어 있다. 즉 비정규전에 있어 미군은 민간 기관들과 긴밀히 협력해야 하며, 현지 문화에 대한 이해가 매우 중요하다고 강조한다. 현지 문화와 정세에 대한 이해가 반군들이 형성되는 원인을 파악하게 해 주고, 반군과 싸우는 최선의 방법을 파악하게 해준다고 본 것이다.

이 교범의 저자들은 이라크와 아프간에서 이슬람 극단주의자와 사담 후세인을 지지하는 세력의 저항이라는 새로운 도전에 직면하고 있다고 분석했다. 그들은 반군들이 주민 속에서 테러 공격을 하고 있기 때문에 이 같은 상황의 작전에서 가장 중요한 것은 주민들의 지지를 획득하는 것이라고 보았다. 따라서 주민들을 보호하고 그들에게 필수적인 공공서비스를 제공하여 우호세력으로 만드는 것이 승리의 지름길이라는 것이다. 또한 미군은 현지 국가의 군대와 경찰은 물론 행정기관들과 긴밀한 협조가 필요하다는 것이다. 뿐만 아니라 작전환경이 지극히 불확실하기 때문에 현장 지휘관은 물론 현지 기관장들에게 임무를 위임하는 것도 필요하다고 보았다.

야전교범 3-24는 일반적인 전쟁이 아닌 소규모 분쟁, 비정규전, 전쟁 이외의 작전 등을 포괄하고 있기 때문에 선禪에서 있을 법한 다음과 같은 9개항의 원리를 제시하고 있다.

- ▶ 때로는 군대를 보호하면 할수록 안전이 더 위태로워질지도 모른다.
- ▶ 때로는 군사력을 많이 사용하면 할수록 군사력이 더 비효과적일 수 있다.
- ▶ 비정규전에서 더 성공하면 할수록 군사력은 더 적게 사용하게 되고 또한 더 큰 위험을 감수해야 한다.
- ▶ 때로는 아무 것도 하지 않는 것이 가장 좋은 방책이다.
- ▶ 비정규전에서 가장 좋은 무기란 쓰지 않는 무기다.
- ▶ 지원받는 국가가 하고 있는 것이 신통치 않더라도 지원국이 잘 하는 것보다는 낫다.
- ▶ 이번 주에 통하는 전술이 다음 주에는 통하지 않을지도 모른다. 이 지방에서 통하는 전술이 다른 지방에서는 안 통할지도 모른다.
- ▶ 작전의 성공은 아무 것도 보장하지 않는다.
- ▶ 많은 중요한 결정은 장군들에 의해 내려지지 않는다.

이 교범이 제시하는 비정규전의 첫 번째 원칙은 비정규전이 벌어지고 있는 나라에 유능한 정부가 자리 잡지 못하는 한 비정규전이 성공하기 어렵다는 것이다. 두 번째 원칙은 반군을 사살하거나 생포하는 것보다 주민 보호가 더 중요하다는 것이다. 셋째로, 작전에 참가하는 장병들은 복잡한 세력들로 구성된 저항세력을 분리시킬 수 있어야 하고, 그중 어떤 집단과는 협상하고 어떤 집단은 파멸시킬 것인지 판단할 수 있어야 한다고 했다. 마지막으로, 지역사정에 따라 작전환경이 달라지기 때문에 그러한 환경에 적응하는 것이 중요하다고 했다.

이 교범에 따르면, 성공적인 비정규전은 '소탕Clear – 확보Hold – 건설^{Build}'의 3단계로 이루어져야 한다는 것이다. 소탕단계에서는 반군세력을 제거하거나 조직적 저항을 방지하기 위하여 분쇄, 체포, 차단 및 수색 등을 통해 지역의 안정을 확보한다. 확보단계에서는 반군세력의 위협 또는 보복으로부터 주민을 보호하고 주민의 지지를 획득하기 위해 노력한다. 마지막으로 건설단계에서는 작전에 참가하는 군인들이 주민들과 밀접한 관계를 유지하면서 그들의 생활여건과 자생력을 향상시키고 현지 정부의 정통성 확보를 위해 각종 재건 사업과 인도적 지원을 제공한다.

이 교범 발간 후 미군 내에서 광범위한 반향이 일어났다. 그때까지 이라크에서 작전 중인 미군들은 이라크인들을 적대세력으로 간주했을 뿐 아니라 특히 반군을 무조건 살상하려 해왔던 것과는 대조적으로, 이 교범은 이라크인들을 보호하는 것을 중요한 임무로 제시했기 때문이다.

그래서 이 교범은 혁명적인 것으로 인식되었으며, 인터넷을 통해 구매한 사람이 수백만에 달했고 뉴욕타임스에 서평이 실리기도 했다. 이 교범의 가장 중요한 점은 미국의 군사지도자들과 정치지도자들이 비전규전에서의 승리에 대한 확신을 갖게 되었다는 것이다. 미육군 웹 사이트에서 이 교범에 대한 다운로드는 150만 회에 달했으며, 당시 이라크 주둔 미군사령관 케이시 장군도 이 교범에 따라 작전을 실시하였다. 2007년 2월 퍼트레이어스 장군이 이라크 주둔 다국적군 사령관으로 취임한 이래 이라크 안정화 작전이 비교적 성공적이었던 것은 새로운 교리에 힘입은 바 크다.

X. 온건 수니파의 각성

　　　　미군이 새로운 비정규전 교리에 따라 주민들의 마음을 얻는 작전으로 전환하고 있는 가운데 반군지지 세력이었던 수니파 내에서 각성sahwa운동이 일어나면서 이라크전쟁에 극적인 반전이 일어났다. 그때까지 이라크 알카에다 등 수니파 반군을 지지했던 온건 수니파 족장들이 이라크 알카에다의 잔혹행위에 못 이겨 그들과 결별했기 때문이다. 이 같은 '수니파 각성운동the Sunni Awakening Movement'으로 결국 10만 명이 넘는 수니파 민병대가 결성되어 이라크 알카에다에 대항하게 되었던 것이다.

　　2006년 여름부터 수니파의 최대 거점지역인 안바르 주州가 이라크 알카에다에 의해 점령되었고, 주도州都인 라마디에는 그들의 본부가 설치되었다. 수니파 부족들은 초기에는 미군과 이라크 정부에 반대하고 시아파 민병대의 살상에 대항하기 위한 방편으로 이라크 알카에다에 협조했지만 이라크 알카에다의 극단적 노선을 계속 추종할 수 없었던 것이다.

　　이라크 알카에다는 그들의 활동을 확대하기 위해 더 많은 무장요원을 확보하고 필요한 자금과 물자를 확보하기 위해 수니파 부족들에게 무리한 요구를 계속했다. 그들은 주민들에게 갖가지 부당한 명령을 내리고, 젊은이들을 알카에다 전사戰士로 차출하고 차량과 물자를 강탈했다. 부족장이 이에 항의하면 부족장은 물론 그 가족까지 몰살하고 집과 가재도구를 모두 불태웠다. 또한 그들은 점령지역 내 모든 주민들에게 술, 담배, 도박을 금지하는 등, 엄격한 이슬람 율법을 강요했다.

그 같은 이라크 알카에다의 급진노선이 수니파 부족들의 반발을 초래하여 수니파 각성운동으로 발전되었다. 이 운동은 2005년 여름 아부 마할스Abu Mahals족에 의해 시작되었다. 이 부족은 안바르 주 서부의 시리아 국경지역에서 밀수를 주로 하던 부족이었지만, 이라크 알카에다와 손잡은 다른 부족에 의해 밀려나면서 생존을 위해 미군에 지원을 요청하게 되었다. 이에 따라 미군은 그들에게 무기를 제공하고 훈련도 시켰기 때문에 이 부족은 그들의 터전에서 이라크 알카에다를 몰아낼 수 있었다.

이라크 알카에다의 횡포가 점증하면서 라마디 일대의 수니파 주요 부족들이 각성운동에 가세했다. 이로 인해 각성운동을 상징하는 노란 깃발을 내건 사무실이 안바르 주 전역에 등장했고 무장요원들이 그 주변을 경비했을 뿐 아니라 마을 일대를 순찰하고, 필요시 미군의 지원을 요청했다. 미군은 각성운동의 무장요원들을 비공식 '경찰관'으로 임명하고 매월 300달러의 급여도 지급했다. 수니파 무장요원들의 임무는 마을 입구에 검문소를 설치하여 차량과 주민을 통제하고 마을 일대를 순찰하며, 반군의 동향을 파악하여 필요 시 미군에 통보하고, 이라크 알카에다 등 급진 수니파 반군의 공격에 대항하는 것이다. 실직자들이 많았기 때문에 많은 지원자들이 몰려들었다. 2006년 6월 안바르 주의 각성운동 무장요원은 5,200명이었으나 1년 후에는 2만 4,000명으로 급증했다. 동시에 미군은 라마디와 그 주변지역에 재건활동과 구호활동을 위해 2억 달러 이상을 투입하여 민생안정을 도모했다.

이라크 알카에다는 이 같은 움직임을 응징하려 나섰다. 2007년 8월 21일, 폭발물을 가득 실은 덤프트럭이 아부 알리 자씸Abu Ali Jassim 부족이 설치한 경비초소로 돌진하자, 이를 저지하기 위해 각성운동

무장요원들이 운전사를 살해했지만 결국 폭탄이 터져 각성운동 무장요원 11명이 사망하고 미군도 여러 명 부상당했다. 동시에 이라크 알카에다는 자씸부족의 족장과 그의 아들과 조카까지 살해한 후 시신을 훼손하여 먼 곳에 내다버렸다. 동시에 그들은 수니파 치안초소를 지원하거나 각성운동 지도자 압둘 사타르Abdul Sattar나 미군에 협조하면 누구든 똑같은 응징을 받게 될 것이라고 경고하는 전단을 뿌렸다.

이에 분노한 사타르는 수니파 족장들을 향해 모두 함께 일어서지 않으면 앞으로 이보다 더 심각한 어려움에 직면하게 될 것이라 호소하며 부족장 회의를 소집했다. 9월 9일 라마디 지역의 21개 수니파 부족 중 17개 부족장 등 40명이 모여 '안바르 각성회의Anbar Awakening Council'를 결성하고 사타르를 지도자로 추대하고, 미군과의 협력도 강화하기로 했다. 그러자 이라크 알카에다는 곧바로 사타르를 응징했다. 사타르가 이라크를 방문한 부시 대통령을 만난 직후인 9월 13일, 그와 경호요원 2명이 그의 집 주변 도로에 설치된 폭발물에 의해 살해되었다.

이 같은 사태를 방지하기 위해 미군은 긴급지원을 요청하는 데 필요한 위성전화기를 부족장들에게 제공했다. 한 부족이 알카에다의 공격에 직면하자 전화로 미군에 구조를 요청했고 미군의 지원을 받은 부족의 민병대는 이라크 알카에다의 공격을 저지하는 데 성공했다. 이처럼 수니파 부족이 위기에 처하면 미군이 보호한다는 약속이 지켜지면서 미군에 협조적인 수니파 부족들이 늘어났다.

이 무렵인 2007년 2월, 비정규전 전략을 체계화한 페트레이어스 장군이 이라크 주둔 다국적군 사령관으로 취임한 후 수니파 민병대를 적극 지원하면서 수니파 각성운동은 더욱 확산되었다. 특히 무정부상태였던 바그다드와 그 주변지역에서 수니파 각성운동으로 큰 변화가 일어났다. 수니파 밀집 거주지역인 파드힐Fadhil에서 결성된 '파드힐 각성회의Fadhil Awakening Council'가 대표적이다. 후세인 정권 당시 바트당 당원이었으며 또한 공화국수비대 장교였던 아델 마샤다니Adel Mashadani가 이끄는 각성회의가 2007년 6월부터 급속히 확산되어 그 해 12월에는 17개 마을에서 4만 3,000명의 각성운동 민병대를 보유하게 되었고, 이로 인해 수니파 지역의 안전이 회복되면서 경제활동도 되살아났다. 동시에 미군은 복구활동과 재건활동에 자금을 쏟아 부어 악취를 내뿜던 쓰레기를 처리하게 되고 전기와 수도 시설을 복구했다.

미군은 이라크 정부와의 협의하에 수니파 각성운동의 일환으로 수니파 주민을 보호하는 민병대를 '이라크의 아들들the Sons of Iraq'이라 불렀다. 이로써 '이라크의 아들들'은 이라크 군대와 경찰에 이어 공식적으로 인정한 무장조직이 되면서 수니파 주민들도 합법적으로 무기를 소지할 수 있게 되었다. 한때 이들의 규모는 10만에 달했으며, 그중 절반이 바그다드와 그 주변에서 활동하면서 바그다드 지역의 치안이 획기적으로 개선되었다. 특히 수니파의 무장세력이 수니파 반군과 싸우면서 시아파와 수니파 간의 종파전쟁이 수그러들어 2007년 여름 종파전쟁이 끝나게 되었다.

그러나 각성운동에 참가한 수니파 사람들은 시아파 중심의 이라크 정부를 신뢰하지 않았고, 이라크 정부 또한 수니파 각성운동을 전적으로 신뢰하지 않았기 때문에 미군이 철수하게 되면서 종파 간 대립이 되살아날 가능성이 없지 않았다.

XI. 비정규전 전략으로 전환

2007년 1월 10일, 부시 대통령은 텔레비전을 통해 전국에 중계된 연설에서 이라크전쟁의 극적인 전략변화를 선언했다. '새로운 전진의 길the New Way Forward'이라는 기치 아래 미군 작전의 초점을 "이라크인들로 하여금 주거지역으로부터 반군을 축출하고 계속 안전을 유지하도록 지원하며, 이라크군이 이라크의 안전을 담당할 수 있도록 돕기 위해" 미국의 이라크전략을 변화시킬 것이며, 이를 위해 5개 여단, 2만의 병력을 이라크에 증파하고, 나아가 이라크의 고용증대를 위해 12억 달러 규모의 경제지원도 하겠다고 선언했다. 이것은 그동안 미군이 반군에 대해 정규전 방식으로 대응하거나 반군을 색출하여 사살하는 데 초점을 두었던 전략에서 벗어나 주민을 보호하는 데 초점을 두겠다는 것이었다. 부시의 이라크전략의 전환은 그동안 소수 의견에 불과했던 페트레이어스 장군 등이 개발한 비정규전counterinsurgency, COIN 전략을 적극 수용한다는 것을 의미했다.

미국의 이라크전쟁 전략이 실패를 거듭하고 있었고, 이로 인해 이라크전쟁에 대한 반대여론이 비등했으며, 이로 인해 2006년 11월의 중간선거에서 공화당이 참패했기 때문에 이라크전쟁에 대한 획기적인 변화가 불가피했다. 그동안 미군은 반군에 대해 정규전 방식으로 대응하거나 대테러전counterterrorism 전략에 따라 반군을 색출하여 사살하는 데 주력해왔던 것이다.

부시 대통령은 이 같은 정책을 추진하기 위해 2006년 12월 럼스펠드를 해임하고 로버트 게이츠Robert Gates를 국방장관으로 임명했고, 다음 해 2월에는 비정규전 교범의 대표 저자인 퍼트레이어스 장군을 대장으로 승진시켜 이라크 주둔 다국적군 사령관에 임명했다.

게이츠 장관은 취임 직후 미군이 베트남전과 같은 비정규전에서 배운 교훈을 망각하고 있다고 했다. 그는 미국이 앞으로 몇 년간 걸프전과 같은 대규모 정규전이 아니라 이라크와 아프간에서 테러집단 및 다양한 무장 세력과 싸워야 하며, 특히 적대세력이 다양한 비대칭 전술로 미국의 압도적인 군사력을 무력화하고 있다는 점을 유의해야 한다고 했다. 그는 미 국방부와 군사지도자들이 그동안 정규전 대비에 몰두해왔기 때문에 이라크와 아프간에서 고전을 면치 못하고 있다고 보았다. 그는 재래식 군사력의 증강은 국방부와 군부 지도자, 예산 편성, 의회의 로비, 그리고 방위산업과 서로 얽혀 있다고 비판하면서 미국은 재래식 군사력 확보와 비정규전 대응 능력 확보라는 두 가지 과업에 균형을 유지해야 한다고 주장했다.[28] 이에 따라 2008년 초에 발표된 미 국방전략은 "비정규전 대응 능력 향상은 국방부의 최우선 순위"라고 명시했고, 그해 12월에 내린 국방부령Directive 3000.05를 통해 "비정규전 성공은 정규전 승리만큼 중요하다"고 명시했다.[29]

그 같은 국방부 지침에 따라 미 육군은 2008년 10월 『안정화 작전 교범FM 3-07 Stability Operations』을 발간했다. 안정화 작전이란 "미국 본토 이외 지역에서 현지 군대 및 경찰은 물론 정부 기관들과도 협조하여 저항세력의 공격으로부터 주민을 보호하고 치안질서를 유지하는 등, 안전한 환경을 유지하고 재건을 하기 위한 목적으로 실시

---

28) Robert M. Gates, "A Balanced Strategy: Reprogramming the Pentagon for a New Age," *Foreign Affairs* (January/February 2009).

29) Michael R. Gordon, "U.S. Army put 'nation-building' on the same level as combat role," *International Herald Tribune* (February 9-10, 2008).

하는 각종 군사적 임무, 과업 및 활동"으로 정의했다. 이처럼 안정화 작전은 군사 작전 이전부터 시작하여 전투과정과 군사 작전 이후까지 광범위한 영역에서 장기간에 걸쳐 실시하는 군사활동이다.

따라서 비정규전 상황에서 승리하기 위해서는 안정화 작전 부대는 적을 패퇴시킬 수 있는 능력뿐만 아니라 현지의 복잡한 문화적 요소들을 이해하고, 주둔 국가의 군대와 경찰 및 정부기관들과 협력할 수 있는 능력을 갖추는 것이 필요하며, 이 같은 능력을 배양하기 위한 군의 교육훈련, 특히 장교양성의 중요성을 강조하였다. 과거에는 엘리트 장교들이 기갑, 포병, 보병 같은 전투병과를 선호했지만, 이제는 외국의 군대와 경찰을 훈련시키고 지도할 뿐 아니라 다른 나라에서 민정업무를 효과적으로 수행할 수 있는 장교의 육성도 중요하다고 강조한다.

이라크 주둔 다국적군 사령관으로 취임한 퍼트레이어스 장군은 자신의 비정규전 전략을 '주민중심전략population centric strategy'이라 하면서, 미군 병사들이 대규모 기지에서 나와 주민들과 가까운 위치에 배치되어 주민들을 보호하는 동시에 주민들과의 접촉도 늘릴 것을 강조하였다. 이에 따라 미군은 주민 밀집지역에 전투초소COP: combat outpost를 설치하고 24시간 순찰을 실시하는 등 적극적으로 주민보호에 나섰다. 바그다드의 경우에는 9개 지역으로 나누고, 각 지역에는 미군과 이라크군이 합동으로 주민보호 작전을 실시했다. 특히 퍼트레이어스 장군은 시아파와 수니파 간의 대립이 이라크 안정의 핵심 요인이라 판단하고, 수니파와 시아파 거주지역 경계에 3m 높이의 콘크리트 장벽을 설치하여 양 지역을 물리적으로 차단함으로써 두 종파 간의 물리적 충돌을 방지하고, 수니파 주민들이 알카에다 조직을 지지하는 것도 차단하고자 하였다.

또한 미군은 지역사회에서 막강한 영향력을 행사하고 있는 종교 지도자들을 예방하는 등 그들과의 빈번한 접촉을 통해, 그들로 하여금 자살 테러 공격이 이슬람 교리에 어긋나는 것이며, 그러한 행위가 가족과 종파에 수치스러운 것이라는 가르침을 내리게 하였다. 이러한 대민접촉을 통해 무슬림 주민들이 테러분자들에 대한 지원을 스스로 중단하게 함으로써 반군 세력이 약화되도록 노력하였다. 이 같은 퍼트레이어스의 주민중심전략은 서서히 성과를 거두기 시작했다.

2009년 1월 출범한 오바마 행정부에서 국방장관으로 연임된 게이츠는 새로운 국방예산을 편성하면서, 재래식 전력 증강을 위한 예산은 대폭 삭감하는 대신 이라크와 아프간에서 수행되고 있는 비정규전에 필요한 예산을 증액했다. 즉 미사일 방어체제 구축, 육군에서 추진하던 미래전투시스템future combat system, 해군의 함정 증강, 공군 신형 폭격기 개발과 F-22 도입, 신형 통신위성 개발 등과 관련된 예산은 축소한 반면, 정찰비행기 등 이라크와 아프간 작전에서 필요한 정보정찰 자산, 지뢰방호용 차량, 의료지원 헬기 등에 관한 예산은 증액했다.[30]

또한 게이츠 장관은 현지 정세에 대한 문화적 이해의 폭을 넓히도록 했다. 그 일환으로 미 국방부는 인류학자 등 사회과학자들을 전투부대에 배속시켜 현지인들의 문화를 이해하고 민심을 획득하는 방안 등에 대해 자문하도록 하는 일종의 학군學軍협력 프로그램을 추진하였다. 이미 게이츠 장관은 2007년 9월에 이라크와 아프가니스탄에 배치된 26개의 전투여단에 인류학 등 관련 사회과학자들을 배

---

30) "New budget reflects shift in priorities at Pentagon," *International Herald Tribune* (April 8, 2009).

치하기 위한 4천만 달러의 예산도 승인했다. 이 같은 현지문화에 대한 이해 증진 노력은 군사적으로 효과적인 것으로 판명되었다. 예컨대 제82공수사단은 인류학자들이 부대에 배속된 이래 전투 작전이 60% 감소되면서 치안개선과 의료, 교육 등 복지 제공에 보다 많은 노력을 기울일 수 있게 되었다.[31]

9년 만에 종전이 선언됐지만…

2003년 3월 20일에 시작된 이라크전쟁은 2011년 12월 15일에 종전終戰이 선언되었다. 속전속결로 끝낼 것이라던 전쟁이 9년이나 계속된 것이다. 이 전쟁으로 미군 4,486명이 전사하고 3만여 명이 부상당했으며, 직접 전비戰費만 1조 7,000억 달러에 달하고 이라크 재건과 전역장병 복지비까지 합치면 2조 달러가 넘는다.

후세인 독재 정권만 무너뜨리면 그다음에는 큰 문제가 없을 것으로 낙관했지만 그것은 큰 착각이었다. 이라크는 국가체제의 붕괴로 판도라 상자를 열어놓은 것 같았다. 치안 부재로 온갖 무장 세력이 횡행하면서 미군 수천 명이 전사하고 종파분쟁이 심화되어 내전상태에 빠지면서 전쟁이 9년 가까이 계속된 것이다.

2007년 말 이라크에서 작전 중인 미군은 17만 300명으로 최고 수준에 달했으나 그 무렵부터 이라크 상황이 개선되면서 미군은 철수하기 시작했다. 당시 미국 국민의 다수가 미군 철수를 원하고 있었기 때문에 미국 의회는 미군 철수를 조건으로 이라크 전비戰費를 승

---

31) David Rohde, "U.S. military's latest tool: Anthropologists," *International Herald Tribune* (October 6, 2008).

인했다. 이에 따라 미국과 이라크는 2008년 주둔군 지위협정US-Iraq Status of Forces Agreement을 체결했으며, 여기에는 2011년 말까지 미군 철수를 명시하고 있었다. 오바마 대통령은 취임한 지 2개월 만인 2009년 2월 이라크전쟁 종전 구상을 밝히면서 2010년 8월 말까지 대부분의 미군을 철수시키고 잔여 병력도 2011년 말까지 철수시킬 것이라고 했다. 이에 따라 미국은 2011년 12월 15일 공식으로 이라크전 종전을 선언했고 12월 18일에는 미군을 완전히 철수시켰다.

결국 이라크를 민주주의 모범 국가로 만들어 중동 전역에 민주주의를 확산시키려던 미국의 구상은 빗나갔다. 이라크는 시아파, 수니파, 쿠르드족 간의 갈등이 심화되면서 하나의 국민이라는 의식이 희박하고 이라크 정부도 능률적이고 민주적인 정부로 자리 잡지 못하고 있기 때문이다. 이라크의 약화로 이란은 중동의 패권국가가 되었고, 사우디아라비아의 친미 왕정은 궁지에 몰리면서 이 지역에 대한 미국의 영향력은 오히려 약화되었다. 미국 내에서도 해외 분쟁에 미군을 파견해서는 안 된다는 인식이 높아졌다. 2012년부터 시작된 '아랍의 봄'을 계기로 수니파 급진세력인 IS가 이라크의 서북부 지역을 석권하고 바그다드까지 위협하게 되면서 미국은 수천 명의 병력을 이라크에 다시 투입할 수밖에 없었다.

이라크전쟁은 미국에 뼈아픈 교훈을 주고 있다. 첫째, 독재정권을 제거하면 민주주의가 쉽게 뿌리 내릴 것이라는 것은 환상에 불과했다. 둘째, 첨단 군사력을 과신했다. 신속하고 결정적이면서 최소 비용으로 손쉬운 승리를 쟁취할 수 있을 것이라는 판단은 비정규전 상황에서 통하지 않았다. 마지막으로, 바그다드 점령 후의 점령정책과 안정화정책의 미비로 인해 이라크는 혼란에 휩싸이고 뒤이어 종파 내전에 빠지게 했던 것이다.

제6장

IS(이슬람국가)와의 전쟁

Ⅰ. 알카에다의 계속된 국제테러

Ⅱ. 알카에다의 쇠퇴와 IS의 출현

Ⅲ. 시아파 정권의 실패와 수니파
   급진세력 IS의 급부상

Ⅳ. IS 괴멸(壞滅)에 나선 트럼프 행정부

Ⅴ. IS의 패퇴

Ⅵ. IS의 테러 대상이 되고 있는 유럽

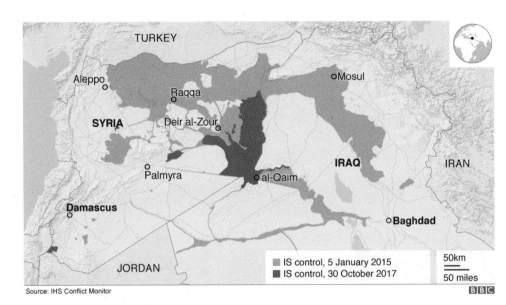

IS 통제지역 변화(2015년 초와 2017년 10월)
_ 출처: BBC.com

IS(이슬람국가)와의 전쟁

"IS는 풍선과 같다. 한쪽에서 소탕하면 다른 쪽으로 넘어가 활개
친다."
_ 존 니콜슨 장군

I. 알카에다의 계속된 국제테러

2017 년 11월 24일 안식일, 수백 명의 무슬림들이 참배하
고 있던 이집트 시나이반도의 한 소도시의 이슬람 사
원에 30여 명의 무장 괴한들이 여러 대의 차량을 타고 나타났다.
그들의 움직임은 군사 작전을 방불케 할 만큼 조직적이고 치밀했다.
자동소총으로 무장한 괴한들은 모스크 정문과 12개 창문에 자리를
잡고 신도들이 밀집한 건물 내부에 폭탄을 던진 뒤 도망쳐 나오는
사람들을 향해 총기를 난사했다. 그들의 도주로를 차단하기 위해 모
스크 주변에 주차된 차량에 불을 지르는 용의주도함까지 보였다. 이

사건으로 어린이 27명을 포함하여 305명이 사망하고 120여 명이 부상당했다. 이집트 당국은 테러범들이 극단주의 무장단체 IS^{이슬람국가}를 상징하는 검은 깃발을 들고 있었다고 밝혔다.

시나이 반도 일대를 거점으로 삼고 있는 IS 시나이 지부는 그동안 이집트군과 이집트의 기독교 분파인 콥트^{Copt} 교도들을 테러 표적으로 삼아왔다. 이번 테러 대상이 된 모스크는 이슬람교의 한 분파인 수피교의 사원으로 그들은 IS로부터 '우상을 숭배하는 이단^{異端}'으로 비난받아왔다. 시나이반도는 2014년 2월 IS 시나이지부의 전신인 이슬람 극단주의 단체 알마크디스가 한국 관광객들이 탄 버스에 폭탄 테러를 가해 한국인 3명이 숨지고 10여 명이 다치는 사건이 발생했던 곳이다.

아프간전쟁으로 탈레반 정부가 붕괴된 후 알카에다는 지하로 잠적하여 세계 도처에 산재해 있는 알카에다 네트워크를 통해 테러를 계속해왔다. 부시 행정부는 아프간에서 알카에다 근거지와 알카에다 지도부를 무력화시키면 테러와의 전쟁이 사실상 끝날 것으로 예상했지만 알카에다는 변형된 형태로 테러를 계속했던 것이다.

아프간전쟁으로 잠적했던 빈 라덴은 1년 후인 2002년 10월 6일, 위성방송인 알자지라를 통해 미국과 서방 국가들에 대해 공개적으로 테러를 경고했다. 이때부터 세계 도처에서 알카에다에 의한 테러가 잇따라 일어났다. 예멘 근해의 프랑스 유조선에 대한 폭탄 보트 충돌 사건^{10월 6일}, 쿠웨이트의 미 해병대원 피살 사건^{10월 8일}, 인도네시아 발리에서 폭탄테러로 202명이 사망한 사건^{10월 12일}, 필리핀 백화점의 폭탄테러 사건^{10월 17일} 등, 테러가 계속되었다.

2003년 이후에도 알카에다와 그 연계세력들은 세계 주요 도시의 지하철, 철도, 호텔, 나이트클럽 등 다중 집합장소에서 연이어 폭탄

표 6-1		9.11 이후 알카에다에 의한 주요 국제테러		
일자	장소	내용	인명 피해	
2002.10.	발리(인도네시아)	나이트클럽 테러	사망 202명 부상	240명
2003. 5.	리야드(사우디)	미국인 주택단지 폭탄테러	사망 39명 부상	160명
2003. 5.	카사블랑카(모로코)	외국인 거주지역 자폭테러	사망 45명 부상	200명
2003.11.	이스탄불(터키)	유대교회 테러	사망 57명 부상	700명
2003.11.	리야드(사우디)	미국인 주택단지 테러	사망 35명 부상	100명
2004. 3.	마드리드(스페인)	열차 폭탄테러	사망 191명 부상	1,800명
2005. 7.	런던(영국)	지하철 등 테러	사망 52명 부상	700명
2005.11.	암만(레바논)	호텔 자폭테러	사망 60명 부상	500명
2006. 7.	뭄바이(인도)	철도 폭탄테러	사망 209명 부상	700명
2007. 4.	알지에(알제리)	총리공관 인근 폭탄테러	사망 45명 부상	200명
2008.11.	뭄바이(인도)	도심지 동시 다발테러	사망 188명 부상	293명

테러를 가해 수많은 사상자를 발생시켰을 뿐 아니라 세계를 공포에 휩싸이게 했다. 그렇지만 알카에다의 테러 공격이 언제 어디서 있을지 판단하기 어려웠기 때문에 각국 정부는 공공치안으로 초긴장상태였다. 〈표 6-1〉은 2002년 10월 이래 일어난 알카에다의 주요 테러 공격을 나타내고 있지만 이외에도 수많은 테러가 세계 도처에서 일어났던 것이다.

이슬람 극단주의 테러집단은 자생적 집단이다. 그것이 형성되고 자라날 수 있는 조건이 존재했기 때문이다. 그 조건을 근본적으로 변화시키지 못한다면 테러집단의 명칭과 테러의 시기와 장소는 달라질지 모르지만 테러는 계속 발생하기 마련이다. 이라크와 시리아 내 취약한 지역을 중심으로 수니파 이슬람 극단주의 세력인 IS^{이슬람국가}가 세력을 급속히 확장할 수 있었던 것도 그 때문이다.

사실 이라크전쟁이 당초 예상에서 크게 빗나가게 된 이유 중의 하나는 '알카에다 이라크 지부' 또는 '이라크 알카에다' 때문이기도

제6장 IS(이슬람국가)와의 전쟁 | 303

하다. 수니파 근본주의 테러집단인 이라크 알카에다는 이라크의 종파전쟁을 내전으로 악화시키고 미군을 위시한 다국적군과 새로 수립된 이라크 정부를 계속 공격했으며, 그 연장선상에서 IS라는 더욱 급진적인 세력으로 변모했던 것이다.

II. 알카에다의 쇠퇴와 IS의 출현

아프간전쟁으로 알카에다는 더 이상 미국을 위협할 수 없게 되었다. 더구나 2007년 이른바 '수니파의 각성'으로 이라크 수니파의 반미 노선에 중대한 변화가 일어났다. 미군과 협력하기로 태도를 바꾼 것이다. 이라크 수니파는 민병대를 조직해 이라크 알카에다 등 외국 출신 이슬람 무장세력과 싸우면서 미군과 수니파 주민들은 라마디와 팔루자의 통제권을 되찾게 되었고, 이라크 알카에다는 지하로 잠적했다. 그런데 왜 IS이슬람 국가와 같은 수니파 극단주의 무장 세력이 등장하게 되었는가?

IS의 뿌리는 요르단 출신 알자르카위al-Zarqawi가 1999년에 결성한 '유일신唯一神과 지하드Monotheism and Jihad'이다. 알자르카위는 수니파 급진주의자로 요르단에서 이슬람 신정神政국가 수립을 주장하며 반정부 활동을 하다가 투옥되었고, 석방된 후에는 아프간으로 도주하여 알카에다에 합류한 후 아프간 제3의 도시 헤라트Herat 부근에서 알카에다 훈련캠프를 운용하면서 '유일신과 지하드'라는 조직을 결성했다. 유일신이란 알라신을 말하는 것이고 지하드란 이슬람교를 지키기 위해 이슬람 불신자^{자無信者}들을 대상으로 싸운다는 의미이다.

9.11테러 이후 미국이 아프간을 침공하여 알카에다를 괴멸시키고자 했기 때문에 알카에다는 세계 도처에서 미국에 대항했으며, 특히 2003년 3월 미국이 이라크를 침공하자 알자르카위가 이끄는 '유일신과 지하드'는 이라크로 잠입하여 '이라크 알카에다 지부'로 명칭을 바꾼 후 알카에다에 충성을 맹세하고 미군은 물론 이라크 정부와 시아파 무슬림을 대상으로 테러 공격을 했다.

빈 라덴과는 달리 알자르카위는 빈민 출신으로 잡범이 되어 감옥을 수시로 드나들었기 때문에 그가 이끈 조직은 알카에다보다 더욱 과격하고 잔인한 '보여주기 식' 테러를 서슴지 않았다. 그들은 미군을 비롯한 연합군과 미국의 후원하에 수립된 이라크 정부에 자살 폭탄테러 공격을 했을 뿐 아니라 시아파 사원을 폭파하여 종파 내전을 촉발시켰다.

2006년 6월 알자르카위가 미군 공습으로 사망하자 아부 바크르 알바그다디^{Abu Bakr al-Baghdadi}가 이라크 알카에다를 이끌게 된다. 그는 바그다드대학에서 이슬람학을 공부한 후 이슬람 설교사로 활동하며 후세인 정부 반대투쟁을 벌였다. 2003년 이라크전쟁이 시작된 이래 무장세력을 결성하여 반미 투쟁을 벌이다가 2005년 미군에 잡혀 2009년까지 이라크 남부 부카^{Bucca} 캠프에서 감옥생활을 하다가 석방됐다. 그는 후세인 정권 당시의 이라크군과 정보기관 소속이었던 수니파 전직 장교들을 대거 영입하여 이라크 알카에다 세력을 급속히 강화했다. 이라크 알카에다가 후세인 정권의 전직 장교들을 대거 영입한 것은 특별한 의미가 있다. 그때까지 알카에다에는 정규군의 공격과 방어 전술을 제대로 아는 사람들이 없어 점령지역을 장악하고 방어하는 데 취약했기 때문에 다수의 전직 장교들을 영입함으로써 그들의 취약점을 획기적으로 보강하게 된 것이다.

2010년 말부터 아랍 세계에 불어 닥친 '아랍의 봄Arab Spring'으로 인한 정치사회적 혼란은 이라크 알카에다 세력 확장의 좋은 기회였다. '아랍의 봄'은 2010년 12월 튀니지에서 일어난 재스민혁명을 계기로 중동과 북아프리카에서 일어난 대대적인 반정부 시위 또는 민주화 운동을 말한다.

특히 2011년 1월부터 시리아에서 아사드Assad 독재정권[1]을 몰아내기 위한 격렬한 반정부 시위가 몇 달간 계속되자 아사드는 군대를 동원하여 이를 무자비하게 진압했고, 그 연장선상에서 내전이 일어났다. 이처럼 내전으로 신속히 확대된 것은 인구의 75%가 수니파이고 아사드가 이끄는 시아파는 12%에 불과했기 때문에 종파적 차원에서 반란이 걷잡을 수 없이 확산되었기 때문이다. 그 과정에서 시리아 정부군에서 이탈한 수니파 출신 군인들과 수니파 무장 세력이 '자유 시리아군Free Syrian Army'이라는 반군을 결성하여 대항하면서 내전이 본격화되었다. 이에 사우디, 터키 등 주변 수니파 국가들이 반군을 지원했고, 이에 맞서 시아파 맹주인 이란이 시아파 보호를 명분으로 시리아 정부군을 지원하면서 국제화된 종파전쟁이 되었다.[2]

시리아 사태를 관망하던 알카에다는 알바그다디가 이끄는 '이라크 알카에다'에 '알카에다 시리아 지부'를 조직하라는 지령을 내린다. 그때까지 시리아 사태는 아사드 정권과 민주세력 간의 대결이

---

1) 알 아사드 대통령은 1971년부터 2000년까지 대통령을 지낸 하페즈 아사드의 아들로서 2000년부터 대통령이었다. 시리아에서는 1963년 이래 국가비상사태하에서 독재정치를 해왔다.

2) 시리아 내전으로 최근까지 최소 33만 명이 사망하고 560만 명의 난민이 발생했다.

었다. 아사드 정권은 수니파와 시아파의 갈등을 이용하기 위해 수감돼 있던 수니파 이슬람 근본주의자 수천 명을 석방했다. 이라크 알카에다는 감옥에서 풀려난 이슬람 근본주의자들을 규합해 알카에다 시리아 지부인 알누스라전선al-Nusra Front을 결성했다. 이라크와 시리아를 중심으로 한 무슬림 공동체를 건설하자는 알바그다디의 주장은 시리아 내전에 참여하고 있던 이슬람 전사들에게 반反아사드 구호보다 훨씬 더 호소력이 있었다. 이라크와 시리아의 수니파를 규합한 알바그다디는 아사드 독재정권에 저항하던 시리아의 수니파 주민들의 열렬한 호응을 받아 세력을 빠르게 확장할 수 있었다.

IS가 수니파 지역을 점령했을 때 주민들이 IS를 해방군으로 환영했던 것은 아사드의 압제에서 벗어났다는 점도 있었지만, IS가 수니파 주민들의 기대에 부응하는 바가 있었기 때문이기도 하다. 더구나 IS는 점령지역 주민들을 억압하지 않고 그 지역의 부족장, 족장, 지역대표들에게 몇 가지 조건하에 지역관리 권한을 부여했다. 그 조건이란 IS에 대한 무조건 충성, IS 문장紋章 외에 다른 공식 문장 사용금지, 지하디스트 풍습에 대한 복종 등이었다. 아울러 IS는 행정서비스 복구에도 힘을 쏟았다. 그래서 지역주민들은 IS의 등장을 환영했던 것이다.

빈 라덴도 정통 칼리프 국가를 세우려는 목적을 내세우기는 했지만 실제로는 테러에 몰두했을 뿐 IS처럼 군사 작전을 통해 영토를 점령하고 이슬람 국가를 세우려 하지 않았다. 그래서 IS는 유일한 정통 칼리프 국가라는 명분과 세계 모든 무슬림은 형제자매라는 등 효과적인 선전선동으로 세계 도처에서 최대 4만여 명의 불만에 찬 젊은이들을 끌어 모을 수 있었다. 젊은이들은 IS가 꿈꾸는 이상향을 수호하기 위해 자살폭탄 대열에 동참하는 것을 두려워하지 않았다.

시리아의 종파 내전은 즉각 인접국들의 개입을 불러왔다. 시아파인 이란은 레바논의 헤즈볼라를 시리아로 보냈고 러시아는 전략적 이유에서 아사드 정권을 지원했다. 이에 대응하여 사우디 등 수니파 국가들은 '자유 시리아군'을 지원했다. 2011년 이래 계속된 시리아 내전으로 40만여 명이 살해되고 500만 명의 난민이 발생했으며, 200만 이상이 해외로 탈출했다. 유럽에 심각한 난민사태가 발생한 것도 시리아 내전 때문이다.

'자유 시리아군'이 레바논의 급진단체인 헤즈볼라의 공격을 받고 와해되면서 그들의 대다수가 무기를 가지고 IS에 합류했다. 그 외에도 시리아 내전에 참가한 다른 급진단체 요원들도 IS에 합류했기 때문에 IS는 세력을 빠르게 확장할 수 있었다. 뿐만 아니라 IS는 시아파로 분류되는 알라위파인 아사드 정권의 몰락을 희망하는 사우디 등 수니파 국가들로부터 무기와 자금의 지원도 받을 수 있었다.

2013년 3월 IS는 내전으로 혼란에 휩싸여 있는 시리아에서 정부군과 반군을 닥치는 대로 공격하여 동북부 락까Raqqa 주州의 주도州都 락까를 중심으로 한 유전지역 일대를 점령했다. 이에 따라 IS는 원유를 터키 등에 밀수출하여 군사 작전에 필요한 자금을 조달할 수 있게 되었다. 락까 주는 이라크의 수니파 거점인 안바르 주와 맞닿은 지역이고 또한 유프라테스강 계곡으로 연결된 지역이다.

그때까지만 해도 이슬람 극단주의 테러조직의 원조元祖 격인 알카에다는 알바그다디에게 별도의 조직을 만들지 말고 시리아 내전에서 반정부세력을 지원하라는 지시를 내렸다. 그럼에도 알바그다디는 2013년 4월 조직의 이름을 '이라크·시리아 이슬람국가ISIS: Islamic State of Iraq and Syria'로 바꿨다.3) 이에 알카에다는 그 조직을 해체하라고 촉구했지만, 알바그다디는 그 명령을 듣지 않았을 뿐 아니라 그해 11월 알카에다가 보낸 특사까지 살해하며 알카에다와 완전히 결별했다.

세력을 확장한 IS는 공격 방향을 이라크로 돌려 2014년 초 안바르 주를 대부분 점령했다. 6월 10일에는 이라크의 제2도시 모술을 점령하는 등, 이라크의 북서부 지방을 장악했으며, 6월 30일에는 '이슬람국가IS: Islamic State' 건국을 선포했다. 모술이 함락될 당시 IS의 병력 규모는 6,000명에 불과했지만 그 후 3개월 만에 3만 명으로 늘어났고, IS는 모술 점령의 여세를 몰아 바그다드를 향해 거침없는 기세로 밀고 내려왔다. 바그다드에서 불과 95km 거리에 있는 티크리트까지 점령당하면서 이라크 정권은 붕괴 위기에 직면했지만 이라크 정부와 군대는 이를 막을 의지도 능력도 없었다. 2011년 말까지 미군이 철수했기 때문에 바그다드가 점령당하는 것은 시간 문제처럼 보였다.

이슬람국가 수립을 선포한 IS는 이라크 북부지역에서 영토 확장에 나섰다. 8월 3일 모술 서쪽의 신자르Sinjar 지역 일대를 점령하여 이단異端세력이라는 이유로 야지디Yazidi족의 남자 5,000여 명을 집단학살하고, 7,000여 명의 여자들과 소녀들을 성 노예로 삼았다. 이로 인해 5만여 명의 야지디인들이 험난한 신자르산山으로 숨어들거나 시리아 등으로 도피했다. 이어서 IS는 인접한 기독교도 거주 지역을 점령하면서 10만여 명의 기독교도들도 신자르산 지역으로 숨어들었다.[4]

---

3) '이라크·시리아의 이슬람국가(ISIS: Islamic State of Iraq and Syria)'는 '이라크와 레반트 이슬람국가(ISIL: Islamic State of Iraq and Levant)'로 불리기도 한다.

4) Steve Hopkins, "Full horror of the Yazidis who didn't escape Mount Sinjar: UN confirms 5,000 men were executed and 7,000 women are now kept as sex slaves," *The Daily Mail* (October 14, 2014), http://www.dailymail.co.uk/news/article-2792552/full-horror-yazidis-didn-t-esc

〈그림 6-1〉 IS 무장대원과 검은 깃발 Black Standard
_ 출처: syrianwarreport.com

    IS는 야디지족 여성들을 집단적으로 강간하여 무슬림으로 개종시키고 나아가 미래의 IS 전사들을 '생산'하는 수단으로 삼았다. 성노예는 IS 대원을 끌어들이는 유인책이기도 했다. IS 대원들의 사기 앙양을 위해 여성들을 전리품 또는 전과戰果에 대한 보상으로 주었기 때문이다. 더욱 놀라운 것은 IS 대원들에게 배포한 성 노예를 다루는 지침서에는 "노예는 재산이다. 팔 수 있고, 살 수 있고, 다른 사람에게 줄 수도 있다." "소녀가 사춘기에 이르지 않았더라도 신체적으로 가능하면 성 관계를 해도 된다."고 기록하고 있다.

    오바마 대통령은 8월 7일 IS의 야만적 행위를 비난하고 미군의 공중폭격을 명령하는 등 이라크에 대한 군사개입을 재개했다. 동시

---

ape-mount-sinjar-confirms-5-000-men-executed-7-000-women-kept-sex-sl
aves.html(검색일: 2017.7.29).

에 미군은 신자르산 일대에 고립되어 있던 피난민들에게 식량, 물, 의약품 등을 공중 투하했다. 9월 10일에는 시리아 내전에 개입하고 있는 IS에 대해서도 공습을 선언했다. 테러와의 전쟁이 끝난 것이 아니라 'IS와의 전쟁'을 시작한 것이다.

IS의 야만적인 학살행위에 분노한 프랑스, 영국, 네덜란드 등 7개 서방국가들이 미국의 IS와의 전쟁에 동참했고, 사우디아라비아, 요르단, 아랍에미리트, 바레인, 카타르 등 IS에 위협을 느끼고 있던 아랍국들도 참여했다. 미군의 폭격에 맞서 IS는 외국인 기자들^{영국,} ^{미국, 일본 등}과 이집트의 콥트교도들^{기독교의 일파}을 참수하고, 그 동영상을 인터넷을 통해 공개하면서 세계적인 분노를 자아냈다. 또한 IS는 서방국가들의 IS와의 전쟁에 참가한 요르단 조종사를 납치해 철장에 가두어 산 채로 화형하기도 했다. 화형은 이슬람 사회에서도 찾아보기 힘든 참혹한 살인 방법이다. 이것이 바로 IS가 노린 '테러 마케팅 terror marketing'이다.[5] 그들은 참수^{斬首}, 총살, 화형^{火刑}, 물에 빠뜨려 서서히 죽이는 장면 등, 온갖 잔인한 살인 장면을 동영상으로 만들어 소셜미디어와 인터넷으로 퍼뜨려 서방세계의 공포감을 극대화하면서 그들의 존재를 과시했다.

IS는 사람만 죽인 것이 아니다. 2015년 초 IS는 이라크 내 고대 도시 님루드^{Nimrud}와 하트라^{Hatra}, 그리고 2,000년 전 유적도시인 시리아의 팔미라^{Palmyra}에서 귀중한 문화재를 폭파했다. 그들은 고대 유물과 문화재, 오래된 교회, 심지어 시아파 사원 등을 이슬람의 가치를 훼손하는 우상숭배에 불과하다며 파괴했던 것이다. 그들은 드

---

5) "Beheadings as Terror Marketing," *The Atlantic* (March 4, 2015), https://www.theatlantic.com/international/archive/2014/10/beheadings-as-terror-marketing/381049/(검색일: 2017.7.29).

릴이나 망치, 중장비로 유물을 파괴하는 장면을 영상에 담아 인터넷에 유포하며 선전전을 펼쳤다. 이를 통해 자신들의 힘을 전 세계에 과시하는 동시에 이슬람 근본주의 사상을 널리 알리는 기회로 삼았다. 유네스코는 이들의 유물파괴를 '전쟁범죄'로 규정했다.

그들의 명칭이 국가라고 했듯이 IS만의 행정조직도 가지고 있었다. 엄밀한 의미의 내각은 존재하지 않았지만, 업무를 기능적으로 구분한 행정기관들이 존재했고, 영토는 7개 지방으로 나누어져 있었다. 자금의 조달은 원유 밀거래와 모술의 은행에서 약탈한 5억 달러의 자금과 사우디 등 수니파 국가에서 들어오는 기부금으로 충당했다.

IS가 그 세력을 급속히 확장하는데 성공한 요인 중의 하나는 뛰어난 선전과 홍보 능력이다. 그들은 '알푸르칸^Al-Furqan'이라는 인터넷 통신을 통해 '적군'과 '범죄자'를 참수하고, 간통죄를 저지른 사람을 투석형에 처하며, 동성애자를 사형시키고, 집단 처형하는 장면 등, 섬뜩한 영상을 퍼뜨려 서방 여론을 들끓게 만들었다.

IS는 조직원 모집을 위해 화려한 뮤직비디오를 연상케 하는 고화질의 동영상을 만들어 공개하고, 인터넷 사이트와 SNS도 활용했다. IS는 익명의 계정을 통해 각 나라에서 테러나 범죄에 관심 있는 자들과 현실에 불만을 가진 자들에게 환상을 심어주며 IS의 지하드에 합류하면 누구나 부와 평등을 누릴 수 있다고 달콤한 약속을 한다. 그러나 실상은 각국에서 모인 젊은이들을 마구잡이로 자살폭탄 테러에 몰아넣어 희생시킬 뿐이다.

IS는 세계 각지에서 모인 지원자들을 극단적인 이슬람 원리주의에 따라 철저히 세뇌시킨다. 지원자들의 주된 동기도 종교였다. 그들은 무슬림에 대해서도 이슬람 근본주의를 신봉하지 않으면 불신자

不信者로 몰아 처단할 만큼 광신자들이거나 이슬람에 대한 열성분자들이었다. 지원자들에 대한 교육훈련은 군사적인 것보다는 이슬람교리 훈련, 즉 샤리아sharia 훈련이 핵심이다. 지원자들이 도착하면 심층 대담을 통해 이슬람에 대한 이해, 열정과 충성도, 지하드를 위해 목숨을 바치겠다는 의지 등을 평가한다. 평가에 따라 교육훈련 기간도 2주, 한 달, 45일, 6개월, 1년 등으로 다양하다. 그리고 훈련 캠프에 들어가 군사훈련, 정치이념교육, 샤리아교육이 혼합된 훈련을 받으며, 표준 아랍어도 배운다. 샤리아교육은 이슬람 성직자들이 담당한다. 훈련을 마친 후에도 그들은 계속 감시와 평가의 대상이 된다. IS의 잔인한 투쟁방식에 대해 거부반응을 보이면 채찍질 등으로 처벌하거나 추방했다. 그들 중에 동성애를 한 자가 있으면 고층 빌딩에서 떨어뜨려 죽이기도 했다. IS의 야만적 행위에 대해 조금만 거부반응을 보여도 훈련캠프로 다시 보내 열성적인 테러리스트로 재훈련했다.

IS의 규모는 최대 20만으로 추정되기도 한다. 2015년 기준으로 보면, IS 조직원의 절반은 외국인이다. 유엔 보고서는 2014년 말 현재 IS 조직원 중 1만 5,000명이 80개국 출신이라고 밝힌 반면 2015년 2월 미국 정보보고서는 외국인 출신 조직원은 2만 명 정도이며 서방 국가 출신도 3,400명이 포함되어 있다고 했다.[6] IS는 북아프리카, 유럽, 인도 일대까지 세력을 뻗쳤던 중세 이슬람 전성기의 '칼리

---

6) "UN Report On 15,000 Foreigners Joining ISIS Fighters In Syria And Iraq Will Shock You," *International Business News* (November 3, 2014), https://web.archive.org/web/20141110162633/http://au.ibtimes.com/articles/571503/20141103/isis-un-report-haaretz-caliphate-security-council.htm(검색일: 2017.3.5).

프 제국'의 부활을 목표로 삼고 있었기 때문에 중동지역에 국한되지 않고 전 세계로부터 전사를 끌어 모았다.[7] 이코노미스트는 "IS는 외국인 지원 3,000명을 포함하여 이라크에 6천 명, 시리아에 3~5천 명의 병력이 있다. 이들 외국인 중 1,000명 정도가 체첸인이며, 500명 정도는 프랑스, 영국 등 유럽 국가에서 유입되었다"고 보도했다.[8]

그들은 소형 트럭에 수류탄 투척기와 경무장을 하고 싸우는 편이지만 후세인 군대 해산 당시 획득한 것과 이라크군과 미군, 그리고 시아파 반군으로부터 노획한 방탄복, 각종 무기, 장갑차, 야포까지도 보유하고 있다.[9] 이처럼 그들은 비교적 잘 무장되었기 때문에 세력을 급속히 확산할 수 있었다. 그들은 또한 차량폭탄 테러, 자살폭탄 테러, 급조폭발물 등을 이용하여 인구 밀집지역을 공격하여 수많은 희생자를 내는 것을 능사로 삼았다. 그들은 도시 게릴라전에 능숙했다. 그들은 점령지를 고수하지 않고 신속히 공격한 후 재빨리 사라진다. IS는 그들의 전술을 마치 자갈밭을 기어가는 뱀과 같은 것이라고 표현한다.

---

7) Arme Sarhan, "CIA: 30,000 foreign fighters have traveled to Syria and Iraq to join ISIS," *Iraq News* (29 September 2015).

8) "Two Arab countries fall apart," *The Economist* (14 June 2014; 14 June 2014).

9) "State of emergency: ISIS militants overrun Iraq city of 1.8mn, free 2,500 prisoners," *RT News* (June 10, 2014), https://www.rt.com/news/165044-militants-seize-mosul-iraq/(검색일: 2017.3.5).

III. 시아파 정권의 실패와 수니파 급진세력 IS의 급부상

IS는 2014년 초부터 1년도 안 되는 짧은 기간에 급속히 세력을 확장하여 이라크와 시리아에 걸쳐 영국 규모의 광대한 영토를 장악했으며, 특히 이라크 내 수니파 지역의 4분의 3 이상을 전투도 없이 단기간에 점령했던 것이다. 그들이 어떻게 그처럼 신속히 세력을 확장할 수 있었는가?

그 이유는 크게 두 가지로 볼 수 있다. 그 하나는 이라크 정부와 시리아 정부가 수니파 주민들로부터 적대시 대상이 되었다는 것이다. 다른 하나는 IS가 알카에다와는 달리 수니파 주민들의 기대에 부응하는 측면이 있었다는 것이다.[10]

IS가 수니파 지역에서 황야의 불길처럼 순식간에 세력을 급속히 확대할 수 있었던 것은 수니파 주민들이 IS를 적극 지원했기 때문이다. 초기의 IS 요원은 3천 명 정도에 불과했지만 이라크 정부에 불만이 누적되어 온 수니파 부족장들과 후세인 정부 잔존 세력이 대거 합세하면서 IS는 폭발적으로 강화되었다. 대부분의 수니파는 원래 IS의 극단주의 노선을 반대했지만 말리키 정부에 대한 증오가 더 컸기 때문에 IS를 지원하게 된 것이다. 8년 동안 총리로 있었던 말리키 Nuri al-Maliki가 인구의 다수를 차지하는 수니파의 지지를 얻기는커녕 오히려 원한의 대상이 된 것이 IS 급성장의 원인으로 작용했다.

말리키는 소심하고 비타협적이며 측근 이외에 누구도 신뢰하지

---

10) 피에르-장 뤼자르 지음·박상은 옮김, 『왜 IS는 성공했는가?』(현실문학, 2015) 참조.

않았고 난국을 돌파할 수 있는 리더십도 없었다. 특히 그는 반대세력과 타협하거나 포용하려 하지 않았고 시아파 중심의 정책을 일방적으로 밀어붙였다. 자신이 이끄는 정당이 2010년 4월 총선에서 승리했기 때문에 국민 다수가 자신을 지지하고 있다고 확신하고 반대세력에 대해 종파적 입장에서 반대한다고 몰아붙이거나 알카에다와 연계된 세력이라며 무자비하게 탄압했다.[11]

그는 2010년 12월부터 다음 해 8월까지 국방장관을 겸직했고, 2010년 12월부터 2014년 사임할 때까지 내무장관을 겸직하며 군대와 경찰을 수니파 등 반대세력을 탄압하는 데 동원했다. 이로 인해 시아파 정부에 대한 수니파의 불만과 분노가 증폭되었다.

뿐만 아니라 말리키 정부에는 부패가 만연되었다. 말리키는 측근들에게만 이권과 주요 보직을 나눠주며 이들을 관리했다. 만약 이들이 배신할 조짐을 보이면 부패 사실을 폭로하겠다며 이들을 협박했다. 금권과 이권이 정치와 행정을 지배하고 있었던 것이다.

말리키 정부가 얼마나 한심한 정부였는가는 모술 함락 직후 티크리트가 IS에 점령될 당시 적나라하게 드러났다. 모술이 함락된 지 24시간도 못돼 티크리트가 IS의 수중에 떨어졌다. 티크리트는 바그다드에서 불과 95km 떨어진 곳이다. 말리키 정부가 권력투쟁과 부정부패에 눈이 어두워 국가안보를 등한시했기 때문이다. 모술에서 티크리트를 침공하는 주요 도로는 하나밖에 없기 때문에 불과 몇 대의 탱크와 장갑차 그리고 약간의 공중지원만 있으면 IS의 진격을 저지할 수 있었을 것이지만, 말리키 정부가 아무런 방어조치를 취하지 않았기 때문에 그곳을 지키던 수백 명의 장병들은 포로가 되어 살해

---

11) Zaid al-Ali, "How Maliki Ruined Iraq," *Foreign Policy* (June 19, 2014).

당했다.

IS가 급부상하게 된 또 다른 원인은 시리아 내전이 수니파와 시아파 간 종파전쟁으로 변했고, 이에 영향을 받아 이라크 내 종파전쟁이 재발되었기 때문이다. 시리아의 수니파 반정부 세력은 아사드 정권 제거를 노리는 미국은 물론 사우디아라비아 등 수니파 국가들로부터 거의 무제한적인 무기와 군자금을 지원받았다. 시리아에서 수니파가 다수60%이지만 아사드 정권은 종교적으로 시아파에 속하며 이란의 동맹국이다. 따라서 시아파를 이단시하는 사우디아라비아 등이 아사드 정권을 제거하기 위해 시리아 반군을 적극 지원한 것이다. 물론 IS는 사우디 등이 지원하는 반군 세력은 아니었지만 군사적으로 우세한 IS는 사우디와 미국 등이 반군에 제공한 무기를 언제든 빼앗을 수 있었다. 이라크 정규군 출신들이 포진한 IS는 "바위 틈 사이로 뱀처럼 이동한다"는, 무자비하지만 효과적인 군사전략으로 다른 반군 단체들을 압도하고 최강의 반군세력이 되었다.

시리아의 수니파와 시아파 간의 종파 내전에 자극받은 이라크 내 수니파 주민들은 팔루자, 사마라, 모술, 티크리트 등지에서 2012년 말부터 말리키 정부의 시아파 독재를 규탄하는 대대적인 시위에 나섰다. 말리키 정부는 수니파의 시위를 정부 압제에 대한 수니파의 정당한 저항으로 보기보다는 정부 전복 투쟁으로 인식하고 군대를 동원하여 수니파 시위대를 무차별 포격하며 무자비하게 진압했고, 경찰도 시위자들을 체포하여 즉결처분하기도 했다. 특히 2013년 4월 23일, 이라크 정부군이 키르쿠크 서남부의 하위자Hawija에서 평화 시위를 벌이고 있던 수니파 주민들을 습격해 50명을 살해하고 110명을 부상시킨 사건이 결정적이었다. 나아가 말리키 정부는 수니파 지역인 안바르 주의 팔루자와 라마디 등에 대한 무차별 포격으로 주민들을 살상했다.

이로써 시아파 주도의 정부에 참여해 공존을 도모하려 했던 수니파 주민들도 말리키 정부에 대항하게 된 것이다. 타협에 의한 공존보다는 무장 투쟁에 의한 생존을 도모하고자 했고, 이 같은 분위기에 편승하여 IS는 적극적인 반정부 무력투쟁에 나섰다. 2013년 여름 IS를 중심으로 한 수니파 급진세력은 아부그라이브 교도소를 습격하여 이슬람 전사 500명을 탈출시키는 등, 모두 8차례의 교도소 습격으로 탈옥시킨 이슬람 전사들을 IS에 편입시켰기 때문에 IS는 막강해졌다.

시리아에서 세력을 확장한 IS는 공격 방향을 다시 이라크로 돌려 2013년 말부터 6개월에 걸쳐 안바르 주 전역을 대상으로 공세를 펼쳤다. 이에 대응한 이라크군은 제1사단, 제2사단, 제7사단 등 3개 사단과 경찰 및 수니파 무장조직인 '이라크의 아들' 등이 참여했으나, 결과는 이라크군의 대패였다. 2014년 4월까지 안바르 주의 70% 정도가 IS에 점령당했고, 팔루자와 라마디 등 주요 도시들도 IS의 통제하에 있었다. 팔루자는 바그다드에서 불과 60km 거리에 불과하기 때문에 IS가 바그다드까지 직접 위협하고 있었다. 이 기간 중 이라크군 사망자는 6,000명에 이르렀고 도망자도 1만 2,000명에 달했다. 이에 비해 IS의 사망자는 2,000여 명에 불과했다. 민간인도 1,168명이나 목숨을 잃었고 48만 명이 피난을 떠났다.[12]

2014년 6월 10일에는 인구 100만의 이라크 제2도시 모술이 IS에 의해 함락됐다. 이라크군은 변변한 전투 한 번 치르지 못한 채 모술

---

12) "Anbar Campaign(2013-14)," Wikipedia, https://en.wikipedia.org/wiki/Anbar_campaign_(2013%E2%80%9314)(검색일: 2017.8.1).

을 IS에 내주었던 것이다. 현지 주민에 따르면 "모술은 이미 오래전부터 중앙정부의 권력이 미치지 않았던 곳"이었다고 한다. 6월 이전에도 IS는 야채 행상에서 휴대폰 가게, 건설회사에 이르기까지 모술의 모든 주민으로부터 세금을 걷었고 세금 수입은 월 800만 달러나 되었다. IS는 이미 사실상의 정부 역할을 하고 있었던 것이다.

이처럼 단기간 내 이라크의 북서부 지역을 소수의 IS 병력이 수십 배의 이라크군을 밀어내고 탈취할 수 있었던 것은 IS가 강했기 때문이 아니라 이라크군이 스스로 무너졌기 때문이다. 모술을 방어하던 병력은 이라크군 3만 명, 이라크 경찰 3만 명 등 모두 6만 명이었고 미국으로부터 지원받은 최신 장비도 보유하고 있었던 반면 모술 공격에 참여한 IS 대원은 고작 1,500명에 불과했다. 그럼에도 이라크군 사망자는 2,500명에 달했지만 IS 사망자는 105명에 불과했다. 이라크군은 지리멸렬 상태로 싸우기보다는 도망가기에 바빴고, 그래서 40대의 M1A1 전차, 52문의 155mm 야포, 2,300대의 험비차량, 74,000정의 총포, 막대한 분량의 탄약이 IS 손에 넘어갔다.[13] IS는 포로로 잡은 이라크군 4,000명을 집단 사살하여 그 시체들을 한 구덩이에 묻었다.

6월 30일 승리에 도취된 IS 지도자 알바그다디는 모술의 유서 깊은 이슬람 사원의 강단에 올라 "나는 모든 이슬람 세계의 칼리프 정치·종교 지도자다"고 외치며 '칼리프 국가caliphate'[14]인 '이슬람 국가IS:

---

13) Peter Van Buren, "COLUMN-Dude, where's my Humvee? Islamic State capturing Iraqi equipment at alarming rate," Reuters (June 2, 2015), http://www.reuters.com/article/van-buren-iraq-idUSL1N0YO25X2015060 02(검색일: 2017.7.29).

14) 칼리프 국가란 초기 이슬람의 신정(神政)일치 체제를 말한다.

Islamic State'의 건국을 선언했다. 이슬람교의 창시자인 무함마드가 세운 칼리프 국가를 재현하겠다는 것이다.

이라크군은 싸울 능력도 의지도 없었다. 이에 비해 IS 대원들은 종교적 신념이 투철하고 결집력이 강하여 죽음을 두려워하지 않았을 뿐 아니라 실전 경험이 많은 후세인 정권 장교 출신이 많아 군사 작전에 능했다. IS의 중간 지휘자들은 후세인 군대에서 정규 교육을 받고 부대를 지휘한 경험이 있었던 반면 이라크군은 고위 장성마저도 몇십 명 또는 많아야 100~200명의 민병대를 이끈 경험을 가진 사람들이 적지 않았다.

2006년 이래 미국은 이라크에 수백억 달러의 무기와 군사 장비를 지원하며 100만 명 내외의 이라크 군과 경찰을 훈련시켰지만, 그 같은 투자와 노력은 물거품이 되고 말았다. 이라크의 정치학자 알아티야는 미국의 이라크군 육성이 '완전한 실패'였다면서 그 이유로 ① 군대다운 군대 구조를 갖지 못했고, ② 군 지휘관들의 보편적인 무능, ③ 군대에 만연된 부패와 족벌주의 때문이라고 했다.[15] 2014년 9월 총리로 취임한 하이다르 알압바디Heider Al-Abadi는 이라크군에 5만 명의 위장 명부로 매년 3억 8,000만 달러의 예산을 착복하고 있는 사실을 적발한 바 있다.

모술은 한때 인구가 200만에 달했던 이라크의 제2도시였을 뿐 아니라 터키와 시리아를 있는 교통의 중심지였고 인근에 유전지대가 있어 이라크의 '경제수도'로 불리기도 했다. IS가 모술 점령 직후 이곳에서 '이슬람 국가' 수립을 선언했던 것도 모술의 전략적·경제적

---

15) "Interview with Iraqi political scientist Ghassan Al-Attiyah: A nation torn apart"(May 4, 2015), https://en.qantara.de/content/interview-with-iraqi-political-scientist-ghassan-al-attiyah-a-nation-torn-apart

가치가 컸기 때문이다. IS는 알카에다와는 달리 점령지역에 행정조직, 경찰서, 법원, 학교 등을 세우고 자체 화폐를 발행하여 유통시키는 등 정상적 국가처럼 행세했다.

이라크의 모술과 시리아의 락까 인근에 위치한 유전은 IS의 핵심 자금원이었다. 그들은 석유를 암시장에서 판매하여 매일 3백만 달러의 수입을 올리기도 했다. 그들은 2014년 말 이라크 서북부와 시리아 동북부 지역에 한국과 비슷한 10만 평방킬로미터의 영토를 점령하고 800만에 가까운 인구에 이슬람 율법을 강요했다. 그들은 점령지역의 원유 판매, 모술은행에 보관돼 있던 막대한 현금, 문화재 약탈 등으로 마련한 10억 달러 이상의 예산과 4만 명 규모의 무장 세력을 보유하기도 했다.

모술이 그처럼 허망하게 무너졌으니 바그다드가 IS에 점령당하는 것도 얼마든지 가능하다는 두려움이 이라크 정부와 군대는 물론 시아파 주민들에게 엄습했다. 바그다드 인구는 700만이지만 대부분이 시아파이다. IS가 바그다드를 점령한다면 수많은 시아파 사람들이 참살당할 것이 분명했다. IS 대변인은 "시아파가 숨을 돌릴 틈도 없이 바그다드로 진격하자"고 외치고 있었다. IS는 바그다드에서 자동차로 한 시간 거리인 티크리트와 팔루자에서 공격을 준비하고 있었기 때문에 IS가 곧바로 바그다드로 진격할 것이라는 소문이 나돌면서 바그다드 주민들은 공황상태에 빠졌다. 심지어 바그다드 공항까지 위협받으면서 이라크 정부는 국가비상사태를 선포했다.

IS는 수니파 지역에서는 쉽게 세력을 확산하고 영토를 장악할 수 있었지만 시아파 지역에서는 강력한 저항에 직면하게 될 것은 너무도 당연했다. 더구나 시아파가 바그다드까지 IS에 점령당할지도 모른다는 위기의식에 빠져 있었기 때문에 2014년 6월 13일 시아파의 대大아야톨라인 알리 시스타니^Ali Sistani가 IS를 향해 지하드를 선언하면서 IS의 세력 확산에 제동이 걸렸다.

IV. IS 괴멸(壞滅)에 나선 트럼프 행정부

2015년 봄 이라크군은 미군 등 연합군의 공중 지원을 받으며 안바르 주를 탈환하기 위한 작전을 개시하여 티크리트 시를 비롯한 안바르 주의 상당 부분을 되찾았다. 그 과정에서 IS 지도자 알바그다디는 폭격을 당해 중상을 입었다. 4월 중순경 IS의 영토는 그들의 세력이 최고조에 달했던 2014년 8월에 비해 25~30% 정도로 줄어들었다.

미군은 IS 지도부와 핵심 조직을 파괴하기 위해 육군 정예 특수부대인 델타 포스를 투입했다. 특수부대 요원들은 IS의 근거지와 은신처에 대한 공격을 위한 사전 준비로 정보를 수집한 후 랩톱 컴퓨터와 핸드폰을 통해 정보를 종합하여 IS 네트워크를 파악한 후 공격했다. 특히 IS의 핵심 인물들을 색출하여 포획 또는 사살하기 위해 몇 주간에 걸친 은밀한 작전을 펼쳤다. 즉 의심 가는 지역에 안전가옥^safe house의 설치, 지역사회 정보요원 네트워크 구축, 이라크군 및 쿠르드 민병대와의 협조 등을 통해 작전했다.[16] 그 같은 특수

---

16) "Army Delta Force begins to target ISIS operative in Iraq," *CNN* (February 29, 2016), http://edition.cnn.com/2016/02/29/politics/pentagon-army-target-isis-iraq/(검색일: 2017.8.1).

작전에는 영국과 프랑스도 합류했으며, 이 같은 특수 작전은 2016년 말부터 시작된 모술 탈환 작전에 크게 기여했다.

2017년 1월 출범한 미국의 트럼프 행정부는 오바마 행정부와는 달리 IS에 대해 강경한 정책을 폈다.[17] 트럼프 대통령은 대통령 후보 당시 "시리아의 아사드 정권보다 IS를 먼저 박살내야 한다"고 주장했다. 트럼프 행정부는 이슬람 테러 세력으로부터 미국을 지키려면 IS 분쇄가 첫걸음이라고 판단한 것이다. 렉스 틸러슨Rex W. Tillerson 미 국무장관은 워싱턴에서 열린 '반反IS 국제연대회의'에서 행한 연설을 통해 "IS 격퇴가 미국 중동정책의 제1 목표"라고 선언했다.

이에 따라 미군과 이라크군은 2016년 10월부터 모술 탈환 작전을 본격화함으로써 IS에 큰 타격을 주었다. 미군 작전을 지휘한 타운샌드Stephen Townsend 중장은 2017년 3월 이라크와 시리아에서 전투에 참가하고 있는 IS 대원은 1만 2,000 내지 1만 5,000명으로 1년 전의 2만 내지 3만 명에서 크게 줄어들었다고 말했다. 그는 "2016년 말부터 2017년 초에 걸쳐 IS 지도부를 대상으로 하는 작전을 벌여 대부분 제거했다"고 말했다.[18]

2017년 3월 초 미국은 IS를 분쇄하기 위한 목적으로 시리아에 처음으로 지상군을 투입했고, 3월 22일에는 IS와 첫 전투를 벌였다. 미 국방부 관계자는 기자회견에서 "미군은 시리아민주군SDF: Syrian

---

17) "달라진 미국… '시리아서 IS 격퇴' 첫 지상軍 전투,"『조선일보』, 2017년 3월 24일.

18) "ISIS BOOT CAMP: Iraqi army discover jihadi training base hidden 32 foot underground where foreign fighters were prepared for war," *the Sun* (March 1, 2017), https://www.thesun.co.uk/news/2988344/iraqi-army-discover-jihadi-training-base-hidden-32-foot-underground-where-foreign-fighters-were-prepared-for-war/(검색일: 2017.9.5).

Democratic Forces과 협력하여 시리아 북부 도시 락까 인근의 타브까 댐 Tabqa dam을 아파치 헬기와 곡사포로 공격하는 등 대규모 군사 작전을 전개했다"고 밝혔다.

이날 미군은 타브까 댐 인근에 1,000여 명의 병력을 배치하고 다연장로켓 발사시스템HIMARS과 M777 견인포로 IS를 맹타했다. 시리아 반군과 쿠르드 민병대 등 500여 명이 미군 아파치 헬기와 전투기의 지원을 받으며 타브까 댐 인근 마을로 침투했다. 미 해병대와 특수부대 병력도 지상 전투에 참가했다. 시리아 내전에 개입한 후 미군의 첫 포문이 타브까 댐을 겨냥한 것은 이 댐이 'IS의 심장'이라고 불리는 락까로 들어가는 길목이기 때문이다. 락까에는 IS 간부와 정예 무장 병력이 집중돼 있고, 화학무기 등 대량살상무기도 땅굴 속에 은닉되어 있는 것으로 추정되었다. 타브까 댐의 발전소는 락까에 전기를 공급할 뿐 아니라 인근에 활주로와 IS 인질 수용소가 있는 전략 거점이었다.

트럼프 행정부는 IS 격퇴를 위해 이라크에도 미군을 증파했다. 제임스 매티스 국방장관은 3월 22일 상원 청문회에서 "이라크 정부가 IS 사태에서 완전히 재기할 수 있을 때까지 미군이 주둔하면서 지원하는 것이 미국의 국익에 도움이 된다"고 말했다. 또한 매티스 장관은 2017년 5월 28일 미국의 IS 격퇴 전술은 "IS 세력을 이라크와 시리아의 특정 지역에서 다른 지역으로 몰아내는 전술이 아니라 포위해 완전히 섬멸하는 전술로 전환했다"고 밝혔다.[19)]

---

19) "美국방 'IS 쫓는 대신 포위해서 전멸시킬 것'," 『조선일보』, 2017년 5월 30일.

V. IS의 패퇴

  이라크군과 연합군의 공동 작전으로 2017년 7월 10일, IS의 거점역할을 해온 모술이 탈환되었다. 하이데르 아바디[Haider al-Abadi] 이라크 총리는 이날 군용기를 타고 모술에 도착해 "모술은 해방됐다"고 신언했다. 모술 해방 선언은 이라크군이 모술 탈환전을 시작한 지 약 9개월 만이고 IS가 이 도시를 점령한 지 3년 만이다.[20)]

  이라크군은 미군의 지원하에 2016년 10월부터 모술 탈환 작전을 시작했다. 당시 이라크 주둔 미군 병력은 5,500명 정도였는데 그중 4,000명 정도는 이라크군과 쿠르드 민병대의 작전을 지원했고, 그 외 특수부대와 지원부대 등이 있었다. 특히 미군의 각종 폭격기와 공격용 아파치 헬기의 공중지원이 결정적 역할을 했다. 이라크군은 IS가 주민을 '인간 방패'로 삼아 길목마다 폭발물을 설치하는 바람에 어려운 전쟁이 되었다. 모술은 IS가 '이슬람 국가'의 수립을 선언했던 상징적인 곳이었기 때문에 모술을 빼앗기면서 IS는 치명타를 입게 된 것이다.

  모술은 큰 도시이기 때문에 IS는 수많은 건물과 주택을 벙커와 요새로 삼아 저항했다. 그래서 모술 탈환은 건물 하나하나를 점령하는 치열한 시가전市街戰이었고, 그래서 이 작전을 지휘한 타운센드 장군은 "2차 대전 이후 벌어진 가장 치열한 시가전"이었다고 했다.

  IS 대원들은 잘 훈련된 도시 게릴라였다. 도심 건물 곳곳에 숨어

_____

20) "이라크, IS 몰아내고 모술 탈환 공식선언,"『조선일보』, 2017년 7월 10일.

있는 저격수, 은폐된 터널로 이동하는 IS 대원들, 미로 같은 아파트 지역을 은폐 공간으로 삼아 게릴라전을 펴는 IS 대원들을 지상전투로만 몰아낼 수는 없었다. 워싱턴포스트는 "이라크군은 도심을 향해 진격하면서 IS 저격수가 있는 빌딩에 대한 전투기의 정밀 폭격을 유도했다"고 보도했다. 이라크군이 도심으로 진격하면서 2017년 1월에 한 번도 없었던 정밀 유도 폭격이 2월에는 4회, 3월에는 19회로 크게 늘어났다. 4월엔 4회, 5월과 6월에도 각각 16회에 달했다. 이 과정에서 주민들을 인질로 삼은 IS의 저항으로 민간인들의 희생도 크게 늘었다. 또 3월엔 잘못된 정보에 의한 오폭으로 100명이 넘는 주민들이 붕괴되는 건물에 깔려 숨지기도 했다.

시가전은 일상의 모든 것들을 무기로 둔갑시켰다. IS는 소셜미디어를 통해 전투 지시를 내리고 일반 상점에서 구입할 수 있는 드론을 이용해 폭발물을 떨어뜨렸다. 좁은 골목과 빌딩으로 이루어진 시가전에선 사막지대에서 활약한 탱크나 장갑차는 별 쓸모가 없었다. 워싱턴포스트는 "이라크군은 도심에서 불도저를 앞세워 한 블록씩 전진했다"고 보도했다. 불도저는 참호나 바리케이드를 밀어버릴 수 있고, IS의 차량폭탄 테러나 부비트랩_{건드리면 폭발하는 장치}에도 견딜 수 있기 때문이다.

모술 탈환 후 이라크군과 미군의 IS 격멸 작전은 모술 서쪽 80km 지점에 있는 탈아파르에 집중되었다. 2~3주간의 공습에 이은 지상 작전 8일 만인 8월 26일 탈아파르를 탈환했다. 모술 탈환 작전에 비해 매우 짧은 기간에 끝난 것이다. 탈아파르는 이라크 내 IS 점령지와 시리아 내 IS 점령지를 연결하는 IS 핵심 거점으로 2014년부터 IS가 장악해왔다. 탈아파르를 상실함으로써 IS는 이라크와 시리아 사이에 병력과 무기를 수송하는 데 심각한 어려움에 직면하게 되었다.

탈아파르를 그처럼 쉽게 탈환했다는 것은 IS 전력戰力의 약화와 이라크군의 상대적 강화를 의미한다. 보다 잘 훈련되고 사명감이 높아진 이라크군의 공격에 직면하여 IS가 싸우려는 의지를 상실했기 때문에 탈아파르가 쉽게 함락된 것이다. 2014년 IS가 이라크 영토 3분의 1을 점령했을 당시 이라크군은 붕괴 직전이었지만 그동안 미군의 이라크군 훈련이 계속되었고, 이라크군도 3년에 걸친 IS와의 전투를 통해 전투경험이 축적되었기 때문이다.[21]

뒤이어 10월 17일, IS는 시리아 내 그들의 '상징적 수도'인 락까에서도 완전히 패퇴했다. 쿠르드 민병대와 시리아민주군SDF은 미군 중심의 연합군의 지원을 받으며 6월 초부터 4개월간 락까를 포위 공격했다. 미국은 3월부터 특수부대와 군사고문단 등 2,000여 명의 병력을 투입하여 시리아민주군을 지원해왔다. 이로써 지난 3년간 시리아·이라크 일대에서 영국 면적과 맞먹는 지역을 실질적으로 지배하며 잔혹한 테러로 세계적으로 공포의 대상이 되어온 IS는 주요 거점을 모두 상실한 것이다.

2018년 1월 20일, 미군 주도의 연합군이 IS에 대한 최후의 일격을 가했다. 이라크 국경에 인접한 시리아 내 유프라테스강 계곡의 아쉬 샤파Ash Shafah 마을 부근의 IS 사령부와 지휘통제본부를 공습하여 145~150명의 IS 핵심요원들을 몰살했다. 연합군은 드론 등을 이용하여 일주일 이상 IS 사령부와 지휘통제본부를 지속적으로 감시한 후 걸프만에 배치된 항공모함 루스벨트호에서 발진한 FA-18기들과 현장에서 감시 중이던 공격형 드론으로 폭격했던 것이다.

---

21) Tamer El-Ghobashy and Mustafa Salim, "Iraqi military reclaims city of Tal Afar after rapid Islamic State collapse," *Washington Post* (August 27, 2017).

그럼에도 IS의 테러가 끝나지 않을 것이라는 전망이 우세하다. 이라크와 시리아 정부가 무능하고 부패하고 치안질서마저 유지하지 못하여 주민 불만이 높은 등, IS가 생존할 수 있는 환경을 제공하고 있기 때문이다. 더구나 IS는 해외 연계조직에 선전 자료를 보내고, 폭발물 제조수법을 전파하며, 암호 해독 요령도 내보내며 조직 강화와 테러활동을 조종하는 등 국제테러로 방향을 돌리고 있다.[22]

VI. IS의 테러 대상이 되고 있는 유럽

IS는 이라크와 시리아에서만 공포의 대상이 된 것이 아니라 유럽을 위시하여 국제적으로 심각한 위협이 되어 왔다. IS는 세계 18개국에 그들의 네트워크를 가지고 있고, 그들과 연계된 테러 조직이 이집트, 말리, 소말리아, 방글라데시, 인도네시아, 필리핀 등, 많은 나라에 뿌리내리고 있기 때문에 언제 어디서든 테러를 벌일 수 있다.

유럽에서 IS에 의한 첫 번째 테러 공격은 2015년 1월 파리 소재 풍자만화 주간지 샤를리 에브도 Charlie Hebdo를 대상으로 일어났고, 이로 인해 편집장, 만화가, 칼럼니스트 등 17명이 살해당하면서 세계적으로 주목받았다. 그해 11월 13일에는 파리 시내의 콘서트홀, 바

---

22) Ben Hubbard and Eric Schmitt, "ISIS, Despite Heavy Losses, Still Inspires Global Attacks," *New York Times* (July 8, 2017).

bar, 식당 등에서 연쇄 폭탄테러를 일으켜 무려 130명을 희생시켰다. 이것은 2차 대전 이래 파리에서 일어났던 가장 큰 테러였다.

파리에서 일어난 이 같은 테러 공격은 중동의 위협으로만 인식되어온 IS의 잔인성을 전 세계에 보여준 공포 그 자체였다. 그것은 IS를 시리아와 이라크의 과도기적 혼란을 틈타 기생하는 조직 정도로 여겨졌던 서방 국가들에게 큰 충격이었다. 9.11테러 이래 14년간 인류를 테러 공포로 몰아넣었던 알카에다가 퇴조하면서 안도하고 있던 상황에서 IS가 파리에서 저지른 조직적이고 치밀한 대량 살상 테러는 새롭고도 중대한 도전으로 다가왔다.

그 후에도 파리를 비롯한 프랑스 주요 도시에서 수시로 테러가 일어났기 때문에 프랑스는 2015년 11월의 파리 테러 이후 계속 국가비상사태를 유지해왔다. 파리는 전 세계에서 관광객이 가장 많이 찾는 국제도시임에도 테러가 일상사가 되면서 관광산업의 타격은 물론 국가 전반에 걸쳐 심각한 영향을 주었다. 2017년에 들어서도 파리를 중심으로 몇 차례 테러가 발생했으며, 특히 6월 19일에는 대통령궁에서 불과 200m 떨어진 샹젤리제 거리에서 테러가 발생했다. 〈표 6-2〉에 나타난 바와 같이 2015년 이래 유럽에서 IS에 의한 끔

● 표 6-2   2015~2017년 유럽지역 IS 연계 주요 테러[23]

시기	테러 개요	인명 피해
2015. 1.	파리 풍자만화 주간지 샤를리 에브도 테러	17명 사망
5.	터키 앙카라 연쇄 폭탄 테러	128명 사망 240여 명 부상
7.	터키 사회당사 자살폭탄 테러	33명 사망 104명 부상

23) Alice Foster, "Terror Attacks, Timeline: From Paris and Brussels Terror to Most Recent Attacks in Europe," Express (June 23, 2017).

10.	터키 앙카라 폭탄 테러	103명 사망 400여 명 부상
11.	파리 시내 연쇄 테러	130명 사망 368명 부상
2016. 3.	브뤼셀 자살폭탄 테러	32명 사망 340여 명 부상
7.	니스 화물차 질주 테러	86명 사망 434명 부상
12.	베를린 화물차 질주 테러	12명 사망 56명 부상
2017. 1.	이스탄불 나이트클럽 총격 테러	39명 사망 70명 부상
3.	런던 웨스트민스터 부근 차량 돌진 테러	7명 사망 56명 부상
5.	영국 맨체스터 콘서트홀 자살폭탄 테러	22명 사망 59명 부상
6.	런던 브리지 밴 차량 돌진 테러	8명 사망 48명 부상

찍한 테러는 계속되어 왔다.

영국 국제안보 싱크탱크인 옥스퍼드 리서치 그룹Oxford Research Group 은 유럽 국가들을 대상으로 한 IS 테러는 세 가지 목표가 있는 것으로 분석했다. 첫째는 테러를 통해 IS의 존재감을 과시하는 것이다. IS가 서구의 위협에 대항하는 존재로 비치길 원한다는 것이다. 둘째, 서구에 대한 보복 능력의 과시다. 국제연합군의 공중 폭격에 그들도 보복할 수 있다는 것을 보여준 것이다. 마지막으로, 서구 사회를 이슬람과 반이슬람의 대결로 몰아가려는 것이다. 난민 문제로 혼란에 빠져 있는 서구 사회에 이슬람 공포증을 불러일으키고 반⒳무슬림 편견을 조장하여 무슬림의 테러가 무슬림에 대한 반격을 초래케 하여 극도의 혼란에 빠뜨리겠다는 것이다. 예를 들면, 2017년 6월 런던 브리지 테러 이후 영국에서 반무슬림 증오범죄가 5배나 증가했다. 2013년 5월부터 2016년 9월까지 영국에서 이슬람 모스크를 공격한 사건이 100여 차례 발생했다. 독일에서도 2016년 1년 동안 100여 개의 이슬람 모스크가 공격당했다. 무슬림의 테러가 무슬림을 대상으로 한 공격을 불러와 악순환에 빠지게 한다는 것이다.

더욱 심각한 문제는 유럽 전역에 뿌리 내리고 있던 무슬림 이주민 후세들이 그동안 소외되고 차별 받아왔던 분노의 응어리를 IS와 연계된 테러라는 극단적 행동으로 나타나고 있다는 사실이다. 뿐만 아니라 알카에다의 존재감 상실로 위축되어 있던 전 세계 테러분자들이 대거 IS에 충성맹세를 하며 IS 휘하로 몰려들었던 것이다.

파리 테러와 비슷한 시기인 2015년 10월 31일 이집트 시나이 반도에서 224명이 탑승한 러시아 여객기를 폭탄 테러로 추락시킨 '성전聖戰의 수호자Ansar Beit al-Maqdis'도 IS의 이집트 지부支部의 소행임이 들어났고, 북아프리카 알카에다 지부였던 안사르 알 샤리아Ansar Al Sharia는 리비아에서 이슬람국가의 건국을 선포했다. IS는 최근 '호라산 지방Wilayat Khorasan'이란 이름으로 파키스탄과 아프가니스탄까지 진출하여 탈레반과 충돌하면서 세력을 넓혀가고 있다.

이처럼 IS는 이라크와 시리아에서 수세에 몰리자 전 세계에 걸친 네트워크를 통한 테러 공격으로 존재감을 과시해왔다. IS의 테러는 아프가니스탄은 물론 예멘, 이집트, 리비아 등 중동 국가는 물론 아프리카와 동남아에서도 일어났다. 이처럼 IS는 알카에다를 대체한 새로운 국제 테러조직으로 급성장한 것이다. 이것은 지난 14년간에 걸친 미국 주도의 '테러와의 전쟁'이 실패했다는 것을 의미한다. 4조 달러가량의 예산을 퍼부었음에도 국제테러 조직이 약화된 것이 아니라 오히려 테러조직의 숫자, 테러의 빈도와 희생자 수 등에서 10배 가까이 늘어난 것이다.

2014년부터 3년간 유럽 젊은이 수천 명이 IS에 가담하기 위해 이라크와 시리아로 넘어갔으며, IS가 파멸된 후 그들 중 상당수가 본국으로 되돌아왔다. 유럽연합의 대테러 기구인 '유럽 급진주의 잘 알기 네트워크RAN'는 최근 보고서에서 "프랑스와 벨기에, 독일, 영국, 덴마크, 네덜란드 등 유럽 각국 출신의 IS 조직원들이 본국으로 귀국하고 있다"면서 "이라크 등에서 IS에 가담했던 유럽인 5,000여 명 중 최대 3,000여 명이 돌아올 것"이라고 전망했다. 이 밖에도 각국 내에 있는 IS 추종자 또는 연계된 자들이 적지 않다.

따라서 무슬림 급진단체에 의한 테러는 계속될 가능성이 크다. 이와 관련하여 미국평화연구소USIP는 IS가 이라크와 시리아에서 패퇴했다고 해도 이들로부터 촉발된 위협은 향후 수년간 계속될 것이라는 보고서를 냈다. 극단주의 조직을 물리적으로 제거한다고 해서 그들의 급진이념의 토대가 된 여건이 근본적으로 변화된 것이 아니라고 보기 때문이다.[24]

최근에는 동남아가 IS의 거점이 되고 있다는 우려가 높아지고 있다. 아시아·태평양 일대는 전 세계 이슬람 인구 18억 명 가운데 61%가 사는 지역이다. IS는 초기 세력 확장 당시부터 아시아에 마수를 뻗치고 인터넷과 소셜미디어를 통한 선전선동도 해왔다. 싱가포르의 난양공대 정치폭력·테러연구 국제센터ICPVTR는 "IS의 영향력이 최근 몇 년간 동남아 전역에 환산되었다"며 "이 지역의 60개 이상 단체가 IS의 최고지도자 알바그다디에게 충성맹세를 했다"고 밝혔다.

2016년 1월 14일 인도네시아 수도 자카르타의 최대 상업지구인 사리나 백화점 인근에서 동시 다발 자살폭탄 테러와 뒤이은 경찰과 테러분자들 간의 총격전으로 8명이 사망하고 많은 사람들이 다치면서 자카르타를 큰 혼란에 빠뜨렸다. 7월 4일에는 말레이시아의 수도 쿠알라룸푸르의 한 나이트클럽에 수류탄을 투척한 테러가 발생하여 8명이 부상했다.

---

24) United States Institute of Peace, *Isis, Al Qaeda and Beyond* (Washington, DC, December 2016), pp.12-15.

2017년 5월 23일에는 필리핀의 IS 추종 테러세력인 마우테 그룹Maute Group이 주도한 마라위Marawi 사태가 일어났다. 민다나오 남부에 위치한 인구 20만의 마라위Marawai 시에서 IS 추종세력인 '마우테 그룹'이 마라위병원과 교도소를 점령하고 가톨릭교회 등에 불을 지른 후 시내를 점령했던 것이다.[25] 해외 순방 중이던 두테르테Duterte 대통령은 급거 귀국하여 이 지역 일대에 계엄령을 선포하고 군대를 투입하여 진압에 나섰다. 그 후 4주간 계속된 교전에서 군인과 민간인 470여 명이 사망했으며, 테러집단 사망자는 200여 명이었다.[26]

이처럼 IS는 급진적 이슬람 원리주의를 동남아에서 적극 전파하려 하고 있다. 인도네시아 분쟁정책연구소IPAC는 "빠른 조치를 취하지 않으면 동남아시아가 아프가니스탄과 파키스탄처럼 분쟁지역이 될 수 있다"고 경고하고 있다.

*   *   *   *   *

IS는 현재 핵심 무장조직이 괴멸상태이고 또한 점령지 대부분을 상실하여 유전지대 등 군사 및 테러 활동을 뒷받침할 수 있는 경제적 기반도 없어졌기 때문에 더 이상 버티기 어려울 것이라는 전망도 없지 않다. 그러나 IS는 지하드를 위해 목숨을 던져야 한다는 수니파 극단주의 노선이 이슬람 세계에서 여전히 강한 지지를 받고 있고,

---

25) "Islamic State threat in Southeast Asia raises alarm in Washington," *Military Times* (June 18, 2017).
26) "필리핀 테러집단은 다국적 IS추종세력 … S동남아 '긴장'," 『매일경제』, 2017년 5월 28일.

또한 그들이 국제적으로 탄탄한 테러 네트워크를 구축하고 있기 때문에 쉽게 소멸되기는 어렵다는 전망이 우세하다.

외형적으로 볼 때, IS는 약화되고 있지만 그것은 IS가 조직 및 전략에서 전환하고 있기 때문이라고 볼 수 있다. IS 핵심요원들은 지하로 잠적하였고 유럽출신 IS 대원들은 본국으로 돌아가고 있고, 그런 가운데 IS는 존재감을 과시하기 위해 간헐적으로 국제테러를 자행하고 있다. 향후 IS는 이라크와 시리아에서 잃어버린 IS의 근거지를 IS 연계조직이 활동하고 있는 리비아나 아프가니스탄 등 취약지역에서 새로운 근거지를 구축할 가능성이 크다. 2017년 말 리비아에서 IS 소행으로 보이는 송유관 폭탄 테러로 국제유가가 급등한 바 있다. IS가 리비아의 석유 시설을 장악해 투쟁의 자금원으로 만들려는 것으로 보인다.

IS는 혼란상태에서 벗어나지 못하고 있는 아프가니스탄에도 대거 침투하고 있어서 아프간 내 IS 무장요원 규모는 2016년 7,000여 명에서 2017년 1만 명으로 늘어난 것으로 추산되고 있다. 뉴욕타임스에 의하면, IS는 파키스탄과 우즈베키스탄, 투르크메니스탄 등과 국경을 맞대고 있는 아프간 북동부 지역에 집중돼 있으며, 그 위세가 대단해 아프간 영토 37%가량을 장악하고 있는 탈레반조차 위기의식을 느낄 정도라고 한다. IS는 탈레반보다 훨씬 중무장하고 있어 탈레반이 IS와 싸움에서 밀리고 있을 정도라고 보도했다.

아프간 주둔 미군 사령부의 존 니콜슨^{John Nicholson} 사령관은 "IS는 풍선과도 같다. 한쪽에서 소탕하면 다른 쪽으로 넘어가 활개 친다."고 했다. 이 같은 상황에서 군사 작전 중심의 대응전략은 한계가 있다. 테러는 전략에 불과하기 때문에 테러의 근원을 치유하고 테러를 억제하는 활동을 강화할 필요가 있다. 즉 미국을 비롯한 국제사회는

IS를 섬멸을 위한 작전은 계속하되 각국으로부터 IS로 흘러들어가는 자금줄을 차단하고 IS 지원자 모집을 차단하는 활동을 적극 벌여 나가야 할 것이다.

제7장

국가건설이 온전한 승리의 길

Ⅰ. 미국 국가건설 접근방법의 한계

Ⅱ. 국가건설에 대한 새로운 인식

Ⅲ. 이슬람 사회에서 더 어려운 국가건설

Ⅳ. 최악의 실패한 국가 아프가니스탄의 국가건설

Ⅴ. 시행착오가 많았던 이라크의 국가건설

Ⅵ. 남베트남의 실패한 국가건설

Ⅶ. 최악의 상황에서도 성공한 한국의 국가건설

Ⅷ. 한국을 성공모델로 삼아야 할 미국의 국가건설 지원

국가건설이 온전한 승리의 길

"모든 것이 전쟁만으로 해결되는 것이 아니다." ― 손자병법

국제 테러집단은 '실패한 국가failed state' 또는 '취약한 국가weak state'를 근거지로 삼기 때문에 테러와의 전쟁에서 궁극적으로 승리하는 길은 국가건설의 성공에서 찾을 수밖에 없다.

미국은 테러와의 전쟁의 일환으로 아프가니스탄과 이라크에서 기존 체제를 붕괴시키고 서구식 국가체제를 수립 정착시키려는 목적에서 군사행동에 나섰다. 그러나 미국은 군사 작전에만 치중했을 뿐, 그 후의 국가의 안정과 재건에 대한 계획이 없었고, 또한 이를 위한 체계적인 노력도 없었기 때문에 결국 두 나라의 국가건설에 실패했다고 할 수 있다.[1] 전쟁을 시작하면서 안정과 재건, 그리고 국가건

---

1) 미국의 국가건설 노력에 대한 미국 전문가들의 평가는 대체로 부정적이다.

설까지 고려한 계획을 세웠더라면 국가운영에 필수적인 기본 인프라를 파괴하지 않았을 것이다.

미국 최대 안보 싱크탱크인 랜드RAND연구소가 이라크전 시작 무렵 실패한 국가에 대한 미국의 군사개입을 분석하면서 독일과 일본을 미국 국가건설의 성공사례로 꼽고 있다.[2] 이것은 미국의 국가건설 전문가들조차 국가건설 문제를 제대로 인식하지 못하고 있음을 말해준다. 미국은 독일과 일본에서 국가건설을 한 것이 아니라 전후복구를 지원한 것뿐이다. 두 나라는 이미 19세기 말 국가건설에 성공하여 세계를 상대로 전쟁을 벌였던 강대국이었다. 다시 말하면, 일본과 독일은 패전한 국가였지 실패한 국가는 아니었다. 이들 두 나라에는 국가운영에 대한 경험이나 노하우를 가진 풍부한 전문 인력이 있었기 때문에 군국주의적 요소만 제거하면 두 나라가 부흥하는 것은 시간 문제였다.

실패한 나라에서 분쟁과 갈등을 해소하고, 테러집단의 근거지가되지 못하도록 하기 위해서는 안보태세의 확립은 물론 정치적, 경제적, 치안·행정적 기반을 구축해야 한다. 다시 말하면, '국가건설nation building'이 이뤄져야 하며, 그것은 장기간에 걸친 상당한 투자와 체계적이고 일관성 있는 노력이 필수적이다. 그래서 실패한 나라의 국가

Deepak Tripathi, "When Nation-Building Goes Wrong," *Middle East Eye* (Aprilt 15, 2014), http://www.middleeasteye.net/essays/when-nation-building-goes-wrong-1083646272(검색일: 2017.3.15); Adil E. Shamoo, "Nation-Building in Afghanistan," *Foreign Policy in Focus* (November 30, 2009); and Phil Eversole, "The American Failure of Nation-Building," https://philebersole.wordpress.com/2015/11/19/the-american-failure-at-nation-building/(검색일: 2017.6.15) 등 참조.

2) Dobbins et al., *America's Role in Nation-Building: From Germany to Iraq* (Santa Monica, Calif.: RAND, 2003).

건설이란 매우 어려운 것이며, 따라서 다른 나라가, 그것도 군사개입을 통해 단기간에 이룩하기란 불가능한 일이다.

따라서 이 장에서는 아프간전쟁과 이라크전쟁을 국가건설 차원에서 살펴보고자 한다. 이를 위해 성공적인 국가건설은 어떻게 이루어질 수 있는지 살펴본 후 아프간과 이라크의 국가건설 현황을 평가하고, 나아가 국가건설의 실패 사례로 남베트남의 사례를 살펴본 후 국가건설의 성공사례인 한국의 경험을 비교하고자 한다.

I. 미국 국가건설 접근방법의 한계

9.11테러 이후 실패한 국가와 취약한 국가의 문제가 국제안보의 중대 관심사로 등장했다. 빈곤과 질병, 정치사회적 혼란, 분쟁, 난민, 테러 등 세계의 가장 심각한 문제들이 실패한 나라들에서 발생하고 있으며, 국제 테러조직은 그러한 나라를 은신처로 하여 테러 공격의 근거지로 삼아 왔다.[3]

실패한 국가란 국가의 핵심기능이 결여되어 있거나 매우 취약한 나라를 말한다. 즉, 안전보장security provision 능력, 정통성 있는 정치제도political institutions, 경제관리economic management 능력, 사회복지 제공social welfare delivery 능력 등이 결핍된 나라이다.[4] 안보적 측면에서는, 국내

---

3) Michael Ignatiff, "Intervention and State Failure," *Dissent* (Winter, 2002), p.117.

4) Stewart Patrick, "U.S. Policy toward Fragile States: An Integrated Approach

외 위협으로부터 국민을 보호할 수 있는 군대와 경찰력이 취약하고, 또한 사회질서를 유지하고 범죄를 예방할 능력이 부족하다. 정치적으로는, 권력남용을 막고 국민의 기본권과 자유를 보장하며 공정한 법집행을 하고 필수적인 행정서비스를 제공할 능력이 부족하다. 경제적으로는, 민간경제를 진흥시키고 경제발전을 유도할 수 있는 능력이 없고, 사회적으로도 보건과 교육 등 기본 서비스를 제공할 능력이 없다.

미국 외교전문지 『포린 폴리시*Foreign Policy*』의 '국가실패지수*state failure index*' 평가에 의하면, 40~60개국이 실패한 국가 또는 실패에 근접한 국가로 분류되고 있다. 이러한 나라들은 국가건설은커녕 빈곤과 문맹, 질병과 혼란에서 벗어나지 못하고 있다. 9.11테러 이후에 발표한 '2002년도 미국 국가안보전략US National Security Strategy 2002'에서 "미국은 강대국보다는 실패한 나라들로부터 더 큰 위협을 받고 있다"고 했다. 2003년 1월 미국 국제개발처USAID가 발간한 「국가이익 차원에서 본 대외원조Foreign Aid in the National Interest」라는 보고서도 "어느 한 나라에서 발전과 통치가 실패했을 때 그 결과는 그 지역뿐 아니라 세계로 확산된다. 테러, 정치적 혼란, 내전, 조직범죄, 국제적 마약밀매, 전염병 확산, 대량난민 등의 문제는 국경을 넘어 국제적 위기로 확산되고 있으며, 그것은 과거 어느 때보다 더 위협적이다."라고 했다.

아프가니스탄과 이라크를 위시하여 미국이 21세기 들어 군사적으로 개입한 나라들은 대부분 실패한 국가 또는 취약한 국가들이다.

---

to Security and Development," Nancy Birdsall, ed., *The White House and the World: A Global Development Agenda for the Next U.S. President* (Washington, D.C.: Center for Global Development, 2008), 329.

알카에다나 IS같은 테러집단은 실패한 국가 또는 취약한 국가를 근거지로 삼아왔다. 실패한 국가를 대상으로 한 '테러와의 전쟁'에서 최종적인 승리를 거두기 위해서는 실패한 나라들의 문제가 무엇이며, 그러한 문제를 어떻게 해결할 것인가라는 차원에서 접근해야 한다.

냉전 기간 중 미국 원조는 공산주의 팽창을 막기 위한 안보 차원의 원조였기 때문에 정치사회적 안정을 중시했다. 그러나 미국은 그 같은 안정이 어떻게 실현될 수 있는 것인지 잘 알지 못했다. 미국식 민주주의만 잘 하면 안정도 유지되고 경제발전도 이루어질 것으로 낙관했다. 신생국 정부가 온갖 어려운 도전을 극복하고 산적한 난제들을 해결하려면 '강한 정부'가 필수적이었음에도 미국은 민주적인 '약한 정부'만을 요구했다. 미국의 언론과 의회는 미국 원조를 받는 나라들이 민주주의 원칙에서 조금만 벗어나도 독재 정권이라며 비난하고 압력을 가했다.

그래서 미국 정치학자 새뮤얼 헌팅턴Samuel Huntington은 다음과 같은 이유에서 미국은 신생국 문제를 다룰 역량이 부족하다고 했다. 미국은 경제적 풍요, 사회적 안정, 매우 제한된 대내외 위협 등으로 정치안정이 유지되는 등 '행복한 역사'를 가지고 있기 때문에 건국 당시부터 정부를 '필요악惡'으로 인식하면서 권력의 분산과 견제, 비판을 당연시했으며, 그래서 '약한 정부'를 이상적인 정부로, 그리고 '강한 정부'는 나쁜 정부로 인식해왔다. 그러나 온갖 난관을 극복하고 국가건설이라는 어려운 과업을 수행해야 하는 신생국에서 약한 정부로서는 당면한 문제를 해결하기는커녕 살아남기도 어려웠다. 그럼에도 미국은 갖가지 어려움을 겪고 있는 신생국들의 어려움을 제대로 이해하지 못하여 그들의 국가건설을 효과적으로 지원하지 못했다.

미국의 큰 착각은 어느 나라 할 것 없이 민주주의가 쉽게 자리

잡을 것으로 보았으며, 러시아, 중국, 그리고 구ᵉ소련에서 분리된 신생국들까지 민주주의 정착이 순조로울 것으로 보았다는 것이다. 1989년 프랜시스 후쿠야마Francis Fukuyama는 민주주의 체제의 항구적 승리를 의미하는 '역사의 종언'이라는 말까지 했고, 토마스 바넷Thomas P. M. Barnett은 2004년에 발간된 『펜타곤의 새로운 지도The Pentagon's New Map』라는 저서에서 시장경제를 채택하고 있는 중국과 러시아도 민주화될 것으로 판단하면서 전략적으로 미국과 협력할 것으로 판단했다.[5] 그러나 러시아와 중국은 말할 것도 없고 많은 신생 민주국가들의 민주주의는 실패했고, 중국과 러시아는 미국의 주된 전략적 경쟁자로 등장하고 있는 것이다.

II. 국가건설에 대한 새로운 인식

서구 선진국의 경우 강력한 국가체제와 경제적 기반을 구축한 후에 민주주의가 점진적으로 확대되었지만, 신생국 정부들은 국가의 필수적 인프라를 구축하기 전에 민주제도를 채택했기 때문에 아무 것도 제대로 할 수 없는 허약한 상태가 되어 민

---

5) 『펜타곤의 새로운 지도』는 뉴욕타임스에 의해 베스트 셀러로 선정된 유명한 책이다. 토마스 바넷은 9.11 직후 럼스펠드 국방장관 직속의 군사전환실 (Office of Force Transformation)에서 미래전략을 담당했던 사람이며, 2002 년 12월 시사잡지 *Esquire*는 "가장 뛰어나고 현명한 사상가" 중의 한 명으로 선출했다.

주주의의 실패는 물론, 국가 자체까지도 실패하는 경우가 허다하다. 신생국들이 국가발전에 실패하는 가장 근본적인 이유는 무엇보다 현대국가에 필수적인 인프라를 구축하지 못했기 때문이다. 국가건설이란 현대 국가에 필수적인 정치·경제·사회적 인프라를 구축하는 험난한 여정으로, 최소한 수십 년에 걸친 체계적인 노력이 요구되는 것이다.

서구 선진국들의 국가건설의 역사를 살펴보면, 강력한 중앙정부, 식민지 경영 등 비교적 좋은 조건에서도 200~300년 걸렸고 또한 상당한 시행착오를 경험했던 것이다. 이를 고려할 때 식민통치 후유증, 가난 등으로 온갖 어려움에 처해 있는 신생국의 국가건설은 훨씬 더 어려울 수밖에 없고, 그래서 대부분의 신생국들은 국가발전에 실패하고 있는 것이다.

그 이유는 대내외 위협으로부터 국민을 보호할 능력이 없는 나라, 재정능력과 행정능력이 없는 나라, 빈곤과 질병과 혼란에 휩싸여 있는 나라가 현대국가의 필수 인프라를 한꺼번에 더구나 단기간에 구축할 수 없기 때문이다. 따라서 국가건설에 성공하기 위해서는 가장 시급한 과제부터 단계적으로 해결하는 것이 불가피하다.

국가 기능에서 국민을 보호하는 안전보장보다 더 중요한 것은 없다. 안전이 보장되지 않고는 경제발전이나 민주화 같은 국가건설의 다른 목표를 추구하기 어렵다. 그래서 국가안위가 위협받을 때 정부는 필요한 모든 수단을 동원하지 않을 수 없다는 인식이 보편화되어 있다.

안보태세가 어느 정도 갖추어지면 경제발전이 국가건설의 다음 목표가 되는 것이 바람직하다. 그러나 가난한 나라가 경제발전에 성공하려면 한정된 자원을 전략부문에 우선적으로 집중 투입해야 한다. 이를 위해서 자원을 동원하고 정책을 효과적으로 추진하기 위해 노동운동과 과격한 시위 등 민주주의 원칙을 제한하는 것이 불가피하다. 영국을 비롯한 선진국 중에서 산업화 초기부터 민주주의와 경제발전을 병행 추진한 나라는 찾아보기 어렵다.

안보와 치안 능력의 증대로 대내외 위협이 줄어들고, 경제적 기반이 어느 정도 마련되면 정치발전이 중심 과제가 된다. 교육이 확산되고 중산층이 확대되면서 민주주의의 토양이 마련되었기 때문이다.

2차 대전 후 많은 신생국들이 민주제도를 도입하고 국가건설을 시작했지만 국가건설에 성공한 나라는 별로 없고, 실패했거나 실패할 가능성이 높은 나라가 대부분이다. 신생국들은 외형적으로는 민주국가의 형식을 갖추었을지 모르지만, 갖가지 불리한 조건으로 인해 민주주의는 제대로 작동되지 못했다. 다시 말하면, 서구에서 직수입된 민주주의는 불안한 대내외 안보여건, 보편화된 빈곤, 일반화된 문맹과 국민의 민주의식 부재, 민주적 정치집단 부재 등으로 제대로 시행되기 어려웠다.

국가의 통치governing란 냉엄한 현실이다. 정부가 지도자를 중심으로 종족, 종교, 지역 등에 기반을 둔 세력들의 저항을 극복하고 통제하여 법과 질서를 확립하고 세금을 거둘 수 있어야 한다. 또한 정부가 시급한 국가안보와 치안 문제를 해결하기 위해, 또는 경제개발을 위해 국민의 과도한 요구를 억제할 수 있어야 한다. 이를 위해 강력한 리더십을 발휘하는 지도자가 있어야 하고, 이를 뒷받침할 수 있는 능률적인 정부가 있어야 하며, 그 정부를 지지하는 세력이 있어야 한다. 국가건설에 실패한 나라들을 보면 예외 없이 유약한 리더십과 정부의 취약한 문제해결 역량 때문이다.

III. 이슬람 사회에서 더 어려운 국가건설

국가건설이란 일반적으로 매우 어려운 과업
이지만, 아랍 세계에서 국민국가^{nation state} 건설은 더욱 어려운 과제
라는 것을 인식할 필요가 있다. 터키의 케말 아타투르크는 1920년대
초 국가건설로 칭송받아 왔지만 현재 에르도안^{Recep Erdogan} 대통령하
에서 국가건설이 뒷걸음치고 있다는 인상을 주고 있음을 유의할 필
요가 있다.

이슬람 사회에서 국가건설이 더 어려운 이유는 크게 두 가지로
볼 수 있다. 그 하나는 세속화된 사회가 아니라 이슬람 종교가 좌우
하는 사회이기 때문이다. 대다수 주민들을 지배하고 있는 것은 정부
가 아니라 이슬람교와 이와 연관된 문화적 전통이다. 그들은 서구적
가치와 제도인 민주주의는 이해하지도 못하고 있을 뿐 아니라 그것
이 이슬람 율법과 문화적 전통에 어긋나는 것이기에 쉽게 받아들이
기 어려운 것이다.

전통적 이슬람 사회에서 실질적인 권력은 ① 주민들의 생존수단
을 좌우하는 부족의 족장^{sheikh}, ② 관습법을 해석하고, 분쟁을 해결
하고, 율법을 선포하는 종교 공동체 지도자 이맘^{imam}, ③ 시장을 통
제하는 무슬림 상인^{Muslim trader}에 분산되어 있다. 이러한 사회에서 왕
이란 이들 실질적 권력 위에 있는 상징적 존재에 불과하기 때문에
왕은 이들 3대 권력의 하나 또는 그 이상으로부터 지지받지 못하면
권력을 유지하기 어렵다.

아프가니스탄의 경우 오랫동안 중앙정부는 수도 카불과 그 주변
지역만 통치해왔을 뿐이고, 대부분 지역에서는 부족장이나 지역 군

벌이 사실상 통치자로 군림해왔다. 군벌들이 거느리고 있는 무장 세력을 합치면 중앙정부의 군대보다 훨씬 크다.

아랍 세계에서 국가건설이 어려운 두 번째 이유는 '분열된 사회 fragmented society'라는 것이다. 이라크는 수니파 무슬림, 시아파 무슬림, 쿠르드족으로 분열되어 있고, 아프간에는 남부지방의 파슈툰족과 북부와 중부 지역의 타지크족, 우즈벡족, 하자라족 등이 각기 다른 지역에서 자리 잡고 있다. 과거 강대국들이 인종적·종교적 차이를 고려하지 않고 국경선을 설정했기 때문이다. 이들 국가에서 주민들이 인종적·종교적 정체성은 가지고 있지만 같은 나라의 국민이라는 국가정체성national identity은 형성하지 못하고 있다. 그래서 다양한 집단 간에 항시 세력 다툼이 벌어지며, 그중 한 집단이 권력을 장악하면 권력을 독점 남용하고, 다른 집단들은 정부를 인정하기보다는 정부에 대항한다.

이들 국가의 주민들은 '종파 정체성sectarian identity' 또는 부족 정체성tribal identity을 가지고 있으며, 이것이 그들의 가치관과 생활에 결정적인 영향을 미치며, 이로 인해 한 국가 내에서 심각한 분열과 갈등의 원인이 되고 있다. 예를 들면, 수니파와 시아파는 국경을 초월하여 다른 나라에 있는 수니파나 시아파와 밀접한 관계를 가지고 있기 때문에 전쟁이 나더라도 국가보다는 종파를 우선하는 경우가 많다.

아프간의 경우 절대 다수가 수니파이기 때문에 종파보다는 종족 또는 부족이 결정적인 위치를 차지한다. 가장 큰 종족인 파슈툰족은 1,400만가량이지만 대부분 파키스탄 국경에 가까운 동남쪽 지방에 살고 있고, 파키스탄에 살고 있는 파슈툰족은 아프간 파슈툰족의 두 배가 넘는 3,000만 명이나 된다. 아프간 내 파슈툰족은 수시로 파키스탄 국경을 넘나들며 파키스탄의 파슈툰족과 긴밀한 유대관계를 유지하고 있기 때문에 아프간 내 타지크족이나 우즈베크족보다 파키스탄 파슈툰족에 동질감을 더 느낀다. 파슈툰족이 대부분인 탈레반이 파키스탄을 피난처로 삼아 재기할 수 있게 된 것도 바로 이 때문이다.

또한 문제가 되는 것은 국가정체성보다 더 넓은 '아랍 민족주의 Arab nationalism'라는 것이 있다. 이것은 아랍권 사람들이 서구로부터 독립하여 그들의 문제를 스스로 결정한다는 자결권을 강조하는 노선이다. 따라서 이것은 반反기독교, 반서구, 반이스라엘적 특성을 가지며, 그래서 서구는 빈번히 지하드의 대상이 된다.

전통적으로 중앙정부가 취약했던 아프간에는 국가정체성이 형성될 여지가 없었기 때문에 국가건설은 매우 어려운 일이 될 수밖에 없다. 이라크의 국가건설은 강력한 중앙정부의 전통과 국가정체성 면에서 아프간보다 유리하기는 하지만 이라크의 국가정체성이 결코 종파적, 부족적, 지역적 정체성을 능가하지 못하고 있다. 이라크인들은 다원적 민주주의를 경험해본 적이 없으며, 정치에 대한 경험은 권위주의 통치뿐이고, 분쟁이 발생하면 무력에 의해 해결해왔다.

정부란 근본적으로 종교의 자유를 보장해야 하기 때문에 이슬람 같은 특정 종교와 분리된 세속적 권위를 지녀야 한다. 그러나 이슬람 근본주의는 신정일치神政一致를 주장하며 세속주의世俗主義를 반대한다. 일반적으로 모든 국가는 헌법에 의해 '종교의 자유'를 보장하며 종교에 대해 중립을 유지한다. 그러나 이슬람 국가에서는 이슬람을 국교로 지정하는 등 종교국가임을 헌법에 명시하거나 명시하지 않더라도 이슬람을 사실상 국교로 간주한다. 뿐만 아니라 이슬람 근본주의자들은 세속주의는 이슬람을 파괴하려는 것이라며 강력히 반대한다.

또한 부족단위로 결속된 사회에서 모든 사람에게 평등하게 적용되는 법치주의가 뿌리내리기 어렵다. 다시 말하면, 혈족관계가 좌우하는 사회에서는 '법의 지배'같은 현대국가의 제도가 제대로 작동할 수 없는 것이다. 마찬가지로 특정 종교집단, 인종집단, 종파집단에 대한 정체성이 강한 사회에서는 두 세 개의 집단을 포괄하는 정치체제가 형성되기 어렵지만 그것이 가능하다 하더라도 불안정하거나 분쟁에 빠질 수밖에 없다.6)

IV. 최악의 실패한 국가 아프가니스탄의 국가건설

탈레반과 알카에다가 등장하게 되었던 것은 아프가니스탄이 실패한 국가였기 때문이다. 따라서 아프가니스탄의 국가건설에 성공하지 못하는 한 탈레반과 알카에다 또는 IS같은 이슬람 극단주의 테러세력이 또다시 등장할 수밖에 없다.

1979년 소련의 침공 이전에도 아프간은 세계의 밑바닥에 있었던 국가였다. 가장 가난한 나라였고, 대다수 국민은 무지했으며, 모든 인프라가 빈약하거나 최악의 상태에 놓여 있었다. 서구 문명과 격리되어 세계에서 가장 낙후된 국가로 남아 있었으며, 대다수 국민은 현대 문명과 동떨어진 생활을 하고 있었고, 대부분 생계형 농업에 종사해왔다.

---

6) Michael Mandelbaum, *Mission Failure: American and the World in Post-Cold War Era* (New York: Oxford University Press, 2016), pp.371-372.

소련 침공 이래 30년 가까이 전쟁과 내전이 계속되었기 때문에 기존 인프라마저 철저히 파괴되었다. 소련군은 10년간 공중 폭격 등 무자비한 방법으로 무자헤딘을 제압했고, 그 후 내전 기간 중 또다시 파괴되었으며, 뒤이어 탈레반 정권하에서 모든 것이 더욱 악화되었다. 그리고 아프간전쟁에서 미군 폭격으로 더욱 철저히 파괴되었다. 아프간 정부의 기능은 원래 취약했지만 오랜 기간에 걸친 계속된 전쟁과 내란으로 1990년대 중반에는 제대로 작동하는 국가기관이 없는 전형적인 실패한 국가였다. 그 기간 중 3,000만 인구 중 100만 명이 죽고 300만 이상이 피난을 떠났으며, 그중에는 전문 인력과 공무원들이 많이 포함되어 있었다.

주민 생활에 가장 기본적인 전기와 수도마저 공급되지 못했다. 교통, 교육, 보건 등 필수 공공 서비스는 존재하지 않았고, 도로는 파괴되고 수리하지 못해 차량이 다닐 수 없을 정도였다. 건물들은 파괴되거나 수리하지 못해 폐허상태였다. 중앙은행, 조세 행정, 통계 행정, 사법제도 등이 매우 취약하거나 존재하지 않았다. 국가적으로 통용되는 화폐조차 없었고, 어떤 지역에서는 독자적 화폐를 발행하여 유통시키고 있었다. 이처럼 아프간에는 국가재건을 이끌어나갈 리더십 집단도 없었고, 행정 인프라와 산업 기반시설도 없었으며, 경험을 가진 인력도 별로 없었다.

따라서 아프간의 국가건설은 거의 모든 것을 창출해야 하기 때문에 이를 위해 상당 기간에 걸쳐 천문학적 규모의 자금과 물자, 그리고 상당 규모의 전문인력이 필요하다. 그보다 중요한 것은 국가건설의 전략과 계획을 수립하고 실천하는 주체가 있느냐는 문제다. 아프간전쟁을 시작했던 미국으로서는 아프간의 안정과 재건에 책임이 컸지만 미국은 아프간 문제는 국제안보지원군에 일임하다시피 했다.

탈레반 정권이 카불에서 축출되자 2001년 12월 초 유엔을 위시한 국제사회는 아프간 대표들을 독일의 본^{Bonn}으로 초청해 아프간 정부 수립 절차 등 아프간 국가건설의 로드맵인 '본 협정^{Bonn Agreements}'에 합의했다. 이 협정은 강력한 중앙정부 수립의 필요성을 강조했는데, 이는 실패한 국가를 재건하기 위해서는 논리적으로는 옳은 판단이었지만, 지역 세력들이 활거해온 아프간의 현실과는 거리가 멀었다. 특히 이 협정은 아프간의 2대 세력인 파슈툰 세력과 북부동맹 간의 권력 분점分占을 분명히 하지 않았다. 파슈툰족 출신인 카르자이가 대통령이 되었지만 상징적 존재에 불과했고, 정부 요직의 대부분은 북부동맹에 속한 부족들이 차지했다. 이로 인해 정부 내에 권력분쟁이 계속되었을 뿐 아니라 부패와 무능이라는 고질적 문제가 심화되었다.

더구나 '본 협정'은 지나치게 야심적이고 포괄적이어서 열악한 아프간 현실과 동떨어진 것이었다. 이 협정에는 국가건설에 대한 갖가지 과제들이 나열되었을 뿐 과업의 우선순위와 실천전략이 결여되어 있었다. 더구나 미국을 비롯한 주요 참전국들이 안정과 재건 등 아프간의 국가건설에 소극적이었다.

본 협정 실천의 일환으로 시급한 문제인 아프간의 안전^{security} 및 치안을 위해 주요 국가들이 업무를 분담했다. 미국은 아프간 육군을 육성하고, 독일은 경찰을 육성하며, 영국은 아편 등 마약퇴치를 담당하며, 일본은 탈레반 군대를 해산하고 그들의 무장을 회수하며 나아가 국민 재통합을 위해 노력하고, 이탈리아는 사법제도를 개선하기로 하는 등 산만하게 이루어졌다.[7]

---

7) Joseph J. Collins, *Understanding War in Afghanistan* (Washington, DC:

아프간에는 신뢰할 수 있는 군대와 경찰이 없었기 때문에 국제안보지원군이 결성되었지만 그 규모는 5,000명에 불과했다. 국제안보지원군은 아프간의 불안정한 정세와 보급지원의 어려움 그리고 소규모 병력 때문에 카불과 그 주변에만 배치되면서 전국 대부분은 사실상 방치되었다.

1. 전략 부재의 아프간 국가건설

미국은 아프간에 대한 포괄적인 평화유지 작전이나 안정화 작전은 하지 않겠다는 것을 분명히 했지만, 카불 이외 지역의 안보 및 행정 공백에 대응하여 지역재건팀을 구성하여 안정 및 재건을 위한 활동을 했다. 그들은 2002년 봄부터 인도적 지원과 소규모 재건사업을 목적으로 지방 거점에 50~100명으로 구성된 지역재건팀을 운용했다. 그들은 카르자이 대통령의 추천에 따라 친정부 세력인 하자라족Hazara 근거지인 중부의 바미안Bamyan, 우즈백족 근거지인 북부의 쿤두즈, 파슈툰 지역인 동남부의 가르데즈Kardez 세 곳에서 재건활동을 시작했다. 미군이 운용한 지역재건팀은 중령급 장교 지휘하에 민사업무 담당, 경계 및 치안 담당, 개발업무 담당 등으로 구성됐다. 그들은 구호업무와 재건사업을 통해 아프간 정부와 연합군의 영향력을 확대하면서 지역안정을 도모하고자 했다.

2003년에는 영국, 뉴질랜드, 독일 등이 지역재건팀을 결성했고, 그것이 계속 확대되어 2007년에는 25개국이 지역재건팀을 운영하고

National Defense University Press, 2011), pp.49-64.

있었다. 한국 재건팀인 350명 규모의 오쉬노부대는 2010년 6월부터 2011년 9월까지 1년 3개월 동안 학교 등 공공시설 복구, 경찰관 훈련, 직업 훈련, 의료 지원 등의 활동을 했다. 그러나 아프간에서는 이러한 노력이 의미 있는 성과를 거두기 어려웠다. 왜냐하면, 전통적으로 아프간의 부락은 대부분 자급자족 방식으로 살아왔고, 각 지역은 각기 독립된 공동체 성격이 강해 외부 지원을 꺼렸기 때문이다.

2004년 4월, 아프가니스탄 정부 수립을 앞두고 유엔 주도로 아프간의 주요 세력 대표들과 아프간전쟁 관련국 대표들이 베를린에서 회의를 개최하여 '베를린선언'을 채택했다. 이 선언에는 ① 아프간 안정을 위한 지원, ② 지역재건팀 활동 지원, ③ 각종 무장 세력의 무기 제거, ④ 법질서 유지 지원, ⑤ 사법제도 신설 지원 등, 광범위한 과업들을 포함하고 있었다.[8]

뒤이어 2006년 초에도 유엔 주도하에 아프간의 국가건설에 대한 매우 포괄적인 '아프간협약the Afghanistan Compact'을 채택했다. 이 협약도 아프간의 안보, 정치와 행정, 경제적·사회적 발전, 그리고 마약퇴치활동 등에 대한 목표와 시간계획이 제시되었다. 이 협약은 52개 활동분야가 나열되었는데 거기에는 정부업무의 대부분이 포함되어 있었다. 즉 자연자원 관리, 도로건설, 보건위생, 고등교육, 빈곤추방, 민간기업 육성 등이다.[9] 그러나 실천주체도 불분명했고 실행 전략과 계획도 없었다.

---

8) The United Nations, "The International Conference on Afghanistan: The Berlin Declaration"(April 1, 2004), 2, http://mfa.gov.af/Content/files/berlindeclaration.pdf(검색일: 2017.7.9).

9) The United Nations, "The International Conference on Afghanistan: The Afghanistan Compact"(January 31~February 1, 2006), "Annex I: Benchmarks and Timelines," www.nato.int/isaf/docu/epubpdf/afghanistan_compact.pdf

아프간 국가건설의 주체가 분명했다면 여러 나라가 과업을 분담할 수도 있었을 것이다. 그러나 미국은 물론 나토도 아프간 국가건설에 대한 종합적인 전략과 계획이 없었고, 아프간 정부는 그런 능력이 전혀 없었기 때문에 산발적인 재건활동이 이루어질 수밖에 없었고, 그래서 의미 있는 성과를 거두기 어려웠다.

2. 선택과 집중이 필수적

미국은 그동안 아프간전에서 8,000억 달러 내외의 전비戰費를 쏟아부었고 재건과 구호를 위해서도 1,173억 달러나 투입했다. 미국 역사상 한 나라의 재건을 위해 가장 많은 자금을 투입한 것으로, 2차대전 후 마셜Marshall플랜에 투입했던 것보다 많았다. 그러나 최악의 안보상황이고 또한 아프간 정부가 제대로 작동하지 않는 상황에서 그처럼 막대한 원조가 어떻게 쓰였을지 짐작이 간다.

2017년 4월, 아프간재건특별감찰관Special Inspector General for Afghanistan Reconstruction의 보고서는 "미국이 아프간과 같은 작은 규모의 경제에 너무나 많은 돈을 갑자기 쏟아부으면서도 사업추진에 대해 제대로 감독하지 않았다. … 미국은 아프간 재건에 대한 종합적인 전략이 결여되어 있었을 뿐 아니라 부패 추방, 마약 추방, 보건 및 교육, 남녀차별, 법치, 수자원 관리 등 주요 문제 해결을 위한 계획이 결여되어 있었다."고 비판하고 있다.[10]

---

10) Doug Bandow, "The Nation-Building Experiment That Failed: Time for U.S. To Leave Afghanistan," *Forbes* (March 1, 2017).

미국이 테러와의 전쟁의 일환으로 아프간전쟁을 시작했기 때문에 아프간의 국가건설에 대한 책임을 면하기 어렵다. 그런데 미국은 아프간의 국가건설과 관련하여 세 가지 문제가 있었다. 첫째, 미국은 아프간의 국가건설을 위해 체계적인 노력을 하지 않았다. 대통령 선거 당시 부시 후보가 클린턴 정부의 국가건설을 비판했던 것에서 나타났듯이 다른 나라의 국가건설에 부정적이었다. 그래서 그는 아프간전쟁이 시작된 후 인도적 지원은 약속했지만 재건은 언급조차 하지 않았다. 아프간의 국가건설은 국제안보지원군을 구성하고 있는 나토 국가들에게 일임했던 것이다. 미군 주둔도 수도 카불과 그 부근에 집중되어 있었으며, 전국적으로도 탈레반과 알카에다 소탕 같은 군사 작전에만 초점을 두었을 뿐, 주민들의 어려움을 해결하는 것을 등한시했다.

둘째, 미국은 개발도상국의 국가건설, 특히 아프간 같은 실패한 나라의 국가건설에 대해 노하우가 없었다. 아프간은 미국과 너무도 다른 나라이지만, 그 나라의 역사, 문화, 사회, 관습에 대하 아는 사람이 별로 없었다. 그래서 미국인들은 아프간의 국가건설을 제대로 할 수 없었고 또한 아프간 정부의 재건사업을 제대로 지원하지도 못했다.

셋째, 아프간의 안정과 재건에 결정적으로 중요한 시기인 2003년 봄에 미국이 이라크전쟁을 시작하면서 아프간에 대한 관심이 급격히 줄어들었던 것도 큰 문제였다. 2009년 초 오바마 대통령이 취임하면서 아프간전에 대해 보다 많은 관심과 노력을 기울였지만 때는 이미 너무 늦었던 것이다.

아프간 국가건설의 근본적 문제는 재건사업을 추진하는 주체가 분명하지 않는 가운데 너무도 어려운 과제들을 한꺼번에 해결하고자 했다는 데 있다. 어려울수록 선택과 집중이 필요했지만 전략도 우선순위도 없었다. 그 결과 아프간에 엄청난 자금이 투입되었음에도 여전히 대표적인 실패한 국가로 남아 있다.

그렇게 된 가장 큰 원인은 안보태세와 치안능력이 결여되었기 때문이다. 취약한 군대로 인해 정부가 끊임없이 반군의 전복위협을 받고 있고 경찰이 치안조차 보장하지 못한다면 나라다운 나라라 할 수 없다. 그러한 상황에서는 정부는 주민생활에 필수적인 서비스를 제공할 수 없고 재건사업도 불가능할 수밖에 없다. 그동안 아프간 재건사업에 종사하던 사람들 중에서 피살된 사람이 3,500명이나 된다. 전쟁 초기에 시작된 아프간 보안군 육성은 지지부진했다. 지원자가 별로 없었고 지원자들의 자질도 문제였으며, 또한 훈련 중 또는 부대 배치 후 탈영자가 너무 많았기 때문이다. 더구나 미국이나 나토가 아프간 보안군 육성을 위해 본격적으로 노력한 것은 전쟁이 시작된 지 10년이 지난 뒤부터였다.

원래 국가는 폭력집단이나 범죄집단으로부터 국민을 보호하는 야경국가로 출발했지만 아프간에서는 치안과 법질서가 존재하지 않았다. 판사가 테러분자들에 의해 살해당하고 탈레반이나 군벌들이 아편의 생산과 거래에서 막대한 수익을 거둔다면 그러한 사회는 안전이 보장될 수 없고 발전할 수도 없다. 아프간 국민들은 탈레반을 지지하지 않으면서도 그들이 두려워 그들의 요구에 응할 수밖에 없었다.

다음으로 중요한 과제는 정부역량governance의 제고이다. 국가실패 state failure의 근본 원인은 정부실패이기 때문에 능률적인 정부를 만드는 것이 무엇보다 중요했다. 아프간의 정부역량은 원래 취약했지만 30여 년간 전란이 계속되면서 거의 무력화되었다. 또한 유능한 관료와 경험 있는 사람들은 대부분 외국으로 피난 갔기 때문에 국가업무를 담당할 수 있는 인력도 절대 부족했다. 더구나 전통적으로 아프간 중앙정부의 영향력은 지방에 거의 미치지 못했다. 군벌들은 부패하고 잔인했을 뿐 아니라 서로 반목하면서 지역사회를 끊임없는 혼란에 빠뜨렸지만 카르자이 대통령은 군벌들을 통해 지역을 다스릴 수밖에 없었다. 어떤 지역에서는 군벌들이 경쟁적으로 '세금'을 거두면서 많은 사람들이 세금을 3번 내지 4번을 내야 했기 때문에 원성이 높았지만 정부는 이를 통제하지 못했다. 결국 군벌들에 대한 불만은 카르자이 정부에 대한 불만으로 나타날 수밖에 없었다.

카불과 몇몇 도시 밖에 장악하지 못하고 있음에도 엄청난 규모의 원조가 들어왔기 때문에 아프간 정부는 부패가 만연될 수밖에 없었다. 당시 아프간에 대한 외국원조와 아프간 내 외국인 소비는 아프간 국민총생산의 75%에 달하기도 했다. 아프간에서는 부족이 정치사회적으로 모든 것을 좌우했다. 가족, 친족, 추종자들에게 특혜를 베푸는 것은 그들의 전통적 가치관에 부합하는 것으로 당연시했다. 고위관리들은 말할 것도 없고 카르자이 대통령의 가족부터 부패에 깊이 연루되었다. 카르자이 대통령의 이복동생 아메드 카르자이[Ahmed Karzai]는 권력형 부패의 상징으로 인식되고 있었으며, 이로 인해 정부 전반에 부패가 만연되었다. 이처럼 부패하고 무능한 정부를 국민들이 신뢰하고 지지하기 어렵다.

아프간전쟁 초기인 2002~2006년 기간 중 미국이 보다 적극적으로 아프간 군대와 경찰을 육성하고, 민생에 도움이 되는 방향에서 원조를 제공하고, 아프간 정부의 역량을 강화하고 토지개혁을 실시했더라면 상황은 달라졌을 가능성이 높았다.

현재 아프간 정부는 57%의 영토와 64%의 인구만을 지배하고 있을 뿐이며, 나머지는 탈레반의 통제하에 있다. 2016년도 아프간 내 무력충돌은 6,000여 건으로 전년도에 비해 22% 증가했으며, 그것은 최근 10년간 가장 높은 수치다. 아프간군이 주요 도시를 지키기 위해 촌락지역에 설치된 전투초소를 포기하면서 주민들의 안전이 심각히 위협받고 있었다. 현재 14,000명의 미군이 아프간에서 아프간군의 작전을 지원하고 있기 때문에 지탱하고 있지만, 미군이 언제까지 아프간에 남아 있을 것인가? 미군이 철수한다면 아프간은 어떻게 될 것인가?

V. 시행착오가 많았던 이라크의 국가건설

아프간에 비해 이라크의 국가건설은 상대적으로 유리하다고 할 수 있다. 첫째, 이라크에는 오랫동안 전국을 통제하고 관리할 수 있는 비교적 능률적인 행정체제가 자리 잡고 있었기 때문에 원점에서 행정체제를 창출해야 할 필요가 없었고, 또한 외국 인력에 지나치게 의존할 필요도 없었다. 둘째, 그 같은 행정체제를 가동한다면 국제기구들과 협력하여 인도적 문제도 조기에 해결할 수 있을 것으로 판단되었다. 마지막으로, 세계에서 다섯 번째로 많은 원유 매장량과 상당 규모의 가스 매장량을 고려할 때 중장기적으로 대외원조에 의존할 필요가 없었다. 또한 국토를 관통하고 있는 유프라테스강과 티그리스강 유역에 광활하고 비옥한 토지가 있어 농업 발전 가능성도 크다.

그러나 이라크는 1958년 이래 오랫동안 강력한 1인 독재체제하에 있었으며, 특히 사담 후세인은 1979년부터 2003년까지 24년간 철권통치를 했기 때문에 후세인 정권 붕괴 후 공안기구, 군대, 경찰, 행정기관 등을 근본적으로 개혁할 필요가 있었고, 석유산업 위주의 경제도 구조적 전환이 필수적이었다.

미국은 이라크에서 안정된 민주정부를 수립하고, 시장경제체제를 구축하며, 국민들이 안심하고 생활할 수 있고 또한 경제적 어려움에서 해방시키는 것을 목표로 했지만, 그 같은 목표는 지나치게 낙관적이었을 뿐 아니라 그것을 달성할 구체적 전략이 없었다.

1. 바그다드 안정조차 실패

사담 후세인의 동상을 끌어내리면서 주민들은 해방되었다고 환호했지만 그것은 잠시뿐이었다. 낮 동안 40도를 훨씬 웃도는 살인적인 더위에도 전기가 들어오지 않았다. 바그다드 함락 후 광범위한 약탈과 파괴의 소용돌이 속에서 전력시설도 큰 피해를 입었다. 전력시설을 관리할 사람들이 부족했을 뿐 아니라 관리할 능력도 없었다. 발전기를 돌리는 데 필요한 연료조차 부족했고, 심지어 바그다드에 전력을 공급하는 문제를 둘러싸고 지역 간 갈등까지 일어나고 있었다. 설상가상으로 저항세력은 전력시설을 집중 공격했다.

전기가 공급되지 않으면서 수도시설의 펌프도 가동할 수 없었다. 사막지대에서 물보다 중요한 것이 없지만 수돗물조차 공급되지 않았다. 전기가 공급되지 않아서 하수도 시설을 가동할 수 없었기 때문에 매일 인분 등 50만 톤의 오물이 바그다드 시내를 관통하는 티그리스강으로 흘러들어 시내가 역겨운 냄새로 코를 찔렀다. 총격과 폭력과 납치와 살인이 횡행하면서 경제활동은커녕 일상생활조차 크게 제약받았다. 경제활동이 마비되어 실업률이 50~65%나 되었고, 500만 가까운 난민들을 구호하는 것도 큰 문제였다.[11]

미국은 이라크전쟁을 시작할 당시 후세인 독재정권만 제거되면 이라크의 안정과 재건은 저절로 해결될 것으로 낙관했다. 전쟁 시작 당시 미군은 6개월 후 철수할 계획이었는데, 그것은 미국의 전쟁 계획과 이라크의 안정 및 재건 계획이 지나치게 낙관적이었음을 말해준다. 미군은 바그다드를 공략하는 정규전에서는 위력을 발휘했지만 그 후의 안정 유지와 재건에서는 무능하기 짝이 없었다. 더구나 종파분쟁이 심화되고 반군의 저항이 거세지면서 미군은 사실상 속수무책이었다.

바그다드 함락 직후의 약탈과 파괴를 방지하지 못한 것은 치명적 실책이었다. 이로 인해 전력시설, 석유산업 등 기간산업과 주요 제조업 시설이 결정적 피해를 입었다. 세계적인 산유국인 이라크에서 휘발유를 구하기 위해 주유소에 장사진을 이루었다. 정유시설의 생산능력이 부족했을 뿐 아니라 약탈로 파괴되었기 때문이다. 바그다드 주민들은 해방감에 들떠 차량을 100만 대나 구입했지만 휘발유를 구하기 어려웠던 것이다. 2004년 4월 아부 그레이브 교도소에서 포로 학대사건이 터지면서 미군을 대상으로 한 공격이 급증했고, 미군은 이에 대응하는 데 급급하면서 구호 및 재건에 관심을 기울일

---

11) Robin Wright and Ellen Knickmeyer, "U.S. Lowers Sights On What Can Be Achieved in Iraq," *Washington Post* (August 14, 2005), http://www.washingtonpost.com/wp-dyn/content/article/2005/08/13/AR2005081300853.html(검색일: 2017.8.30).

여유조차 없었다.

2. 국가 인프라의 파괴

미군이 걸프전보다 훨씬 적은 병력으로 후세인 정권을 축출하는
데는 성공했지만 병력 부족으로 그 후의 사태 수습을 제대로 할 수
없었음을 앞에서 지적한 바 있다. 뿐만 아니라 펜타곤이 주도한 이
라크의 안정 및 재건 활동도 초기부터 시행착오를 면치 못했다.

럼스펠드 국방장관은 이라크전쟁 시작 2개월 전 국방부 산하에
'재건 및 인도적 지원처the Office of Reconstruction and Humanitarian Assistance'를
설치했지만, 지나치게 촉박한 시간 때문에 필요한 준비를 하지 못한
가운데 바그다드 함락 직후인 2003년 5월 11일 이를 해체하고 그
대신 연합군 임시행정처를 설립했다.

임시행정처 책임자 폴 브리머는 바그다드 도착 즉시 중대한 실책
을 범했다. 그는 임시행정처 명령 1호를 발령하여 바트당에서 중견
간부 이상의 위치에 있었던 8만 5,000명 내지 10만 명의 공직자들을
해임했을 뿐 아니라 그들은 신설될 이라크 정부에서도 일하지 못하
도록 했다. 그래서 단지 직장에 남아 있기 위해 바트당 당원이 되었
던 4만 명의 교사들까지도 학교에서 쫓겨났다. 이로 인해 유능한 행
정관료, 경찰간부, 그리고 전기, 통신, 철도, 상하수도 등 기반시설
부문의 전문 인력을 제거함으로써 이라크의 재건사업은 사실상 불가
능했다.[12] 그는 또한 38만 5,000여 명 규모의 후세인 정부군을 해

---

12) 상위 4단계 지위란 바트당 지역 책임자(Regional Command Members), 지

산했고 경찰 간부들도 대부분 파면했으며, 대다수 행정 공무원들을 면직시키고, 특히 28만 5,000명 규모의 내무부the Ministry of the Interior를 해산함으로써 법질서를 유지하고 공공서비스를 제공하는 데 필수적인 인력 대부분이 사라졌다.13)

임시행정처는 임무 수행에 필요한 인력과 예산을 확보하지 못했다. 이라크 전후복구와 난민 구호에 천문학적 예산이 소요되었지만 막대한 전비로 인해 그러한 예산을 확보할 수 없었다. 조달된 예산은 필요한 규모의 30%도 되지 못했고 그것도 효율적으로 사용되지 못했다. 왜냐하면, 임시행정처에는 주어진 임무를 수행할 능력이 있는 사람이 별로 없었기 때문이다. 1,000여 명의 직원 가운데 3분의 1은 채워지지 않았고, 배치된 인력도 대부분 3개월 정도 '경력'을 쌓고 미국 본토의 다른 직장을 찾아 떠났다. 뿐만 아니라 그들은 대부분 공화당원으로 정치적으로 배치되었기 때문에 업무에 대한 전문성도 없었다.

3. 부실했던 이라크 재건사업

필수적인 공공서비스를 공급하기 위해 기반시설의 복구가 시급했으나 저항세력이 시설 복구를 집중적으로 방해했기 때문에 시설

부 책임자(Branch Members), 소지역 책임자(Section Members), 집단 책임자(Group Members)를 가리킨다.

13) 바트당 당원은 60~70만 정도였으며 바그다드 함락 후 바트당 숙청으로 14만 명 정도가 일자리를 잃었으나, 그 후 대부분에게 취업이 허용되었지만 3~5만 명은 일자리를 갖지 못하도록 했다.

복구는 지지부진했다.[14] 2004년 한 해 동안 건설현장에 대한 반군 공격이 186회나 일어나 138명이 살해되었기 때문에 건설 전문인력들은 재건업무 자체를 기피했다. 또한 석유생산 시설과 송유 시설에 대한 저항세력의 공격이 빈번했고, 나아가 전력망을 비롯한 송전 시설에 대한 공격으로 전력 공급도 어려워졌다.

2003년부터 9년 동안 미국은 이라크 재건에 무려 600억 달러를 투입했으며, 그것은 하루 평균 1,500만 달러나 되는 막대한 돈이다. 그처럼 많은 자금을 투입한 중요한 재건사업이었음에도 종합계획도 없었고, 사업 우선순위도 없었고, 제대로 준비하지도 않았으며, 사업 시행 과정에 대한 감독도 부실하기 짝이 없었다.[15] 이라크재건특별 감찰관 스튜어트 보웬Stuart W. Bowen은 이라크 재건사업에서 적어도 80억 달러가 낭비되는 등, 전반적으로 실패했다고 평가했다. 그는 이라크 재건사업은 사기와 횡령, 부실한 사업관리, 무능력, 관계기관 간 협력부족 등을 실패의 주된 원인으로 꼽았다.[16]

재건공사는 대부분 미국 민간회사들과의 계약을 통해 시행되었으며, 특히 부시 행정부의 고위인사들과 관련 있는 기업들이 주로

---

14) 산유국가인 이라크가 광대한 파이프라인을 보유하고 있어 반군의 손쉬운 공격대상이 되었다. 이라크의 파이프라인은 가스 파이프라인 2,455km, 원유 파이프라인 5,432km, LPG 라인 913km, 석유정제품 라인 637km 등이다.

15) 이라크 재건은 부정적 평가 일색이다. R. Jeffrey Smith, "The Failed Reconstruction of Iraq," *The Atlantic* (March 15, 2013); and Jeremy Bender, "What Went Wrong in the Reconstruction of Iraq," *Business Insider* (March 6, 2015) 등 참조할 것.

16) Stuart W. Bowen, A Final Report from the Special Inspector General for Iraq Reconstruction to the Congress (July 9, 2013), https://www.gpo.gov/fdsys/pkg/CHRG-113hhrg81868/pdf/CHRG-113hhrg81868.pdf (검색일: 2017.8.10).

선정되었다. 예를 들면 딕 체니가 1995년부터 5년간 회장으로 있었던 할리버튼Halliburton이 재건사업의 주요한 프로젝트를 수행했다. 실제로 할리버튼 계열회사인 켈로그 브라운 앤드 루트KBR: Kellogg, Brown and Root는 이라크 재건사업에서 사업비 과다청구 등으로 논란이 많았다. 이라크 재건사업을 미국 등 외국회사들이 독점하면서 이라크인들의 분노를 자아냈다. 실업자가 많았기 때문에 이라크인들은 일자리를 원했고 이라크 회사들도 사업에 참여하기를 원했기 때문이다.

많은 재건사업에서 중도 포기, 공사 지연, 또는 부실 공사의 문제가 있었다. 2006년 1월 25일, 뉴욕타임스 보도에 의하면, 이라크재건특별감찰관 보웬은 상하수도 관련 사업 136개 중에서 49개만이 완료되었지만, 그중 8개를 샘플 조사해 본 결과, 7개가 전기시설과 배관시설의 고장, 관리 및 정비 소홀, 약탈 등으로 가동되지 못하면서 매우 비싼 장비가 방치돼 있다고 했다.[17)]

보웬은 이라크 재건사업이 시행착오가 많았던 데에는 백악관 책임이 크다고 진단했다. 백악관이 국방부, 국무부 등 관계기관 간의 업무분담과 협조가 이뤄지도록 해야 했지만 그렇지 못했기 때문에 어느 부처도 이라크 재건을 주도하지 않았다. 두 번째로 책임이 큰 곳은 펜타곤이라 했다. 이라크 재건예산 중 국방부에 배정된 것이 87%나 되었기 때문에 국무부와 국제개발처는 보조적 역할을 할 수밖에 없었다. 더구나 미 육군은 재건사업을 주도할 능력이나 준비가 안 되어 있었다. 2011~2012년 미 국방장관을 지낸 레온 파네타Leon Panetta는 "미군은 이라크에 싸우러 간 것이다. 군대가 갑자기 재건사

---

17) James Glanz, "Audit describes Misuse of Funds in Iraq Projects," *New York Times* (January 25, 2006).

업을 담당하게 되었지만 그것을 할 수 있는 준비가 안 되어 있었다."고 말했다.[18]

　이라크 재건사업은 세 가지 중대한 결함이 있었다. 첫째, 너무 많은 대형 프로젝트를 한꺼번에 추진했다는 것이다. 예를 들면, 막대한 자금이 소요되는 석유산업, 발전시설, 이라크 보안군 육성 등에 막대한 자금이 투입되었지만 대부분 성공하지 못했다. 미국은 전력사업, 상수도 사업, 학교 재건, 도로 및 주택 복구에 150억 달러, 의료보건, 경찰 지원, 인도적 지원에 90억 달러, 이라크군 육성과 장비지원에 200억 달러, 법질서 향상과 마약 퇴치에 50억 달러를 투입했다. 그런데도 이라크인들은 뚜렷한 혜택을 실감할 수 없었다. 미군이 철수할 당시인 2011년, 하루 중 전기가 공급되는 시간은 7시간 반 정도였고, 이라크 국민의 17%는 하루 두 시간 정도만 마실 물이 공급되어 후세인 통치 당시보다 더 나빠졌다.[19]

　둘째, 이라크 당국자 및 주민들의 의견을 무시하고 미국인들의 독자적 판단에 의해 재건사업을 추진했고, 이로 인해 이라크인들은 재건사업에 관심이 없었기 때문에 미군이 철수한 후 대다수 사업은 중단되고 말았다. 이라크에 필요한 것은 이라크인들이 더 잘 알고 있기 때문에 이라크 회사들의 주관하에 지역 주민들에게 절실한 소규모 사업들을 실시했더라면 그보다 적은 예산으로도 더 많은 성과를 낼 수 있었을 것이다.

　마지막으로, 미군의 철수 일정이 앞당겨졌고 또한 예산 사용 자체를 업적으로 인식하여 서둘러 사업을 시행하면서 사업이 부실하게

---

18) Bowen(2013).
19) Smith(2013).

시행되었고 예산도 낭비되었다. 2005년 펜타곤은 바그다드에 이라크 재건사업 계약사무소를 설치했지만 담당 직원이 부족하여 졸속 계약을 하고 사후 감독도 제대로 하지 못했다. 당시 매일 2,500만 달러의 계약이 이루어졌는데 이는 돈을 쏟아부은 것이나 마찬가지였다.

종파 내전과 IS와의 전투로 극심한 파괴를 겪은 모술과 팔루자 등에 대한 재건은 요원한 현실이다. 2018년 2월 쿠웨이트에서 이라크 재건에 관한 국제회의가 열렸으며, 여기에서 이라크 재건에 필요한 자금은 900억 달러로 추정되었다. 그러나 이라크 정부는 현재 300억 달러밖에 마련하지 못하고 있다. 알압바디 총리가 2018년 5월 선거로 총리로 재선된다면 재건사업도 탄력을 받게 될 것으로 예상되고 있다.

미국의 국제관계 전문지 『포린 폴리시Foreign Policy』는 매년 실패한 국가의 순위를 발표하고 있는데 이라크는 항상 최하 4~5위 수준의 실패한 국가로 평가되고 있다. 그리고 국제투명성기구가 평가한 부패지수corruption index에 의하면, 이라크는 세계 177개국 가운데 171번째로 부패한 국가로 인식되고 있다. 이라크의 국가건설은 갈 길이 멀다는 것을 말해주고 있다.

VI. 남베트남의 실패한 국가건설

15년 정도 계속되었던 베트남전쟁은 미국에 엄청난 영향을 주었지만, 베트남전쟁에 못지않게 오래 지속된 아프간전쟁과 이라크전쟁이 미국에 끼친 영향도 만만치 않다.

베트남전은 한국에게도 매우 중요한 전쟁이었다. 한국은 2개 전투사단맹호부대, 백마부대과 1개 해병여단청룡부대과 지원부대비둘기부대 등 약 5만 명의 전투 병력을 참전시켰고, 1973년 철수할 때까지 참전 연인원이 32만 명에 달했으며, 이 전쟁에서 전사 5천여 명, 부상 1만 1,000여 명 등 인명 피해도 컸다. 그럼에도 베트남전 참전으로 한미동맹은 더욱 굳건해졌고, 또한 우리 군은 전투 경험을 쌓을 수 있게 되었다.

미국은 1953년부터 1975년 사이에 베트남전쟁에 1,680억 달러의 전비戰費를 투입했고, 이 중 군사원조는 161억 달러, 경제원조는 73억 달러에 달했다.[20] 또한 미군의 인명 피해도 컸는데 전사 5만 8,220명, 부상 30만 3,600여 명이나 되었고, 그중 2만 1,000명은 영구 장애인이 되었다.[21] 그럼에도 미국은 승리하지 못했고 남베트남은 공산화되고 말았다. 이 전쟁으로 미국의 국가부채가 크게 증가했을 뿐 아니라 전쟁에 대한 찬반 논란으로 국론이 분열되는 등, 후유증도 컸다.

1. 베트남전의 본질을 이해하지 못한 미국

이 같은 결과를 초래하게 된 데에는 두 가지 큰 원인이 있다. 그 하나는 미국이 베트남전쟁의 본질을 이해하지 못했기 때문에 전쟁에 임하는 전략과 전술이 부적절했다는 것이다. 1962~1964년 기

---

20) 1,680억 달러를 2015년 가격으로 환산하면 1조 달러가 넘는다.
21) 미군 전사자 58,220명과 부상자 303,644명에 대한 자료는 미 국방부의 Defense Manpower Data Center에서 획득하였음.

간 중 합참의장을 지내고 1965~66년 남베트남 주재 미국 대사를 지 낸 맥스웰 테일러Maxwell Taylor 장군은 베트남전쟁에 관해 이렇게 말했다. "첫째, 우리는 우리 자신을 몰랐다. 우리는 제2의 한국전쟁이라 생각하고 전쟁에 임했지만 남베트남은 전혀 다른 나라였다. 둘째, 우리는 우리의 동맹국인 남베트남이라는 나라를 몰랐다. … 그리고 우리는 북베트남에 대해서도 전혀 몰랐다. 호치민Ho Chi Minh이 어떤 사람인지 정말 아무도 몰랐다. 우리가 적을 알고 동맹국을 알고 우리 자신을 알게 될 때까지 이 전쟁을 시작하지 말았어야 했다."[22]

베트남전쟁은 6.25전쟁과 근본적으로 달랐다. 6.25전쟁은 전형적인 정규전이었고 그것도 대부분 고지 쟁탈전이었기 때문에 재래식 군사 작전으로 대응하는 것이 타당했다. 그러나 베트남전에서 공산세력의 전략전술은 마오쩌둥 방식의 공산주의 혁명전쟁이었지만 미군은 정규전 방식으로 대응했다.

다른 하나는 남베트남이 국가건설에 실패했기 때문이다. 1954년에 분단된 이후 독립적인 정부를 수립했지만 국민의 지지를 받은 정부가 되지 못했고, 그래서 남베트남 주민들은 국민으로서의 자부심을 갖지 못했다. 더구나 초대 대통령인 고딘디엠Ngo Dinh Diem은 프랑스 식민정부 관리 출신으로 정통성을 갖지 못했다. 가장 큰 문제는 정부가 인구의 절대 다수를 차지하는 농민들의 불만을 해소하지 못하여 공산세력이 급성장할 수 있는 토양이 되었다는 것이다. 농민들이 오랫동안 경작해왔던 토지를 지주에게 돌려주거나 아니면 높은 소작료를 내지 않으면 안 되었다. 하물며 정부군이 앞장서서 소작료

---

22) Stanley Karnow, *Vietnam: A History* (New York: Penguin, 1997), p.23 에서 재인용.

제7장 국가건설이 온전한 승리의 길 | 369

를 강제 징수하기도 했다. 농민들의 불만은 심각한 수준에 달하여 75%의 농민들이 베트콩을 지지했고, 정부를 지지했던 농민은 5%에 불과했다.[23)]

초대 대통령으로 8년간 재임했던 고딘디엠이 쿠데타로 실각된 후 1967년 구엔 반 티우Nguyen VanThieu가 대통령이 되기까지 3년 10 개월간 6차례의 쿠데타, 10차례의 정권교체로 정국이 매우 불안했고, 특히 군부 분열은 국가안보에 심각한 타격이 되었다. 장군들은 적과 싸우는 것보다는 사이공의 정치권과의 교류에 바빴고 동시에 부패했다. 미국은 베트남에 막대한 원조를 했고, 이로 인해 남베트남은 부정부패가 만연되고 빈부격차가 더욱 늘어나면서 불평불만이 높아져 반정부 시위로 혼란이 극도에 달했다.

미국은 남베트남 정부와 더불어 농민들을 우호적인 세력으로 전환시키기 위한 평정계획pacification plan을 시행했다. 농민들의 생활수준을 향상시키고 동시에 농민들의 안전을 보장함으로써 베트콩과 분리시키려는 목적이었다.

그러나 남베트남 정부는 농촌을 안정시킬 수 있는 역량이 없었다. 남베트남 정부는 1~2년마다 평정계획을 변경했으며, 그래서 어느 것도 제대로 시행하지 못했다. 즉 농업개발센터 계획1957~59, 농촌도시화 계획1959~61, 전략촌 계획1961~63, 신생활촌 계획1964~65, 농촌개발 계획1965~66, 혁신개발 계획1966~67 등, 정권이 바뀔 때마다 명칭이 바뀐 것이다. 정부가 빈번히 바뀌고 온갖 이름의 평정계획이 등장했지만 농촌에는 아무 것도 달라진 것이 없었기 때문에 농민들의

---

23) Marilyn Young, *The Vietnam War, 1945~1990*(New York: Harper Perennial, 1991), p.73.

불신만 높아졌다. 그 과정에서 외형적 실적위주의 무리한 개발 계획이 추진되었을 뿐 아니라 자금과 물자를 빼내는 부패경쟁도 치열했다. 여기에다 베트콩의 방해 활동이 집요했고, 군사 작전과 평정사업 간 비협조, 그리고 원조기관들 간의 비협조 등으로 평정사업이 지지부진했다.

촌락지역에 대한 남베트남의 치안 및 행정체제가 거의 존재하지 않은 가운데 남베트남군이 치안과 행정을 담당했지만 남베트남군은 그 같은 임무를 수행할 능력이 없었다. 그래서 남베트남의 평정계획에 대한 미군의 지원은 광범위했다. 지역 안전 유지, 농촌개발 업무 지원, 피난민 정착과 지원, 베트콩 회유 작전, 경찰 훈련, 학교교육 지원 등이었다. 미군이 이처럼 잡다한 업무를 제대로 할 수 없었던 것은 말할 필요도 없다.

평정계획이 부진하자 존슨 대통령은 1967년 5월 베트남 주둔 미군사령부에 민사 작전 및 혁신개발 지원본부CORDS를 설치하고 로버트 코머Robert W. Komer를 책임자로 임명하여 군의 민사 작전과 평정사업을 조정·통제하도록 했지만, 농민들을 회유하기에는 이미 너무 늦었던 것이다.[24]

2. 베트남전의 베트남화는 베트남 포기전략

1969년 닉슨 행정부가 출범하면서 베트남전쟁의 베트남화Vietna-

---

24) CORDS는 the Office of Civil Operations and Revolutionary Development Support의 약자이다.

mization를 추진했다. 남베트남군을 육성하여 전쟁을 담당하게 하는 대신 미군을 철수시키려는 계획이었다. 베트남화 정책에 따라 미국은 1968년 495억 달러, 1969년에 508억 달러 등 막대한 원조를 제공했다. 뿐만 아니라 미국은 협상을 통해 전쟁을 명예롭게 종식시키고자 했다.

동시에 미국은 남베트남 평정 작전을 가속화했다. 1969년 말에는 남베트남 인구의 92%, 농촌 부락의 90%가 평정된 것으로 평가되었고, 평정된 부락에 편성된 자위대의 병력이 400만이나 되었다. 이같은 성과는 오히려 공산세력의 기만전술이었을 가능성이 크다. 미국으로 하여금 농촌지역이 안정화되었다고 낙관하게 하여 미군 철수를 가속화하고 평화협상에 나서게 했던 것이다.

1973년 1월 교전 당사국인 남베트남, 북베트남, 미국, 베트콩이 파리에서의 협상을 통해 평화협정이 체결되었다. 평화협정과 함께 미군이 철수하면서 그들이 보유하고 있던 각종 최신 무기와 장비를 남베트남군에 제공했다. 당시 남베트남군은 전투기 600여 대, 헬리콥터 900여 대를 보유하여 세계 4위의 공군력을 자랑했고 지상군도 100만이 넘었고 보급품도 풍성했다.

그러나 1973년의 평화조약은 휴지조각에 불과했다. 2년 후인 1975년 4월 공산군의 총공세로 남베트남은 공산화되고 말았다. 남베트남 군대는 군대가 아니었다. 월맹군의 단 한 차례의 공격으로 남베트남군 2개 군단이 괴멸되었다. 공산군의 공세가 시작된 이래 남베트남군은 전투다운 전투를 한 번도 하지 못했다. 절반이 도망가거나 포로가 되었다. 무질서한 퇴각만을 계속하여 한 달 만에 수도까지 포기하고 말았다. 그들은 무엇을 위해 왜 싸워야 하는지 잘 모를 정도로 나라를 지키겠다는 의지가 없었다. 군대는 국가의 최후

보루라고 했지만 남베트남의 최후 보루는 오합지졸에 불과했다.

3. 혁명전쟁에 정규전 방식으로 대응

베트남전쟁은 단순한 전쟁이 아니었다. 존슨 대통령은 자신의 회고록에서 "이 전쟁은 정치전쟁political war이고, 경제전쟁economic war이며, 또한 군사전쟁fighting war이고, 그것도 세 전쟁이 동시에 이루어진 전쟁이었다."고 했다.[25] 실제로 공산 측은 이 전쟁을 혁명전쟁일 뿐 아니라 민족해방전쟁이라 했다. 그런 점에서 베트남전쟁에 대한 미국의 군사전략에 문제가 있었고, 또한 미군은 그런 전쟁에 싸울 준비가 되어 있지 않았다. 당시 헨리 키신저Henry Kissinger 국무장관은 포드 대통령에게 보고한 메모에서 "전술적 측면에서 우리 군대는 이 같은 전쟁에 적합하지 않다는 결론을 내릴 수밖에 없다"고 했고,[26] 당시의 국방장관이었던 로버트 맥나마라Robert McNamara도 "베트남에서 미군이 승리하려 한 것은 위험한 환상이었다."고 했다.[27]

미 육군의 역사적 평가도 그 점을 인정하고 있다. "미군의 전략이나 전술은 전쟁목표와 동떨어져 있었다. 그래서 베트남에서 미군

---

25) Lyndon B. Johnson, *The Vantage Point: Perspectives on the Presidency, 1963~1969* (New York: Holt, Rinehart & Winston, 1971), p.241.

26) Henry Kissinger, "Lessons of Vietnam: Secret Memoranda to The President of the United States," *White House* (12 May, 1975), p.3.

27) Robert S. McNamara; James G. Blight; Robert K. Brigham; Thomas J. Biersteker; and Herbert Schandler, *Argument Without End: In Search of Answers to the Vietnam Tragedy* (New York: Public Affairs, 1999), p.368.

제7장 국가건설이 온전한 승리의 길 | 373

은 전술적으로 승리했지만 전략적으로 실패했다. … 베트남전쟁의 교훈은 작전지역의 역사적, 정치적, 사회문화적 요소들이 항상 군사 작전에 영향을 준다는 것이다. 전쟁의 승리는 성공적인 작전뿐만 아니라 전쟁의 성격을 올바로 분석하고 적의 전략을 이해하고, 우방국의 장단점을 고려함으로써 가능한 것이다."[28] 요컨대 베트남전은 미군의 한계를 극명하게 노출시켰고, 그 결과로 미군의 해외 개입을 꺼리는 '베트남 증후군Vietnam Syndrome'을 초래했다. 그런데 아프간과 이라크에서 미군은 여전히 베트남전의 과오를 되풀이하고 있다는 비판에 직면하고 있다.

1964년부터 1968년까지 베트남 군사원조 사령부MACV: Military Assistance Command, Vietnam 사령관으로 미군 작전을 지휘했던 웨스트모어랜드William Westmoreland 장군이 베트남전의 본질을 이해하지 못하고 군사 작전에만 치중했던 것이 치명적 실책이었다. 그는 공산 측의 전쟁의지와 군사력을 과소평가하고 대규모 기동 작전으로 단기간에 승부를 내고자 했다.[29] 그의 주된 관심은 적 사살射殺, body count의 증대에 있었으며, 전쟁의 다른 중요한 측면인 남베트남군의 훈련과 평정 작전은 사실상 무시했다. 반면 베트콩은 미군이 공격하면 잠적했다가 미군이 퇴각하면 다시 나타나는 '치고 빠지기hit-and-run' 전술을 구사했기 때문에 그들을 격멸하는 것은 쉬운 일이 아니었다.

---

28) Vincent H. Demma, "The U.S. Army in Vietnam," *American Military History* (Washington, D.C.: US Army Center of Military History, 1989), pp.619-694.

29) 웨스트모어랜드 장군 밑에서 근무한 바 있는 마크 톰슨(Mark Thompson)은 타임지와의 인터뷰에서 웨스트모어랜드가 정보장교들에게 적의 규모를 30만 이하로 하라고 지시했다고 주장한 바 있다. "The General Who Lost Vietnam," *Time* (September 30, 2011).

당시 해럴드 존슨Harold K. Johnson 미 육군 참모총장은 웨스트모어 랜드의 작전방식이 남베트남의 촌락에서 일어나고 있는 '진짜 전쟁'을 무시했기 때문에 성공하지 못했다고 판단했다. 존슨에 의하면, 촌락의 주민들은 항상 베트콩의 은밀한 협박과 테러의 위협에 직면하고 있기 때문에 베트콩에 협조할 수밖에 없다고 했다. 아프간에서 탈레반과 주민 사이에 일어나고 있는 것과 유사한 현상이다.

더구나 미국은 베트남전의 베트남화를 선언하고 졸속으로 남베트남군을 대대적으로 육성했다. 1968~1969년 2년간 남베트남군의 병력은 40%나 증가했지만 그들을 이끌어 나갈 유능한 장교단은 존재하지 않았다. 1969년 6월 뉴스위크Newsweek지는 "남베트남군은 전혀 훈련되지 않았고, 봉급도 형편없었고, 왜 싸우고 있는지 전혀 모를 정도로 정신교육이 안 되어 있었으며, 설상가상으로 그들이 무능한 장교들의 지휘를 받고 있다."[30]고 혹평했다. 단기간에 병력 규모를 확대하고 미국의 무기와 장비를 제공한다고 해서 남베트남군이 그들의 안보를 책임질 수 있는 것은 아니었다.

공산세력은 '민족해방' 또는 '공산혁명'이라는 결코 포기할 수 없는 목표를 추구했기 때문에 어떤 어려움도 반드시 극복해야 한다는 강한 의지를 가지고 있었다. 그래서 월맹의 보 구엔 지압Vo Nguyen Giap 장군은 항상 장기적 차원에서 전쟁전략을 구상했고 그래서 군사훈련에 있어 정치교육을 중시했던 것이다. 공산세력과의 혁명전쟁에 승리하는 길은 국가건설에 성공하는 것이다. 그러나 국가건설은 단기간의 군사적전으로 되는 것이 아니라 장기간에 걸쳐 이루어지는 것이다. 그런데 여론의 지지에 민감하고 선거 전략을 우선하는 미국

---

30) "The Laird Plan," *Newsweek* (June 2, 1969), p.44.

정부가 장기간에 걸쳐 다른 나라의 국가건설을 지원하기 어려운 것이다.

정치전쟁에서는 군사 작전에 성공하더라도 국가건설에 실패하면 최종 승리를 거둘 수 없다. 남베트남의 국가건설은 미국의 군사 작전에 의해 가능한 것이 아니라 당사자들인 남베트남인들이 이룩해야 할 일이었다. 미국은 모든 것을 주도하는 등 베트남전쟁을 지나치게 미국화 Americanization 했고, 그 결과로 남베트남의 자활능력을 키워주지 못했기 때문에 미군이 철수하면서 남베트남은 곧바로 무너졌던 것이다.

VII. 최악의 상황에서도 성공한 한국의 국가건설

한국은 국가건설에 성공한 대표적인 나라이다. 한국의 국가건설 과정을 간략히 되돌아보는 것은 아프간과 이라크의 국가건설 문제를 이해하는 데 도움이 될 것으로 본다. 식민지 경험, 분단과 전쟁 등으로 1950년대 중반까지 한국은 아프간이나 이라크보다 훨씬 더 비참한 나라였다. 그랬던 나라가 불과 몇십 년 만에 선진국 수준으로 급상승하여 20세기의 기적으로 평가되고 있다. 한국은 어떻게 그처럼 성공할 수 있었으며, 다른 신생국들은 왜 그렇게 되지 못했는가?[31]

---

31) 국가건설로 본 한국현대사에 대해서는 김충남, 『당신이 알아야 할 한국현대사』(기파랑, 2016) 참조.

1. 카리스마적 반공지도자

1948년 최악의 상황에서 대한민국이 건국되었지만 행정체제도 허약하기 짝이 없었고, 나라를 이끌어나갈 인재도 자원도 없었다. 미군으로부터 5만 명의 국방경비대를 물려받았지만 200년 전 미국 독립전쟁 당시의 민병대보다 못하다는 평가를 받았다. 공산세력은 건국부터 저지하려 했다. 5.10선거를 저지하기 위해 제주에서 4.3사건을 일으켰고, 대한민국 정부 수립 직후에는 여수 주둔 14연대로 하여금 반란을 일으켰다.

북한이 모든 수단을 동원해 대한민국을 전복하고자 했기 때문에 이승만 정부는 강력한 반공안보정책으로 대응할 수밖에 없었다. 이승만 대통령은 공산주의의 실체를 잘 아는 뛰어난 반공 지도자였다. 그가 없었다면 대한민국이 건국되었을지 불분명하고, 공산세력의 전복활동에서 대한민국이 살아남았을지 의문이다. 여수 군사반란을 계기로 국가보안법을 제정하여 군대와 학교와 공공기관 등에 침투한 공산분자들과 좌익분자들을 대대적으로 제거했다. 이로 인해 경찰의 역할이 중요해지면서 경찰국가라는 비판을 받기도 했다.

중국과 베트남에서 공산세력이 농촌을 장악한 후 도시를 포위하여 공산화했던 것을 고려한다면 이승만 정부가 경찰을 중시하여 농촌을 안정시켰던 것은 옳은 선택이었다. 이승만 정부는 군대와 경찰을 동원해서 지리산, 한라산 등 전국 산악지대에서 게릴라전을 펴고 있던 공산분자들을 제압했다. 당시 후방지역의 게릴라를 소탕하지 못했다면 6.25전쟁은 정규전과 비정규전이 혼합되어 베트남전쟁이나 이라크전쟁처럼 더욱 어려운 양상으로 전개되었을지도 모른다.

이승만은 프린스턴대학교에서 박사학위를 받았고 미국에서 오래

살았기 때문에 대한민국의 미래에 대한 원대한 비전을 가지고 있었다. 그의 정부에서 추진한 정책 가운데 국가건설에 결정적으로 중요했던 것은 농지개혁과 교육진흥이다. 해방 당시 문맹률이 78%에 달했고 대다수 농민이 소작농 또는 반소작농인 상태에서는 민주주의는 커녕 국가발전은 엄두도 못 낼 일이었고, 오히려 공산세력의 선전선동에 현혹당할 가능성이 컸다. 이승만 정부는 농지개혁을 통해 농민들을 자작농이 되게 하여 지주의 속박에서 벗어나 민주시민으로 발돋움하게 했다.

국가건설에 있어 인적자원 육성이 필수적이었으며, 그래서 이승만 정부는 적극적인 교육진흥정책을 폈으며, 또한 국민의 국가정체성 확립을 위한 반공교육 등 정신교육을 중시했다. 특히 최악의 재정 여건하에서도 6년제 의무교육을 실시했고, 수만 개의 문맹퇴치반班을 전국에 내보내 성인들로 하여금 글을 깨우치도록 했다. 이에 따라 중·고등학교와 대학의 학생 수가 획기적으로 증가하여 영국과 비슷한 교육수준이 되었다. 1960년 당시의 문맹률은 10% 이하로 떨어졌고 학령 아동은 96% 이상이 학교에 다니고 있었다. 자원빈국인 한국에서 교육받은 인력이 국가발전의 원동력이 된 것이다. 대다수 제3세계 국가들이 지금까지도 실현하지 못한 교육혁명을 한국은 전쟁을 겪고 있던 1950년대에 이룩했던 것이다.

2. 6.25전쟁의 위기를 기회로 삼다

3년간의 전쟁은 엄청난 재앙이었다. 좁은 한반도에 투하된 폭탄이 2차 대전 당시 유럽에 투하된 폭탄의 양과 비슷했다. 그야말로 나라가 잿더미로 변했다. 중립국감독위원회는 "이 나라는 죽었다." 고 했고, 맥아더 장군은 "전쟁을 복구하는 데 100년은 걸릴 것"이라 했다.

전쟁 피해는 엄청났다. 국군 사망자는 13만 7,000여 명이었고 부상자를 비롯하여 포로와 실종자는 61만 명이나 되었다. 민간인 피해자는 100만 명에 가까웠고, 전쟁미망인 30만, 전쟁고아 10만, 전쟁 이재민 370만 등이었다. 공공건물과 교량과 도로 등 공공 인프라는 대부분 파괴되었고, 학교의 3분의 2가 파괴되고 주택 60만 호가 파괴되거나 큰 피해를 입었다. 총 피해액은 23억 달러에 달했으며, 그것은 한국의 국민총생산보다 많았다.

미국은 한국군을 지원하기 위해 막대한 군사원조를 했을 뿐 아니라 민생안정과 재건을 위해 상당 규모의 경제원조를 했다. 우리 정부가 그 많은 원조를 받아서 어디에 썼느냐는 비판이 없지 않았지만 원조의 3분의 2는 군사원조였고, 그것도 대부분 값비싼 무기와 장비와 군사물자로 제공됐다. 비非군사 원조는 생활안정을 위한 식량과 면화 등 농산물과 인프라와 공공시설 복구를 위한 물자가 대부분을 차지했다.

우리 국민은 총력전으로 전쟁에 임했다. 남북분단으로 대한민국 정부의 정당성에 대해 의문을 가졌던 사람들이 적지 않았으나 공산세력의 남침으로 공산세력에 대한 적개심이 치솟으면서 국민은 한마음으로 뭉쳐 싸웠다. 젊은이들은 군대와 경찰에 자원입대해 싸웠고, 나이 든 사람들은 노무자가 되어 싸웠다. 10대 젊은이들까지도 학도병이 되어 싸웠고 여성들도 다양한 방법으로 참전했다. 전쟁을 통해 이승만 대통령의 반공정책이 옳았다는 것이 확인되면서 국민은 반공정신으로 하나가 되었다. 정부는 징집을 하고 전쟁 물자를 동원하고 피난민을 구호하고 법과 질서를 유지하면서 정부의 행정력과 공권력도 강화되었다.

전쟁과정에서 국군이 급팽창했다. 전쟁이 시작될 당시 10만 명도 못 되었는데 2년 만에 50만으로 늘어났다. 미국의 무기와 장비와 물자의 지원이 있었기에 가능했다. 군대는 국민을 위한 교육과 훈련의 도장이 되었다. 교육을 받지 못했고 현대 문물에 접한 적이 없었던 농촌청년들이 나라의 소중함을 체험하게 되었고, 전우애와 팀워크의 중요성을 깨닫게 되었다. 나아가 그들은 글을 배우고 현대식 무기와 장비를 다루는 방법을 익혔고, 단체생활에도 익숙하게 되었다. 군대에서 제대한 청년들이 마을을 바꾸고 지역사회를 변화시키는 원동력이 되었다. 보통사람들까지 고난을 극복하면서 강인한 국민으로 변했다.

하룻밤 사이에 웃자란 콩나물처럼 급성장한 한국군이 전투에 강할 수 없었다. 1951년 5월 강원도 현리 일대에서 3개 사단으로 구성된 제3군단이 중공군의 집중공세 앞에 힘없이 밀려났다. 당시 한국군 장교와 병사의 80%가 제대로 된 훈련을 받지 못한 채 전선에 투입되었기 때문이다. 이 무렵 제임스 밴 플리트James Van Fleet 장군이 미 8군 사령관으로 부임하여 한국군 훈련 지원에 나섰다. 그는 강원도 양양에 야전훈련센터FTC: Field Training Center를 설치하고 미 제9군단 부군단장 토머스 크로스Thomas Cross 장군을 한국군 훈련책임자로 임명하고 150명의 미군 장교와 하사관으로 교관단을 구성했다. 한국군 10개 사단은 사단장을 포함하여 모든 장병이 9주간 지옥훈련 같은 실전훈련을 받았고, 그래서 모든 사단이 군대다운 군대로 다시 태어났다. 휴전 시까지 5개의 야전훈련센터가 설치 운영되면서 전쟁 중 신설된 사단들도 모두 이 훈련센터를 거쳤다.

밴 플리트는 1952년 한국군 부대를 지원하는 미군 고문단 수를 2,000여 명으로 증강하여 전투 중인 한국군 대대급 이상 부대에 보내 한국군 장병들과 함께 생활하며 훈련, 작전 등에 대해 조언했다. 이는 밴 플리트가 그리스 군사고문단장으로 공산게릴라를 효과적으로 막아낸 경험을 한국전에 적용한 것이다.

미국은 충성심과 전문성을 겸비한 유능한 장교단 육성이 한국군을 강한 군대로 만드는 지름길이라 판단하고 4년제 육군사관학교를 설립할 수 있도록 적극 지원했다. 이에 따라 1952년 1월 미국 육군사관학교 제도를 본 딴 육군사관학교가 진해에서 문을 열었으며, 뒤이어 1953년에는 해군사관학교, 1954년에는 공군사관학교가 각각 설립되었다. 뒤이어 미군과 같은 각종 군사학교가 설립되었고 미국에서 연수교육을 받고 돌아온 장교들이 교육과 훈련을 담당하면서 한국군은 근본적으로 달라졌다.

당시 미국은 한국군을 최대한 증강시켜 휴전 후 스스로 공산군과 싸울 수 있는 능력을 갖추도록 해야 한다고 판단했다. 당시 참전 중인 미군이 50만이나 되었고 사상자도 많았기 때문에 한국군 증강은 시급한 과제였다. 이승만 대통령은 미군 1개 사단을 운용하는 비용이면 한국군 몇 개 사단을 운용할 수 있다면서 한국군을 20개 사단으로 증강할 수 있도록 미국이 지원해 줄 것을 적극 요청했다. 결국 아이젠하워 대통령은 1953년 5월, 한국군을 20개 사단, 병력 65만 5천명으로 증강하는 것을 적극 지원하기로 결정했다.

미국은 한국군 장교의 자질 향상이 선행되어야 한다고 판단하고 한국군 장교들을 미군 병과兵科 학교에 보내 위탁교육을 받게 했다. 1952년 보병장교 150명을 조지아 주의 포트 배닝Fort Benning 보병학교에, 그리고 포병장교 100명은 오크라호마 주에 있는 포트 실Fort Sill

포병학교에서 3개월에서 9개월간의 교육을 받게 하는 등, 그해 12개 병과에서 594명이 미국 병과학교에서 교육을 받았다. 1953년에는 15개 병과에서 829명이, 1954년에는 22개 병과에서 1,019명의 장교들이 미국에 가서 교육을 받았다. 이처럼 장교들은 미국의 선진교리와 군사기술을 배웠을 뿐 아니라 미국에서 체득했던 것을 한국군에 적용하게 되면서 한국군은 현대식 군대로 급속히 자리 잡게 되었다.

그리하여 1950년대에만 9,186명의 장교들이 미국에서 교육받고 돌아왔으며, 1960년대에도 장교들의 유학이 계속되어 한국군 장교의 미국 유학자는 1만 명이 넘었다. 장교의 교육·훈련 기간이 일반 유학생에 비해 짧았지만, 군대는 일반사회와는 비교가 안 될 정도로 많은 해외유학 경험자들을 보유했다. 또 사회에 재교육기관이 거의 없던 시절 군은 국방대학원, 각 군 대학, 각종 병과학교 등, 다양한 자체 교육기관을 갖춘 유일한 집단이었다. 군은 정밀한 무기를 다루고, 통신, 수송 등 다방면에 걸쳐 최첨단 장비를 보유하고 있었을 뿐 아니라, 방대한 조직을 운영하기 위한 행정관리 체계와 노하우를 보유하게 됐으며, 그것이 1960년대 이후 급속한 경제발전의 밑바탕이 되었다.

3. 한미동맹으로 국가건설 본격화

한국군은 전쟁과정에서 60만 대군으로 급성장했지만 그것을 뒷받침할 경제력이 없었다. 미국의 지원이 필수적이었지만 그들이 언제까지 지원할 수 있을지 미지수였다. 미국의 지원만으로 한국 안보가 보장될 수도 없었다. 소련과 중국은 북한의 강 건너에 있지만 미국은 태평양 저편에 있었다. 아무리 빨리 군대를 보내도 몇 주일은 걸리며 그 사이에 전쟁이 끝날지도 모른다. 또한 미국이 파병을 하려면 의회의 동의가 필요한데 얼마나 시간이 걸릴지 알 수 없는 일이었다.

이승만은 프린스턴대학교에서 국제정치를 연구하면서 수백 년 계속된 유럽 국가들 간의 전쟁에서 동맹이 국가의 생존과 번영을 좌우한다는 사실을 잘 알고 있었다. 그래서 그는 전쟁 중 미국에 대해 군사동맹 체결을 거듭 요청했지만 미국은 한국 같은 허약한 나라와 방위조약을 체결할 생각이 전혀 없었다. 이승만 대통령은 휴전회담 반대, 반공포로 석방 등 벼랑끝 외교로 미국을 압박했다.

미국은 이승만 대통령의 동의 없이는 휴전이 어렵다고 판단하고 한국과의 방위조약 체결에 동의했다. 이로써 한국의 안전은 미국의 책임이 되었고, 그래서 한국군 육성을 적극 지원했고 나아가 상당 규모의 미군을 한국에 주둔시켰다. 한미동맹이 얼마나 중요했는가는 베트남의 경우를 보면 잘 알 수 있다. 미국은 1973년 1월 공산 측과 파리 평화협정Paris Peace Accords을 체결하고 남베트남과는 방위조약을 체결하지 않고 미군을 철수시켰기 때문에 남베트남은 2년 후 공산화되고 말았다. 따라서 한미 상호방위조약이 없었다면 한국의 안전이 보장되었을지 의문이다.

한국군 육성과 한미동맹의 결성으로 국가건설의 기본 조건인 안전이 보장된 것이며, 그 바탕 위에서 경제발전과 민주발전이 가능했던 것이다. 주한미군이 있고 미국의 방위공약이 있었기 때문에 한국은 안심하고 자원의 대부분을 경제발전에 집중 투입할 수 있었고, 외국자본들도 한국에 투자했던 것이다. 안전이 보장되었기 때문에 학생운동, 노동운동 등 민주화운동도 가능했던 것이다.

한미동맹의 보다 근본적 이점은 미국이 한국 국가건설의 모델이 되었다는 것이다. 남베트남, 아프간, 이라크 등은 서구의 식민통치 경험을 했기 때문에 근본적으로 서구에 대해 부정적이었고 그래서 군사동맹을 생각하지도 않았다. 이에 비해 미국은 한국인들에게 구원자로 인식되었다. 일본을 패망시켰고 6.25전쟁에서 공산군을 격퇴했으며, 난민 구호와 전후 복구를 위해 막대한 지원을 했기 때문이다. 그래서 한미동맹 체결과 주한미군 주둔을 적극 지지했으며, 나아가 미국의 제도와 문물을 별 거부감 없이 받아들였던 것이다.

4. 매우 효과적이었던 경제발전 전략

남베트남에서 실패했고, 아프간과 이라크에서 성공하지 못하고 있는 국가건설이 한국에서는 어떻게 놀라운 성공을 거두게 됐는가? 가장 근본적 차이는 남베트남, 아프간, 이라크에서는 그 나라 정부가 국가건설의 주체가 되지 못했다는 것이다. 원조하는 나라가 원조받는 나라를 건설해 줄 수 없다는 것은 분명하다. 국가건설에서 외부의 지원은 필요하지만 그것이 국가건설의 충분조건이 될 수는 없다. 또 다른 문제는 원조받는 나라나 원조하는 나라나 모두 국가건설을 포괄적으로 접근한다는 것이다. 우선순위도 없고 구체적 과업에 대한 실천계획이 없거나 부실하고 그렇게 할 역량도 없었다. 그렇게 해서는 결코 국가건설에 성공할 수 없는 것이다.

박정희 대통령은 국군과 한미동맹이 있어 안보는 어느 정도 보장되고 있다고 보았지만 '경제전쟁'에서 승리하지 못하면 남북 체제경쟁에서 패배할지 모른다고 우려하고 경제발전을 최우선 과제로 삼았다. 박정희 정부는 5.16이 있은 지 2개월 만에 막강한 권한을 가진 경제기획원을 설립했다. 대부분의 국가에서 경제발전의 계획 수립과 실천은 분리했지만, 한국에서는 경제기획원이 경제개발계획 수립, 필요한 자본조달, 경제정책 추진과 관련부처 정책 조정통제 등 막강한 권한을 행사했다. 뿐만 아니라 강력한 참모조직인 청와대 비서실이 대통령의 경제리더십을 보좌했다. 나아가 행정체제를 현대화하고 직업공무원 제도를 확립했으며, 특히 국세청을 설립하여 국가건설에 요구되는 막대한 재원을 조달했다.

한국은 어느 나라보다 어려운 조건하에서 압축발전을 이룩해야 했기 때문에 선진국에서 통용되는 방식이 아닌, 19세기 말 독일과 일본처럼 '위로부터의 개혁,' 즉 강력한 정부와 강력한 리더십으로 접근했다. 정부는 국가역량의 한계를 고려하여 선택과 집중이라는 전략적 접근을 했다. 이른바 불균형 개발전략이다. 필수적인 것부터, 쉬운 것부터 해결한 후 다음 단계에서 어려운 과업에 착수했다. 한꺼번에 여러 가지 대형 사업을 벌인 것이 아니라 산업사회의 필수 요소인 공공 인프라와 기간산업 건설을 우선했다. 국가발전의 장기 비전에 따라 10~20년을 내다보는 전력 수요需要, 교통 수요, 시멘트 수요, 철강 수요, 기술인력 수요 등을 산정하여 계획을 수립하고 실천했다.

한국은 경제발전에 필수적인 자원도, 자본도, 기술도 없었고 국내시장도 협소했다. 정부는 이러한 한계를 극복하기 위해 수출을 경제발전의 돌파구로 삼았다. 값싸고 품질 좋은 제품을 생산할 수만 있다면 해외에는 무한히 큰 시장이 있다고 판단했던 것이다. 정부는 수출기업을 적극 지원하고 수출시장 개척에도 적극 나섰다. 수출주도 경제성장은 과감한 개혁과 개방을 통해 이루어질 수 있었다. 은

둔의 왕국으로 알려졌던 나라가 세계 7대 무역국가가 된 것은 결코 우연이 아니다.

국가건설을 주도하려면 정부의 실천역량이 무엇보다 중요하다. 정부는 대부분의 정책 목표를 숫자로 표시하고 그 목표를 달성하도록 독려했다. 예를 들면, 수출에 있어서 산업별·부처별 수출목표가 설정되었고, 각 시도의 목표와 주요국 주재 대사관의 수출목표까지 정해져 있었다. 목표달성 여부에 따라 공직자와 기업에 엄격한 상벌이 주어졌다. 대통령으로부터 말단기관에 이르기까지 경제발전이 주된 관심사였다.

한국의 경제발전전략은 정부주도형이었지만 정부가 독주한 것이 아니라 기업을 파트너로 삼았다. 부정적 의미의 정경유착이 아니라 국민경제 건설을 위한 협력이었다. 정부는 기업인들을 도덕적 잣대가 아니라 실용적 차원에서 다루었다. 경제발전 목표에 적극 부응하는 기업들에게 인센티브를 주며 경제발전에 기여하게 만들었고, 그 결과로 기업들은 대기업으로 성장할 수 있었다. 한국이 세계 유수의 시장경제가 될 수 있었던 것은 바로 이 같은 산업정책 때문이었다.

국가건설은 몇십 년이 걸리는 장기적 과업이다. 장기간에 걸쳐 일관성 있는 정책추진이 필수적이다. 주기적으로 정부가 바뀌는 상황에서는 성공적인 국가건설을 기대하기 어렵다. 장기집권이 나타나게 된 것도 그런 이유 때문이다. 민주주의를 우선한다면 국가건설의 차질은 감수해야 한다. 박정희는 민주주의보다 국가건설을 우선한 것이다. 역사발전에 역행하는 유신체제까지 도입하면서 중화학공업을 육성했던 것이다.

이승만 대통령은 12년에 걸친 장기집권하에서 카리스마적 리더십으로 국가건설의 1차 과제인 안보태세 구축에 성공했고, 나아가 농지개혁과 교육혁명으로 국가 장기발전의 기반을 마련했다. 박정희 대통령은 18년에 걸친 장기집권하에서 국가건설의 2차적 과제인 경제발전에 성공했고, 그 연장선상에서 방위산업을 육성하여 자주국방의 기반을 구축했다. 국가안보와 경제의 튼튼한 바탕이 마련되었기 때문에 성숙한 민주주의가 정착될 수 있었던 것이다. 이처럼 한국의 국가건설은 지도자와 국민이 그 절박성을 인식하고 한마음이 되었기 때문에 가능했던 것이다.

VIII. 한국을 성공모델로 삼아야 할 미국의 국가건설 지원

오늘날 갖가지 국제적 안보위협이 실패한 국가 또는 취약한 국가로 인해 발생하기 때문에 글로벌 리더인 미국이 빈번히 군사적으로 개입해왔던 것이다. 그러나 군사적 개입만으로 이러한 나라들의 문제를 해결할 수 없다는 것이 분명하며, 또한 실패한 국가 또는 취약한 국가들의 문제가 해결되지 않는 한 테러 등 국제 안보위협은 계속될 수밖에 없다.

미국이 취약한 국가에 개입하면서 독재정권이 주된 문제라고 판단하고 독재정권을 붕괴시키고 민주정부를 수립하기만 하면 모든 문제가 해결될 것으로 판단하는 경향이 있다. 다시 말하면, 미국식 민주주의 전파가 주된 목적이고 민주주의가 뿌리내리고 국가적 난관을 해결할 수 있는 정부를 구축하기 위한 노력은 2차적인 문제로 본다는 것이다. 실패한 국가의 가장 근본적 문제는 정부실패 때문이기 때문에 미국은 민주주의 확산보다는 국가를 통치할 수 있는 유능한 정부를 육성하는 데 우선순위를 두어야 한다.

미국은 취약한 국가의 국가건설을 효과적으로 지원하기 위해서는 미국의 지원을 받았으면서도 국가건설에 성공한 나라와 실패한 나라의 성공과 실패의 이유를 먼저 이해하지 않으면 안 된다. 미국의 지원을 받았으면서도 왜 한국은 국가건설에 성공했고 남베트남은 실패했는지 깊이 따져보고, 이를 바탕으로 다른 나라에서의 국가건설 지원을 위한 교훈으로 삼아야 할 것이다. 미국은 한국이 국가건설의 성공모델이라는 것을 간과하고 있는 것 같다.

미국은 개발도상국을 지원함에 있어서 민주주의, 인권, 정부역량 강화 또는 거버넌스governance 3대 요소를 중시해왔다. 그런데 미국은 민주주의와 인권을 우선했고, 정부역량 강화를 위해 특별한 노력을 하지 않았고, 또한 지나치게 민주주의와 인권을 강조하면 피*원조국 정부를 제약하게 된다는 사실을 간과해왔다. 사회가 안정되지 않는 한 민주주의는 뿌리 내릴 수 없다. 따라서 능률적인 정부 육성은 민주주의 이념의 확산보다 우선되어야 한다. 정부가 국민을 통치할 수 있게 된 후에 국민이 정부를 견제해야 하는 것이다. 정부역량의 강화란 군대와 경찰의 육성을 통해 국내외 위협으로부터 국민을 보호할 수 있고 교육, 보건 등 필수적 서비스를 제공할 수 있는 능력의 향상을 의미한다.

2006년 이라크전과 아프간전의 와중에 발간된 미국 비정규전교범 3-24에 포함된 9개항의 원리 중의 하나인 "지원받는 국가가 하고 있는 것이 신통치 않더라도 지원하는 국가가 잘 하는 것보다는 낫다"라는 구절을 깊이 음미할 필요가 있다. 원조를 받고 있는 나라가

비민주적이고 무능하더라도 그들이 시행착오를 통해 스스로 역량을 강화시킬 수 있도록 참고 기다려야 한다. 유능한 정부란 결코 외부에서 만들어 줄 수 있는 것이 아니라, 그 나라의 지도자들이 장애를 극복하면서 만들어 갈 수밖에 없기 때문이다.

예를 들면, 한국은 상당 규모의 미국 지원을 받았지만 한국 정부는 미국이 원하는 대로 하기보다는 한국의 주체적 판단에 따라 국가건설을 했고 그 과정에서 국내외로부터 비판받았지만 그렇게 하지 않았다면 국가건설에 성공하지 못했을 가능성이 크고, 심지어 공산화되었을지도 모른다. 무엇보다도 민주주의라는 점에서 한국과 미국은 상당한 견해차가 있었다. 미국은 민주주의와 인권을 우선했다고 한다면 한국 정부는 공산위협에 대응하고 법과 질서를 유지하기 위해 민주주의를 제한하고 인권을 침해하는 것이 불가피하다는 입장이었다. 국가건설은 '하향식 접근top down approach'보다는 '상향식 접근bottom up approach'이 바람직하다. 하향식 접근으로는 지원하는 나라의 판단과 방식이 옳고 지원받는 나라의 판단이나 업무처리 방식이 무조건 잘못되었다고 인식할 가능성이 높다. 상향식 접근이란 원조받는 나라의 의견을 존중하고 주민들의 의견도 고려하여 추진해야 한다는 것이다.

한국의 새마을운동이 개발도상국에서 좋은 반응을 얻고 있는 이유는 마을 단위에서 주민들의 숙원사업을 우선적으로 해결하고자 노력하기 때문이다. 우물을 파고, 주거시설과 학교를 개선하고, 의료서비스를 제공하고, 교육을 지원하는 등 실제생활에 크게 도움이 되기 때문이다. 또 한국의 평화유지군이 도로를 건설하고 의료봉사를 하고 군대와 경찰의 육성과 공무원 훈련을 하는 것이 좋은 반응을 얻고 있다는 점을 유의할 필요가 있다. 이처럼 한국군이 평화유지활동에서 좋은 성과를 거두고 있는 것은 우리가 성공적인 국가건설의 경험을 가지고 있기 때문이다. 따라서 한국군이 아프간이나 이라크에서 안정화 작전과 재건사업에 적극적으로 참여했다면 두 나라의 안정과 국가건설에 크게 기여할 수 있었을 것이다.

에필로그

타산지석으로 삼아야 할 한국

> "전쟁에 대비하는 것이 평화를 유지하는 가장 효과적인 방법이다."
>
> _ 조지 워싱턴

현대전은 싸우기는 쉬워도 끝내기는 결코 쉽지 않다는 말이 있다. '싸우기 쉽다'는 말은 고도의 정밀 무기체계와 첨단 전자전 능력을 갖춘 정확성·신속성, 그리고 국지 타격력 등으로 작전 주도권을 공격자가 임의로 행사할 여지가 커졌다는 뜻이다. 그러나 '싸움을 끝내기는 결코 쉽지 않다'는 말은 21세기의 지역 분쟁은 냉전 당시처럼 적과 우방이 뚜렷이 구분되지 않을 뿐만 아니라, 일단 전쟁이 발발하면 쉽게 국제화되는 경향이 있기 때문에, '제한전이냐 전면전이냐' 또는 '단기전이냐 장기전이냐' 하는 전쟁의 형태가 공격자 뜻대로 결정되지 않는다는 의미다.

아프간전쟁과 이라크전쟁의 초기 군사 작전에서 미국은 압도적인 승리를 거두었지만 결정적 작전 이후의 문제들에 대처함에 있어서 상당한 시행착오를 나타냈다. 이른바 작전에서는 이기고서도 전쟁에서는 뚜렷한 승리를 구가하지 못하게 된 것이다.

▌군사 작전의 압승 요인

미국이 군사 작전에 성공한 것은 어찌 보면 당연한 것이다. 미군은 무기와 장비, 훈련, 정보통신, 공군력, 병참지원, 소부대 리더십, 작전계획 수립능력 등 질적인 측면에서 어느 나라 군대에 비교가 안 될 정도로 우수한데다가 이라크군은 걸프전에서 정예전력의 3분의 1을 잃었을 뿐만 아니라 그 후 계속된 유엔의 경제제재와 공중감시 작전으로 군사력을 정비 유지할 수 없었기 때문이다.

그럼에도 사실상 1개 사단이 쿠웨이트 국경으로부터 700km를 기동하여 21일 만에 바그다드를 점령할 수 있었던 것은 놀라운 일이다. 특히 바그다드를 포함하여 시가지를 폐허화시키지 않고 점령할 수 있었던 것은 주목할 만하다. 미군이 단기간에 압도적으로 승리할 수 있었던 요인을 다음 몇 가지로 요약할 수 있다.

첫째, 첨단기술의 군사적 활용으로 전쟁양상을 근본적으로 바꾸었기 때문이다.

미국이 첨단기술을 군사적으로 활용하면서 미군의 전투력이 획기적으로 강화되었다. 첨단기술이 군사력의 모든 부분에 적용되면서 인공위성, 조기경보기 등 효과적인 공중감시수단, 전장戰場 정보 획득 능력과 이를 활용할 작전부대와의 전자통신체계, 정밀 목표 타격수단의 확보 등의 장점이 있었고, 이 모든 것을 조정·통제하는 지휘통제체제가 가능해져서 효과적인 육·해·공군 합동 작전이 이루어질 수 있었기 때문에 적을 압도할 수 있었다.

여기에는 미국이 다른 나라의 추종을 불허하는 최첨단 컴퓨터 자료처리능력과 네트워크로 연결된 고도의 통신기술을 활용한 네트워크 중심전network centric warfare이 자리하고 있다. 네트워크 중심전은 육·해·공군의 전문성을 하나로 통합한 작전개념으로 전장에 배치된 병사로부터 지상·해상·공중·우주에 배치된 다양한 센서들과 지휘소 그리고 타격수단들을 하나의 네트워크로 통합시켜 실시간 정보소통이 가능해져서 아군의 희생을 최소화하면서 전투력을 극대화할 수 있었다. 뿐만 아니라 컴퓨터 시스템의 발달로 IT기술이 해군 함정, 공군기, 전차와 장갑차, 미사일, 폭탄과 포탄에까지 두루 적용되었다.

이로 인해 무기체계의 정확성이 높아졌고, 해군 함정의 항해가 빠르고 정확해졌으며, 지상군은 우군 부대의 위치는 물론 적의 위치까지도 정확하게 알게 되었고, 무기와 장비도 원하는 장소와 시간에 정확하게 보낼 수 있었다. GPS 활용으로 미군은 도로와 교량, 특정 지점에 의존하지 않고 사막이나 황무지를 가로질러 신속히 기동할 있었을 뿐 아니라 부대 이동이 예정대로 이루어질 수 있었다. 따라서 미군은 적을 찾아내 격파하는 것이 아니라 적의 위치와 규모를 미리 알고 공격할 수 있었다.

둘째, 압도적인 제공권 장악으로 적의 기세를 조기에 제압할 수 있었다.

정밀유도폭탄이 공군 작전의 효율성과 경제성을 크게 높인 가운데 쉽게 제공권을 장악할 수 있었다. 공군은 소수의 정밀 유도폭탄으로 목표물을 명중시킬 수 있었고 동시에 지상군을 효과적으로 근접 지원하면서도 민간인 피해는 최소로 줄일 수 있었다.

공군은 GPS 유도에 의한 전천후全天候 폭탄과 미사일, 전천후 정찰능력을 가진 JSATARS[1) 정찰기, 육·해·공 모든 부대 간 실시간 정보교환을 가능케 하는 통신시스템 등이 결합되어 주야 불문, 기후 불문하고 적을 찾아내 타격할 수 있었다. 정밀타격능력은 무인정찰기, 실시간 영상전송 장비, 토마호크 순항 미사일, 합동직격탄이 결합되어 그 정확성이 높아지면서 전쟁 비용은 크게 줄이면서도 전략적 우위는 유지할 수 있었다. 걸프전 당시 10%에 불과하던 정밀유도무기의 사용은 이라크전에서는 합동직격탄의 도입으로 68%로 높아졌다.

셋째, 지상군의 기동능력이 탁월했다.

미 지상군 승리의 핵심은 전략적, 전술적 기습의 달성이다. 통상적인 공격으로 바그다드를 점령하기에는 처음부터 너무 적은 병력을 투입했던 것이다. 최강 전력인 제4사단은 지중해에 묶여 있었고 또한 중요 전력이 작전지역에 전개하고 있는 중이었고, 더구나 공군의 대규모 폭격도 없이 지상공격을 개시한 것은 전략적 기습을 노린 것이다. 제4사단이 투입되지 않은 상태에서 바그다드를 점령할 수 있었던 것은 주요 도시들을 우회하면서 바그다드로 최대한 빨리 진출한다는 목표하에 추진된 제3사단의 기동 작전 때문이다. 초기 4일간

---

1) JSTARS는 Joint Surveillance and Target Attack Radar System의 약자로 미 공군과 육군이 공동 개발했으며, 정찰을 통해 지상군의 이동 특히 차량이나 전차 등의 이동을 감지하여 공군 작전지휘소, 육군 이동통신부대, 군사정보분석센터 등에 실시간으로 제공하여 신속히 목표물을 타격할 수 있도록 한다.

에 400km를 진격하여 속도에 의한 기습을 달성하였고, 그 후에도 주공을 기만하기 위한 5개 방향의 동시공격이 이루어졌으며, 그 후에 이어진 바그다드에 대한 전격질주 작전은 새로운 공격방법에 의한 전술적 기습이었다.

넷째, 드론의 활용으로 작전능력을 획기적으로 향상시켰다.

프레데터Predator 무인기를 이용한 감시와 정밀타격이 매우 효과적이었다. 드론은 폭넓은 지역을 정찰 감시할 능력이 있고, 특정지역을 24시간 계속 배회하며 정밀 감시할 능력이 있으며, 수천 마일 밖에서 드론 조종자가 컴퓨터 버튼으로 드론에 장착된 헬파이어Hellfire 미사일을 발사할 수 있다. 전형적인 '21세기 전쟁'의 한 단면이다.

드론을 이용한 정밀타격은 막대한 희생이 따르는 지상전과 급조폭발물 위험을 피할 수 있고, 타격의 정밀도가 높아지면서도 작전비용이 획기적으로 줄어 전쟁지도부의 심리적 부담을 덜어주는 등 전략적으로 매우 유용한 수단이 되고 있다.2)

이처럼 드론은 부작용이 적으면서도 적은 비용으로 효과적으로 작전목표를 달성할 수 있기 때문에 2002년 처음 사용한 후 그 사용 빈도가 급증했다. 2013년의 통계를 보면, 오바마 행정부 1기 4년간의 드론 공격 횟수가 부시 행정부 8년보다 9배에 달했다. 오바마 2기 정부 이래 미국의 드론 공격 횟수는 급속한 증가추세를 계속하고 있다.

---

2) 드론은 유인 전투기에 비해 가격이 10분의 1 이하이고 추락되어도 조종사의 피해가 없다.

마지막으로, 특수 작전special warfare도 크게 기여했다.

아프간전 시작 당시만 해도 미군이 특별한 특수전 능력을 가지고 있었던 것이 아니다. 특수전 병력은 정규군과 공동 작전을 하면서 적을 혼란시키고 적의 소부대를 공격하고, 적의 잔당을 추적 섬멸하는 것이 고작이었다. 그러나 아프간전과 이라크전을 통해 GPS를 이용한 공중지원 요청과 공군의 정밀유도 폭탄과 미사일의 결합으로 최선의 결과를 얻을 수 있게 되면서 특수전 부대가 작전에 크게 기여했고 이로 인해 특수전 능력이 대폭 향상되었다.

아프간전에서는 거의 모든 작전에서 미군 특수부대가 북부동맹군을 지원하는 등 전쟁을 주도했고 미군 정규군에 의한 작전은 예외였다고 할 수 있다. 이라크전쟁에서는 남부의 루마일라 유전 파괴 방지 작전, 서부지역의 H-1, H-2, H-3 비행장 점령 작전, 하디타댐 확보 작전, 북부지역에서의 쿠르드족의 페쉬메르가 민병대와의 합동 작전을 통한 제173공수여단의 공중투하 여건 조성 등 특수전 부대의 활약이 컸다.

▌전투에서 승리, 전쟁에서 무승부

이라크전 시작 당시 부시 행정부는 단기간에 적전을 끝내고 미군이 철수할 수 있을 것이며, 전쟁 비용도 큰 부담이 되지 않을 것으로 판단했기 때문에 아프간전쟁을 제대로 마무리하지 못한 가운데 이라크전쟁을 시작했다. 그러나 두 전쟁은 비정규전으로 변했을 뿐 아니라 장기간 계속되면서 군사적으로는 물론 정치적으로도 곤경에 처하게 되었다.

미군이 초기 군사 작전에서는 놀라운 승리를 거두었음에도 기대에 못 미치는 결과를 초래하게 된 원인들을 살펴보고자 한다.

첫째, 전쟁의 본질에 대한 고뇌 없이 전쟁 계획을 마련했다.

전쟁을 이끈 부시 행정부의 민간지도자들과 군사지도자들은 전쟁의 군사외적 측면을 등한시하는 등 전쟁 계획 수립부터 문제가 적지 않았다. 아프간전쟁에서 확실한 승리를 담보하지 못한 가운데 이라크전쟁을 시작했으며, 또한 후세인이 제거되면 이라크에 민주적이고 유능한 정부가 수립되어 모든 문제가 해결될 것으로 낙관했기 때문에 현실성 있는 전쟁개념을 갖지 못했다. 그들은 아프간과 이라크에 대해 무지했고 또한 알려고 하지도 않았으며, 초강대국이라는 오만까지 겹쳐 있었다. 그래서 전쟁의 4단계 계획인 안정 및 재건에 대한 제대로 된 계획도 없이 군사행동에 나섰던 것이다.

현실주의realism 국제정치이론은 군사력이 강한 나라가 전쟁에서 승리한다고 보지만, 베트남전쟁 이래 강대국들이 약한 나라를 대상으로 한 전쟁에서 승리하지 못하는 일이 빈번히 발생했다. 전쟁 양상이 변했기 때문이다. 국가와 국가 간의 전쟁, 즉 대칭적 전쟁이 아니라 실패한 국가에서 게릴라전으로 도전하는 세력을 대상으로 한 전쟁을 '새로운 전쟁new war'이라 한다.3) 이 같은 새로운 전쟁에서는 전통적 전략과 전술의 효용성이 극적으로 낮아지기 때문에 강대국이 승리하는 것이 쉽지 않다는 것이다. 헨리 키신저가 "게릴라는 지지

---

3) Mary Kador, *New and Old Wars: Organized Violence in a Global Era* (Cambridge, UK: Polity Press, 2006); Ivan Arreguin-Toft, *How the Weak Win Wars: A Theory of Asymmetric Conflict* (Cambridge, Cambridge University Press, 2005).

않으면 승리한다.”고 말한 것을 되새길 필요가 있다.

이와 관련하여 미 국제전략연구소CSIS의 앤서니 코데스만Anthony Cordesman은 미국의 중동전략은 군사전략에만 치우친 ‘반쪽짜리 전략 half a strategy’에 불과했다고 비판한다. 다시 말하면, 전쟁을 군사적 측면에 국한시키면서 근본적으로 갈등을 종식시킬 수 있는 전략, 즉 안정화전략이 결여되었다는 것이다. 뿐만 아니라 알카에다 또는 IS 를 대상으로 한 미국의 전략은 그들은 축출하는 것만을 목표로 했을 뿐, 그다음 단계의 전략, 즉 알카에다나 IS 이외의 테러집단에 어떻게 대응할 것인가에 대한 명확한 전략이나 계획이 없었다는 것이다.[4]

둘째, 결정적 작전 이후 초기 대응에 실패했다.

미군은 재래식 전쟁으로 단기간에 승리하는 것을 목표로 했지만 바그다드 함락 후 약탈과 방화, 공공시설 습격과 기반시설 파괴 등을 방관하여 무정부상태로 빠져드는 단초를 제공했다. 또한 임시행정처는 미군 지휘부와 상의 없이 이라크군과 정보기관을 해체함으로써 이라크군과 경찰을 신속히 정상화시켜 임무를 인계하고 조기에 철수한다는 프랭크 사령관의 구상을 실현 불가능하게 했다.

두 전쟁을 이끌었던 미군 고위 장성들은 대체로 언제 끝날지 모르는 전쟁에 계속 미군을 참전하게 하는 등, 미군 운용이 잘못되었다는 인식을 가지고 있다. 미군은 재래식 전쟁에서 결정적 승리를 거두도록 준비된 군대였음에도 비정규전에 장기간 투입했을 뿐만 아

---

4) Anthony Cordesman, “Afghanistan, Iraq, Syria, ISIS, and Iran: Is a ‘half’ a strategy better than none?” CSIS (June 18, 2017).

니라 그것도 동시에 두 나라를 대상으로 했다는 데 대해 비판적 입장이다.[5]

그렇지만 단기간에 걸친 재래식 작전에 의해 아프간에서 탈레반 정권을, 그리고 이라크에서 후세인 정권을 축출한 후 미군이 곧바로 철수했다면 미국이 전쟁목표를 달성했을는지 의문이다. 테러와의 전쟁이라는 측면에서 보면 아프간과 이라크 상황을 더욱 악화시켰을 가능성이 크다. 미군 철수 후 무정부 상태에서 더욱 급진적인 이슬람 테러집단이 주도권을 잡게 되었을 것이고 계속해서 테러 공격에 나섰을 가능성이 크기 때문이다.

셋째, 미군은 비정규전에 대한 준비가 안 되어 있었다.

미국 군대는 재래식 전쟁에 전문화되어 있기 때문에 공산혁명전쟁과 같은 이념전쟁이나 테러와의 전쟁에 취약했다. 적敵은 목숨을 내던지는 사명감과 불타는 투쟁의지를 가지고 있다. 또한 이 같은 극단적인 이념집단은 그 이념을 신속히 전파하여 세력을 확장할 수 있고, 필요하면 다른 이름으로 신속히 대체할 수 있기 때문에 그 집단의 지도자를 제거하더라도 즉각 새로운 지도자로 대체된다. 이러한 세력의 도전에 대항하려면 끈기와 집념이 필수적이지만 민주국가 지도자들은 여론과 선거를 의식하여 단기전을 선호하는 문제가 있다.

미국은 그동안 베트남전의 교훈의 중요성을 강조했음에도 아프간전과 이라크전에서 베트남전의 실패를 되풀이하고 있었다. 1972년 베트남전 관련 미 상원 청문회에서 닉슨 대통령의 고문 아더 슈레진저Arthur Schlesinger 2세는 "세계가 가지고 있는 모든 문제는 군사적

---

5) Daniel P. Bolger, *Why We Lost* (New York: HMH, 2014).

문제가 아니기 때문에 일반적으로 군대는 국가이익을 지키는 가장 효과적인 수단이 아니다"라고 했다. 베트남전쟁을 연구한 학자들도 비슷한 결론을 내렸다. 그들은 베트남에서의 실패는 "효과적인 정부를 필요로 하는 곳에 군사적으로만 대응했기 때문이다. 미군이 우군과 적군, 그리고 미군 자체에 대한 잘못된 인식을 가졌기 때문에 실패했다"고 했다.

마지막으로, 안정화 작전을 소홀히 했다.

부시 행정부는 물론 미군조차도 탈레반 정권이 그처럼 쉽게 붕괴되리라고 예상하지 못했고, 또한 아프간에서 안정화 작전stability operations을 계획하여 시행하기도 전에 이라크전을 시작하면서 아프간을 안정시키고 제대로 된 정부를 수립할 기회도 놓치고 말았다. 이와 대조적으로 이라크전에서는 매우 효과적인 초기 공격 작전이 있은 후 매우 부실한 안정 및 재건 작전으로 상황을 크게 악화시켰던 것이다.

안정화 작전은 비정규전의 필수적 요소이기 때문에 안정화 작전의 성공 없이 최종적인 승리를 거둘 수 없다. 안정화 작전에서 중요한 것은 현장 지휘관의 변화하는 작전환경에 적응할 수 있고 또한 냉철한 판단을 할 수 있는 능력이다. 안정화 작전에서는 서구식 군사전통인 하향식 접근top down approach이 아니라 현장 상황을 중시하는 상향식 접근bottom up approach이 더 적합하다고 할 수 있다.

군의 교범이나 전략은 모든 상황을 고려한 것이 아니기 때문에 현장 지휘관들은 작전환경에 잘 적응하지 않으면 안 된다. 관료화되고 경직화된 군대문화에서는 관행에서 벗어난 장교는 지휘통제를 문란케 했다거나 원칙에서 벗어났다 하여 처벌받기도 한다. 그러나 아프간전과 이라크전처럼 비정규전 상황에서는 특별한 방식으로 작전을 이끌었던 지휘관들이 오히려 더 성공적이었다. 미군은 대규모의 재래식 군대이기 때문에 정규전 능력도 뛰어나야 하지만 안정화 작전 능력 또한 중요하다고 전문가들은 강조한다. 즉 결정적 작전 decisive operation을 성공적으로 수행할 수 있는 능력을 갖추어야 하는 것은 물론 안정화와 재건SR: stabilization and reconstruction 작전으로 신속히 전환할 수 있는 준비가 되어 있어야 한다는 것이다.6)

요컨대 미국은 테러와의 전쟁에서의 시행착오와 교훈을 솔직히 인정하여 기존의 군사전략을 재검토하고, 이를 군사력 개편과 무기 체계 개발에 반영할 필요가 있으며, 전술과 교육과 훈련에도 반영되어야 한다.

▋'테러와의 전쟁'의 기회비용

전쟁에는 '기회비용opportunity cost'이 따르기 마련이다. 부시 대통령은 2002년 신년 국정연설에서 이라크, 이란, 북한 세 나라를 '악의 축'이라 했지만 이라크에 발목이 잡히면서 이란과 북한에 투입할 수 있는 정치적·군사적·경제적 자원의 여력이 별로 없었다. 다시 말하면, 북한과 이란이 핵 개발을 하고 있었음에도 미국은 이를 소홀히 다루는 치명적인 실책을 범했다. 이라크전쟁을 시작했던 2003년은 북한 핵 문제가 중대 국면에 처하여 6자회담을 시작했지만 미국은 중

6) Hans Binnendijk and Stuart E. Johnson, eds., *Transforming for Stabilization and Reconstruction Operations* (Washington, D.C.: National Defense University Press, 2004), p.44.

국으로 하여금 회담을 주도하게 하고 또한 북한을 강력히 압박하지 못하면서 회담이 지지부진하게 되는 결과를 초래했다. 이미 두 개의 전쟁을 하고 있는 상황에서 또 다른 전쟁의 모험은 피해야 했기 때문이다. 북한은 이 기회를 이용하여 핵무기 개발을 했던 것이다.

또 다른 문제는 중국의 급부상이다. 중국의 급부상은 테러와의 전쟁과 같은 시기에 일어났다. 2001년 중국의 국내총생산GDP은 1조 3,300억 달러였으나 2015년에는 10조 8,700억 달러로 그 기간에 국내총생산이 8배 이상 증가하여 일본을 제치고 세계 제2의 경제대국이 되고, 영향력 있는 강대국이 되었다. 같은 시기에 러시아도 배럴당 100달러를 오르내리는 고유가에 힘입어 푸틴이 이끄는 러시아도 영향력을 확대했다.

이와 대조적으로 이 시기의 미국 경제력은 상대적으로 약화되면서 글로벌 리더십도 약화되었다. 2000년대 초반 미국은 IT버블 붕괴, 9.11테러, 아프간·이라크전쟁 등으로 경기가 악화되었고, 이에 미국은 경기부양책으로 초저금리정책을 폈다. 이로 인해 저금리 정책이 종료됨과 동시에 부동산 버블이 터지면서 천문학적 규모의 부실채권의 발생으로 2008년부터 금융위기가 발생했다. 이 위기는 1930년대 대공황 이래 가장 심각한 금융위기였으며, 이를 해결하기 위해 미국 정부는 국내총생산의 13%에 해당하는 2조 달러 이상의 막대한 공적 자금을 투입했다.

이처럼 만성적인 재정적자와 무역적자에 천문학적 규모의 아프간·이라크전쟁 비용까지 더해지면서 미국의 국가부채는 걷잡을 수 없이 증가했다. 클린턴 정부가 끝날 무렵의 국가부채는 5조 6천억 달러였으나 부시 행정부 기간2001~2008 중 6조 1,000억 달러가 늘어났고 버락 오바마 행정부 1기 기간2009~2012 중 또다시 6조 4,000억 달러 늘어났다. 채무 불이행디폴트 위기에 직면한 미국은 연방예산 지출 자동 삭감sequester이라는 비상조치를 통해 2013년부터 2021년까지 국방예산 5,000억 달러를 포함하여 1조 2,000억 달러의 예산을 감축하기로 했고, 이에 따라 병력을 20만이나 줄이고 항공모함 2척과 다수의 전략폭격기와 전투기를 감축하기로 했던 것이다.

다행히 오바마 행정부하에서 셰일shale 에너지의 개발로 세계 최대의 산유국이 되고 에너지 수입국에서 수출국이 되는 등, 에너지 슈퍼파워로 등장하여 국제 에너지시장을 주도하게 되면서 미국의 글로벌 리더십은 크게 강화됐다. 또한 값싼 에너지 가격에 힘입어 미국 제조업의 경쟁력이 크게 향상되면서 미국이 최대 제조업 국가로 복귀하는 등 선진국 경제가 대부분 어려움을 겪는 가운데 미국경제는 활력을 되찾게 되면서 무역적자와 재정적자가 급속히 줄어들면서 국가부채의 증가추세를 획기적으로 낮추었다. 그 결과 트럼프 행정부는 시퀘스터에 의한 국방예산 삭감을 중단하고 오히려 국방예산을 10% 증가시켜 국방력을 강화하고 있다. 미국의 셰일 에너지 매장량은 향후 100년간 채굴할 정도의 방대한 규모이기 때문에 미국은 21세기에도 세계 패권국가로서 건재할 수 있을 것이라는 전망을 밝게 해주고 있다.

▌평화와 전쟁의 기로에 선 한반도

한반도가 6.25전쟁 이래 최악의 위기에 직면해 있었지만 극적인 반전 가능성이 엿보인다. 4월의 남북정상회담에 이어 6월에 북미정상회담이 열릴 예정이기 때문이다. 그러나 북핵 문제는 어려운 고차

방정식이어서 지난 25년간 악순환을 거듭하며 악화되어 왔다. 핵은 북한정권 생존의 핵심이다. 평화협정, 불가침조약, 미국과 외교관계 수립이 오히려 북한정권을 위험에 빠뜨릴지 모른다. 김정은의 폐쇄 독재체제 그 자체가 근원적 불안요인이기 때문이다. 두 차례의 정상 회담에서 북한 비핵화와 한반도 평화구축의 돌파구를 마련할 수도 있겠지만 파국으로 치달을 가능성도 배제할 수 없다.

더구나 트럼프 대통령은 김정은과의 회담을 앞두고 북한에 대해 초강경파인 마이크 폼페이오Mike Pompeo를 국무장관에, 존 볼턴John Bolton을 안보보좌관에 임명하면서 사실상 '전시내각'을 구성했다는 인식을 주고 있다. 따라서 트럼프와 김정은 간의 담판에서 북핵 폐기의 가부可否가 분명해질 가능성이 높아졌으며, 성공 가능성이 높아진 만큼 결렬되었을 때 따를 위험도 커졌다. 폼페이오는 CIA 국장으로 재임하며 북한 문제 전담조직인 Korea Mission Center를 설립하고 북핵 문제 해법으로 레짐 체인지regime change를 거론했다. 볼턴은 이라크전쟁 당시 후세인 정권을 무너뜨린 후 '악의 축'으로 지칭했던 이란과 북한에 대해서도 군사공격을 해야 한다고 했으며, 최근까지도 레짐 체인지만이 북한 핵의 유일한 해법이라고 거듭 강조해왔던 초강경파이다. 미국 일각에서는 볼턴의 등장으로 미국이 북한과 이란을 대상으로 동시에 두 개의 전쟁을 벌일 위험성이 높아졌다고 우려하고 있다.

이와 관련하여 미군은 북한 정권 수뇌부 제거와 전략목표 정밀 타격을 할 수 있는 공격형 무인기 '그레이 이글Gray Eagle MQ-1C 1개 중대9~12대를 군산 미 공군기지에 상시 배치할 것으로 알려지고 있고, 또한 이라크전쟁 당시 주공主攻 부대로서 놀라운 전투력과 기동력으로 3주 만에 바그다드를 점령했던 미 제3사단의 제1기갑여단이 순환근무의 일환으로 2018년 봄 한국에 배치된 것은 예사롭지가 않다.

큰 방축도 개미구멍으로 무너진다고 했듯이 안보는 1%의 가능성까지 대비해야 하는 것이다. 과거를 알아야 현재를 알 수 있고 미래도 전망할 수 있다. 9.11테러 이후의 미국의 21세기 전쟁을 종합적으로 살펴봄으로써 미국의 과거와 현재의 전략적 인식을 엿볼 수 있을 뿐 아니라 그들이 장차 어떤 군사 전략과 작전을 도모할 것인지 짐작하는 데 길잡이가 될 수 있다.

특히 미국이 그동안 북한에 대해 군사옵션을 검토하고 있다는 경고를 거듭했다는 것을 심각히 받아들여야 한다. 미국의 여론조차 심상치 않다. 2017년 7월의 미국 갤럽 여론조사에서 일반국민 51%가 북핵 문제 해결에 군사적 방법 외에는 없다는 데 동의했고, 공화당 지지자들의 경우 73%가 같은 견해였다. 2018년 2월 초 갤럽 여론조사에서도 미국인 51%가 북한을 최대 적국으로 인식하고 있는 것으로 나타났다. 2001년 당시 이라크가 최대 적국이라고 인식한 비율이 38%였음에도 1년 반 후에 미국이 이라크를 침공했다. 가장 큰 침공의 명분은 이라크가 핵 개발 등 대량살상무기 위협을 내세웠지만 실제로는 이라크에 대량살상무기가 없었던 것에 비해 북한은 이미 핵무기와 미사일을 보유하고 있어 군사행동을 취할 가능성을 배제하기 어렵다.

미국이 북한을 대상으로 군사공격에 나설 경우 미군을 비롯한 동맹군과 민간인 피해를 최소화하면서도 매우 스마트한 방식으로 단기간에 군사 작전을 끝내고자 할 것이다. 이와 관련하여 대략 6단계 작전이 검토되는 것으로 알려지고 있다. 즉 (1) e-폭탄, EMP탄, 흑연탄graphite bomb 공격과 사이버 공격으로 북한의 지휘통신망과 전력망 무력화, (2) 토마호크 등 정밀타격 장거리 미사일로 북한의 핵·미사일 제조·저장시설 파괴, (3) 북한의 중고고도 방공망 파괴, (4) 글로벌 호크 정찰기의 북한 상공 투입, (5) 스텔스 전투기로 도피 중인 북한 미사일 이동 발사대 제거, (6) 공중폭발대형폭탄인 MOAB탄과 벙커버스터로 핵 실험장 파괴 등이다.

이를 위해 미군은 첨단 군사력을 총동원할 것이다. 몇 개의 항모 전단과 최신예 원자력 잠수함들이 동원되는 것은 물론 B-1B, F-22, F-35 등 스텔스 폭격기, 전자전기電子戰機, 토마호크 미사일, 첨단 공격용 무인기 등 첨단 군사력으로 몇 시간 내에 북한의 지휘통제체제를 마비시킴으로써 초기 작전이 종료될 것이며, 3일 이내에 전쟁이 정리 단계에 들어갈 것이고, 김정은 정권은 붕괴될 것이다. 이라크전처럼 북한 지휘통제체계의 마비로 김정은은 군대를 지휘할 수 없게 될 것이고, 후세인의 지시가 없어서 이라크군이 제대로 싸울 수 없었던 것처럼 북한군도 김정은의 지시가 없어 제대로 싸워보지도 못하고 괴멸될지도 모른다. 미군은 한반도 주변에 4,000대 정도의 각종 무인기를 보유하고 있어 드론의 역할도 결정적일 것이다.

미군이 아프간전쟁과 이라크전쟁에서 경험한 시행착오를 한국군은 타산지석으로 삼아야 한다. 무엇보다도 한국군은 미군과 연합 작전을 해야 하기 때문에 미군의 무기체계와 작전개념, 그리고 작전의 장단점과 시행착오를 잘 알고 있어야 한다. 더구나 북한 급변사태 시 또는 통일과정에서 이라크전 못지않은 심각한 어려움에 직면할 가능성이 높다. 왜냐하면, 북한은 사담 후세인의 이라크처럼 고도로 통제된 국가이기 때문에 북한정권이 무력화될 경우 상상하기 어려운 혼란이 일어날 가능성이 높다. 북한의 '전 인민의 무장화' 정책으로 곳곳에 산재되어 있는 무기와 탄약과 폭발물로 인해 무장 반군 출현 가능성이 매우 높은 것이다. 북한에 안정화 작전이 필요할 경우 미군은 그 작전의 대부분을 한국군에 일임할 가능성이 높다.

여기서 이라크전의 교훈을 명심하지 않으면 안 된다. 미군은 바그다드를 함락한 후 최소한의 치안 및 법질서 유지에 실패했을 뿐 아니라 가장 기본적인 공공 서비스인 마실 물과 전기의 공급마저 실패하면서 주민들에게 실망을 주고 나아가 반감을 사게 만들었다는 것이다. 안정화 작전의 첫 단추가 잘못 꿰어지면 그다음 단계에서 성공하기 어려운 것이다. 그럼에도 우리군의 작전계획은 정규군에 의한 공격 및 방어 작전이 대부분을 차지하고 있고, 안정화 작전은 '잔적소탕' 정도로 취급하고 있을 뿐이다. 한국 실정에 맞는 비정규전과 안정화 작전의 교리를 발전시키고 이에 따른 교육훈련의 강화가 중대하면서도 시급한 과제라고 본다.

찾아보기

/ ㄱ /

가니, 아슈라프(Ashraf Ghani)
  141, 145
감응 장갑파괴탄(SADARM) 179
걸프전(Gulf War) 61-67
경(輕)사단 167
국가건설 339, 340
국가대테러센터(National Counter-
  terrorism Center) 43
국제안보지원군(International Secu-
  rity Assistance Force) 128
국토안보부(Department of Home-
  land Security) 43
그림자 정부(shadow government)
  135
급조폭발물(IED) 133

기회비용(opportunity cost) 401
9.11테러 19-29

/ ㄴ /

나자프 전투 263-266
내부공격(inside attack) 133, 143
네트워크 중심전(network centric
  warfare) 393

/ ㄷ /

도시지역 전투 182, 183
드래곤 아이(Dragon Eye) 211

/ ㄹ /

럼스펠드, 도널드(Donald
    Rumsfeld)   90, 157-161

/ ㅁ /

마자르 샤리프(Mazar-e-Sharif)
    97-101, 103

마흐디 민병대   263

말리키(Nuri al-Maliki)   315, 316

망치와 모루(hammer and anvil)
    113

매티스, 제임스(James N. Mattis)
    213, 285

맥마스터(H. R. McMaster)   285

맥크리스털, 스탠리(Stanley
    McChrystal)   137

맥키어난, 데이비드(David
    McKiernan)   137, 172

모래폭풍   191

모술 탈환   325, 326

무자헤딘(Mujahedeen)   55

무크타다 알사드르(Muqtada
    al-Sadr)   245, 264

미국 애국법(the USA Patriot Act)
    42

/ ㅂ /

바그다드   174

 - 바그다드 시가지 전투   214-
    223

 - 바그다드 점령 작전   197-206

베를린선언(Berlin Declaration)
    129, 354

베트남전   367-376

 - 베트남전의 베트남화   371, 372

보병전투차량   174

본 협정(Bonn Agreements)   127,
    130

부시, 조지 H. W.   62

부시, 조지 W.   88-91, 155-157

부족원로회의(loya jirga)   128

북부동맹(Northern Alliance)   86,
    91-93

브리머, 폴(Paul Bremer III)   240-
    242, 264

비정규전(COIN) 전략   282, 293-
    296

비행금지구역   70, 153, 154

빈 라덴(bin Laden)   47, 48, 54-
    58

 - 빈 라덴과 알카에다   53-58

 - 빈 라덴 사망   140

/ ㅅ /

사막의 폭풍 작전(Operation Desert
　　Storm)　63
사전 집적함선대　165
샤이코트 계곡(Shai Kot Valley)
　　112-114
소련의 아프간 침공　85-87
수니 무슬림　249-263
수니파 각성운동　289-292
슈워츠코프, 노먼(Norman
　　Schwarzkopf)　64

/ ㅇ /

아나콘다 작전(Operation
　　Anaconda)　112-127
아잠, 압둘라(Abdullah Azzam)
　　54-56
아파치 헬기　176, 177
아프간군 육성　141-143
아프간협약(Afghanistan Compact)
　　130, 354
안정화 작전　294
알시스타니(Ali al-Sistani)　245
알아스카리 사원　270
알자르카위(al-Zarqawi)　304
알카에다(al-Qaeda)　57, 58

－알카에다 테러　301-303
－알카에다 훈련　77, 78
야전교범 3-24　285
영국 제1기갑사단　192, 193
오마르, 물라(Mullah Omar)　106
오바마 대통령　137, 138
월리스(William S. Wallace)　195,
　　224
이라크 비행금지구역　153, 154
이라크 알카에다　268-274
이라크 자유 작전(Operation Iraqi
　　Freedom)　169
이라크전의 이라크화　275
이라크전쟁　169-223
－계획 수립　15-162
－안정화 작전　237-239
－임시행정처　240-243
－재건사업　248, 249
이란 회교혁명　59
이란-이라크전쟁　60
이슬람 근본주의　50, 51
－여성의 지위　52, 53
이슬람국가(IS)　304-314
－IS 테러　328-333

/ ㅈ /

자살폭탄 공격   261

자와히리, 아이만(Ayman al
    Zawahiri)   54, 57, 58

저지 작전(interdiction operations)
    222

전격질주(thunder run)   202, 215-
    217, 228

전진기지(Forward Operating Base)
    283

정보 작전(information operations)
    221

제101공중강습사단   112, 115,
    117, 167, 201, 202

제10산악사단   113

제11공격헬기연대   176, 188

제173공수여단   224, 396

제2의 걸프전쟁   153

제2의 진주만사태   34, 36

제3사단   202, 203, 205-209, 213,
    214, 228, 394

제4사단   226

제5군단   198

 - 제5군단 기만작전   199-201

제5특전단(5th Special Forces
    Group)   92

제82공수사단   195, 196

종파 내전   266-275

종파 정체성   348

중(重)사단   165-167

지하드(Jihad)   53, 54, 75, 77

/ ㅊ /

체니, 딕(Dick Cheney)   26, 156

/ ㅋ /

카르발라 협곡   198, 199

카르자이, 하미드(Hamid Karzai)
    106-108

칸다하르 작전   106-108

케이시, 조지(George Casey)   246,
    281, 288

콰라이잔기(Qala-i-Jangi) 요새 전투
    103-106

쿠트브, 사이드(Sayyid Qutb)   53,
    54

/ ㅌ /

타쿠르과(Takur Ghar) 산   119-
    123

탈레반   86

- 탈레반 정권 87, 88
- 탈레반의 재기 131-134
테러와의 전쟁 89, 90
토라 보라 전투 108-112
트럼프 행정부 147, 323
특수전(special operation) 396

/ ㅍ /

파월, 콜린(Colin Powell) 91, 234
파트와(fatwa) 75, 76
팔루자 전투 251-263
퍼트레이어스, 데이비드(David H.
      Petraeus) 281, 285
페쉬메르가(Peshmerga) 194

프랭크스, 토미(Tommy Franks)
      90, 159, 161, 162

/ ㅎ /

합동직격탄(JDAM) 98
항구적 자유 작전 88-127
해병 제1사단 210, 213, 221, 260
해병 제1원정군 171, 209, 210
해상집적 선박 166
헌터킬러(hunter-killer) 180, 181
효과중심 작전(Effect Based Opera-
      tion) 160
후세인, 사담(Saddam Hussein)
      164, 224, 229, 230